あ7	い22	う44	え59	お67
か87	き111	く126	け132	こ140
さ159	し171	す196	せ205	そ212
た218	ち225	つ229	て233	と240
な253	に259		ね265	の268
は270	ひ298	ふ317	へ333	ほ335
ま346	み355	む362	め366	も370
や377		ゆ385		よ388
ら393	り394		れ396	ろ401
わ401				

五十音索引（英文付き）419

JN164927

難訳・和英［語感］辞典

The Unafraid Semantic Dictionary — Japanese to English

松本道弘
Michihiro Matsumoto

さくら舎

まえがき

　本辞典は「日本」と「日本の心」を表現する『語感』がメインテーマである。

　心は、heart（情）か、mind（知）か、soul（魂、ハラ）か、それともspirit（霊）なのか。いずれも素粒子のように、動き回り、停まるところがない。まさに「間」(the ma)だらけだ。

　mind（冷）か、heart（熱）か、soul（不動）か、spirit（無常）か、その電子のように素早い「間」を、瞬時に捕える方法はないものか。

　我々が日常で何気なく使う「空気」も、「間」と同じく難訳語だ。既存の和英辞書では間に合わない。airやatmosphereでなければ、moodでもない、場が決めるpsychology（株・債券の価格を決定する"人気"）でもない。

　私が超訳のために選んだのは、社会性昆虫のpheromone。フェロモンという化学伝達物質こそ、日本人にとり、「妖怪」とも思える「空気」なのだ。その空気は、時空を超えた、場（topos）により、規定される。ますます、ややこしくなる。

　空気の適訳語は見つからない。が、それでは「難訳辞典」の意味がない。まさにComplicated.（複雑な心境だ。）

　complexな問題は複雑で、だれかに解いてもらいたい謎だ。しかし、complicatedは、だれにも触れてほしくない、「秘すれば花」といった複雑な心境のことだ。

　似通った二つの単語の間には、辞書では言い表わせない、深ーい淵がある。コミュニケーターとして、辞書の編纂者にとり、この"間"（critical pause）は、まさに"魔"である。

悩み始めたら、ふり出しに戻る。40年前に執筆した『日米口語辞典』にまで遡る。だが、この深い淵を埋めることはできず、その"魔"を打ち負かすことはできなかった。リターン・マッチを狙っていた。そんなある日、奇跡が起こった。

　ベストセラーとなった、『生物と無生物のあいだ』（福岡伸一著、講談社現代新書）に、この『日米口語辞典』のことが、触れられている。

　――「縁の下の力持ち」を英語でなんといえばよいだろうか。私が愛用している『日米口語辞典』（朝日出版社）によれば、"an unsung hero"とある。歌われることなきヒーロー。サイデンステッカーと松本道弘によって作られたこの画期的な辞書は出版後30年を経過するけれど、今なお読むほどに楽しい…――

　著者の福岡伸一氏と面識はない。これを読んで、複雑な気持（mixed emotions）になった。しかし、光栄だと、自己陶酔している場合ではない。全面改訂（5分の4は書き直さねば）しなければ、福岡氏にも、読者にも申し訳ない、と思ってきた。

　いっそのこと、全面改訂という形で書き下ろさねば、という執念の中で誕生したのが、「読む辞典」と、お色直しして登場した"The Curious Bicultural Dictionary"（『難訳・和英口語辞典』2017年4月刊）だ。

「難訳辞典」第二弾である本書でも、これまでのbilingual dictionaryからbicultural（異文化）なものへと、思考を量子飛躍（quantum leap）させようとしてみた。

「生物と無生物のあいだ」を埋めようと、腐心、いや愉しもうとされた福岡氏なら、そして本辞典の読者なら、きっと二つの言語と二つの文化の谷間にしか咲かない"谷間の百合"（the lily of the valley）

を見つけたような悦び（serendipitous joy）をお感じになるだろう。

　ここで一言。本辞典を薦めることができない読者もおられることを最初に断っておきたい。
　第一に、辞書らしい辞書を期待されている、語彙に自信のおありな教養派は、必ず失望されるに違いない。「自意識過剰な人」に、self-conscious personsでなく、ones so full of themselvesという訳を見つけて、必ずがっかりされるだろうからだ。
　第二、テスト英語のスコアが気になる人たちには、あまり役に立たない。試験当日の点数で英語力が測れ、それがいつも有効だと盲信されておられる方々には、本辞書は向かない。
　第三、英語を暗記科目だと信じ込み、棒暗記とスピーチのみが、英語によるコミュニケーション能力を高めると、かたくなに信じている人。このような原理主義的なタイプの秀才型には、私のアプローチは異端視されるに違いないと危ぶまれるからだ。

　では、本辞典を薦めたい3タイプとは。
1　英語から、異文化の「心」を求める人。
　　動かない英語のカタチも必要だが、風のようにころころ変わる、英語のココロを求める人は、忘れることなどちっとも恐れない前向きな人だ。固定は死。
2　Test Englishのスコアは、一時的な幻想（illusion）と考えて、頭を常に空っぽの状態に置いている人は、おおらかだ。忘却をパワーだと考えるから、きわめてネアカ人間。私の未完成な英語（yet to be unlearned）を大目にみてくれる、大きい器の人。
3　英語を暗記科目でなく、思考科目だと考える、好奇心が強く、思考の柔軟なジャーナリスティック・センスの持ち主。

この3タイプの読者には、次の三つの効果が約束できる。
1 英語のインプットが3倍になる。速く読め、速く聴ける。筆記試験から離れて英米映画やニュース（BBC, CNN, FOX etc.）が速聴でき、一流雑誌（*The Economist*、*TIME* etc.）や多くの原書がスラスラ読めるようになる。
2 試験のための英語ではなく、読みたい、聴きたい、書きたい、人前で使ってみたいナチュラル英語が身につく。ネイティヴが小さく見える。
3 英語らしさ（ネイティヴらしさ）ではなく、英語の中身（コンテント）で、会話、通訳、ディベート、交渉といった異文化コミュニケーションが楽しめる。

遊び心（playful spirit）があれば、軽妙なコミュニケーションができるはずだ。英語道（Happy English）は向うからやってくる。—if you're happy.

お互いに英語道（the Way of Happy English）を愉しもうではないか。

松本道弘

a'a-ieba-koh-iu
ああ言えばこう言う　argumentative

「ああ言えばこう言う」（give as much as one gets）はよく耳にする。

「ズケズケ言ってもいいかい」と言うと、あるネイティヴは「いいよ、I'll give you as much as I get.」とすぐに切り返してきた。

40年前に著（あらわ）した『日米口語辞典』では、「ああ言えばこう言う」の訳として have a comeback for everything を掲げた。この表現にも古典的な味わいがある。「have an answer for everything と意味が近い」という丁寧（ていねい）な解説もした。

「ああ言えばこう言う」（give as much as one gets）は「売り言葉に買い言葉」に近い状況を指すが、負けず嫌いという性癖（せいへき）は必ずしも表わしていない。

そこで本書では argumentative（議論好き、理屈っぽい）を登場させることにした。

それに defiant（反抗的）を加えると、よく書き言葉として使われる feisty（戦闘的）に近くなる。

英国のマーガレット・サッチャー（Margaret Thatcher）元首相は、ファイスティー・ウーマン（feisty woman）と呼ばれ、恐れられた——晩年に認知症を患（わずら）う以前は。

ところで、夏目漱石は『こころ』の中で、こんなふうに教育が人を argumentative にすると述べている。

「『学問をさせると人間がとかく理屈っぽくなっていけない』

父はただこれだけしかいわなかった。」

エドウィン・マクレラン（Edwin McClellan）の訳を載せてみよう。"The trouble with educations" said my father, "is that it makes a man argumentative."（"KOKORO" Tuttle）

「ああ言えばこう言う」は、まるで今のスマホ。答えは腐るほどあるが、ちっとも質問が出てこない、iPad 同然。

だが、「ああ言えばこう言う」タイプには、「じゃ、あんたは一度も浮気したことがないと言えるの」と、減らず口（ぐち）を叩く（say what you're not supposed to say）人がいる。

この種の反対尋問は、人を傷つける。大阪人以外は。

大阪人は「いらんこというな」(Enough!)とか、「お互いにいろいろありますわな」(Look, who's talking!)と、笑いで逃げる。

aita-kuchi-ga-fusagara-nai
開いた口がふさがらない　appalling

彼の英語を聞いて「あきれる」「啞然とする」、ひどすぎて「開いた口がふさがらない」というのはすべてappalling。動詞でも同じくらいの頻度で使われる。

He was appalled at my poor English.（彼は私の下手な英語を聞いて、あきれていた。）

The foreign examiner looked at me, appalled.（外国人の試験官は、開いた口がふさがらない様子で、私を見た。）

The foreigner's poor Japanese appalled us.（その外国人の下手な日本語を聞いた我々は、開いた口がふさがらなかった。）

akan
あかん。　No way.

「だめです」と言えば、東京のような大都会の人は——外国人でないかぎり——うやうやしく引き下がる。相手も事を荒立てないで、ひとまず（for now）引き下がる。そして裏で強力な人脈（コネ）を頼りに、前言を覆させる。これがタテ社会の関東の政治的ゲームだ。

正しい英語では、Sorry. We can't.（申し訳ありません。だめです）である。大都会人はSorry. We can't help you.（申し訳ありません。お受けすることはできません）のあとに、Wish you luck.（うまくいくように願っております）を加えて、「和」を保つ。

大阪人はストレートに「あかん」と答える。No way.

どんな技（コネ）を使っても、「あかんものはあかん」だ。東京では「痴漢は犯罪です」と漢字でエエカッコをつける。

大阪では、「チカンはあかん」だけでよい。ストレートだ。あとで政治的配慮による撤回はない。

東京では、「あまり柵の近くには近づかないでください。この虎は危害を加えることがあります」てなふうに解説調になる。

大阪の動物園は一言「咬みます」。近寄ったらあかん。No way.（怒ります。）

asa-meshi-mae
朝メシ前。　No big deal.

一昔前に流行ったジョークがある。「朝メシ前は、英語でなんて言う。Before breakfast.」今では、オジンギャグ。

アメリカ人のa piece of cake（朝メシ前）という言葉が日常会話で使われるようになった。まだ幼児っぽい表現だ。私のお勧めは、No big deal.だ。

前著『難訳・和英口語辞典』を、数日間で読破した人が多い。「読む辞書」を志した、我々一同にとって嬉しい悲鳴だ。しかし、「これが辞書？」と首をかしげる（shaking their hands in disbelief）読者もいる。

そんな人に伝えたい。ざーっと速読して、2回目は声を出して音読してみてほしい、筆記試験には出ない英語だが、きっと映画の英語ならはっきりわかるようになる、と。

なーんだ、そんなことはワケがない（朝メシ前だ）。今言ったことを英語で言えますか？

Oh, that's no big deal. よし、それでいい。Done!

ここでは、ビジネスを意識したものだからdeal（取引）を使った。ビジネス取引は簡単だ。Deal? ↗と尻上がり。Deal. ↘と尻下がり。これでビジネスは成立する。トータルで1秒。No big deal.

aji
味　value

関西人、とくに大阪人は味にこだわる。中身（value）のことだ。「切れ味」「書き味」のように、味わいのある文体が好まれる。決して艶っぽい文体が好まれるわけではない。面白さも味のひとつで、人間にも味が求められる。

関東の女性に「理想的な男性は」と聞くと、「誠実な人」といった優等生の回答が返ってくるが、関西（とくに大阪）の若い女性に同じ質問をすると、「笑わせてくれる人」という粋な答えが返ってくる。

「誠実」は美しい言葉で、粋がかってクールではあるが、温もりが感じられない。「おもろい」人には、味覚がある。

なぜこんな話題になったか。外国人記者クラブが発刊している

Number 1 SHIMBUN（June, 2017）の "The Kyoto classroom: writers and the Kansai aesthetic" という興味深い、いや「おもろそうな」見出しに引き寄せられたからだ。

次の英文に、関西出身の私はときめきを覚えた。

We look for value that goes beyond style or technical skill.（我々は見かけや技術よりも味を求める。）

そのあとの解説の英語にも、味わいがある。*Kyoto Journal*の編集長ケン・ロジャース（Ken Rodgers）の言葉だ。関東ジャーナリストを意識し、ワサビが利いている。Genuinenesses, a commitment to engagement with society and culture.（ほんものとは、社会と文化のテーマに、ズブズブになって取り組むこと。）

まるで社会や文化の"核心"に迫る忍者だ。覇気が感じられる。

虚（style）ではなく、実（substance）。いや、こういう関東ジャーナリスト好みの対句法（parallelism）はあまりにも symmetrical（均整）でまばゆすぎる。中身がない。味がない。もう少し asymmetrical（不均整）にしないと味が出ない。

さて、この「味」の英訳は？　valueでしかない。

左右対称の美は、外見で勝負できる関東では大切だが、使えるか使えないか（関西では味があるかどうか）が肝要。

美しい、せやけど no practical value（なんぼのもんやねん）。

asu-wa-waga-mi
あすは我が身。　　You are next.

Tomorrow, you'll be the one. では直訳すぎる。

The one は、「話題の人物」として用いられることが多い。実際は、犠牲者（victim）にされてしまうというニュアンスで使われることが多い。だから、it（鬼のように追われる存在）とぼかした方がよい。

ただ、日常会話では、This could happen to you next. とか、You could be next. でもよいが、「あすは我が身」というパンチーな言い回しだから、もっと短く、You're next. とパンチを利かせよう。tomorrow も next time もいらない。

あそこ

asoko

あそこ　down there

　学校英語や検定試験英語では、あそこはthere。しかし、きわどいビジネストークになると、映画でしか耳にできないシモネタが登場する。

　柔道部時代の友人であった華道の家元Y君が、「松本、花のシンボルを知っとるか、"あそこ"や」と言って、一瞬目がさめた。

　女の「あそこ」はdown thereのことだ。

　男性同士の話かと思っていたが、怪著"The Vagina Monologues"（私がアンカーマンを務めるNONESチャンネルでも取り上げた）の緒言に、元フェミニスト運動家のグロリア・スタイネム（Gloria Steinem。62歳の熟女になった小野小町と表現しようか）が、引用符つきで、あえてdown there（秘部＝ワギナのこと）を堂々と使っている。本文の中ではもっとひんぱんに、女性たちがdown thereを使っているから驚く。

　ちょっと品格を高めよう。神がいる「あそこ」は（somewhere）up there。宇宙人はsomeone up there。

atsui-no-ga-suki

熱いのが好き。　I like it hot.

　マリリン・モンロー（Marilyn Monroe）が主演する映画『お熱いのがお好き』の英語のタイトルは、"Some Like It Hot"である。

　itに留意しよう。このitは、状況により、どのようにも化けるので意味深である。

　itとは、「見えないもの」。しかし、当事者にとり、はっきり「見える」ので意味深である。

　たとえば、「空気」とか「場」がit。She's（He's）got it.は、色気とか、大物になる器を意味する。

「空気が読めないKY人間」のことはHe just doesn't see it.と口語的に表現されるように、このitの把握次第により、命取り（critical）になるのだ。

「お酒はぬるめの燗がいい」（「舟唄」の一節）はI like it nice and hot.（lukewarmはネガティヴすぎる）と訳せる。当事者間では、itが酒であることが明らかだ。

「ぼくはここが好きだ」という場合でもI like this place.より、I like it here.がベター。

好きな理由は、単に地理的条件だけではなく、"居心地"というitが含まれているのだ。

Some like it hot.にも微妙な意味が含まれている。

ある人の中に、自分を入れて、I like it hot.（ぼくも、燃えるタイプですね）と言えば、周囲の誰かがPlay it safe.（無理しないように）と、なだめてくれるだろう。嫌われ役を買って出てくれていることが、後に評価される。

こういう陰徳行為をPay it forward.という。「恩送り」のことだ。itを忘れたら、画竜点睛を欠く。

akkera-kan
あっけらかん　nonchalant

自民党のW議員が「日本人は倒産を深刻に受け止める。しかし、クレジットカードで支払いを済ませるアメリカでは、翌日から支払わなくてもいい、とあっけらかん（nonchalant）としている」と述べたことが失言（gaffe）とされた。議員はホンネを吐いてはいけないのだ。

N議員は、「アメリカ人の知能レベルが低いのは、プエルトリコ人をはじめ、黒人やメキシコ系が多いから」という問題発言（politically incorrect remark）でメディアから叩かれた。

最近のタレント議員は、メディアに攻められても、どこ吹く風（nonchalant）とばかり、ケロッとしている。

この「ケロッ」も nonchalant。フランス語の発音でノンシャラン。すぐにでも使ってみよう。

anata-ga-oyari-ni-natte
あなたがおやりになって。　I suggest you do (that).

この日本語はあくまで私見だが、かなり命令口調に近い。

英文法のルールに従えば、I suggest you should do it.となり、suggest you to doという形にはならない。

動詞のdemandの場合も同じように、I demanded she do that.となり、thatとshouldを省略するからI demanded she do.となる。

ところで、このsuggestをtellと同じと勘違いして、I suggest

you to do ~といった変な構文を使ってしまう。一流英文雑誌や映画でも、英文法のルールが崩れていく。

かつて母校（関西学院大学）で、著名な英国人教授（ワーケンシュタイン）がtoを使っていたのだ。文法的におかしいではないかと苦言を呈したところ、潔く間違いを認められたことがあった。

まだ大学の2年生の頃の私で、英会話はできなかったが英文法に自信ができた頃であった。英文法がしっかりしていれば、ネイティヴにも勝てるのではと、自信を持った一瞬であった。

今でもDVDでアメリカのReality TVシリーズを見てI suggest we do it together.（一緒にやらんかね）という口語表現に出くわすと、英文法にはまった高校時代の頃が、懐かしく感じられる。"Feels like old times."

当時は最高の気分だったが、これは糠喜び（a flash in the pan）。すぐに、この英文法が足カセ（fetters）となり、人前で英語が話せなくなった。

英語ペラペラ族に仲間入りした頃の私は、英語が話せないのに英文法に強いvengeful（ネクラの）グループの復讐が怖かった。
「lots of moneyと言ったが、正しい文法ではmuch moneyじゃないかね」という闇討ちに怯えたものだ。

anata-no-kagami-wa
あなたの鑑は？　Who's your role model?

鑑（role model）は人により違う。そして変わる。若いときの私なら坂本龍馬か宮本武蔵。中年になると空海か西郷隆盛。そして日本の国難を迎えた最近は、ジンギス・カーンをリーダーシップの鑑にしようかと考えている。鑑も気ままなものだ。

人間以外の動物でもrole modelになりうる。清水次郎長に憧れた私は、狼（wolf）が大好きだ。群狼（a pack of wolves）を率いた狼のリーダー（a pack leader）は、まさにモンゴル草原の雄である。

ジンギス・カーンも孫子も、知略に長けた狼を鑑とした。They were all modeled after wolves.

大物は、ほぼ例外なく尊敬する人物を鑑として（identify with them）行を積んだ。

あなたの

anata-no-dorei-ja-nai
あなたの奴隷じゃない。　You don't own me.

　日本には奴隷制度はなかった。だから日本では、この言葉はbig word（難しい言葉）になる。

「金銭の奴隷になるな」(Don't be a slave to money.)とは出光佐三(いでみつさぞう)（出光興産の創業者）の有名な言葉。

　日本人が「あなたの奴隷じゃない」というときでも、I'm not your slave.は強すぎる。

　自虐的に、I've been slaving for you.と言うことは許されても、妻が夫にenslaveされていると言われると、男の沽券(こけん)に関わる。You don't own me.にとどめておこう。

　I'm not your doormat.（玄関先の靴ぬぐいなんかじゃない）とか、I'm not a piece of furniture.（私は家具じゃない）という表現は、たまに耳にするが、こんな表現も、うかつに使うべきではない。

　西洋では、民主主義が保障する人権思想が強いのか、「隷属」(slave for ~)という表現は、嫌われる。ただし、自嘲的に用いられる時は許される。

　かつて、日系米人は、「あなたに尽くしてあげる」という意味でI'll slave for you.と、相手の男をメロメロにしたことがあった。

　クレオパトラは、I want to be a slave for you.（私はあなたの奴隷になりたいのです）と言って、英雄たちの心を奪い、虜(とりこ)にした。

　マリリン・モンローは、映画『お熱いのがお好き』の中でI wanna be loved by you, just you, and nobody else but you.（あなただけに愛されたいの。ほかの男性はいやよ）と歌った。

　これでメロメロにならない紳士はいないだろう。能動態の表現が好まれる国で、珍しい受身形の口説(くど)き文句が使われた。

　master（主人）とslave（奴隷）の関係はタテ。それを承知のうえで、全面降伏する（go belly-up）という技は、まさに奇襲作戦。「お側においていただけませんか」という、崖っぷちに立った人の自己PR作戦は、今でも世界中で通用しそうだ。

　You don't own me.が「押し」のセールスの極致なら、Own me.（お好きなように）は、「引き」のセールスの極致といえよう。

anata-no-hara-wa-nan-nano
あなたのハラは何なの。　　What do you really want?

　wantはほしいもの。needは、今すぐほしいもの。loveは時空を超えて、心変わりしない情愛のこと。で、ハラは？　心底の思い（底意）とは？

　口に出して言えない、本心とか下心とは？　そんなに真剣に考えることはない。reallyを加えるだけでよい。

　大阪人なら、自然に口に出る心情だ。それが「ホンマか」である。東京では、Really?（ホントかい？）は、相手のハラ（底意）を探ることになり、不粋（uncool）とされやすいが、大阪では、ツッコミのない会話ほど水臭い、いや「お寒い」ものはない。

　"What do you want?"（何が望み？）"A girl friend."（ガールフレンド）"Really?"（ホント？）"A woman. Any woman."（女、いやどんな女でもいい）"Really?"（ホンマか？）"Uh. Money. First thing, first."（あのう、おカネ、先立つもの）"There you go."（それでこそ君だ）。

　"What do YOU want?"（じゃ、そういう君のハラは？）。YOUを小文字にしてreallyを加えるのも一案。wantの中にも、ハラが含まれているのだ。

anata-wa-machigatte-inai
あなたは間違っていない。　　You're not wrong.

　映画『彼女の人生は間違いじゃない』（廣木隆一監督）を観て、考えさせられた。福島のあの事故で人生が狂わされたデリヘル嬢のみゆきは、福島と東京を往復する。涙はすっかり乾いてしまっている。Her life is bad.（みじめ。）

　しかし、母を失い、残された無職の父（元農夫には仕事がなく、賠償金でパチンコと酒の毎日）と同居しているみゆきに残された道は、生き続けることしかない。だから彼女の仕事が何であれ、Her life is not wrong.ということ。

　日本人の英語を聞いていると、badとwrongの区別ができない人が多いのに気づく。この映画は、その違いをはっきり教えてくれる。「あんたの生き方は間違っている」と説教することは誰でもできる。あなたが勝ち組である限りは。しかし、自分を突き離して相手に

感情移入してみるとYes, you are right.（いや、あんたは間違っていない）としか言えなくなることがある。

みじめな生き方はたしかに、badである。good life側の人間にはよくわかる。それはsympathy（同情）から発しているからだ。

しかし、empathy（同じ目線で考え、同情すること）で相手に融け込むと、No.と相手を否定することが、あまりにも偽善的（hypocritical）になる。

「あなたの人生は間違いじゃない」（Your choice is not wrong.）は、empathic feelings（惻隠の情）に発したもので、癒しになる。Such a healing answer!

ano-toki-wa-ano-toki-ima-wa-ima
あのときはあのとき、今は今。　　That was then, this is now.

過去はthat、現在はthis。あのときはthen、今はnow。これをくっつければ、強力なパワーとなる。

昔と今とでは、状況が変わったのだ、と前回の約束をホゴにできるのだから、What I said then doesn't work now. のことだ。

あるウソつきなアメリカの政治家は、法律用語を用いて、次のようにウソを正当化した。

That's no longer operative. Given those conditions, our promise worked. But given these conditions, what we earlier promised doesn't work.

（それは、もはや有効ではない。あの状況のもとでは、我々の約束は有効だった。だが、こうした状況がもたらされたとあっては、我々が以前に約束をかわしたものが効力を発することはないのだ。）

状況が変わり、前言を撤回するための方便には骨が折れる。

私が弁護士ならもっと短く、Context before content.（中身より状況だ）と、状況倫理（situational ethics）を巧みに使い、ウソに正当性があること（justifiable lies）を立証して、クライアントを守る。lawyersはliarsでもある。

(ano-hito-ni) bare-te-iru
（あの人に）ばれている。　　He knows.

itを必要としないのがミソ。knowは「知っている」というより、「ばれている」と訳したほうが身近（existential）だ。

映画『ムーラン・ルージュ』("Moulin Rouge!")でピンときた。「もうすでに主人にバレているわよ」という意味深な表現が、He knows.と2語。

「君が好きだ」と愛の告白を受けたときの返事も、I know.でよい。「言葉に出さなくても、わかっているわよ」とか、「ずっと前からわかっていたわ」と深ーい意味になる。

abekobe
あべこべ　the other way around

「馬の前に馬車を置く」(put the cart before the horse)という滑稽な発想が、定番とされる訳だが、the other way aroundなら、広く使える。

　It's the other way around.（それでは話があべこべだ。）

　近年よく使われるユーモラスな表現は、a tail wagging the dogだ。犬がしっぽを振るのではなく、しっぽが犬を振るというのだから、主従関係が逆転（あべこべ）している。イスラエルがアメリカを動かしているという場合にも、よく用いられる。

　靴が左右あべこべ、という場合なら、wrongを使おう。You're wearing shoes on the wrong feet.（靴が左右あべこべだよ。）

　上下があべこべなら、Turn it upside down.（上下をあべこべにしなさい）と言うべきだ。

aho
阿呆　nerd

　東京では馬鹿（idiot）。許せる範囲内の馬鹿ぶりはstupid。

　東京人は馬鹿と呼ばれても、内輪なら受け容れられる。しかし、大阪人は馬鹿と言われるとムッとする（put off）。東京人は阿呆と呼ばれると、カチンとくる（pissed off）。

　阿呆は社会性がなく（空気が読めず）、とんまな存在（a computer nerdのように）だが、そのまぬけぶりは憎めない。阿呆と呼ばれた大阪人の多くは、ホメ言葉と解釈しているようだ。

　ド阿呆と呼ばれて、ようやくカッとする大阪人は、わずか43.7%。統計に弱い東京人は「なるほど」とうなずく。大阪人は「阿呆、ウソや。数字なんかどうにでもなるんや」と、笑いに変える。この場合のド阿呆は低脳に近いから、clueless（どうしようも

ない馬鹿）がいい。これ以上、ドがドドドと重なると、brain-dead（脳死）になる。

この演技ができると、吉本興業から誘いがくる——学歴の低い若者と不美人が優先される。

amaku-miru
甘く見る　take ~ for granted

人やモノを軽く見る、甘く見る、当たり前のことと考える、見くびる、なめる、という表現に近いのがtake ～ for granted.
「敵を軽く見てはいけない」(Don't underestimate your opponent.)と同じ意味だが、take ～ for grantedの方が、より口語的に広く応用が利く。

よく、「日本人は、水と安全はタダだ、と考えている」（『日本人とユダヤ人』著者イザヤ・ベンダサンの言葉）と言われるが、英訳すると、Japanese by and large take water and security for granted. となろう。

ベンダサン氏は故・山本七平氏だと噂されていた。知人の山本七平氏とは2回対談をしたが、日本人のsecurity意識のなさについて、ユダヤ人の民族性をよほど知り尽くした人でないと語れないくらい含蓄があった。

ユダヤ人を決して甘く見てはいけない。(Never take Jews for granted.)なぜならば、彼らは水と安全はタダだ、と考えていないからだ。(For they never take water and security for granted.)
「日本人は甘く見られていると思われたくない」は、Japanese don't want to feel taken for granted.「私のことを甘く見ちゃいけません」は、Don't take me for granted.

初級用表現は、Don't underestimate me.

上級用では、You don't know me.

英語の運用能力が上がるほど、使われる英語はシンプルになる。

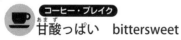

甘酸っぱい　bittersweet

初恋の思い出といえば、「甘酸っぱい」と答える人がいる。It was sweet and sour.

これでは、和歌山産の甘い梅干しになる。初恋はやはり、bittersweetとペアアップさせた方がよい。

　別れたあとも、酸っぱいレモン（a tart lemon）のような後味が残る場合もある。胃の検査で飲むバリウムのような味が残る、別れ方もある。

　超訳とは妥協のことだ。そもそも「酸っぱい」だけでも、訳せない。国によって人々の味覚が違うからだ。酸っぱいりんご（a sour apple）は食えない。牛乳が酸っぱくなる（the milk that has gone sour）と、飲めないbad milkだ。

　負け惜しみが強い人は、「イソップ寓話」からsour grapesと呼ばれる。どうせ食えないブドウなんだ、という人はbad losersだ。こういう人は、小説は書けない。ピリリと辛い（poignant）経験を書く人は、苦痛に耐える、いや耐えた人に限られる。poignant（ポイニャント）は、鼻まで刺激するからこそ小説になる。

　人殺しが、世を救いたいと、心を入れ替えた、菊池寛の『恩讐の彼方に』は、まさに、万人の心を突き刺す（ポイニャント）名作で、ディベートの教材によく使う。

　二人が青の洞門を貫通させたあと、殺人犯であった男がもうこの世に思い残すことがないと判断して、仇討ちのために工事を手伝った相手に、「さあ、親の敵の私の首をはねてくれ」と頼む。「さて、頼まれたこの男は、この父の仇を討つべきか、ディベートをしよう」

　読者諸兄もこんなテーマで、クラスやサークルの仲間とディベート（日本語で、でもいい）をしてみたらどうだろう。

　きっと国語力、いや言葉に先立つ思考力、判断力が研かれるはずだ。英語の習得はそのあとでいいような気がする。

　コーヒーが冷めて、なんだかbittersweetな味に変わったような感じがする。

　今日の課外活動はこれで終り。Let's call it a day.

ayauki-ni-chikayoru-na
危うきに近寄るな。　　Play it safe.

「君子は危うきに近寄らず」（A wise man keeps clear of danger.）

は、ことわざとして、よく使われる。

discretion（慎重）は、君子（教養の深い人格者）だけでなく、兵士の心構え（the better part of valor）でもあるべきだ。

ここは、口語英語（play it safe）でいこう。

take a calculated risk（危険を承知の上で冒険する）とかplay it cool（冷静に振る舞う）なんかも、君子が自然に用いる日常会話表現だ。

ayakatte
あやかって　after

黒い子猫が、私の机の上でゴロゴロとノドを鳴らし続けている。不世出の黒人野球選手、ウォーレン・クロマティ（Warren Cromartie）にあやかって、クロ（Cro）と名付けた。

メジャー・リーガーであったクロマティは、日本の球団（ジャイアンツ）でずいぶん苦労した。

その体験をつづったのが、"Slugging it out in Japan"（Kodansha International 邦題『さらばサムライ野球』講談社）である。

この本の共著者である、作家のロバート・ホワイティング（Robert Whiting）との、NONESチャンネルのスタジオでのインタビューは、黒猫の話から始まった。

Cro was named after Cromartie.（クロマティにあやかって、クロと名付けたんですよ）と私のペットを紹介したときに、He'd be honored.（やつは光栄に思うでしょうね）と即答された。afterを使ったことで「あやかった」という心情が伝わったようだ。

擬人化したCroの立場からすると、クロマティに感化されたい、となり、I wish I could be like him.（彼にあやかりたい）となる。

ayakari-tai
あやかりたい。　I hope your talent will rub off on me.

人は、誰かに感化されて、同じような状態に置かれたいという願望がある。私のような甘えん坊はとくに、その傾向が強い。

You need someone to be modeled after.（あやかりたい、という誰かが今のきみには必要だ。）

I envy her.はホメ言葉だが、少しネガティヴにとられるリスクもある。キリスト教では、「羨む」とか「妬む」という感情はネガティヴ——つまりsinとされる。

そこで、私の好みだが、「あの師匠の才能にあやかりたい」は、このように訳したい。I hope his talent will rub off on me.

同時通訳の師匠、西山千氏の横にいるだけで、氏の才能が皮膚感覚で沁(し)み込んでくるような体感というか、実感がしたからだ。

rub off on ~ とは、~に（性質などが）うつる（伝わる）ことを意味する。

師はperfect mentor（完璧な師匠）で、私は必死に氏の才能にあやかりたいと、perfect mentee（完璧な教え子）を演じようとしたものだ。

ayamachi-wa-kurikaeshi-masenu-kara
過ちは繰返しませぬから。　This should not happen again.

日本史上、これほど物議をかもした日本文はない。広島の平和記念公園にある原爆死没者慰霊碑の、この碑文だ。

「安らかに眠って下さい　過ちは　繰返しませぬから」

主語がないから、意見が分かれるのだ。インドのパール判事が、「被爆国の日本が詫びるとは、間違っている」と異議を唱(とな)え、革命家のチェ・ゲバラは「なぜこの碑文には主語がないのか。アメリカが謝罪すべきなのに、なぜ日本人は黙っているのか」と、憤怒(ふんぬ)する。アメリカ人は、主語をitかthatに置き換える。だから、私は、This should not happen again. と訳したいのだ。

「間」と「ムスヒ」への復帰を唱えられている、硬骨の士（もののふ）、木原秀成氏（国づくり人づくり財団理事長）は、『祀祭政一致の誇れる日本』（国づくり人づくり財団）の中で、「だれかでなく何が大事か」という物事の本質に眼を向けておられる。

この「何が」はitであるが、原爆投下という具体的な「物事」はthisである。

映画 "442: Live with Honor, Die with Dignity"（邦題『442：日系部隊・アメリカ史上最強の陸軍』）で知ったことだが、大和魂(やまとだましい)で米国のために闘った日系部隊は、米政府から不当な扱いを受け、後にこう語った。

"This kind of thing should not happen again."（このようなことが二度とあってはならない）と主語がない。「私」を滅した思いがthis。これが潔(いさぎよ)いサムライの言葉だろう。

i'i-anbai
いい塩梅(あんばい)　the right balance

　塩加減は日本の料理には欠かせない。この味加減の中には、梅の酸味も含まれることがある。

　最近の梅干しには甘みが加わり、梅味が減ってきている。梅干しが大好きな私には、塩梅がアンバランス（英語ではimbalance）になったとしか思えない近頃だ。

　断食道場(だんじきどうじょう)でしょっちゅう耳にする。砂糖を減らし、塩分を加える——これが健康のもと、そして肥満対策になる。そうは問屋がおろさない。(Getting the right balance between sugar and salt is harder than it looks.)

　「いい塩梅」が、ただちにthe right balanceと同時通訳できれば、すでにプロだ。

 コーヒー・ブレイク

いい死に方。　A good death means never having to say you're sorry.

　今日はこのコーヒー店で夏目漱石の『こころ』をディベート（検討）しよう。自分が裏切った友人の死を追って、自殺した「先生」の死は、good deathかbad death（悪い死に方）か、という論題なら、比較文化論上のいいテーマになる。

　映画『ラスト サムライ』("The Last Samurai")では、忠義の死（殉死）は、散り様が美しいからgood deathとされた。桜のシンボルがgood（善）で「美」、醜く生き残ろうとして殺されるのは、「醜い」bad deathだ。

　成敗(せいばい)（punishment）はbad death。切腹は名誉ある"自死"だから、good deathになる。He died a good death.という表現を聞けば、欧米人はただちにNo. He lived a good life.と訂正するかもしれない。

　死をめぐる価値観は、宗教観により変わる。Suicide has always been a sin to the Catholic Church.（*Mother Jones,* Jan./Feb. 2016）（カトリック教にとり、自殺は、罪であった。）

　「で、あった (has been)」が、今は、debatable（再検討が必

要）なテーマとなりつつある。

assisted suicide（幇助自殺）は、尊厳死（death with dignity）として認められるのか。ディベートは不透明な時代には欠かせない。

このテーマを選んだ事由は、「死に方」に関するテーマが、雑誌を中心に世界中で吹き回っていることだ。

手元にある*The Economist*誌（Apr. 29th-May 5th, 2017）のカバーはHow life ends（命の果て方）だ。カバーストーリーには、こう書かれている。Death is inevitable. A bad death is not.（死は避けられない。しかし後悔する死に方は避けられる。）

a bad deathを「後悔する死に方」と超訳したのは、読者の目を惹くためだ。

ほかにも、"The right to die"（死ぬ権利、*The Economist*, 2015）、"My Right to Die"（私の死ぬ権利、*Mother Jones*, 2016）そして、私がはまった『死ぬならポックリ天命論』（タカツカヒカル著、毎日新聞社）などが眼につく。

どうも、最近の世界中の人たち（若者を含む）は、「（後悔のない）死に方」を考え始めたようだ。

統計（*The Economist*, Apr., 2017）によると、できるだけ長生きしたい国民はブラジル人で、長寿に最も関心が低いのが日本人らしい。ポックリ逝くことに、美意識を感じているフシがある。

これをdeath wish（死亡願望）と決めつけていいものか。桜のように早く散る——散華する——美学は、どこかで武士道と結びつく。

山高ければ谷深し。英語力が高まれば高まるほど、スコアアップし、社会的認知度が高まり、経済的安定度が増すが、いずれ崩れ落ちることは避けられない。

英語道はその反対に、深ければ深いほどその人の人間性が高まる、という「悟り」が得られるから、"幸せの道"（The Way of Happiness）なのだ。

「術」はPursuit of Happiness（幸福の追求）を指向するが、「道」は、Happiness of Pursuit（幸いなるかな、追究する人）となる。

幸せを求める人には、不幸が待っている。求め続ける人には、

不幸はない。いい死に方ができるのではないだろうか。

英語術は他者が敵。英語道は自分が敵。私は英語道とはbetter lifeでありbetter deathでもあると思う。*The Economist*誌のカバーストーリーは、より哲学的な視座から、こう結んでいる。

A better death means a better life, right until the end. (p7)

（より後悔のない死に方は、より後悔のない生き方のことだ――死を迎えるまさに寸前まで。）

今、ふと考え直した。betterを「より後悔のない」と訳したが、「より納得できる」と訳したほうがいいかもと。やれやれ、死ぬまで悩み続けるのか、この私。

i'inari-ni-naru
いいなりになる　give somebody what somebody wants

スケールのでかい男（a big man）は、ハラがある。包容力のある人は許す。英訳すれば、He's big enough to give everyone what they want.

2014年グラミー賞にノミネートされた、シャロン・ジョーンズ＆ザ・ダップ・キングス（Sharon Jones & the Dap-Kings）のアルバム "Give the People What They Want"（人々のいいなりになりなさい）は、すごい過去の激白だった。傷だらけの人生をつつみ隠さず歌った。この複雑な心境を歌うには、覚悟がいる。読者諸兄が小説家になろうとしたら、羞恥心を捨て、誰にでもぶっちゃける覚悟がいる。

英訳する。You've got to have what it takes to give them what they want.

常識人にはこう言う。「いつも、人々のいいなりになるな。」Don't give them what they want all the time! だろう。

iu-wa-yasuku-okonau-wa-katashi
言うは易く行うは難し　harder than it looks

It's easier said than done.（言うは易く行うは難し）というのが、教養のある人が好んで使う格式の高い英語だ。

だが、裃を着たような英語表現は、日常会話では敬遠される。とくにアメリカでは。だからアメリカ人には、こんな英語がいいだ

ろう。It's harder than it looks.（見かけほど簡単ではないよ。）

　it looksは「一見」。harderは「行いが困難だ」ということだ。これはイギリス人も使う。*The Economist*誌が漢方薬の記事をこう締めくくっている。

As the problems of TCM show, achieving the right balance is harder than it looks.（Sept. 2nd, 2017）

（TCMの問題が示すように、バランスのとれた状態にすることは意外と困難である。）

　TCMはtraditional Chinese medicineのこと（111ページ「漢方」の項参照）。

ikari-ni-moeru
怒りに燃える　burn with anger

　怒りの色はred-hotだから、red-hot with angerでも、単にfurious でもよい（furious eyes は怒りの眼、fists of fury は怒りの鉄拳）。angerは毒にも薬にもなる。怒りを忘れた若者は幸せにもなれない。

　エリザベス・マップストーン（Elizabeth Mapstone）はVintage社の"War of Words"の中でこう述べる。

Anger is like electricity: a good servant but a bad master. It exists. It is there. So it needs to be contributed and directed in the most productive way possible.

　数回、音読するだけで意は通じる。訳はいらない。

　怒りが電気、どちらもいい召使だが、悪い主人だとは。怒りは、現実に存在するのだ。だからできるだけ有効利用する必要がある。ただそれだけの意味。だが、この英文は、リズムがある。間がある。意味深だ。音読のための教材として逸品だ。

　この「難訳辞典」の起爆剤もangerなのかもしれない。

　この著者の英文はリズムがあるから、もう少し語らせよう。原文にすこし加筆した。

Express your anger. Don't let it fester. Let off steam before you blow a gasket.

It's more honest to let it all out. Says who? Gestalt therapy. It says let out your anger and never let it fester. If you're pissed off, say so.

（festerは膿む、gasketはガスケット、液体気体の漏れ止め用の部品＝パッキング、Gestalt therapyはゲシュタルト療法。）

英語道の原点も「怒り」と同義のpassionだ。passionには「受難（十字架）」が伴うから厄介だ。この理を一言（ひとこと）でまとめると、「溜め込むな」（Don't bottle things up.）となる。

いや、ボトルに詰めるプロセスも大切だ。アラビアの説話にあるように、魔神（genie）である霊鬼（jinn）は、呼び出した者の願い事を叶（かな）える天才だが、それまでは、ボトルの中で怒りを抑え、息を殺して待っていたのだ。

iki-gai
生き甲斐（かい）　a purpose (in life)

「生き甲斐」そのものは、和英辞典で十分間に合う。a reason for living, a meaning for life, raison d'être, something to live for, meaningfulness（「生き甲斐のない」は meaningless life）。なるほどと、うなずける好訳で溢れている。

少しひっかかった訳がある。「年をとってからも、生き甲斐のある生活がしたい。」

When I'm old, I want to live a life which is still worth living.

老人——私もその一人——にこんな高尚な感想が生まれるだろうか。which isという英文法にひっかかっているわけではない。老人にとり、生き甲斐とは何だろう、という問題意識から「STシネマ倶楽部」の翻訳者・岡山徹氏の次の訳でハッと眼がさめた。

And robbing a bank is going to give me a purpose?（銀行強盗が生き甲斐になるってのかい。）

もし、この日本語を英訳するとすれば、多分purposeは出てこないだろう。a reason for livingとか、something (worthwhile) to live forとするのではないか。しかし、映画"Going in Style"（邦題『ジーサンズはじめての強盗』）に登場する、80歳以上で崖っぷちに立ったじいさんにa meaningful lifeを学ぶ（learn）または学び直す（unlearn）意欲などあろうか。

むしろ、私の造語である"dislearn"（学ぼうとする執念（しゅうねん）を断つ）域に達した人は、学ぶのではなく、生きている実感が欲しいのだ。その生き甲斐は、a purposeではないか。

このじいさんが40代にタイムスリップすれば、この世の中から犯罪をなくすといった志(こころざし)があったかもしれない。

　志はhigher purpose。齢(よわい)80以上のじいさんの生き甲斐は、higherのない、ただのpurposeではないか。あと3年でこの域に近づく。身につまされる。やばい。

iki-garu
粋(いき)がる　play hard to get / put on airs

　粋はナニワでは「すい」、江戸では「いき」というのが、私説だ。大阪出身の私には、強く見せる（弱さを見せない）演技はどうも苦手だ。大都会の「粋がる」は和英辞書にはないがplay hard to getではないかと思う。

　エエカッコ（キザな発言）をする東京人は、大阪人からみると、putting on airs。この表現は、英語国民には確実に通じる。

　自らを阿呆(あほ)と位置づけ、下からの目線で、見栄を張らない粋(すい)で勝負するのがナニワ人の逆コンプレックス。そのethosから私はまだ脱出できない。

　友人のジャーナリスト、ボイエ・デ・メンテ（Boye De Mente）氏に、大阪人の気質は、英訳できないのでplay hard to getのhardをsoftに変えたら通じるか、と聞いたところ、そんな英語表現はないが、確実に通じる、という。

　自らを阿呆呼ばわりし、泣いてもらう（ナニワ流に、情に訴える）ことによって、説得から納得させる──泣き落とす──のは、江戸のhardでなく、ナニワのsoftでなくてはならない。

　なぜ、そこまで違うのか。名古屋を「空(くう)」の地に置いて、関東と関西を相半(なかば)ばさせている私には、その理由がわからなかった。

　そのヒントが『浅草底流記』（添田啞蟬坊(そえだあぜんぼう)著）でやっと得られた。添田啞蟬坊（1872〜1944）は、明治・大正期の演歌師で、『ラッパ節』『ノンキ節』などを作詞作曲した。「乞はない乞食」という章がとくに圧巻だ。

　著者の書き下(お)ろしはまるで語り下ろしで、そこにはメロディーやリズムがある。芸人気質の味がする音楽が、絵になって流れている。ちょっと聴いてみようか。

「浅草に現はれる乞食は、みなそれぞれに風格を具へてゐるので愉

快である。乞食といふ称呼をもつてすることは、この諸君に対してはソグハないやうな気がするくらゐだ。いかにこれらの諸君が人生の芸術家であるか、また浅草を彩るカビの華であるかといふことについて語らう。浅草といふ舞台には、かかる登場者が順次に現はれ、消えてゆく。」

ドン・キホーテは浅草を国際化した。浅草は今や狂奔（きょうほん）している。しかし、どこか淋しい、との著者の呻（うめ）きが聞こえる。

「カビの華（はな）」をキーワードとする著者は、序でこう述べる。「私は、黴（かび）にも花が咲く、といふことを唄ひたいのである」と。

書く（write）ではなく、唄う（sing）と宣（のたま）う。乞わない乞食（beggars playing hard to get）、カビがソプラノを歌っている──ゴミ箱の上で。

> ☕ **コーヒー・ブレイク**
>
> ## 粋（いき）と粋（すい）、なぜ粋（すい）はtrue-blueか
>
> 京都人の九鬼周造（くきしゅうぞう）は『「いき」の構造』（1930）の中で、「いき」の内包する特徴として「媚態（びたい）」「意気地（いきじ）」「あきらめ」をあげている。この日本文学の美的観念は、どう訳せばいいのか、この名著を何度読み返しても、適訳が見つからず、今も呻吟（しんぎん）している。
>
> 大阪出身の私は、どちらかといえば粋（いき）より、粋（すい）な人間（true-blue self）を好む。
>
> いなせ（high-spirited）は、大阪人にはピンとこない。そもそも鯔背（いなせ）とは、勇み肌で粋（いき）な若者のことで、きっぱりした威勢のよさは、江戸下町の若者の気風を漂わせていた。その点、大阪人はださい（uncool）。
>
> 『王将』のモデルとされるナニワの将棋名人・坂田三吉（1870〜1946）は、江戸の棋士（きし）に負けて落ち込んでいた。ところが、三吉の弟子がそのライバルに勝ったことで、大阪側は溜飲を下げ、宴会はドンチャン騒ぎが続いた。
>
> 弟子が江戸のライバルを破り、上方（かみがた）の棋風（きふう）を取り戻したということで、宴会はさらに盛り上がり、たけなわとなった頃、三吉の姿が見えない。大勢でやっと見つけたら、木陰で泣いていた。
>
> 「よほど嬉しかったのでしょう」と周囲が三吉に「粋（いき）」を求めた。

ところが三吉は、弟子に嫉妬していて、「わてが将棋をさしたかったんや、棋風、そんなもんはどうでもいい。将棋がすきなんや」と。まさにド阿呆。江戸からみるとuncool（不粋）だが、これが「粋」の極致。

粋が、秘すべき心意気が外部に抽出する姿とするなら、粋は微動だにしない、そのessenceといえよう。

考えれば、粋は、内的エネルギーがにじみ出したもので、第三者の眼に映る。飾る。

ところが、粋は、そのextract（エキス）を、飾らずに露出することなのだ。だからgenuine（本物）でもある。関西人のアク（灰汁）の本質は、ここにある。

関西系の作家には、どこか「しぶとさ」「しつこさ」といった嫌味がある。その点、「粋な」は、smart, refined, stylish, chicと訳され、「粋な男」とはa sophisticated manと、カッコよさが眼に映る。

「粋」は『新和英辞典』によればthe essence, the cream, the heightと訳されており、粋がspiritなら、粋はsoulといえる。しかし、大阪人の粋はあくまで、土性骨（dyed-in-the-wool）だ。紡ぐ前に染め抜かれている。根っからの気負いが灰汁という、どうしようもない魔性（demon spirit）になる。

iki-nuki
息抜き　a break

コーヒー・ブレイクはa coffee break。長距離バスの旅が好きな私にとり、ハイウェイでのtoilet break（トイレ休憩）はありがたい。ほっとする。Now, I can breath easy.

「まぁお茶でも」はTea. Perhaps?だけで通じる。

正しくはLet's have a tea break.

ijime
いじめ　bully

「（子供同士の）いじめ」はbullying (in school)。

新入生や新入部員への、見せしめのためのいじめは、hazing。

集団的ないじめはgroup harassment（victimization）。いじめら

れっこ（the bullied）はvictim（えじき、犠牲者）になる。

「被害者ぶって同情を買うこと」をplay the victimと表現する。

いじめに、犯罪的要素がなければ、teasingでよい。

眼に余るいじめは、brutal（merciless）teasing、陰湿ないじめはsly bullying。

sly（悪賢い、ずるい、秘かな、巧妙な）ないじめもある。

slick（抜け目のない）やつは、裏でfloundering（中傷）を行う。

ijiru

いじる　play someone

「いじる」という言葉が、学校教育で話題になることがある。「いじめる」ほど陰湿でないから、少しはそこに遊び心がある。「遊び」はplayであるから、playfullyに「いじる」という。「いじわる」「いけず」（その共通点はmean）も、悪ふざけに近い。

火遊びはplay with fireだが、人をもてあそぶときはplay someoneがよさそうだ。I wasn't hurting you. I was just playing you.（あなたを傷つけるつもりじゃなかった。私はたわむれていただけなんだ）で通じる。

錠前（lock）をいじる、機械をいじる（fiddle around with ~）というように、猫がじゃれるように（playfully）もてあそぶという情景だ。

私好みの英訳はplayに戻る。Don't play me.（ぼくをいじらないでくれ。）遊び心も度がすぎる（too much）といじめに近く、やばくなる。特定の人物をいじる（snide＝当てこする）ことは、間違いなくいじめ（bully）だ。

iji-wo-shimese

意地を示せ。　Prove yourself.

中国のビル・ゲイツと呼ばれるアリババ社のジャック・マー（馬雲）社長は、I've worked very hard to prove myself. と簡単明瞭な、斬れる英語でスピーチされている。決して、big words（大げさな言葉）を使わず、体験からにじみ出た、パワフルな英語だ。ダボス会議の参加者を魅了した。とくに、to prove oneselfという、日本人に使いこなせない英語表現は光っていた。

意地を英語にする必要はない。証明する（prove）の中に含まれているからだ。

コーヒー・ブレイク

意地を示せ。　Show them how you live.

伝説のボクサー、ビニー・パジェンサ（Vinny Pazienza）の生き様（how he lived）は、凄まじいものがある。首の骨を折り、脊椎固定手術を受けていたビニーをカムバックさせた言葉は、「意地を示せ」"Show me what you've got."だ。

意地はwhat you've gotで、それを証明することはprove——いや、映画『ビニー／信じる男』（"BLEED FOR THIS"）ではshowがキーワードとなった。

ビニー本人は、映画を観て「これは作り話じゃなく、本物の『ロッキー』なんだ」と涙したというが、本物とはthe real thingか、the real stuffのことだ。

私が気に入ったのはShow me how you lived.だった。「この一番で、お前の生き様を見せろ」ほど強烈なメッセージはない。

how you livedでもhow you liveでもどちらでもいい。

そのとき、ふと考えた。英語道とは、Show me how you live through your English.（英語を通じて、あなたの生き様を見せてほしい）のことだ。

「道」をthe way of lifeと難しく訳すより、show me how you liveの方が、パンチが利く。

---

izon-shoh
依存症　addicted

同じ、ズルズルでも、依存症は中毒症を患った病気だ。

国民栄誉賞をもらった女性が、パチンコ依存症になっている、というニュースをYouTubeで知ったときは、驚いた。

getting hooked on Pachinkoなら、ただ「はまっている」だけだが、依存症となると、もうビョーキだ。"She's addicted."

コーヒー・ブレイク

英会話依存症（spoken English addicts）もビョーキ？

アヘン常用者はan opium addictで通用する。しかし、"an English language addict"という言葉はない。

英語を「術」と考える人は多い。英語を溺愛(できあい)しているが、英語に愛されないという悲喜劇は、今も続いている。

　英語の検定試験を受け回る、test English addictsを見ていると、英語術の限界を感じてしまう。点数と、英語の技を競い続ける。

　ここまで英語のスコアを上げたのに、まだ英語に愛されない、とテストスコアの上昇に命を懸けるがごとく、盲目の愛を続ける。

　そんな相手に、Cool it! といって立ち上がったのが、ナニワ英語道であった。逆にいえば、それだけ当時の大阪には、"spoken English addicts"（英会話依存症）が多かったのだろう。

　英語にhotになるのはいいが、度を越すと、オタク（geeks）がeccentrics（変人）を通り越して、weirdos（気味悪い人）に至る。

　人間に代って、英語に恋をするって？　そう、これが世に言うaddicts（依存症たち）の姿だ。ギャンブルの好きな人が、パチンコにはまると、歯止めが利かなくなる。

　英語検定試験依存症になると、ついソワソワしてしまう。そんな人たちが、「先生、私も英語依存症なんです。外国語は大好きなんですが、外国人の夫は好きになれないんです。どうすればいいんでしょうか」と聞かれたら、どう答える。

　「知りまへんがな」と笑い飛ばす。

　そもそも、英語のスコアアップに盲目となった人は、自分が病人であるという自覚がないから、そんな質問はしない。パチンコに求愛し続けるパチンコ依存症、英会話への盲目の恋から逃げられない英会話依存症——どこが違うんだろう。

　その救済は？　英語道（the Way of English）しかない。

　人生道と同じ。執着する異性を追えば逃げられる。追わなければ、相手は来る。来なくてもいい。

itaku-mo-nai-hara-wo-sagurareru
痛くもない腹を探られる　read too much into somebody

　somebodyの代りに、なにか（something）とするなら、こんな風にも使える。Don't read too much into it.（痛くもない腹を探らないでくれ。）

　itは人以外の何か重要なもの。

あれやこれやと「深読み」をすると、お互いに不信感（mutual suspicion）が生じるので、ロクなことがない。

suspicious mind（猜疑心）の強い、suspicious nature（疑い深い性質）のタイプは、人の善意をdoubtし、お互いが傷つくことが多い。

やはり、素直な心（unsuspicious mind）を持つ人のほうが、doubtersよりも日本では――日本ではと限定しておこう――大物として評価される。

itadaki-masu
いただきます　　say grace

日本にいるクリスチャンには二通りある。

紘道館での直会のときに、あるクリスチャンは、「あれ、日本人は食前のお祈りを捧げないの？　日本人はクリスチャンでないから、英語ができない」と。

急に酒がまずくなった。主イエスが目撃されているというパースペクティヴ（perspective＝思考法）に呪縛された牧師だ。

もう一人の聖職者は、「お祈りの言葉を」と私に勧められても、「いや、『いただきます』でいきましょう」と返された。一緒に昼食をした西南学院の院長はperspective-free（決まった思考法にとらわれない）なアメリカ人聖職者であった。院長に葛飾北斎を感じた。

isshin-joh-no-tsugoh-de
一身上の都合で　　for reason of my own

覚えにくければ、for my personal reasonsだけでもよい。personalの代りの書き言葉は、格調が高いほどよい。

日常会話なら、いくらでもくだけられる。Sorry, I can't come. Don't ask me why. しかし、これはよほど親しい間柄の場合であって、あまり勧められない。

日本社会では、断るときにウソをつくこと（white lies）は、いわば常識だ。困るのはドタキャン（last minute cancellation）、その理由を分析すると、大掃除、電車の事故、友達の結婚式、会社の急用、身内の不幸、等々…。キャンセルの理由は続々と案出される。まさに浜の真砂。　Liars are born every minute. このようにLiesを

Liarsと置き換えてもよい。

ドタキャン常連者の言い訳リストは役に立つ。連続10回のうち8回までが、人身事故による遅れというのは、おかしい（implausible）。演繹法（deductive logic）を誇るシャーロック・ホームズは、人のウソを見抜く（see through one's lies）のが巧い。

ichininmae
一人前　have it all

母親であること（motherhood）はつらいことだ。「子供を産む」のがその代価（price）なら、ときにはtoo high a price（代償が高すぎる）ではないか、と反論する人が多い。

一人前（have it all）になるということは、決して楽ではない。

時代が変わってきたとはいえ、育児休暇（on maternity leave）をとって昇進を逃したうえ、復帰したあとは昇進の見込みのない、軽い仕事（less demanding jobs with poor prospects）しか与えられない。さらに、急遽、誰かに託児所の子供の迎えを頼まざるを得ない異常事態もある。

女性が母親となって一人前になることは、つらいことだ。(It's tough for a mother to have it all.)

issen-wo-kosu
一線を越す　cross the line

「一線」だからa lineではないか、と反論されるかもしれないが、これは越えてはならない「重大な」線であるから、the lineでなくてはならない。

男女の間、夫妻、そして妻と愛人の「間」には、越えてはならない「けじめ」がある。これもthe lineだ。

あいつは平気で横恋慕するけど、どうもけじめがない。(He often crosses the line.)

ゴールイン（結婚）する（make it to marriage）までのカップルの間にもthe lineがある。それなのに二人は一線を越したというなら、"They've gone all the way." となる。

今しがた、テレビで代議士のH氏が、「一線は越していない」と弁明していた。I didn't cross the line. ぐらいなら誰でも言える。

疑いを晴らすために、「それでも」を加えるなら、ジョーカーで

あるjustを使うことだ。"I just didn't cross the line."

ついでに映画『タイタニック』("Titanic")ではDid you do it?（やったのか？）と、it（性交）が使われていた。

itte-mireba-karera-wa-batta-da
言ってみれば、彼らはバッタだ。　　They are locusts, if you will.

「言ってみれば」をif you willでトーンダウンした。

バッタやイナゴと呼ばれて怒らない民族はいない。「聖書」でも中国の古典でも、イナゴによる災害のおぞましさを語る史実に事欠かない。「三国志」の時代からhungry locustsほど恐ろしい蝗害はない。

浅草を散歩してふと思う。観光客はバッタである。大地震の直後、あの爆買い（binge buying）が消え、浅草の商店街は閑古鳥が鳴いた。しかし、地震がもう来ないと知ると、またや観光客が怒濤のごとく押し寄せてきた。まるでイナゴの再襲来だ。

The Economist（June 24th-30th, 2017）に、香港（ホンコン）の記事が出た。

香港人は、私と同じ観方（みかた）をしていて、中国本土の人たち（mainlanders）のおかげで、賃金の低い仕事（観光業がそれ）に回され、ビッグビジネスは本土の人たちばかり、まるで出稼ぎバッタの集団といった風景だ。「やつら」がおもしろくないのだ。

Hongkongners resent mainlanders.だから、彼らをバッタ（locusts）と小馬鹿にするのだ。

They call them "locusts" for the frenetic way they shop.（香港人は、中国本土の人たちの買い物の熱狂ぶりを"バッタ"と呼んでいる。）浅草での爆買い現象が香港でも起こっていたのだ。

「言ってみれば」はso to speakでも、as it were（イギリス人好み）でもいいが、私個人の印象を抑えて、控えめに表現した。

ippiki-ohkami
一匹狼　　a maverick / a single wolf

maverick［mǽvərik］とは、焼き印のない家畜のことだ。

どこの党にも所属していない、ひ弱な存在となる。だから「無所属の一匹狼」と聞いて、すぐにmaverickと同時通訳しても、さしつかえない。

農学博士、東京農工大名誉教授でもある丸山直樹氏（日本オオカミ協会会長）と、一匹狼の正しい訳について話し合ったところ、a single wolfに落ち着いた。

　つまり、強い狼は群れ（a pack of wolves）から離れない。群れのルールが守れない狼が仲間外れにされる。

　その孤独な（lonely）狼がa lone wolf。大統領の暗殺を狙う単独犯は、すべてlone wolvesである。狼の軍団は仁義に篤く、家族や仲間を死守する。

　私が尊敬する人物は、清水次郎長。Why? Because he was a big bad pack leader.

「馬鹿は死ななきゃ治らない」と言われた森の石松も、仲間から慕われたa pack memberであって、a lone wolfではない。

ippuku

一服　time off

　タバコ、茶、薬などを一回のむこと。夢のようなこの小休止がtime off。思考停止して、ボーッとする時が、誰にとっても必要な息抜き時間だ。

　*TIME*誌のTime offという欄も、私にとり、息抜きになる。

　Take a puff of your cigar.（タバコで一服してください）と言いたいところだが、私は吸わない。サウナから出て、ソファーでのんびりしながら、原書を読み、思考を練る。

　人はベタぼめ（puff me up）されても、この一服は賞讃に価しない。このぜいたくなtime off時間で頭を空っぽにして、本を一服しているに過ぎない。

ippo-saki-wo-yome

一歩先を読め。　Stay one step ahead of the game.

　私好みの超訳を掲げた。「先を読む」とは、競争相手より、先に進むことだと置き換えた。「読み」は、チェスや将棋や碁などのボードゲームで最も重要とされている戦略だ。戦略には先見の明（foresight）は欠かせない。

　一歩先を「読む」ことも、「進む」ことも同義ととらえ、stayで静止させた。

ite-mo-inaku-temo-i'i-sonzai
いてもいなくてもいい存在　nothing

　漢字を使えば、存在価値に乏しいということだ。漢字風の英語で言えば、I don't exist (to you).

　日常会話では、I'm nothing to you.（私なんか、いてもいなくてもいい存在なのね。）と言われたとき、強く反論するには、YESを強調して、Yes, you mean a lot to me.（とんでもない。あなたは私にとって重要な存在なのです。）と言えばよい。

　もっと具体的な、こんな言い方もある。I swore I put myself into your hands, the first time we met. Doesn't that mean anything to you?（初めて会ったときに、君の言いなりになると誓っただろう。その言葉はまったく意味がなかったとでも。）

　NONESチャンネルのメインキャスターを務めている私が、よく好んで使うフレーズがこれ。You're nothing without us, but we are nothing without you.（視聴者のみなさんのお陰で、この番組Global Insideが続けられるのです。）

「お陰」はどう英訳しても野暮ったく響くので、nothingというパンチの利く表現を使うようにした。

ima-sara
今さら。　Why now?

「私は、センセイ（国会議員）の愛人でした。あの人を訴えたい」と外国人記者クラブで激白した中年女性がいた。

　質問時間になっても日本人は、そこまで言うか、と内心憤りながらも、誰一人質問をしない。しかし、外国人記者の質問の第一声は、Why now?（なぜ、今）だった。「今さら」という日本人好みの「さら」を切り落としてWhy now?で十分だ。

　今までなぜ沈黙をしていたのか、なぜこれまで満足していたのか、なぜ別れるときの手切れ金が不満だったのか、というwhyが引き続き、いとも簡単に幕引きとなった。

ima-watashi-wa-manzoku (shiawase)
今、私は満足（幸せ）。　I'm happy with the way I am.

　このままの私で（the way I am）幸せ、という感じなら、軽い方がいい。学校でコツコツ英語をやった学生は、必ずsatisfiedを、そ

して一心不乱に英語をモノにしようとした人は、contented（*cf.* contented smile＝満足そうなほほえみ）を使う。

『リーダーズ英和辞典』で、私はA contented mind is a perpetual feast.（満足は永久の祝宴）という、素晴らしい諺を学んだ。

imehji-ga-warui
イメージが悪い　　an image problem

「君の会社はイメージがよくない」を直訳すれば、The image of your company is bad.となる。悪くはない。しかし、自然な英語ではない。

日常使われる英語はYour company has an image problem.だ。「君は態度が悪い」もYou have an attitude problem.となる。

イメージをよくするためのイメージ・アップ（image improvement）をmake overと言う。I'm giving myself a make-over.（私は、自分のイメージ・アップを図っている。）

このmake-overにはイメージ・チェンジも含まれる。

カタカナ英語を正しい英語にするには超訳しかない。いずれ執筆を手掛けたい。

iya-da-to-ieba
いやだと言えば。　　Or else.

これは、よほどのとき以外は日本人が使わない、脅し文句である。日本の英語学習者は、このorのパワーがどれだけ実感できるだろうか。Just do this or you'll be sorry.（言われた通り、ただやればいいのだ。でないと後悔するぞ）とまで言う必要はない。Or else.だけで十分。極端に言えばOr.だけでも相手はビビる。

アメリカはtrick-or-treaters（ハロウィーンでお菓子をねだる子ども）のお国だ。

ハロウィーンの夜の子供たちが発する「お菓子をくれないと、いたずらするぞ」(Trick or Treat)というセリフは、多くの日本人（私を含め）にとり、なじみにくい。

このor（さもなくば）というのが、アメリカの文化のような気がする。この「脅し」に日本人は弱い。ハル・ノートを最後通牒（an ultimatum, a final warning）とみなした日本側は、もはやこれまで（This is it!）と開戦を決意した。

日本文化には、debateというcritical thinking（決断思考）がないから、オール・オア・ナッシング（逃げ道はない）と自らを追い込んで、どちらか一方に迷走を始めてしまう。

iro
色　love / sex

ふと考える。色道(しきどう)とは何か。The Way of Loveとは何か。経営者には色気が必要だと言われた場合、「色気？ sexual energy?」と訳していいものか、悩む。

英語道と色道の共通点は、と問われると、やはり悩む。

色道は決して、性技と同義ではない。色に溺れる（indulge in love）ことは身を滅ぼすといわれるが、「色気を失えば、リーダーがつとまらない」という。相反する。

色は日本文化を裏で支えるエネルギーであることは、疑う余地がない。歌舞伎には、色事(いろごと)（sex scandals）が多い。日本の春画(しゅんが)(Shunga, erotic-woodblock prints)で暴露された日本人の破廉恥ぶり（shamelessness）は、世界を唖然と（open-mouthed）させた。

日本の風俗界(ふうぞく)（pleasure industry）は、日本の殿方(とのがた)たちに、energyを与えてきた。「色の道」はsexual, amoralとかeroticという形容詞を使いたくなるが、色そのものは、loveの中に収斂(しゅうれん)されそうだ。数理哲学的に考えれば、集合論を使いたくなる。色道といえども、生産性を含むエネルギーの中に収束されるのだ。

iro-jikake
色じかけ　honey trap

ハニートラップは、そのまま英語としても使える。日本の政治家、外交官、ジャーナリストが海外旅行をするときに、ひそひそ声で語られる忠告のひとつに「ハニートラップ（甘い罠）に気をつけよ」がある。

中国の一兵法に"美人計"（メイレンチー）という、美女を用いた色じかけ（今でも有効とされている）がある。

美人局(つつもたせ)も、ハニートラップのひとつ。あとでゆする目的で相手を性的に誘うゲームのこと、badger gameと呼ばれる。badgerとはアナグマ、そしてしつこく人にせがむ人のこと。

「ハニートラップに気をつけよ」は"Don't be lured into a trap."（ル

アーとは疑似餌。) Be aware of flytraps. のflytrapとは、ハエトリグサ（食虫植物）のこと。

蟻地獄とは、ant trapではなくan antlionという。美しい雌アリが雄蟻を誘うことはない。集団で——大仕掛けの詐欺のように——狙ったカモを蟻地獄に堕し入れる詐術は、米語ではstingと呼ばれる。ヨーロッパの大都会には、この劇場型の大規模詐欺（massive swindle）がいる——日本人旅行者がカモにされている。

iroppoi
色っぽい　sexy

「艶っぽい（なまめかしい）」は？ very sexy。これでは芸がない。

仏語のcoquet（コケット。女がこびを見せる）の形容詞coquettishはどうか。しかし、コケティッシュは男性にべたつく、じゃらじゃらする、なまめかしい女性のことで、「色っぽさ」という「愛くるしさ」の一線を越している。

「艶」は「豊」と「色」が重なっている。この「色」がなぜromanceを超えて、ストレートにsexと結びつくのか。

漢字の「色」は一説によると、「人と巴の組み合わせで、『人』は男、ロは女のシンボルで『巴』は座っている女の美しい姿となるから、ずばり男女間の情事を表わす。」（赤池鉄士著『英語色彩の文化誌』）

やはり色はsexなのだ。性的魅力がストレートすぎるという人はitで隠せばよい。「彼女はお色気たっぷりだ」ならShe's got it. と。

 コーヒー・ブレイク
色めいた話

色が出たついでに、もう少し色めいた話をする。

ある30歳そこそこの女性が使った英語にコメントをした。「君の英語は素晴らしい。ロジックが通っている。しかし艶がない」と。

"You need to flesh out your bony English." お前のゴツゴツした英語を肉づけしろ、という意味だ。

そのとき彼女は何を勘違いしているのか、ご自身が艶っぽい女だと錯覚していたのか不明だが、「私も40歳になれば、もっと艶

が出ます」と答えたので、二人は爆笑し、周囲も色めきたった。

問題発言スレスレのコメントだった。艶がsexually appealingととられても不思議ではない。

色は「色事」といわれるように、情事と関係が大ありなのだ。英語のcolorには、sexの寓意（a hidden meaning）はない。あくまで眼に映る色彩そのものだ。

だからこそ、日本では色の使い方に敏感になる。色の黒い女性には、小麦色の肌の女性という風に、露骨な表現を避けるのが礼儀とされている。

中学生のとき、先生が「色には気をつけよ、黒人を決してblack peopleと訳してはいけない。dark-skinnedかbrownを使う人もいる」と、教室で教えてくれた。

高校時代からcolored peopleが使われ、大学を出た頃にはI'm a black.と胸を張って主張する黒人も増えてきてBlack is beautiful.の時代が到来した。最近のアメリカではpersons of colorという表現が主流になってきた。

トランプ大統領（President Trump）が"Make America great again."（アメリカを再び偉大にしよう）と言えば、白人支配下となって色を失った（turn pale）黒人たちは、Make America white again（アメリカを再び白人の国にしよう）のことかと過剰反応し、再びcolor問題が躍り出した。

白衣のKKKや白人優位主義のネオナチス連中がヘイト・スピーチを始めている。またアメリカ文化のお色直し（change one's dress）が始まった。

この「難訳辞典」は40年前の旧作のお色直し（giving our dictionary a makeover）と考えてもよい。改訂ではなく刷新のことだ。お色直しとは、和製英語のイメージ・チェンジ（makeover）。

「難訳辞典」は辞書らしくない、きわどい（off-color）ジョークが飛び出すので、イメージ・ダウンじゃないかと、色めき立つ（getting worked up）読者たちもいるだろう。人生いろいろ、読者もいろいろ。

いろっぽ

居酒屋トーク

なまめかしい（bewitching）話を

「色っぽい」が青紫（blue purple）とすれば、「なまめかしい」は赤紫（red purple）だ。私は花言葉が大好きで、ときどき色彩で語る——そして書く。昔からスミレやクレマチスのような青紫色の花が好きだった。私の人生は、赤（積極）と青（消極）が性的に結びついたような紫色だ。

purpleは性的に妖しげな色だ。説明しよう。青春時代は禁欲の時代。気高さと優雅な色調から生まれたのが英語道であった。中年の私はちょっとケバいreddish purpleの時代を迎えた。赤紫とは「狂い」が理性の一線を越えた恋狂に誘う、やばい色彩だ。

今の私は、肉欲追求の恋から解放されている。「ウソだ、まだお前はreddish purpleかpurplish redの時代だろう。まだ生臭い」と反論されたことがある。腹立たしいようで、うれしい。まだオレには男の色気（精気）があるからな、と胸をなでおろしたくなる。mixed emotionsのオレ。

急ごう。私の好みはbewitchだ。魔法をかけてうっとりさせるという動詞を形容詞に仕立てたものだ。I was bewitched.は「魅了された」とか、「籠絡された（honey trapped）」に近くなる。

籠絡（cajolement＝甘言で欺く）とはhoney trap（set up by sexual means）を想起させる、いやな響きの言葉だが、そういう匂うような色香で仕掛けるのが得意な（bewitching）食虫植物がある。flytrap（ハエトリグサ）がそれ。

スラングでflytrapは口唇を指す。口車より恐ろしいのは唇車。

さて、こんな脱線を書いて悦に入っている私は、いったい何色だろうか。君らの本音を聞きたい。royal purple、青春の紫？　かっこよすぎる。クラスで言えないホンネを。Tell me the truth.

なに、crimson（深紅色）？　まるで茜色（dark red, madder）だな。人生の黄昏（twilight years）ってところか。

今の心境はあじさい（hydrangea）だ。そう、「花の七変化」、the seven metamorphoses (in hue) of the hydrangea flowerといわれる、あのあじさいだ。flower languageでは「冷淡」だが、私は冷淡ではない。そう見えるのはひとつの現象に過ぎない。

英語道人生を語る、あじさいの歌を作詞した。作曲してくれたプロ歌手、美地さんに歌ってもらった。(NONES　Global Inside で披露。) その中から4タイプの女性を花に喩えて、ご観賞願おう。
https://youtu.be/UENc2BwloNk?t=9m36s

「英語に献げるあじさいのセレナード」
　　　　　　　　　　　　　　　（作詞　松本道弘　作曲　美地）
えいこよ やっぱり　お前は火の女
俺が燃えれば　冷めていく
あなたは　私がわからないのよと
お前は　真赤に燃えるケシの花

えいこよ やっぱり　お前は水の女
お前が冷めれば　燃えていく
俺の気持は　変わらないのに
お前は　谷間でゆれるゆりの花

えいこよ やっぱり　お前は石の女
お前を知れば知るほど　閉ざしてく
やめるのは今のうち　きっと後悔するからと
お前は　茎がぶれないクレマチス

えいこよ やっぱり　お前は風の女
道すがら　ふと拾った人はもういない
これからも　友だちのままでと　去ってゆく
お前は　風の姿のタンポポだ

iwayuru
いわゆる　what you might call

よく使われるオーソドックスな英語は、so-called, what's called。

よく耳にするのは、ワッチャマコール (what you might call)。"He's what you might call our nation's CEO." (いわゆる国の舵取りってやつだな。)

名前を忘れると、「ほら、あの人」と、聞き手に責任転嫁をすることがある。You know what I mean?　ユーノーホライミーンが増

えてくると、認知症が近い。

「だれだれ」(Mr. So-and-so)が「かくかくしかじか語った」というなら、Mr. So-and-so said such and such. となる。あの20代、30代の「誰かさん」なら、twenty-something, thirty-something。

英語の世界にも「ぼかし」はいっぱいある。I know you know I know.（あなたが私のことをよく知っていることもお見通しだ。）こんな言葉遊びも心理ゲームになる。

in'ei
陰翳　nuance

ニュアンスとは、言葉の裏、いや隠し味のことだろう。

nuance とは、a subtle difference in or shade of meaning, expression, or sound（意味、表情、音の微妙な色合いの違い）、例えば the nuances of the local dialect（地方の方言のニュアンス）。

大阪文化を語り出すと、解放されすぎて、阿呆になる。そこで、いけずな京都人のいやみ（Iyami attack = snides）が始まる。

大阪弁は、土足のまま居間に上がるようなもの、陰翳がまるでない。

Ours is nuanced. つまり京都弁は、その裏がある（nuanced）という意味だ。

大阪人は、「インエイ？ それ外国語だっか、ほな京都はインエイばっかりや。中身がない、京都のタコヤキみたいに、中にタコが入ってない」と、突っ込む。

京都人は、怒らない。涼しい顔をして、「ま、おぶでも」と。How about rice in tea? は、「ハヨ帰れ」ということぐらいは、日本全国に知れわたっている。

京都の「粋（いき）」と大阪の「粋（すい）」。漢字は同じでも、中身はまるっきり違う。京都の粋（いき）は心中を見せない。大阪の粋（すい）は、中身しか見せしまへん。ほんまに難儀な人達どすな。

ドスときたか。そういえば名著『「いき」の構造』を書いた九鬼周造は、京大で苦労した東京出身の哲学者だった。

uo-gokoro-areba-mizu-gokoro
魚心あれば水心　quid pro quo（something for something）

ラテン語を見出しにすることをためらったが、あまりにも耳にも

眼にもするので、思い切って、取り上げた。

　*The Economist*誌がセクハラ問題をOpen Secret（公然の秘密）という見出しで取り上げた。

　セクハラで悩む女性が増えてきた──いや、沈黙を破って公言する人が増えてきたということだろう。セクハラはsexではなくpowerの問題だといわれているから、男と女の言い分が食い違って当然だ。よく耳にする、She said, he said.だけで、両性の口論（けんか）が聞こえてくるようだ。

　He sexually harassed me.（彼からセクハラを受けました。）

　No. She asked for it.（いや、スキを見せた彼女の方がいけない。）

　男がカッとくると、This is the way she has slept her way up to the top.（彼女は昇りつめるために女を使ったってわけさ）と、つい口をすべらせてしまう。

　どっちもどっちだ。芸能界では、暗黙の了解とされ、ハリウッドでは"quid pro quo"（クイド・プロ・クオ＝見返り）harassment（ハラスメント）と呼ばれているそうだ。

　芸人が仕事をもらうために、耐えるセクハラ。魚心と水心と訳せば、ラテン語も使いやすくなる。

ukabare-nai
浮ばれない　deserve better

　日本は、恨み節の国だ。死者の呪(のろ)いを最も恐れる国だ。東洋の中でも、日本だけは英霊の祟(たた)りを最も恐れる、霊的な国だ。折口信夫は「死者の国だ」と述べる。

　私は、縄文の呪いと解く。人のために積んだ陰徳が報われないと、呪いがリベンジを始める。

「彼らは浮ばれないではないか」を英訳すれば、We have to do justice to those unsung heroes.となる。

　ひっくるめて、They deserve better.（彼らは浮ばれない。）

　justiceという秤の傾きを是正しないと、誰かが浮ばれない。それが呪いとなって、残る（come back to haunt）。

　この情景を欧米人に伝えるには、No justice.としか、訳しようがない。まだもどかしさは残る（not entirely comfortable）。

　No justice.を情緒的に訳せば、「この世の中、真っ暗闇だ」とな

る。読者もまだしっくりこないだろう。You readers, I suspect, are not entirely happy with the translation.

英和辞典の呪いは続く。Who dare say, I deserve better?（これじゃ私が浮ばれないと、誰かが言ってくれないかな？）

私の死後？ Justice delayed.（遅すぎた償い。）

ukabare-ru

浮ばれる　be sung / justified

どのような事業でも、世間の眼に映ったときは、浮ばれる人（those justified）と、浮ばれない人（those unjustified）に分れる。

sung（讃美される）を使えば、さらに格が上がる。浮ばれない人たちのことをunsung heroesと呼ぶ。

1か0ではなく、1と0のど真ん中を目指すことが、この「難訳辞典」の編集者たちの意地（self-esteem）だ。

"I and all editors, must feel justified. We're getting there."

（私とすべての編集者はこれで浮ばれたと感じたいのだ。我々は浮ばれつつあるようだ。）

ukei

うけい（誓・祈）　invoke

難訳中の難訳が、このうけい（誓・祈）だ。わからないことを神意によって知るために、誓いを立てることだが、ときには、人の不幸や死を神に祈ることもある。

呪いもあるというから、swearのヤヌス神的な（誓うと呪うが同時に存在する）パワーがある。

和英辞書にはない。そこで私の直観は、invoke（神・聖人などに、援助を祈る）が近いとみた。

霊を呪術で呼び出す（引き起こす）ことが原点であるから、現代宗教では及ばない。悪徳新興宗教（cult religion）は例外。

私は沖縄の久高島でよく「うけい」（invoke the help of Goddesses, summon or invoke the spirits of female deities）をする。やはりinvocation。

誓について、*The Kojiki*（『古事記』）の翻訳者であるバジル・ホール・チェンバレン（Basil Hall Chamberlain）はこう述べている。The original word *ukehi* combines the meanings of our words "wager", "oath", "pledge", and "curse" etc. —being in fact a general name for all words to which any mysterious importance attaches.

「誓という独創的な言葉は、私たちが使っている『賭け』『誓い』『誓約』『呪い』などの言葉の意味と深く結びついている——実際、それは神秘的な重要性につながる、すべての言葉を総括する名称なのである。」苦心のあとが窺える。

"wager", "oath", "pledge", "curse" について解説する。

1 wager 賭け（英法史には、主張を実証するという宣誓の意味もある。） 2 oath 誓い（法廷での宣誓。）3 pledge 誓約（言質。） 4 curse 呪い、等々。神秘的な重要性が加わる。

ukei-wo-tateru
うけい（誓・祈）を立てる　swear by God（gods）

　宣誓に近い。swear on the Bible.（聖書に誓う）。断言するときも、I swear by God.（神に誓います）を使う。日本ではGodではなくgods（nature's spirits）を用いるほうがいいだろう。

　うけい（誓・祈）を立てることを、あえて英訳すればmake a solemn oathとなる。

『日本国語大辞典』によると、「わからないことを神意によって知るために、誓いを立てること」となっている。私は琉球紘道館を訪れる前には、久高島でみそぎ祓いをし、誓をする。

　女神たちの底意を忖度しながら、志を立てるのだ。

「沖縄のメディアの偏向報道を、私の究論道（The Way of Debate）で糺そうとする行為は不遜なのでしょうか」と女神たちに問い、浜辺で天を仰ぐ。私流の「うけい」だ。

　志を立てても、人意には限界がある。神意を仰ぐ必要がある。しかし、神社のおみくじ（omikuji, fortune, oracle）のように、ご利益を求める身勝手な祈りではない。

　崇めても、天意に反すれば祟ることもある。中途半端な気持で、誓を立てるものではない。

uzai（osekkai-na）
うざい（お節介な）　nosy

　好奇心の強い人や、すぐに人のことに首を突っ込むお節介屋はすべて、うざい奴。a nosy guyだ。すぐに首（英語では鼻）を突っ込

みたがるからだ。

Keep your nose out.（詮索するな）というふうに使える。

inquisitive（根掘り葉掘り聞く人間）は嫌われる。

「お節介はやめてよ」といえば、そういう人はきっと、「あなたのためを思って言っているのよ」（I'm just worried about you.）と善意（good intentions）を押しつけようとする（東京より大阪に多い）。

ある米映画の字幕では、nosyが「うざい」と訳されていた。

氏神　a guardian deity

氏とは、家系や血統（a clan, a lineal group）のこと。

家名（a family name）やbirth（blood）を格別に意識するのが氏。『新和英辞典』はan *uji*と、そのまま記している。

「氏も育ちもいい人」とはa person of good birth and breedingとなる。

氏神はa guardian deity（spiritでもよい）になる。天皇制（昔はこんな日本語はなかった）も、祭祀を司る氏神のようなもの。

ウソくさい。　It sucks.

わが国の英語検定試験には絶対に出題されない、口語英語表現である。それがsucks（「サイテー」が近い）。

This school sucks. This office sucks. You suck. I suck. Love sucks.（この学校ってサイテー。この事務所ってサイテー。あんたってサイテー。俺ってサイテー。愛ってサイテー。）こんな表現を日本人が使ったら、ネイティヴはキョトンとするか、爆笑するかのどちらかだ。

あるとき私がMarriage sucks.「結婚なんて最低」というつもりで使ったところ、アメリカのジャーナリストの友人が腹をかかえて笑ったもので、その過剰反応に私が驚いた。

表向きは、結婚とは美しい言葉だ——それがsucksというS語（smell, stinkもsuckと同じく悪臭を感じる）で突き刺されると、虚の表面張力（surface tention）が脆くも崩れ去ることになる。それが笑いとなる。

このsuckに一番近い日本語が「ウソくさい」だと教えてくれたのが、勢古浩爾という玄人うけする評論家だ。氏の分析と解説に惚れた。「一言でいえば、すべてが『ウソくさい』のである。『自尊心』という秤の両端に『謙譲』と『傲慢』が、『責任』の両端に『受容』と『忌避』が、人生の両端に『損』と『得』が載っている。分銅の大小がコロコロ変わるから、常に不安定だ。その揺れの不安を隠蔽するために、『ウソくさい』言葉が発明されたように見える。」（「私を苛立たせる10の言葉」『新潮45』2017年8月号）
「私を苛立たせる10の言葉」は、Ten Clichés That Suckとなろうか。「苛立たせる」をirritateとするよりも、やはりsuckがいい。cliché（クリシェ）とは、決まりきった文句のこと。
uso-deshoh

ウソでしょう。　You're kidding.

　kidは「からかい」。意外に日本人には使えない。Just kidding.は「冗談、冗談」と逃げ口上に使われる。"Joking."を使う人もいる。欧米人は、「ぼかし」の術が得意だ。本当のことを述べるときに、jokeというオブラートで包むことがある。

　大阪時代、あるフランスの学者が、同時通訳者の私に、こんなことを言った。"Sorry, I don't need you today, I'll speak French."（申し訳ありません、今日あなたは必要ではありません、私はフランス語で話します。）

　そう言ったあと、"Joking."（冗談ですよ）と言われ、ホッとした。
　こういうきわどいいたずら（practical jokes）は変化球に弱い日本人にきらわれる。kidは「からかい」だが、冗談は、真剣味（seriousness）を隠すときにも使われる。

　欧米の悲喜劇によく登場するclown（道化師）はjokerであるがゆえに、不気味なのだ。日本人はピエロ（clown）に哀愁を感じる、情緒的な民族だ——顔で笑って、心で泣く、因果な商売だ、と。これを私は相互誤解（mutual misunderstanding）と呼ぶ。

　clownは笑わせる娯楽ビジネスだから、「泣かされた」という日本的反応はプロを傷つける。

　エノケン（榎本健一）という浅草のコメディアンに涙を流したファンがいた。それを耳にしたエノケンは、こう嘆いたという。「コ

メディアンが泣かれたら、もうオレもオシマイだ」と。

同時通訳が素晴らしかったと褒められたら、もうおしまいだ、と"同通"の卵に教育したことがある。"同通"のプロは、忍者なのだ。

uso-mo-hohben
ウソも方便 stretch the truth

convenient lieは直訳としては正しいが、勧められない。ご都合のいいウソは自己肯定的すぎる。相手の立場も慮ってつくwhite lieは許される。

「あなたは、わが社にはもったいない、お人」とoverqualificationをタテにして断る場合もある。これは悪意のあるウソではない。相手を傷つけない配慮に端を発している。

大統領選で大ボラを吹いたトランプ大統領のウソは*The Economist*から、post-truth（超真実）と評され、広がりつつあるようだ。

ハッタリはウソではない、というポピュリスト好みの発想だ。「ウソも方便」は真実を引き延ばす（stretch the truth）ことだ。

utagawashiki-wa-basse-yo (suitei-yuhzai)
疑わしきは罰せよ。（推定有罪） Guilty until proven innocent.

現場で捕まったら最後、有罪。（If you get caught red-handed, you'll be guilty.）これはinnocent until proven guilty（推定無罪）が常識である、欧米社会の法律意識とは似て非なる、日本人の法意識（Japanese feelings toward law）だ。

Japanese justiceとは何か？ 外国人はよく言う。日本という異国では、正反対の"Guilty until proven innocent."がルールではないかと。無罪であることが証明されるまで、有罪とされてしまうというのだ。

有罪率が99%（*The Economist*誌の見解）というから、満員電車の中で「この人、痴漢」（I've got a groper!）と叫ばれた男は、取り調べを受ける前から、すでに有罪とされてしまう。

今、「推定有罪」という英語が流行りつつある国、それはアメリカだ。アメリカで猛威を振るっているロサンゼルスのギャング集団MS-13（Mara Salvatrucha）は、エルサルバドル、ホンジュラス、グアテマラの移民たちのギャング団で、メキシコ系の暴力団に負け

ぬように、こんな恐ろしいモットーを打ち立てた。"Kill, rape and control."

だから移民を疑えと奮（ふる）い立ったのがD.トランプ大統領だ。「疑わしきは罰せよ」がGuilty until proven innocent（推定有罪）に合流したのだ。移入者（とくにundocumented＝もぐり）は、もうすでに犯罪者というヘイト思想だ。

uta-gokoro
詩心（うたごころ）　poetry / poetry in one's heart

poetic mindと直訳したいところだが、むしろpoetry in one's heartの方が絵になる。

かつて芸術家を夢見た私は、どんな言葉でも、シンボルに変え、そしてそれが文章となると、イメージに転換してしまう。文章は書くものではなく描くものだと、自分に言い聞かせている。

「君には詩心があるね」とほめる場合、You must be a poet.（君は詩人だね）では、想念を具象化してしまう。

You must be a singer.（君は歌がうまいね）では軽すぎる。単に、美声だけをほめているようだ。

poetryの世界は深い。異性との関係で苦しんだ人の話を聞いて、You went through a lot.（いろいろあったね、同情するよ）と言うのと、Now I know you're a poet.（君が詩人であることが、今わかったよ）と言うのとでは、どちらが、癒しの効果があるだろうか。

uchi-to-soto
ウチとソト　us or them

ウチはinside、ソトはoutside。「福はウチ、鬼はソト」はin と outでとっさに訳せる。しかし、それではあまりにもストレートすぎる。

内外という見方をしない民族もいる。欧米人は、us and themと考える。我々（ウチモノ）はus、それ以外のソトモノ（ガイジンも入る）はthem。

待てよ、andを使っている間は、まだ発想が日本的すぎる。英語的発想となると、orがベター。そう「英語で考える」とは、orで考えることだ。

ソトモノに対する言葉は、当（あ）たり障（さわ）りのない（politically correct）訳が好まれる。TV番組ではPC言語。しかし、TVでもの足りない人には、politically incorrect（問題発言）スレスレの表現が好まれる。その方がホンネに近いと考えられるからだ。

英語的発想をさらに推し進めるなら、us-against-themとなる。この英語表現も *TIME* 誌から学んだ。

...Trump sees the world in the same us-against-them tones that inform his most racist supporters.（*TIME,* Aug. 28th, 2017）

（…トランプは、彼の最も人種差別的な支持者に告げるのと同じ具合に、ウチとソトを分ける調子で我々の世界を見ている。）

たしかに、トランプ思考には、us（ウチモノ）かthem（ソトモノ）しかない。orをagainstに替えたまでだ。

uchiwa-mome
内輪もめ　a family feud

fとfで揃えた。別にfamily troubleでもdiscordでも構わない。familyを省いて、仲間もめ internal troubleでもよい。

日本人は「和（concord）」を好むので、英語民族の感覚に適う。discordを使って、格調を高めるのも芸だ。

「社内問題だ」とは、通常 Complicated. Politics. の二語だけで通じる。Politics. だけで結構通じる。これなら派閥争い（factional infighting）も含まれる。派閥（factionalism）とは、日本の企業病だ。

unuboreru-na
うぬぼれるな。　Don't flatter yourself.

Don't be self-conceited. は直訳すぎる。Don't get a big head. は高慢ちきにもなる。よく使われる口語は、Don't flatter yourself. だ。「（ほめられて）うれしい」という場合は、I'm flattered. でよい。「おべっか」でもいい。ほめられると誰でも嬉しいものだ。Thank you for the compliment. と、「お世辞」を評価するのも、diplomatic（外交辞令）のうち。

Don't flatter yourself. は、「調子に乗るな」（Don't get too carried away.）とほぼ同意。

「あなたの評価は高いようね」とほめられたとき、男は素直に "I feel flattered."（光栄です）と喜ぶか、"Don't believe everything they say about me."（人の噂を信じちゃいけないよ）と謙遜するか

のいずれかが多い。

最悪の答えは、Yes. Everyone says so.（はい。皆さんがそうおっしゃいます）だ。そんなうぬぼれ屋に対しては、世間の評価は厳しい。「うぬぼれなさんな」(Don't flatter yourself.) がよく使われる。

背後では、He's self-conceited.（あいつはうぬぼれ屋だ）とか He's got a big head.（あいつはうぬぼれている）などと陰口をたたかれる。

umare-kawaru
生まれ変わる　come back, born again

前著を含む「難訳辞典」が他の辞典と違うところは、項目はできるだけ応用の利く、エネルギーのある英語と日本語（low-entropy words and phrases）に絞ろうとしたstrategy（戦略）にある。

そのために選んだ複数の類語は、より身近なケースに対処できるtactics（戦術）として、従に置くことにした。主となる応用範囲の広い英語とは、日本の英語学習者が苦労する児童英語だ。

Mommy, where do babies come from?（ママ、赤ちゃんはどこから産まれるの？）
「私はどこから」ならWhere do I come from?

幼児が出身地をたずねるわけがない。だから、be bornがcome fromに変わる。なぜ「産まれる」が受身形になるのか、という疑問が生じる前の段階だ。だから「生まれ変わる」もcome backでいいのだ。
「犬に生まれ変わりたくはないよ」(I don't want to come back as a dog.)
「カニは脚を失っても、生え変わるわよ」(If a crab loses a leg, it will grow back.)

これならすぐに英会話ができる。しかし受験英語（試験が終れば忘れる英語と定義）を欲する人には、この辞書は勧められない。

Why? Because your English, after the test, won't come back.（どうしてかって？　試験が終れば、君は英語を忘れ去るからだ。）

さて、「生まれ変わる」の受験用のbig wordsはbe rebornとbe regenerated。「魂が生まれ変わる」なら、transmigrate, incarnate。

偏差値の高い人はこんな英語を使うだろう。I want to be reborn

a woman in my next life (existence.)（来世は女性に生まれ変わりたい。）

暗記を盲信してきた秀才型（book-smart students）はこの英文で満足する。しかし、インプット（速読、多読）好みの天才型はbe rebornにひっかかる。再生できる証明がないからだ。

生まれ変わるとは仮定法だから、ifが入る。if another life is possible, と。ifが入るか、入らないかだけで、英語人生はぐんと飛躍する。Your English life will make a lot of difference.

ただ、ある和英辞典には、こんないい訳が見つかった。「戦後日本は平和国家として生まれ変った」（After the war, Japan re-emerged as a peaceful nation.）。be rebornは使われていない。

君も生まれ変われ！（Give yourself a make-over.）これなら、イメージ・チェンジ（お色直し）をせよ、とかイメージ・アップという一種のrebirthなのだから、resurrectionという宗教用語より無難な訳といえよう。

umi-wo-dasu
膿を出す　clean up the mess

横綱・日馬富士が暴力事件を起こして引退した。同じモンゴルの横綱の白鵬が、40回目の優勝を成し遂げたあと、事件に触れ、これを機会に「膿を出す」と公言した。この、ウミを出すという難訳語が外国人力士の口から飛び出したのだ。

40年前の辞書で使ったlance a boilという訳は、これまで一度だけ耳にしたことがある——文脈は覚えていない。気になる難訳語だ。「膿を槍で突く」か、なるほど。ネイティヴ英語はこんなものか、とヒザを打った。奇を衒った直訳で不服だったが、この事件に限定すれば使えそうな気もする。

Forty years later onの今。行を積んだ私は、頻度数を気にするようになった。そして、よく使われるclean up the messと置き換えた。いや、さらにopen the old wounds that need to be openedと、ネイティヴでも真似できない妙訳で勝負に出たい。

よく使われる、古傷を暴く（reopen old wounds）という言い回しに、少しスパイスを加えたまでだ。これなら誰でもうなずく。

old wounds（sores）は、触れる（touch）こともopenすることも

好ましくない状態、まさに膿のことだ。
uraomote-no-nai-hito
裏表のない人　　honest person

honestとは「正直な」と、辞書に忠実な訳では覚えない。私は英語の音（リズム）そして、言葉のシンボルを捉えて、そのうえで、口唇(こうしん)に覚えさせる。

だから英語が、しばらく使っていなくても、すぐに口から出る。

もし、辞書から英語のシンボルを学ぶなら、英英辞典を勧めたい。『オックスフォード新英英辞典』では、free of deceit; truthful and sincereとある。偽りがなく、真実味があり誠実ということだが、例文でさらにくっきりと輪郭が浮ぶ。

I haven't been totally honest with you.（私はあなたにとってまったくやましくない生き方をしてきたわけではない。）

するとこのhonestのシンボルが、「（心に）裏表のない」だとわかる。裏表のない夫婦生活（honest marital life）が貫けるカップルは幸せである。

uragitta-no-ne
裏切ったのね。　　You lied to me.

ウソをついたからといってdeceive（欺(あざむ)く）したことにはつながらない。しかし英語でlie（悪意がある）といえば、それは相手を裏切ったことになる。政治家が選挙民を裏切った場合、The politician let his voters down. という。

政治家はウソつき、という場合、Politicians are liars. とはいわない――私見に限定して。Politicians misspeak. いやPoliticians say things they don't mean. という意味だ。公約を実施しなくても、必ずしもウソつきではない。政治家とは変わるものだ。

政治とは妥協の術。（Politics is an art of compromise.）前言や信条も撤回する（compromiseという英語が使われる）のが許されるからだ。Politicians can get away with those situational ethics.（状況倫理といったウソをついても許されるのが政治家なのだ。）

ただし、本当の政治家（statesmen）は、principled（ぶれない）な人たちだ。

うらぎっ

 コーヒー・ブレイク
「裏で糸を引く」はどう言うか

文字通り、pulling strings from behindでも通じる。
「犯罪の陰の女」ならthe woman behindでよい。

the woman（the woman behind the crime）だけでも通じる。theは「話題の」とか「特定の」という意味。「この事件のウラには誰かいる」ならThere must be somebody behind this.
「黒幕」もbehindですませることができれば、和英辞書がいらなくなる。「黒幕は誰だ？」（Who's behind this?）

黒や闇には、いかがわしさ（sleaziness）がつきまとう。正体不明な特務機関や右翼の大ボスが暗躍していた頃の昭和史は、ドロドロ（down and dirty）しており、松本清張が『日本の黒い霧』で暴露している。今の私ならsleazinessか、revolving doors（政財官界とウラとの癒着）と訳す。いや、黒を省いて、fogginess（深い霧）と訳したい。

『日米口語辞典』で「黒い霧」の訳として掲げたbribery and corruption（直訳は、贈収賄と汚職）も良心的な訳だ。

とにかく、戦後の日本はややこしい（complicated）。勝者の米国が、押しつけた民主主義のルールがオモテになっただけに、反発したウラの人脈（フィクサーや黒幕）、オモテの政治のウラとのつきあい（revolving doors＝回転ドア）がますます不透明（murky）になった。

日本の社会は、茶の世界でもそうだが、表（front）より裏（behind）の方が、動きが派手になるだけに、不可解（foggy）だ。

安倍晋三は元A級戦犯容疑者で右翼勢力の後見人でもあった岸信介首相の孫というから、今日の日本は敗戦の後遺症を引きずったままだ。

裏（面）の昭和史（untold part of showa history of Japan）を語ると、コーヒーがまずくなる。砂糖とミルクを入れても、味はブラック・コーヒーのままだった。

ura-no-mikata
裏の観方　the other (left-handed) view of history

　日本人が好む「裏」を瞬時に訳せれば、同時通訳の、そして字幕翻訳のプロだろう。"裏史"とは、表の（公の）史観の裏だから、語られていない部分（untold part of history）ということになる。

　欧米の社会で言う「裏」は、「別の」（the other, alternative）とあくまでヨコ並びにする。裏にコンプレックスを考える向きは、「裏の科学」をスーパーサイエンスへと思考をジャンプさせる。「superscience?(超科学？) alternative science（別の科学）でいいのでは」と言った外国人もいる。

　いやユーモラスに、いたずらっぽく、left-handed view on history（左利きの歴史観）と表現するのも芸のうち。

　left-handedには、疑わしい、曖昧模糊といった意味があるが、下位に立たず、対等に立った史観だ。それらをひっくるめて、the other historical view（別の歴史観）だ。

　『難訳・和英口語辞典』で、愛人がなぜthe other womanなのかの謎解きをした。私は果敢に定説（仮説のこと）に挑む人が好きだ。「縄文人はエイリアンの餌とされた。証拠はこの横穴式古墳（a tunnel tumb）だ。」こんな一見トンデモナイ珍説にも、物的証拠があり反証（counter evidence）がない限り、反論もできず、ジャーナリストを自任する私は、ご本人とアポを取り、その謎の人物に会いに浜松まで出向いた。それは、YouTube配信で話題となった、博覧強記のはやし浩司という名のルネサンス・マンだ。

　裏の人間とは、左利きの（left-handed）解釈でいけば、表の世界に対し、なんらかの「恨み」（resentment）がある人のこと。

　このルサンチマンを、「呪い」だと定義するdevil's advocateもいる。devil（悪魔）は、天の邪鬼的にひねくれたところがあるが、神と対等に立つ油断できぬ存在だ。

　Mr. Hiroshi Hayashi is a devil's advocate, uh..., an alternative voice.このように、ちょっとばかり気をつかって、この浜松に住む奇才を紹介したい。

憂(愁)い　urei　grief

「憂いあれば喜びあり」は、sorrowのあとにはjoyが来るという譬えだ。Every cloud has a silver lining.（すべての雲には銀の裏地がついている。つまり「不幸のあとには幸福が来る」）という諺は、今でもしょっちゅう使われる。

every cloudか、silver liningのどちらかの言葉を耳にしただけで、プロの同時通訳者なら全貌を摑んでいるだろう。

「憂い」の訳は sorrowよりも griefをとる。深さと強さをシンボライズするG語（例：globe＝地球）のシンボルだ。

憂国心と愛国心の違いは、と問われると blueと redと答える。あくまで私見だ。blue patriotismは憂国、red patriotismは愛国。

憂鬱はblue sentimentで歴史的に深い――寒色（cold colors）。しかし、愛国心には「私」心がある。政治的意図を感じる。"愛国無罪"の意図はきわめて政治的であり、政治的な野心により利用されやすい。政治はしたがって赤。

> **コーヒー・ブレイク**
>
> ### 愛はred、憂はblue
>
> 憂国がblue、愛国はred。この話をし始めたら、ほとんどの生徒がそわそわしだした。
>
> 進学のための塾通いの生徒たちにはどうでもいい話題だ。国を愛するのも憂えるのも、patriotismを辞書的に覚えているだけでいい。受験を控えた人たちの「憂い」は自分だけのもの、傾きつつある国に対する憂いはまったくない。それでいい。
>
> しかし、人生の冬を迎えた私は、私に従う秋のリーダーの人たちに聞いてもらいたい。
>
> 君たちは、中年を越えた秋の人たちだ。秋の人の心は、愁いだ。生徒たちの将来、そしてこの国のことを憂える人たちだ。
>
> 今日は授業参観の日だから、父兄の人たちだけに話しかけてみたい。あなたがたの子供がどのように育ってほしいのか、秀才か、天才か。じっくり語り合いたい。
>
> ホリエモン（堀江貴文氏）の言葉ではないが、これまで踏襲し

てきた価値観は崩れる。伝統を捨てよ、人のために、親のために学ぶのはよしなさい、とも言っている。「過去に執着せず、今を生きろ」と、恐るべきスピーチを近畿大学の卒業式で行っている。

それでも、みなさんは、子供たちを偏差値秀才にさせようとされているのか。残った10人の父兄のうち9人がお母さん。お父さんは1人だけで、全員が無表情、沈黙のまま。私は一方的に語る。やっぱり終ろう。コーヒー店では語りきれない。居酒屋でホンネを語りたい。(「子供の夢を叶える戦略」)

uwasa (wadai) no-on'na
噂（話題）の女　the woman

噂とは、かなり広いサークルの間では、誰でも知っている、という意味だ。単なる一女性（a woman）ではない。the womanとtheに変わる。しかし、誰でも知っている、ホラ、あの女性という場合は、the（ザ）よりも *the*（ジ）の方がパワフルになる。

『シャーロック・ホームズの冒険』("The Adventures of Sherlock Holmes")の中でも "The Woman"（あの女）のエピソードは圧巻だ。

そして、「求められている話題の人」はthe one（ジ・ワン）と呼ばれる。男性の間で、よく使われる。洗礼者ヨハネにとって、突然出喰わしたナザレのイエスは、the one（本命）でしかなかった。

イエスとの関係が公然の秘密となっていたマグダラのマリアはイエスにとり、the one（意中の人）であったとしても、世間の眼は、あくまで、彼女はthe woman（あの女よ）と、冷たかった。小説家のダン・ブラウン（Dan Brown）(『ダ・ヴィンチ・コード』"The Da Vinci Code"の著者)が登場するまでは。

eikaiwa-mo-hodohodo-ni
英会話もホドホドに。　Go easy on your spoken English.

受験英語は日本人好みのTest Englishだから、やさしく、愉快な進学塾の先生に耳を傾けた方がスコアアップにつながりそうだ。

受験英語の達人を馬鹿にしてはいけない。たいがいの秀才（determined students）には根性がある。しかしまだアマ。

実社会で勝負のできるプロにはgrit（ド根性）がいる。

優秀な（頭のいい）生徒に欠けるのが、プロに期待される「がんばり」だ。これは pain tolerance（苦痛に耐える力）と呼ばれる。
　You've got to be able to tolerate pain.（苦痛に耐える力を養わなければいけない。）それは忍耐力、つまり「ねばり」のことだ。

 コーヒー・ブレイク

英語道が Happy English であるわけ

　英語学習は道であるべきで、決して術に溺れてはならない。
　幸福やお金を求める行為は、物欲の延長であって、資格試験で合格する快感を求めるようなものだ。合格すれば、happy。不合格になれば unhappy。
　だから合格する快楽を求めようとする。これが Pursuit of happiness（幸福の追求）とすれば、まさにアメリカ人気質ではないか。戦後の日本は、まさにそうなった。
　外国語を学ぶ悦び（こちらは joy）が、英語の検定試験に合格する快楽（pleasure）を求め始める。夢を売る駅前の英会話学校が、受験対策の予備校と化してしまう。
　その方が儲かるのだ。英語はビジネスになるのだから。English is money.（英語は金なり。）
「先生の話を聞いていると、暗くなってきます」
「ああ、そうか。すまない。もっと明るくいこう。Let's be happy. 英語道は Happy English なんだ」
「なんですか、そのハッピー・イングリッシュとは。ハッピーは人間の心のあり方でしょう」
「そこなんだ。英語道とは、英語そのものを生き物だと捉えるところから始まる」
「……」
「きのう、英語の試験の結果が出たそうだが」
「ええ、90点でした。徹夜で勉強した成果が出たのでしょう」
「もし明日同じ内容の試験を受けたら、何点とれると思う」
「多分、80点ぐらいかな」
「1週間後は」
「70点」

「では1年後は」

「うーん、50点を割って40点ぐらいかな」

「つまり、君の答案用紙のマークの90点はillusionじゃないかね。そしてその"虚"の資格が"実"と錯覚させる、教育機関や検定試験は、すべてdelusionalだ。英語の悦びを忘れ、それを求めてgetする快楽に誘惑するのが英語術なのだ。

　英語を君のガールフレンドだと考えれば、可哀相に、愛されて捨てられたことになる。これがUnhappy English。

　外国語に憧れる心情は、誰の心の中にもある。惚れて英語に会った瞬間は、hot。だが、冷めるのも速い。Your English is weeping.（君の英語は泣いている。）

Make your English happy. Happy English.

今日のコーヒー店での、英語道講義はこれで終り」

(eigo-no) yamato-kotoba
（英語の）やまと言葉　English phrasal verbs

　成句の（phrasal）動詞、クリストファー・バーナード（Christopher Barnard）氏はこれを句動詞と呼んだ。句動詞とは、ちょっと苦しい訳だが、これしかない。

　ギリシャ語やラテン語、そしてキリスト教からの借用語は、エリート好みの英語だが、ちょっと気取ったbig wordsになりやすい。

　もっと自然発生的な表現（征服者により押しつけられた外来語ではない）が、英語のやまと言葉だ。そこで眼をつけたのがgiveとget。この発想は、大阪にいた頃に私が思いついたものだ。

　単語数とbig wordで「メシがくえまっか」というナニワ流のソロバン思考（pragmatism）があった。気取らない（エエカッコをしない）表現がやまと言葉で、イディオムではない。

　イディオムはI can't make head or tail out of it.（私にはまったく理解できない）などで、覚えてもすぐ忘れるような、決まり文句。

　私もよく使ったが、使う人がいないのでやめた。忘れる（unlearn）のも勇気がいる。

　やまと言葉でいえば、I just don't get it.（ワケわかんない。）

えいごの

> ☕ **コーヒー・ブレイク**
> ## 英文法は必要悪。懐かしいハッド・ベター戦争

「英文法をやりたまえ」を英訳してみよう。You'd better do English grammer.

そうした方がいいという、ていねいな語りではYou might as well practice English grammar. となる。

英文法はややこしいが、きっと役に立つ。しかし英文法はなかなかマスターできるものではない。

英語という言葉そのものが進化し続けるのだから、英文法も、「将」である英語の「参謀」であるべきだ。目立ってはならない。まるで通訳と翻訳との関係に似ている。

米国大使館勤務時代、同時通訳が主な業務であった頃に、最も苦手な相手は、物を言わないプロの翻訳者たちであった。岡目八目というか、通訳者のミスを発見する技に長けていた。

口で勝負するplayersより、いつも聞き耳を立てているonlookersの方が有利なのはわかっている。

しかし、通訳者という大衆芸人(そのように自嘲的な表現を用いたことがあった)にも苦言を呈したい。英文法と翻訳の練習だけはやっておけ、と。かなり命令口調だから、had betterの構文がいいだろう。口語表現だから、「やる」はそのままdoでよい。「いや、アメリカでは、母親が子供に、サンタおじさんが来ますよ、お行儀よくしなさい(Better watch out.)というように、命令口調で使われるんだ」と、あるべき英文法に対し、実際には使われている、活きている英語はこうなんだ、と反論する。

こういう英文法論争は疲れる。君子危うきに近寄らず(Discretion is the better part of valor.)、英文法学者の土俵に乗らないことにしている。

70歳を超えて、VSOP英語研究所の西巻尚樹氏が唱える、柔軟な英文法に遭遇し、再び英文法に戻り始めた。

私の斬れる英語の「秘中の秘」である「書く英語」(当用日記)を支えたのも、英文法であり、英文法こそ私の懐刀(my useful second)だったのだ。私の英訳を日本刀とすると、英文法はdaggerだったのかもしれない。

同時通訳の大家である小松達也教授（国際教養大学）も、中学時代にマスターした（無敵だったらしい）英文法が同通に役立ったと言われ、西巻文法にのめり込まれた英語求道士の加賀美晃氏（難関英語資格五冠達成）も、英文法の"しばり"（fetters）との闘いの連続でしたと、告白されている。身につまされる。
「囲い柵」（corral）は外敵から守ってくれるものだが、家畜ではない自由人の性は、そこからの解放を求めたものだ。

erabarete-tohzen-no-hito
選ばれて当然の人　　an obvious choice

　この「当然」の訳にこだわった。「難訳辞典」に挑んでから、ますますこだわるようになった。

　これまでの私はa logical choiceと思って使ってきた。このlogicalを「論理的な」と限定してはならない。どう考えても、他に選択肢がないから（消去法＝eliminationというロジック）、小池百合子氏が選ばれて当然、というならa logical choice。

　彼女がピッタリの人選だ、ならan excellent choice。

　自然にそうなるというならa natural choice？　それはあまりにも日本的で、日本人しか――いや日本人でも――通じない。

　She's a natural leader.なら、「生来のリーダー格（リーダー向き）だ」となるから、「遺伝子に決められた」という意味になる。

　*TIME*誌の表現が気に入った。the veteran（Bob）Mueller was an obvious leader.（*TIME*, July 3rd, 2017）ベテランの、ボブ・ミューラーについて、an obvious leader（誰でも納得するリーダー）という表現を使っていた。This is it!　これだ！

en
縁　　relationships

　難訳語の「縁」については、くどくど書くが、"Soul of Japan"の本の中で異彩を放ったのは、縁をrelationshipと超訳させたところである。

The word *en* encompasses all the relationships a person has formed in this life or previous lives.

（縁という言葉は、人が、この人生または前生でつくったすべての

関係を網羅するものだ。)の解説が気に入った。

「ご縁」はときにはcoincidence（たまたまの出来事）やfate（運命的な出会い）、karma（カルマ。ヒンズー教の因縁、業）などいろいろあるが、イチオシはa relationshipだ。

人間同士のつながり（connectedness）や絆（bond）などひっくるめたものだから、relationshipsと複数形になる。これなら、前生からの宿縁も含まれることになる。

不思議なご縁には、時空を超えたものがあるから、karmaがvibes（ビビビという感じ）と同じ意味で使われるようになった。

そこの因果関係を見出そうとするなら、one thing leading to another（縁とは不思議なものでして）。*The Economist*誌の深い内容の記事の見出しにもなった。

因果法則に対する疑問だからserendipity（ひょうたんから駒）に近い。

en-ga-nakatta
縁がなかった。　　It's over.

日本はAかBかというORの国ではない。Both A and Bの国だ。

二人が別れるときも、どちらが先に嫌いになったかなど問わない不文律がある。I'm done with you.（あんたとはもう会いたくない）というホンネは控えて、お互いに「縁がなかったのね」といって別れるのが、タテマエ上は大人同士の社交術だ。

英語ではIt's over.でよい。最初からなかったなら、offでもよい。いや、論理的にはこちらが正しい。自信はない。不都合なときは、itでぼかすのが、欧米流だ。日本語は、「ぼかし」ではなく、「にじみ」だ。「縁がなかった」は、お互いの領域を超えて、心情をにじみあわせている。自然が「間」になっている。overをにじませた訳だ。

engi-ga-warui
縁起が悪い。　　It's unlucky.

夏目漱石の『こころ』のなかに、こんなくだりがある。

... 'When I die, when I die'? For heaven's sake, please don't say 'when I die' again! It's unlucky to talk like that....

（…おれが死んだら、おれが死んだらって、まあ何遍おっしゃる

の。後生だからもう好い加減にして、おれが死んだらは止して頂戴。縁喜でもない。…)

どうも漱石の小説の中には、「死」のテーマが多い。今の私はメタ認知能力を伸ばそうと、日本文学を、英語を母語とするエイリアンの眼を借用して読んでいるが、日本の文豪作品の中にはkillがなくdieが圧倒的に多い。TSUTAYAで借りたReality TVシリーズは、kill, kill, killばかりでうんざりする。かつては、日本の高校生にとって必読書とされた『こころ』は、die, die, dieだ。

この日本という言霊の国（死者の国とも）ではmercy killing（安楽殺）も「安楽死（mercy dying）」と訳されるなど、血の色彩は薄められている。「殺」という言霊がa bad omenかa bad signかbad luckを呼び込むのだろうか。

やはり「縁起が悪い」はunluckyでよさそうな気がする。

engi-wo-katsugu
縁起を担ぐ　believe in omens

縁起を担ぐ人は、世界中どこにでもいる。私だけではない。

I often draw an *omikuji*（an oracle）, hoping to get "Kichi"（good fortune）on it.

（私はよく、おみくじ〈託宣〉をひくが、それで「吉」〈幸運〉をひくことを望んでいる。）

縁起は梵語でPratītya-samutpāda（プラティーティヤ・サムトパーダ）という。因縁によって、あらゆる事象が仮にそのようなものとして生起していること。ヒンズー教のカルマ（Karma=業）に近い。宿命というより、独特の雰囲気を指す場合もあるので、縁起（omens）に近いとみる。良いomensはgood signsでもあるので、やはり迷信（superstition）の一種かも。

> コーヒー・ブレイク
> ### 縁と結び
> 世界平和の岩戸開きを念じた8（聖数）の信奉者、友人の畑アカラ氏のグループ（8月8日はハートの日協会）が、毎年8月8日をハートの日にすると提言し、世界に向かって一緒にやろうよと呼びかけた。

6（自然界の理数）を究論道の"核"（core）とする私は、NONESの番組で畑氏と、8か6かをめぐってディベートをした。

融合（和）を信奉する二人は、どちらも究論道を通じて妥協、いや縄文的に融和した。人間界（8）にとっても、自然界（6）にとってもどちらも不可欠（critical）なのだ。

縁という結び（ties）や絆（bonds）は、縄文人が好む縄や線の糸ヘンだ。8という無限大のマークは、ウロボロス（自分の尾を咥えた蛇）のそれである。空龍（私のニックネーム）が目指す、「空」の無限大（∞）も、宇宙学者が宇宙を説明するのにも、このマークを使っている。

私はスズムシという自然の妖精（fairy）から学んだ。スズムシが啼くとき、2枚の翅がハート形になる。

ここでユーロボリックと発音するuroboric（尾を呑みこむ）について、述べてみる。drákōn（ギリシャ語）はドラゴンだが、uróborosそのものは蛇である。

中国では、蛇は小竜（シャオロン）で、small dragonのこと。70歳を超えて空龍と改名した私は、dragonの形容詞をvoidかemptinessか悩んだ。一人のネイティヴ（米人）がsky dragonはどうか、と言ったが、まだピンとこない。

40代の中頃から断食を繰り返してきた私は、いずれ空龍と改名したいと夢見てきた。畑アカラ氏（代表理事）との奇縁（serendipity）によりuroboros dragonが近いと気づいた。serendipitous discovery（前著で「一期一会」の訳語とした）とは、げに恐ろしい出来事だ。

巳年（snake year）の父が、1940年の私の誕生日に八紘一宇の紘の一字をとって、人を導く（道引く）人間になれと廸紘（本名）という言霊を託してくれた。

すべて、縁でつながっている。「縁」は難訳語で、解説するたびに頭が痛くなる。これまで何度も述べてきたが、平たくいえば、connectedness（つながり）のことだ。

昨今は「過去の常識を捨てよ、今だけだ、人のために働くな、自分のためだけに働け」というデジタルな新人類（dislearners＝学習拒否者）が若者好みのマスメディアを動かし始めている。

私はゼロ（空）の時代（縄文化＝ジョーモナイゼーション）と呼び、今のマスコミ主導の潮流を逆流させようとしている。ウロボロスとは、蛇（竜）が永遠の「無」を求めて、自分の尾を噛んでいる。その形は8であっても6（化学記号のシンボルマークは亀の甲で6だ）であっても、縁、いや円であってもよい。

　日本文化のテーマである無常の∞は、武器を持たなかった縄文時代から続いている。その伝でいえば、この「難訳辞典」もAI（人工知能）に屈することなく、共存できそうだ。○のシンボルは、攻めず、攻められぬ、という自主防衛（武士道）のそれだ。

en-towa-fushigi-na-mono-deshite
縁とは不思議なものでして　one thing leading to another

　かつて、私の忠実な部下の一人に西山という男がいた。私が同時通訳のデモをやるというので、彼はのっけから、いじわるなスピーチをした。「縁とは不思議なものでして…」と、私との出会いを語りだした。一瞬絶句した。

　周囲の眼が私に集中した。米国大使館で西山千師匠に鍛えられたプロの面目にかけて、なんとか胡麻化した（work it out）が、忸怩たるもの（feeling ashamed）があった。

　時間が経って、この「忸怩たる」気持が「後ろめたさ」（feeling guilty）に変容し始めた。そして、あれ以来、one thing leading to anotherを使い続けている。ときには、SerendipitouslyかYou never know, と「間」を遊びながら、思考を鍛える。

　あれから30年以上も経つのに、「縁」という難訳語と縁を切ることができない。あの西山君という部下のtough love（「センセをいじめてみたかった」が動機とは）のお陰だと感謝している。

　最近の *The Economist*（June 10th, 2017）の見出しに "Does one thing lead to another?" とあり、ふと西山君の顔が浮んだ。

oasobi-janai
お遊びじゃない。　We mean business.

「お遊び」は真面目の対極にあると考えられている。だから、「遊びじゃないんだ」はThis isn't（ain't）a game. と訳してみたくなる。

　しかし、それは正確な訳とはいえない。お遊びの「お」を省いた

おあそび

「遊び」には、真剣な要素がある。

ヨハン・ホイジンガーの名著『ホモ・ルーデンス』の「遊び心」（playfulness）は、真剣勝負（play for real）の"核"に肉薄するものだ。英語道が提唱する"遊学"の原点は、「遊び」といってもいい。私の乱読、速読、狂読——これらは全て、"遊読"（ludic reading）のことだ。

ところで、この「難訳辞典」は、遊び心がなくては、書き下ろせるものではない。辞書らしくないというお叱りも織り込み済みである。その私の、そして武蔵の心境を英語で吐露すると…。そうI mean business.（神仏を恐れず。）蛇足ながら、Win or lose.（勝つか負けるか）いや、Life or death.（生か死か）かな。

> **コーヒー・ブレイク**
> ### 母狼（mother wolves）の愛と武士道
>
> 英語道の源流は武士道にあると言挙げしてから、さらにその源流を遡っていくと、森という自然にたどりつく。
>
> アニミズムやトーテミズムを産んだ縄文思考にまで、思いを馳せざるを得なくなる。狼には、強い母性本能（strong maternal instinct）がある。匈奴やトルコ民族の先祖はすべて、ウルフ・チルドレンなのだ。
>
> "Wolf Totem"（邦題『神なるオオカミ』）の著者ジャン・ロン（Jiang Rong）は、日本のサムライ精神はウルフ・スピリットだと次のように述べている。
>
> Those wolves embody the spirit of Japanese samurai. Suicidal attacks don't faze them, and that makes Mongol wolves more fearful than any others.
>
> （それらのオオカミは日本のサムライ精神を体現している。彼らはひるむことなく特攻し、そのためモンゴルの狼は、いかなる狼よりも恐れられているのだ。）
>
> 2017年に発足させた英語道「狼の森」（The Forest of English Wolves＝FEW）」は、狼からヒントを得て、そのモットーも次の3点に絞った。

1 Stay hungry.　（決して満腹にならず。）
2 Stay passionate.（ロマンを忘れず。）
3 Stay together.　（仲間を裏切らず。）

　狼は死ねば死体を草原に返す（donateという英語が使われている）。身体をTenggerという名の神に戻すという。
　ウルフ・スピリットと相性のいい英語道では、施食の行（a practice of giving）を重んじる。
　私のようにガツガツと英語情報をむさぼり（wolfing down things by English）食べてきた、英語を通じての学びは、独占してはいけない——自然界にそして読者に戻さなければならない。
　「難訳辞典」の執筆も、「施食の行（The Art of Giving）」であって、私の生来の業（Karma）であるような気がする。

ohbora-wo-fuku
大法螺を吹く　talk big

「大言壮語」の人とはtalk bigの人、big talker。トランプ大統領はまさに、トランペット（法螺のようなもの）を吹く（blow one's own trumpet）に近いが、よく使われるのはtalk big。
「大げさに語る」とは「はったり」に近いので、boast（brag）about ~。その中身は、hot air。

　big talkerやbraggart（boaster）だけでなく、態度のでかい人とは、He also acts big. やはりbigでひとくくりできる。

　He bets big. He wins big but he also loses big. He's BIG.（彼は大きな賭けをする。彼は大きく勝つが、失うのも大きい。彼はスケールがでかい。）

　最後のヒー・イズ・ビーッグは、「スケールがでかい」と訳した。プロの同時通訳者は、言葉の流れを音感でイメージするのがうまい。

okaeri
お帰り。　Glad you're home.

　Welcome home.（お帰りなさい）とか、I've been expecting you.（首を長くして待っていたわ）は客人扱いでやや水臭い。「帰ってき

てうれしい」でいいのでは。

　Glad you're home. なら、1秒以内の一呼吸で収まる。

　久しぶりなら、Long time no see. と、今では英語圏ではどこでも通じるピジン・イングリッシュを口ずさめば、お互いがもっと打ち解けることができる。さらに打ち解けるなら Glad it's you.（帰ってきたのは、やっぱりあんただった＝お帰り。）

okage-sama
おかげさま。　　Thank Heaven (God).

　日本人の「おかげさま」は英訳できないが、仏教徒にとり、「おかげさま」で生きる——いや生かされている——というありがたい言葉は大切にしたいと、チベット出身のペマ・ギャルポ（Pema Gyalpo）氏は『「おかげさま」で生きる』（近代文芸社）で強調して述べられている。

「おかげさま」を「縁」（欧米人は by the grace of God を用いる）と考えると、神の grace（恩恵）に近くなる。

　It's great to be alive.（おかげさまで生きている）の great は、graceful と置き換えてもよい。その共通点は G 語だ。God の代りに、gods あるいは demigods（神となった英雄）、いやそれなら、大自然の棲み家である globe（地球）となる。

　東洋人の私は Thank heaven. を使う。Thank everyone. という日本人のホンネの中には、神も自然も含まれる。関取なら、「ファンのおかげです、ごっつぁん」と言うだろう。共通点に、自らの力でここまできたのではない、という「譲り」（giving）の心がある。

「彼女のおかげ」なら Give her credit. となる。「ここまでこられたのは、あなたのおかげです」なら、You got me where I am.

　Because of you. とか Thanks to you. は仰々しすぎる。

　しかし心底から「おかげさま」と感謝の心を表わそうとすれば、I'm indebted to you for ～ と手柄を誰かに譲るのが、日本人の謙譲の美徳だろう。この心を信貴山の千手院では「オアシスの心」として説いている。

　㋪カゲサマという報恩（gratitude）の心　　Thank heaven!
　㋐リガトウという感謝（appreciation）の心　　I appreciate it.
　㋚ツレイシマスという謙虚（humbleness）の心　　Excuse

me.（Forgive me.）

㊉ミマセンという反省（reflection）の心　I'm sorry.

okatai-yatsu
お堅いやつ　hard to get

　難攻不落な男は、なかなか手に入らないものだ。カネで動かないからだ。官位も財も命もいらぬ、西郷隆盛のような男は the hardest guy to get（すこぶるお堅いやつ）だ。

　アメリカの母は娘に、Play hard to get. と教えるらしい。「ツンとすますのよ」ではなく、「自分を高く売るのよ」という意味だ。簡単にデートの相手になってはダメ、という忠告も込められている。

　大ヒットした映画 "The Shawshank Redemption"（邦題『ショーシャンクの空に』）の中で、獄中のアンディーは、男色を感じて近寄ろうとしたオカマ男の誘いを断った。そのときの英語が Hard to get.（堕とせないやつ）であった。

　だから、よけいに燃えた。ところが、字幕は「うぶなやつ」であった。寒ぅー。少なくとも「お堅いやろうだ」か、「いじめ甲斐のあるやつ」「とんがっている」ぐらいの訳が欲しかった。

okane-no-mondai-dewa-nai
お金の問題ではない。　It's a matter of principle.

　Not the question of money. の反対は、原理・原則の問題となる。マネーでは交換できないのが principle だ。

　ある人がこう言った。He's a man of principle.（彼はお堅い人だ。）それを聞いた相手の人が、Well, then. He'll cost you a lot more money.（じゃ、買収するにはもっとお金がかかるってことね。）と笑って話した。お金で principle（節操）が買えると思っているのだ——冗談だが。

「私と一晩つきあえば10万払おう」

　女が言う「いやよ」と。

「じゃ、50万では？」

「馬鹿にしないでよ。お金の問題じゃないわよ」

「じゃ、100万では」

「……」

「200万」

「ちょっと考えさせて」

急に沈黙すれば、神がdevilishに変わる。魔がさす（the devil did itと西洋では言う）。

「一晩考えさせて」と言えば、もうすでに悪魔に魂を売り（selling the soul out to the devil）始めている。

映画 "Indecent Proposal"（邦題『幸福の条件』）のセリフははっきり覚えている。"A million dollars. One night. With your wife."（100万ドル。一晩。 あなたの妻と一緒に）これだけで映画のストーリーがほぼ読み解ける。

だから、It's not the question of money. と直訳するより、いきなり It's a matter of principle. と超訳したのだ。

okoe-ga-kakaru
お声がかかる　be tapped

「あなた、勧誘されたの？」（Are you tapped?）とガールフレンドに問われると、アメリカの大学生は戦く。肩を叩かれることは、有望視されたことだから、名誉なことだ。しかし、女房に対しても、漏らしてはいけないという鉄のルールがある。だから複雑な気持になる。

イェール大学のSkulls and Bones Society（スカル・アンド・ボーンズ）は、将来の大統領候補やエリートを約束する秘密結社だ。このときに用いられるtappingに深い意味がある。

勧誘とはinvitationやsolicitingのことだが、エリート組織への勧誘は、保険のそれとは違って、意味深なのだ。

Are you tapped?はAre you asked to join the (secret) society?（あなた、秘密結社に勧誘されたの？）のことだから、両者が緊張する（tense up）。

肩叩きは退職勧告（a tap on the shoulder by a superior who is pressuring one to take an early retirement『新和英辞典』）のこと。

be pressured into early retirement（早期退職勧告）は、もっとストレートだ。

社内のムードから、察すれば、Are you tapped?だけで十分通じる。それでも察しない人には、It's (about) time.（ボツボツ、きみも…）という一言で十分。もうお別れの時か？（Is this it?）

oshimarete-saru
惜しまれて去る　bow out gracefully

アンコール（カーテン・コール）が続き、深いおじぎをして舞台から姿を消すのがbowing out。

「引き際の美学」(the graceful art of leaving)には潔さが伴う。それに引き際の「美」が加わる。

舞台で勝負する演技者の花道はギャラだけではなくstanding ovationではないだろうか。お別れパフォーマンス（swan song）の悲哀感はbow outにはない。瀕死の白鳥ではないのだから。

日本の庶民に愛されたが、アメリカに憎まれた田中角栄は、惜しまれて政界を去った。ただbow outだけでは余韻がないので、gracefully（優雅に）かto our regretを加えてみたい。

osekkai-wa-yamete-kure
お節介はやめてくれ。　Mind your own business.

決まり言葉だ。I have my business to mind.のことだ。

businessは両サイドにとり大切なものだから、「ご自分のビジネスをお構いなさい」と言われて、ムッとする人はいない。他にこんな気の利いた表現がある。Keep your nose out. You, nosy person.「お節介な人」は人のビジネスに口を、いや鼻を突っ込んでくる。

osewa-ni-narimashita
お世話になりました。　You mean a great deal to me.

I feel awfully indebted to you for the rest of my life. これじゃ、ちょっと仰々しすぎる。I owe you a lot.は「借りがある」だが、どうも金銭的な貸し借りも含まれそうだ。

もっと明るく、軽くいこう。You mean a lot to me.

相手も、Our gratitude is mutual.（こちらこそお世話になりました）とbig words（大げさな言葉）を使わずに、We're even.（こちらこそ。）いや、「こちらこそ」はLikewise.でいいのではないか。

貸し借りという関係は水臭いのでOh, it's nothing.と相手に「借り意識」を感じさせないのが、大人のつきあいだろう。

otagai-tsuh-kah-da
お互いツーカーだ。　Takes one to know one.

「わかるやつにはわかる」「蛇の道は蛇」というふうに、お互いに

察し合うことのできる仲（It takes one to know one.）であれば、いとも簡単にTakes one to know one.が口から出る。

夫婦の仲だから、「言わずもがな」「ツーカー」（Takes one to know one.）が通じる。

お互いの相性（chemistry）もそうだが、似たもの同士の仲になると、以心伝心（communicate heart to heart）が容易になる。詐欺師同士でもそうだ。

The two are both con artists. Takes one to know one. So they sure deserve each other.（二人は共に詐欺師だ。お互いにツーカーの仲だ。まさにお似合いのカップルってやつだ。）

otakaku-tomaru

お高くとまる　play hard to get

難訳語のひとつだが、ゲーム感覚を使えば、すぐに訳せる。欧米人、とくにアメリカ人はgameやplayを軽々と使う。Life is a game.だと考えているのか。そこには取引がある。

ゲームの原点は、個である他との争い。gameではルール（rules）がいる。ルールの範囲内では、skillsが必要だ。

相手を手に入れる場合のゲームは、自分を強く見せるか、弱く見せるか、の判断は欠かせない。前者の場合がplay hard to get（お高くとまる）だ。その反対はない。

大阪人はエエカッコをしない。そして周囲を巻き込んで勝つというゲームでは、"play easy to get"という発想も（耳にしたことがないが、米人ジャーナリストのボイエ・デ・メンテ氏に言わせるとPlay soft to get.という英語も）通じるという。

映画『インシデント！ 弁護士ハーモン』（"Incident in a Small Town"）の中で使われたplay hard to getが「お高くとまる」と訳されていた。

この訳がベストだと感じた。高く売れ、ということだ。

SONY always plays hard to get.（ソニーはいつも、値下げはしない）というのも、他眼からみると「お高くとまっている」と映るのだろう。

osshatte-iru-koto-wa-yohku-wakarimasu-ga
おっしゃっていることは、よーくわかりますが　I see your point, but...

同時通訳者を悩ませる難訳表現だ。I fully understand what you said.（おっしゃっていることは、よーくわかります）と言えば、ネイティヴは、答えがYESと解釈して、あとは聞いてくれない。understandは軽々しく使ってはならない。

「よーくわかるのですが」のあとは、Having said that（とはいうものの）と、トーンが否定形に変わっていく。

日本人同士では、Butがあとに続く前に、答えがノウであることを察してしまっている。これがイエス・バット・シンドローム（前後矛盾症候群）だと、ネイティヴに映る。

Butは少し早めに、そして語気を強めること。

ote-yawaraka-ni
お手柔らかに。　（Take it）Easy on me.

英語をモノにする手っとり早い方法は、しごきだ。

だが、「叱る」より「ほめる」方がベターという教育方針に変わった今は、「叱られ下手（べた）」人間が増えてきた。

自然に「お手柔らかに」が口から出る。Take it easy on me.

プロなら、No. You've got to practice（train）hard.（いや、あなたは猛練習をしなければいけない）と手加減をしない。それが叱るtough love。

アマ＝non-professional(s)が相手なら、ほめるsoft loveでよい。

otoko-nara-yatte-miro
男ならやってみろ。　Guys gotta do what guys gotta do.

男には逃げられないことがある。Act like a man. とかBe a man. で通じる。女性に対する偏見からではないがAct like a woman. とかBe a woman. という表現は耳にしない。Act like a lady. ならある。gottaはhave to（must）のことだが、ガラと発音した方が、勢いがある。

I gotta do. は、I just have to. に近いインパクトがある。

Why? Because I must prove myself a man.（どうして？　私は男であると証明しなければならないからだ。）これは蛇足だ。

英文は短く、G-wordsを使うか、それともpoeticな方が、迫力がある。Just do it. そのあとに、If you're a man.をつけてみよう。

otoko-no-kohnenki
男の更年期　manopause

え、男にも更年期があったの、と驚く読者の表情が読めるような気がする。辞書にもない。このマノポーズが TIME（Aug. 18th, 2014）のカバーを飾った。

婦人の更年期や閉経ならmenopause（月経閉止）がある。英英辞典はone of the major turning points in a woman's life（when menstruation ceases）と忠実に解説している。通常45〜50歳といわれているが、男にもある。

私のレギュラー番組でShould men fight manopause?（男は更年期と闘うべきか？）というセルフ・ディベートを取り上げたことがある。

TIMEの特集記事の見出しは、今でも思い出す、Feeling deflated? The low-T industry wants to pump you up.（ヘナヘナ？　男を立たせて、バリバリ働かせてやる産業に期待せよ。シャキッとして、ハッスルするんだ。）というものだった。

あまり面白い内容なので、オノマトペで訳してみた。Pump yourself up.は「しゃきっとするんだ」。Feeling deflated.は「ヘナヘナ」に近い。

かつて私の友人であった大山倍達氏（極真会館総裁）に、不敗の極真会の選手に女ができたら、その選手は強くなりますか、と意表を突いた質問をしたことがあった。

そのとき、大山氏は「いや、弱くなります」。「で、その理由は」と訊くと、「腑抜けになります」という答えだった。K-1ボクサーも、そして英語道も、どこか共通点がある。

そんなことはどうでもいい。英語だ。Romance deflates fighters. となろう。一時的にはinflateしても、すぐにdeflateするのだろう。

大山氏の「腑抜け」という日本語は斬れた。TIMEの英語が選んだdeflate（〈気球など〉から空気〔ガス〕を抜く）も斬れる。

英語道には、更年期のためのdeflation対策は不要だ。日頃から欲をinflateさせない行を積んでいるからだ。

otoko-wo-ageru
男を上げる　prove oneself（a man）

　世界のベストに挑んで男を上げたいと、大リーグに挑戦し、活躍した佐々木主浩（かづひろ）選手が言い放った。ここに、「日本のサムライあり」と叫びたかったのか、日本野球の存在感を示したかったのか、男の意地（いじ）を示したかったのか、これらの心情が次のようにproveで示されている。

　Sasaki was only ambitious to prove himself against the world's best.（"Baseball Samurais" St. Martin's Paperbacks）（佐々木は世界のベストに挑んで男を上げたいと熱望しただけである。）

　prove oneselfなら、女性でも使うことができる。「女を捨てて」という表現を使う必要もない。「女の意地を果たした」は、She proved herself.で十分、意味は通じる。

　ただ私のような、古い人間（old-fashioned guy）は、アゲマン（a woman who mans you up）を求めたがる。サゲマン（a woman who mans you down）を敬遠しながら。

otoko-wo-tateru
男を立てる　make a man of somebody

　男の顔、面子（メンツ）が立つの「立つ」はget it upと関係があるのか、それは考え過ぎだ。

　日本文化では、古神道の神籬（ひもろぎ）を立てる、というふうに「立てる」とは祀（まつ）ることでもあった。古くは「ひもろき」といったが、英訳すればan offering of a sacred treeとなろう。神座に立てられた榊（さかき）（a low-spreading evergreen tree used in a Shinto ritual）のことでもある。榊も立てるものだ。

　この「立てる」はset upかbuildであろう。「火を起こす」もbuild fireを使う。

　花も茶も、日本語で「立てる」という。英訳すればarrange flowers, boil teaとなるが、旗を立てるのは、put up a flagで、候補者を立てるのはput up a candidateと、ようやくupが登場する。「代理を立てる」はappoint a proxyで、「証人を立てる」はget a witness to testifyとgetまで登場させれば、upは消える。

　「私をモンゴルの大使に立ててください」と頼むときはSend me

to Mongolia as an ambassador.（Let me act as a negotiator）であって、upを使わない。

「私の顔を立ててくれ」は単にDon't make me look bad.だけでよい。

「立つ」が日本語の難訳語であると悟るには、かなりの英語修行がいる。

otona-no-kaiwa
大人の会話　civilized conversation

大人同士の会話は、まさに忖度ゲームが使われる察しゲーム（the *sasshi* game）といおうか、PC（political correctness）のルールをわきまえた上での会話のことだから、文明化された（civilized）ものだ。

civilized? と、まだピンとこない人は、きわどい話を抑えたpolitically correctという表現を織り込んでみよう。

otona-no-taido
大人の態度　reasonable manner

大人の返答とは、必ずしもlogicalな答えではない。

世の中には「理外の理」というものがある。それが大人というもの。白いものを白いと呼ぶことは、小中学生でもできる。大人とは、そこに世間の常識が加わる。ときには目こぼし（look the other way）するのもsensible decisionだ。

TPOによっては、仲介者の面子（face）を立てて、折れなければならないことがある。世の中には不文律（unwritten rules）がいっぱいある。それがreasonable（必ずしもlogicalでない）というもの。裏の事情までよく知っている人のことをreasonable man（オトナ）という。

oniwa-ban
お庭番　a cross between samurai and ninja

「忍び」の定義からは最も離れているが、日本史を語るうえで最も重要で、英訳しづらい職業がある。それがオニワバン。これも一種のshadow samurai（陰の武士）といえよう。

読者の中でもピンとこない方がおられようが、あの乱世の雄であった、西郷隆盛の仕事が、殿（島津斉彬）のお庭番であったと知れ

ば、何かピンとくるものがあるはずだ。

「忍び」の研究家であるアントニー・カミンズ（Antony Cummins）氏は "Samurai and Ninja"（Tuttle）の中で、the Oniwabanの見出しを "the guards of the Inner Castle Gardens" と直訳されている。

その解説が愉快だ。half in the shadow of the *shinobi* and half in normal Japanese life. 半分は「忍び」の陰となればまったく見えないが、半分はふだんの人間の営みをしているという。まるで両棲類のようだ。単なる警備員（security guard）ではない。日本の各地のウラオモテの情報を握っているから、不気味だ。

今風に言えば、社長お抱えの運転手（executive chauffeur）のようなものだ。座席の会話の内容は全部知っている。しかし、しゃべらない。口が堅い。スパイが務まる最高の参謀といえよう。

次の解説が気に入った。

The Oniwaban were half-samurai who oversaw all work, including the gardeners themselves. They were in fact one of the *ban* divisions, *ban* meaning "guard." The reason that they were given the rank of Iga-mono is because of an imaginary line drawn in society around the lord.

（御庭番は半分はサムライであり、すべての仕事を監督し、みずから庭師の仕事にも携わっていた。実際には彼らの業務は「番」をすること、つまり「警護」だった。彼らがニンジャの地位に置かれていた理由は、大名のまわりの社会には目に見えぬ境界線が引かれていたからである。）

表のサムライと裏のニンジャを足して2で割ったようなもの。これも日本人の「間」の知恵なのだろう。

omiai-kekkon

お見合い結婚　　an arranged marriage

「私たち、お見合い結婚よ」（Ours is an arranged marriage.）と言う人は少なくなった。恋愛結婚（love marriagesよりromance marriageでいこう）が増えてくると、離婚も増えてくる。ロマンの火（fire）は炎（flame）になる。

同じF語でも、flameの方が熱いが、冷めるのも早い。最初の瞬

おむかえ

間は、やはりどぎまぎ（get flustered）ものだ。

fはパッと燃え、フッと消える言霊だ。その点、スタート時点では、期待度が低い、お見合い結婚の方が長続きする。

なんだかお見合い結婚みたいだ、というとき、主語をitに置き換えるという、英文法の"妙技"がある。「ぎこちない」「どぎまぎする」という形容詞が不要となる。

こんな英語を *TIME*（June 5th, 2017）で見つけた。"It feels like an arranged marriage.... Like when a family forces their daughter to marry a person she doesn't choose and doesn't like."

（娘が選べず、好きでもない男に、娘を嫁がせる家族があるが、なんだか、まるでそんなお見合い結婚のようで、ぎこちない。）

乱世下のエストニアの田舎での、ある情景だ。後ろから訳してしまったので、ぎこちない（awkward, jerky）訳になった。

ぎこちない（awkward）とか、どぎまぎする（flustered, bewildered）という形容詞を使わなくても、そのように訳さざるを得ない文章こそ名文というものだ。絵になる文章とはそういうものだ。

I'm not Murakami Haruki.（私は村上春樹ではない）、これだけでよい。I'm not as big a writer as Ishiguro.（私にはイシグロほどの知名度はない。）

o-mukae

お迎え　　be ready

迎えの上に「お」という接頭語がつくだけで、意味が変わる。

迎える相手を敬うときに使われるが、臨終のときに、仏が浄土に導くために御来迎されることも、「お迎え」と表現される。お迎えが待ち遠しい人が増えてきた。「ポックリ逝きたい」（I want to go quickly.）人は、常にI'm ready.（お迎えが来た）の心境だ。

海の彼方に楽土があるというのも、古来の日本人の信仰だ。沖縄や奄美にも「にらいかない」という楽土信仰がある。

誰しも臨終の際は、仏・菩薩の来迎が待ち遠しく、Yes. I'm ready.が自然に、口から出るのだろう。

omou

想う　be interested in

「想う」は難訳語のひとつで、あまりにもいろいろな英訳が考えら

れるから、やっかいだ。

　その証拠に『日本国語大辞典』によると、思、想、憶、懐の四つの漢字が登場する。だから、プロの同時通訳は悩む。

　アマチュアは悩まず、話者が「私は…と思うのですが」と言えば、ただちにI think...と反射的に繰り出す。

　I think ...と言えば、そこにはロジックがあるから、聞き手は、Why?と考え始める。

　私は話者の心理分析をしてbecauseが期待できないと感じると、I feel... とかI suspect... とか、I just thinkとjustというジョーカーを用いるなど、危機管理を怠らない。

omoroi
おもろい。　Big.

「おもしろい」がアタマなら、「おもろい」はハラの思考だ。わかりやすく説明しよう。「おもしろい」はアタマで分析できる。funny（動作やしぐさがおかしい＝funだけでも）、amusing（娯楽的＝entertaining）、educational（教育的）、edutaining（教育娯楽的）、exciting（ワクワクさせる＝thrilling）、stimulating（刺激的）、enlightening（啓蒙的）。

　これらはひっくるめて「おもしろい」。日本語はdeepなのだ。

　ところが、「おもろい」はもっと広がり、bigになる。

「センセ、この企画はおもろいで。(This is a big idea.)」という場合の「おもろい」は「ゴッツイ（化ける）企画」となるから、BIGとなる。アメリカ人好みの（「大阪人的な」と同義）発想は、bigなのだ。

　It is a Big Idea—New World Order.とブッシュ大統領（父）が1991年に演説で述べたときは、世界のド肝を抜いた。「なんと、ぶっそうな？」と。The Big Ideaとは「大発見」とか、他にもいろいろ訳が考えられる。しかし一番のおすすめの邦訳は、「おもろいでー」であろう。ブッシュ大統領は「おもろいでー、新世界秩序やねん」と、ゴッツイことを述べたのだ。

「おおーっ」（Wow!）と言わせる、"華"があるのも、おもろさだ。

　阪神タイガースが読売ジャイアンツに勝って、御堂筋の橋から飛び降りるのも、*wowy*（おもろい）だ。

"華"をthe wow factorと訳すから、wowに-yをつけたら、おもろいでー。辞書を探した。なかった。

おもしろくない人だ。けど、おもろいオッチャンや。He's *biiig!*
「自分かて（大阪ではyouのこと）、阿呆（おもろい）やろう。」You are big, too.

oyobi-ja-nai
お呼びじゃない。　　You are not wanted here.

訳せそうで訳せない。「この場にあんたは、ふさわしくない」とか、「あんたは、お呼びじゃない」をYou don't belong here.と訳したことがあったが、まだパンチが利かなかった。

出ていけというぐらいの気迫が感じられないからだ。英国の *The Guardian* の書評記事に、こんな英語が登場した。

"I hadn't realized how much resentment they felt at the fact, I was a woman officer in their regimes. One night a brother officer approached me in the mess. He shouted, "You are not fucking wanted here, you should leave."（"War of Words"）

（私は、そのことによって、彼らがいかほど憤慨しているか理解していなかったが、私は彼らの政権における女性幹部だった。ある夜、同僚の幹部が混乱して、私に近づいてきた。彼は叫んだ、「女なんかお呼びじゃない、とっとと出ていきな。」）

男が女に放つ毒々しい言葉とは、このことだ。loveではなく、needでもなく、wantが否定されたものだから、これじゃ追い払われる側の女性の立つ瀬がない。

40年前、『日米口語辞典』の編集時はWho asked your advice?（誰がお前に口出しを頼んだのか？）を「お呼びじゃない」の訳として掲げた。

また、Who rattled your cage?（誰がお前の檻を鳴らしたのか？）という、一人の米人編集者による訳についても解説した。

その後、この言葉の訳はIt doesn't belong here.（お呼びじゃない）に移った。それ以来、インプットは異常に膨れ上がっている。

──is not welcome at our family gatherings──という英文を、最近の *TIME* の中で発見した。あぁ、これでいいのだ。この方がスッキリする。（This works better.）

40年前に記したWho rattled your cage?という表現は、耳にしたことがない。私の耳でキャッチできなかったから、その表現が存在しないという意味ではない。Absence of evidences is not evidence of absence.（証拠がないということは、不在の証拠にはならない。）こういうディベート用語を身につけた私だから、存在してもおかしくはないとも言える。

　『新和英辞典』で、「お前さんは『お呼びじゃないよ』」という訳が、Go stick you nose someplace else.となっている。こちらの方が、よく耳にする。私は、Poke your nose out.ともっと短くする。その方が情報量はさらに広がる。

　しかし、この種の適訳は意外に近くにあるものだ。まさに「灯台もと暗し。」（It's right under my nose.）

oriitte-hanashitai-koto-ga-aru
折り入って話したいことがある。　　We need to talk.

「折り入って」は緊急を要する枕詞だ。

「緊急」はurgentlyだ。「今すぐ」だからimmediatelyでよい。しかし、これでは「切羽詰まった」焦りは通じない。基本動詞に戻ろう。それがneedだ。

　緊急時にloveはのどかすぎる。同じ愛でもwantとなると、今欠けている（満たしたい）愛になる。近づきたい愛だ。

　I want her.は、そばに置きたい女性であることがわかる。距離感が感じられる。

　loveには、時間も空間も超えた想いがある。

　needは時間を短縮させたい焦りがある。needの中には緊急性があって、というのは、そういう意味だ。

　I need you to come to my house tonight.には「待てない」という切羽詰まった思いがある。だから、needを使った以上、at onceとかwith youも省いた。

　英語は短いほどパンチが利くものだ。The shorter, the punchier.

ore-no-me-wo-miro
オレの眼を見ろ。　　Read my eyes.

　日本人好みの発言だ。言葉を信用しない人が多い。

「眼を見よ」を文法的に訳せば、Look me straight（smack）in the

eyes. となろうが、これではジーッと見るだけで、心中を読めといっているわけではない。心理のことだ。

「口唇を読め」も同じく Read my lips. となる。ウソかホントか、眼で確かめてほしいという意味だ。

犬は人の眼を見るという。Dogs read your eyes. And you can read their (dogs') eyes.「犬はあなたの眼を読む。あなたも彼らの（犬の）眼を読むことができる。」

眼には表情がある。Eyes are the window into your soul. （眼は心の窓）というではないか。

on'na-nimo-hara-ga-arimasu
女にもハラ（胎）があります。　　Women are also ready.

ハラは、腹（stomach）、腸（intestines）、肚（grit）と、形而下（physical）の腹は、ますます地面の土（ground）に降りていく。

同時に形而上の metaphysical なハラも、覚悟という次元では、性別を超える。

ハラのある女は、ハラのある男を求める。肝っ玉母さんは、危機に直面してもビクともしない。母は父とは違って、ゴキブリを恐れない。凛としている。Grace under pressure.

モンゴル（蒙古）の男に聞くと、本当に強いのはモンゴルの女だという。いざ鎌倉（when the time comes）というときは、女のほうが冷静だ。だから「腹芸は男のもの」といえば、ハラのある女、つまり胎のある女は「女にも意地（ハラ）があります」という。

「覚悟ができている」は I'm ready to face death. のこと。

胎児、いや死後にも子孫を残し、家名を死守せんとする気概は、女の胎に秘蔵されているのではないか。ハラのある男には冷凛たる"氷"の品格、ハラのある女には"炎"の気概がある。

日本の「母性武士道」を標榜する私は、西洋の「父性騎士道」より、深い情（惻隠の情、empathy）があると主張している。

女のハラは、男の pride（誇り）より self-esteem（意地）に近いのでは。

on-ni-kimasu
恩に着ます。　　I'd appreciate it.

日本人の感謝の気持は清らかだ。かけひきがない。もしそうして

いただけるなら、私はそれ（it）を感謝します、という控えめな反応だ。

では、その反対は？　もしも、そうしなかったら（or）という脅しが入る。これがゲーム思考。

とにかく欧米社会では、いや中国でも、そのorが多い。

こんな見出しを*The Japan News*（Aug. 22nd, 2017）で発見した。

Chinese daily; Western publishers can go away if they don't like rules（日刊中国：西欧の出版社は、規則が気に入らなければ撤退することができる。）この国の規則がいやなら、引きあげてもらってもかまいませんよ、というbluffing gameだ。

orがピリッと辛いので、かまいませんよ、がmay（日本人の翻訳者はmayを選ぶだろう）ではなくcanになっている。

Leave if you don't like it here.（ここがおいやなら、引きとめませんから。）どうも、日本語となると、おだやかになる。そして「ここ」をhereにとどめて、itを省いてしまう。

このorのロジックを突き進めると、Take it or leave it.（どっちでもお好きに）となる。日本人はorを使わず、Either way.（どちらでもかまいません）と相手を思いやってしまう。

この辞書も、従来の辞書を読む人には一読を勧めません、といえばカドが立つ。私が初めて『GiveとGet』を著したときは、筆記試験で偏差値を上げたい方にはお勧めできません、とロジカリーに断った。本辞書も同じ心境だ。

On a take-it-or-leave-it basis.（どちらかをお決めください。）

ちょっと長い？　じゃ、こう縮めよう。Read on, or（else）~（読み進みたまえ。もしも、そうしなかったら…。）

orはまさに最後通告だ。このやりとりの苦手な日本人は、or（ハル・ノート）で縮み上がり、頭に血が上り、敗戦を迎えた。orのゲーム思考は、とくに外交官やビジネスマンに必要だ。

 コーヒー・ブレイク

恩はonと覚えよう

前置詞のonは、ベターッと接触していること。上でも下でもない。「このコーヒーはオレのおごりだ」はThis（coffee）is on

おんにき

me. 私の上ではない。オレから離れるわけにはいかない。恩を返す、相手の気持を尊重するなら、こんなセリフも。

Next time, it's on you.（この次のオゴリは、オマエだ。）

onを忘れたら恩知らずといわれるで。大阪弁を使うと、軽くなりすぎる。ここはコーヒー店、少しの間、ブラック・コーヒーで、恩の話をするから、おつき合い願いたい。

恩はa favor。a benefitやan obligationやindebtedness（師への恩）は重すぎて、なかなか使えない。

gratitudeは、big wordだが、使い途がある。

I owe him a debt of gratitude.（彼には恩がある）やI still feel indebted to Sen Nishiyama.（私はいまも西山千氏には恩を感じている）は、畏れ多い恩師に対しては使えても、ちょっと仰々しい。気軽な日常会話ではI owe him a lot.（彼に世話になっている）でよい。ただ、これでは、薄味すぎる。もう少し、濃い目の表現がある。He means a lot to me.（彼は私に恩義がある）だ。

「そんな恩に着せるような態度はやめろ」（上の目線からモノを言うな）はDon't be so patronizing.（You are not my patron.）

「恩に着るよ」はMuch obliged.（スペイン語圏では、オブリガート、アリガトウにもよく似た響きだから、覚えやすい）

「恩に報いる」はrepay somebody's kindness。「親孝行をする」は、repay somebody's parents。「恩を施す」は、do somebody a favor。

「恩を仇で返す」はbite the hand that feeds one。

「恩知らず」はYou're ungrateful. これ一言でよい。

「お前は恩を仇で返すやつ」と、吐き棄てるような場合には、この形容詞が役に立つ。You're such an ungrateful person (bastard.) と。

unをdisに変えることだ。You're such a disgraceful character. にすると、人格や品格といった、人間の土性骨（characterとは背骨に強い）に触れるから、graceそのものを否定する（disのD-wordsには、殺意がある）。

die (death), deny, destroy, depress, downなどのD-wordsはdark（暗い）イメージがある。You're such a disgrace to my family.（お前は、私の家族の顔に泥を塗った。）

　くどいようだがungratefulは、graceに気づいていない（存在しない）状況だが、disgraceは、graceの否定になる。

「先生ありがとうございました」
「今日のレッスンは高いぞ、お前のおごりだ」
「当然ですよ、先生」
「英訳してみろ」
「This is on me.」
「じゃ、次の居酒屋は、ワリカンだ」
「Go Dutch.ですか」
「そう、イッツアナス」
「アナス？」
「It's on us. きみはまだ眼で英語を学んでいるな。耳で学びたまえ」

(kaisha-wo-uttaetemo) muda-da
（会社を訴えても）ムダだ。　It's not worth it.

　花（理想）よりダンゴ（現実）というのが日本的プラグマチズム。会社を訴えたい気持はよーくわかる。しかし、君自身に何のメリットがある。飜にされたら、他の会社でも「和を乱した男」と白い眼を向けられる。世間の風は冷たい。悪いことは言わんが、君のロマンは、こんなところで使うべきではない。

　なんだかゴタクが過ぎたようだが、アメリカ人は、もっとドライ（pragmatic）だ。

　It's not worth it.はしょっちゅう耳にする。それだ。英語国民はドライだ。

gaijin
ガイジン　alien

　外国人は、辞書によればforeigner。しかし、日本人がその言葉を使うと、日本にいるガイジンは――身の危険を感じる必要がないのに――白い眼を向け（give somebody a cold stare）られていると感じ、日本人をracists（人種差別主義者）と決めつけたがる。

　もし、在日のガイジンに偏見があるとすれば、日本人は同じ日本人

に対する警戒心のほうが強いのではないか。同じ肌の色の隣人——たとえば、韓国人や中国人——に、より緊張感を感じるのではないか。近親憎悪（Familiarity breeds contempt.）なのだろう。

だから私はガイジンをnon-Japaneseと表現することにしている。気にくわない外国人（日本人を含め）を、仲間うちで表現するときはitを使う。I call him "it."

空気の読めないガイジンぽい日本人なら、aliens（異星人）でいいのではと思う。宇宙人とは失礼なと、読者は思われるかもしれないが、帰化外国人や在留外国人を含め、いわゆるガイジンは、距離を置かれているから、aliensで十分通じる。

私の好きなカマキリをじっと見ていると、宇宙人に思えてくる。TPOにより茶色に化ける宇宙人がいれば、カマキリの姿をしていると、10年前から予言していたが、『ムー』誌（2016年5月号）に登場した。「不気味なエイリアン、"マンティスマン"現る!!」。カマキリとは、言動が端正であった故・西山千（同時通訳の師）のシンボルである。静かで、獰猛な鬼軍曹であった。

この「難訳辞典」を書き続けられるインスピレーションは、師との奇遇（serendipity）の賜物でもある。日系米人の仲間が多かった師はよく、私に「松本さん、日系米人を嫌ってはいけませんよ。味方にしなさい」と、言われていた。一世も二世もaliensではありませんよ、という意味だったのか、と純血日本人の私は師の心中を忖度したものだ。

kao-wo-tsubusu
顔をつぶす　embarrass

顔とは面子のこと。メンツとは英語ではface。抽象名詞だ。「彼はオレの面子をつぶした」という場合、He destroyed my face. とは言わない。これを耳にした欧米人は、Did he throw acid on you? と驚くだろう。

硫酸（sulfuric acid）をかけられると、間違いなく顔はつぶれる。そうではない。myをとればいい。

強いてfaceを使いたければ、He caused me to lose face. 次にfaceを外そう。He embarrassed me in public.

これだけでいい。受身形でいえば（勧めたくはないが）I was

embarrassed. となる。

kakatte-koi
かかってこい。　Bring it on.

このシンボルが見えず、しばらく使えなかった。

onが、その場から逃げない（逃げられない）というシンボルが摑めず、映画の英語がわかりにくくなった。

「はい、やります」は、I'm on it. もっと短くOn it. 耳にはアネ（姉）と響く。

kagami-wo-minasai
鏡を見なさい。　Look in the mirror.

「自分自身を鏡で見よ」ならLook at yourself in the mirror. となる。見る対象は自分であって、鏡ではないから、at the mirrorとは言わない。鏡という「空」の中に入ることになる。

貴嶺宮で神道を学んだ、ポール・ド・レオ（Paul De Leeuw. 現在、山蔭神道オランダ神社宮司）が『我は鏡なり』（"I am a Mirror"）という興味深い本を書いた。

このオランダ人が、ある日、古神道の大家の山蔭基央先生（山蔭神道管長）に「神道の本質とは何ですか」と尋ねたことがある。答えは、「鏡なり」であったという。

私も貴嶺宮で1週間の断食行を行ったことがある。自らが鏡になる自霊拝を受けたこともある。自分を眺め続ける行である。集中して自分を見続けることは、凡人にとりつらいことだ。しかし、続けた。自分の向こうには先祖があった——神はいなかった。

故・山蔭先生は、述べられた。先祖の顔を見ること、それが「恥」意識だと。

神に対して、guiltを感じても、shameを感じない私でも、今は亡き父や母、そして先祖に顔向けできないことは、まさにshamefulではないか。鏡—空—道。武士道の原点もここにあり。

ただ物事を映すだけが鏡ではない。ドイツでは、新聞は現象を映す鏡だといわれている。

kakekomi-dera
駆け込み寺　a port in the storm

港や寺を、用がないのに訪れる人はいない。嵐になれば、どんな

船でも、港を探す。これが駆け込み寺だ。

This coffee shop could be a port in the storm.（この珈琲店は、駆け込み寺になってくれるかもしれない。）

珈琲店のオーナーでも、困った時の神頼みに応えてくれる太っ腹な人は、悩みの相談に応じるだろう。雨が上がると、しばらくは来ない。

「やれやれ、困った時の神頼みか。」（Danger past, God forgotten.）

（港を駆け込み寺とするなら、Once on shore, we pray no more. がお勧め）。この表現は、「喉元すぎれば、熱さ忘れる」というときにでも応用できる。

「紘道館(こうどうかん)は、英語に捨てられた難民の駆け込み寺だ」なら、The Kodokan Debating Society is a refuge for those boat people abandoned by English. となる。

最近は、女性が増えてきたから、紘道館が「縁切り寺（a refuge for runaway wives）」になるかもしれない。ウソやがな。Just kidding.

gakeppuchi

崖っぷち　do or die

崖っぷちに立った状態はdesperate。しかし "Desperate Women" という、かつてアメリカで話題となった人気TVシリーズは、恵まれない家庭の、浮ついたカップルの昼メロに過ぎず、やばい人間関係であるが、べつに死につながるようなドラマではない。

アメリカ人はTrick-or-treaters（つまりOR人間たち）だ。だから、映画"Dunkirk"（邦題『ダンケルク』）が大ヒットしたのであろう。クリストファー・ノーラン（Christopher Nolan）監督は、この映画の意味をこう語った。

"That was the choice: surrender or annihilation."（この映画は降伏か滅亡かの選択を扱ったものだった。）ここに悲壮感がある。

輸出をストップしたら、国が滅びる、という切羽(せっぱ)詰まった状態を表わす表現は、export or die しかない。自転車(じてんしゃ)操業（dog pedalling）も do（run）or die. のこと。そこに選択の余地はない。

流浪(るろう)の民であるユダヤ人にとり、マサダ（Masada　イスラエルの死海西岸にある岩山の城塞(じょうさい)）こそ、まさに崖っぷちに立ったユダヤ

人の英雄的愛国心のシンボルだった。

降伏より集団自殺を選んだのだから、白虎隊の若者たちもマサダ砦にたてこもったユダヤ人兵士たちも、英語ではzealots（烈士）と表現される。

シメ切りのプレッシャー（deadline pressure）と闘っている私は、常に自分に言い聞かせている。"Finish or die."（完成させよ、さもなければ死だ）と。

kakehashi
架け橋　a missing link（a bridge）

野心的な日本人が大好きな言葉である。

I want to build bridges between Japan and the USA.（願わくは、われ、太平洋の架け橋とならん。）

何人の偉人がそう言ったことだろう。新渡戸稲造、ライシャワー、國弘正雄、そして、私の師の西山千。

『同時通訳おもしろ話』（講談社）で、師弟の対談を行った。そのとき、「松本さん、架け橋の意味を知ってますか」と尋ねられ、一瞬言葉を失ったことがある。

そのとき師は、to be walked uponの意味ですよ、と言われた。師が他界されたあと、もう一度この箇所に目を通して気づいた。「踏まれて生きる道」という、耐える道の意義を強調されておられたのだ。通訳者はinvisibleであれ、という教えが、込められていた。

さて、戻ろう。「架け橋」を『新和英大辞典』で調べると、こんな芸術的な超訳例文があった。a link to the next generation（次の世代への架け橋。）

うーんと唸った、というのは、こんな箇所に私は下線を施していたからだ。——The seasons they're having because of him. He's the missing link.（彼らの野球シーズンは、彼のためにある。彼は架け橋なのだ。）

イチローは、日米野球の架け橋となっていたのだ。両国の模範となってハッパを掛けていた格好であった。それがミッシング・リンクとは。

まるで、始祖鳥だ。恐竜が空を飛ぶ鳥へと進化したことを証明するmissing link（失なわれた環）には、始祖鳥が、隠れた手掛かり

（つながり）が必要だったのだ。

以上の流れから、「架け橋」の英語としてはa missing linkを超訳の第一候補とし、bridgesをそれに従属させた。

kazu (hyo) no-chikara
数（票）の力　a numbers game

人は誰しもランキングを気にする。日本人もrankingが大好きな、a rank-conscious people（ランキングを意識する人々）。だから、外国人の目には、日本人の英語はtest-English（テストのための英語）だと映る。コミュニケーションのための実用英語ではない。

点数（偏差値）の高い者が出世する、学歴社会（degreecracy）なのだ。数を競う社会は、まさにa numbers game。

kata
型　proper form

将棋に「定跡（じょうせき）」があるように、ceremonies（儀式）やetiquette（礼儀）にもproper formが期待される。型が乱れると「みっともない（poor form）」とみなされる。相撲の仕切り直しも、お互いの呼吸が合うまでの型（この場合はproper path）の一種だ。立ち合いのあとも、マナーや型が要求される。

日本人の「品格」もthe kata factorのうちだ。Play nice.（品格を保（たも）て）とは、「型を崩すな」と同義だ。武道家の試合で勝敗が決まったあとガッツポーズをするのは、武道家としてはみっともないbad formだ。白鵬の悲劇は、「格」が見えなかったこと。そして「格」を教える人が周囲にいなかったことだ。

勝ったあとも、表情を崩さず、敗者への気配り（thoughtful attention）をするのも、「残心（open attention）」という見えざる型なのだ。

katachi-de-shimesareta
カタチで示された　symbolic

こんな英文を*TIME*（Aug. 28th, 2017）の中で発掘し、ウーンと唸（うな）った。このsymbolicのイメージが掴（つか）めず、和訳できないのだ。

Mueller was found guilty of assault and battery and will have to pay a symbolic $1 to Swift.

Swift（スウィフト）とは、いまモテモテの美人歌手。Mueller

（ミューラー）とは、その彼女にセクハラで訴えられた男。

まさに「それでもボクはやってない」事件のアメリカ版。それでも、スウィフトに1ドルは払っておくという。いちおう有罪としておく──1ドルで。それがsymbolic payment。

なんだ、このsymbolic。象徴的ではわからない。token（形だけの）なら、もっとスッキリする。

では「誠意ある」？　あまり誠実な対処とは思えない。そうだ、ココロを忖度してカタチに変えたもの。だから、裏のココロを表のカタチにしたもの。すると、次のような訳になるだろう。
「ミューラーは暴行と殴打で有罪の判決を受け、スウィフトに誠意を示すため1ドルを支払わなければならない」

日韓の間の謝罪（スミマセン）云々はあくまでカタチの上だが、その裏のココロは誠意という名前のマネー（money）だろう。このややこしい関係を英訳すれば、これしかない。

Apology is a symbolic issue between Japan and Korea.
（謝罪は日本と韓国との、誠意をカタチにする問題です。）

この「難訳辞典」は、いずれsymbolic translation（誠意をカタチにする翻訳）の集大成に仕上げたい。

symbolicとは、ホンネを隠すためのタテマエなのか。天皇は日本国のsymbol（象徴）とされたのだから、これで少しはイメージが鮮明化するだろう。

従来の辞書をバイブルとする英語学習者にとり、私は煙たい存在だろうが、それでも実用英語教育界では、私はsymbolic leader（誠意をカタチにする指導者）である。

katachi-wa-kokoro
形はこころ　style defines substance

形（style）とは外面に表われた型（form）のことである。だから、Form is substance.でも伝わる。Form must follow (the) mind.でもいい。その逆も真なりだ。

上司を心から尊敬しているが、不遜な態度で接していると、尊敬していることにはならない。「それがぼくの流儀でねぇ」という弁解は見苦しい。

Style (Form) must follow substance.（形はこころに従わなけれ

ばならない。)

　禅はこの思想を教えながら、その道も同時に教える。般若心経の「色即是空」(Matter is void. All is vanity.)がそれだ。

　見出しのstyle defines substanceは私の超訳だが、よく対比される外のstyleと内のsubstanceを融合させたまでだ。

　このsubstanceは動かざるsoulのことだが、人の心を動かせる「こころ」ならspiritに置き換えてもよい。

　気概というものは、姿に出るものだ。Elegance is an attitude.(気品は態度となって、にじみ出るもの)という企業広告(institutional advertising)は、私好みの英語だ。美しく、無駄がない。

katazuke-nasai

かたづけなさい。　Get organized.

「かたづけ」という言葉が流行語となった。紘道館で、ある片付け士と私が協同して、「ディベートと片付けセミナー」を企画したことがあった。どこに共通点が？　その心はorganizationである。

　これを「組織化」と訳しては、英語が見えていない。思考を「キチンと片付ける」ことをorganizeというのだ。

　Put things away.ではわからない。回収日の前夜にゴミ袋を外へ出しておくことではない。「移動」することではなく、仕分け、「整理」することなのだ。そう、この整理がorganization。「あなたの頭が整理されていない」「ウニのようになっている」はすべてnot organizedだ。

　KonMari methodで知られている、Marie Kondo(近藤麻理恵)のカタヅケ・ビジネスは$300と*Bloomberg Business Week*(May 27th-June 4th, 2017)で紹介されていた。その小見出しが、Get organized for $300であった。そして大見出しはZEN and the art of CLOSET maintenance。

　片付け、断捨離、執念(しゅうねん)を断つ。すべてLess is more.(少ないほど豊かである)という禅の心にありそうだ。その心が「整理整頓しなさい」Get organized.であった。

kata-ni-hamara-nai

型にはまらない　bigger than oneself

　日本の「型」について解説した"The Kata Factor"の著者で、知人

のボイエ・デ・メンテ氏は、私のことを「型にはまらない人間」と言った。

"Michi, you're the most de-kataized Japanese I've ever met."（ミチ、きみは私がこれまで会った中で最も型にはまらない日本人だね。）
「型にはめる」をto kataizeと表現することができるので、「型にはまらない」はde-kataizedとなる。

造語が自由に使えるようになれば、プロの英語使いだ。

コーヒー・ブレイク
英語道は勝って強く、負けてもっと強く　English must move on

『朝日新聞』の刀祢館記者は、ディベートの心得があり、英語道を説く私に対しても、攻撃的である。「将棋界では、15歳で六段や名人になれるのですよ、英語道の段位は難しすぎるのではありませんか」と、一番痛いところを突く。

たしかにICEEという異種格闘技に参加する人たちの年齢は下がってきている。だが、めったに段位は与えない。

英語道は人生道だ。だから、まぐれでチャンピオンになっても、次は必ず転落する。段位を与えたくても、与えてはならないことがある――その本人のためにも。

そもそも英語によるコミュニケーション能力など、測定できるわけがない。年輪がモノをいう。いやそれでは若い人にフェアではない。藤井聡太六段は、あの歳で連勝を続けてきた。ということは、若い頃から数多の勝敗という人生の節目（critical junctures）を通ってきたわけである。

かつては、英語道検定試験（道検）と呼ばれたICEEに参加する若者たちは、最高得点を狙って参加するわけではない、大人たちの実社会を擬似体験する通過儀礼（a rite of passage）なのだ、と私は言い続けてきた。

祭に参加するようなもので、a turning pointと考えれば、まったく恐れることはない、むしろ、オリンピックや甲子園野球といった祭典に参加するような、晴れがましい気持で臨むべきだ。

お陰様で、このお祭型検定試験も2017年で30周年を迎えた。

この年、藤井聡太六段は15歳。私が英会話に燃え始めた頃である。13〜15歳はいわば一昔前の元服(ひとむかしまえ)の年齢だと思えばいい。

　元服を辞書でみると、a coming-of-age ceremonyとなっている。まさか成人式と同じ？　18歳や19歳で大人になる（manhood）のは遅すぎる。

　ユダヤ人のbar mitzvahは、13歳で成人と見なされる——昔の武士のようだ。死を選ぶことのできることを認める、荘厳な儀式だ。13歳の誕生日の直後の安息日の朝、会堂で行われるというから、伝統を死守するユダヤ民族は恐ろしい。

　ボブ・ディラン（Bob Dylan）も、このバルミツバーを通過している。キリスト教に改宗したこともあるが、氏の心の刺青(いれずみ)はあくまでユダヤ一色のままだ。

　元服（武士道）の復活？　こういうテーマをICEEのディベートの論題に選んでみるか。有段者（クロオビ）への登竜門に、年齢差はあまり関係がない。されど年の功。

kakko-yoku-shirizoku
かっこよく退く　retire with style

　日本人が愛(め)でる「引き際の美学（the graceful art of leaving）」は、難訳中の難訳語だ。

　かっこよく引退するには、潮時（high time）がいるが、とりわけ重要なのは、外見的なかっこよさ（styleという）を崩してはならないということだ。

　いや、内面的価値観を失わない方がかっこよいと考える人は、substance（中身）の方を選ぶ。決してかっこよさを世間に見せず、名誉を求めず、静かにこの世を去る。

　武士道は、こちらの渋い（way cool）道を選ぶ。これがbow out（美しく去る）か、a graceful fade-outといえるもの。

gatten
合点(がってん)。　That got me.

　「悟り」は「ふと」生まれる。それは、瞬間的なできごとだ。だが「合点」は、どうもその説明ではしっくりこないなぁ、と悶々(もんもん)としながらも考えあぐねたあとに、ストンと落ちることをいう。

コンチクショウ（God damn!）の正反対のThank God.（ああ、助かった）に近い。

NHKテレビの『ガッテン！』は私好みの番組だが、出演者が「がってん！」とボタンを叩く姿が愉快だ。そのしぐさを同時通訳すると、Got it!（ガレ）だろう。いや、Got me.かもしれない。

I get it.なら「わかった、説得された」である。欺（だま）されたらあとで怒ることもある。

ところがYou（またはThat）got me.となると、「納得（なっとく）」の域に達しているから、あとで相手を訴えることはない。

kateba-kangun
勝てば官軍　victor's justice

正義（justice）とは何か。ひねくれ者（cynics）は、decision in your favor（自分に有利な判定）と答える。これが「勝てば官軍」の実体だろう。Cynical but truthful.「真実は傷つける」だ。

Truth hurts. Winner-take-all logic.（真実は傷つける。勝てば官軍というロジック）ともいえる。

ペロポネソス戦争について、ギリシャ系米人で友人のパパトネス（14歳で全米ディベートチャンピオン）は、こんな英語がある、と紙に書いてくれた。その英語がそっくり、*The Economist*（Oct. 7th, 2017）に出ている。

As the conquering Athenians said to the cornered Melians in Thucydidess account of the Peloponnesian war, "The strong do what they will and the weak suffer what they must."

（ツキジデスのペレポネソス戦争の話で、勝者となったアテネ軍が、追い詰められたメリアン軍に対して言ったように、「強者は好きなことができるが、弱者はぐっと耐えるだけだ。」）

「勝てば官軍」を「敗者は耐えよ」と同義にしたとは、Painfully true!（痛ましい真実！）

東京裁判の傷がいまだに癒えない私だ。

kanashisa
かなしさ　sad happiness

日本の美のひとつに、「かなしさ」がある。この訳がいまだに私を苦しめる。

『日本国語大辞典』の「かなしい」には三つの漢字がある。

悲・哀・愛はそれぞれsorrowful（悲しい）、pathetic（悲痛）、lovely（愛くるしい）と訳されるが、このバラバラな漢字の意味を集合すると、英語から消えてしまう。遊士悲しむ。私のような酔狂ものは悲しむのだ。

英語は愛(かな)しい。sadly lovely? ここまで英語に狂ってセレナーデを歌い続けても、私の愛は、窓を閉め隠れたままの英語には届かない。I love English. So I am sad? なんだ、これは。

人は、満たされぬままの松本という男はpathetic（哀れ）とみるだろうか。それともそんな悲痛な片想いに煩い続けている私がいとおしい（lovely）のか。

閑話休題。月を見ていると、しみじみと悲しくなる。同時通訳ができず、月を見て泣いたことがある。だから私を癒してくれた月に対する思いは深い。

悲しいのは私だけではない。英語を学んで、私のように苦しんでいる読者諸兄も、月を見てなんらかの感情移入（英語のempathy、ドイツ語のEinfühlung）をしているはずだ。

Yes, you're sad, pathetic and lovely.（そう、あなたは悲しく、悲痛で、愛くるしい。）

 コーヒー・ブレイク

かなしさ（empathy）の源流は縄文の心にある

10月になると、私は感傷的（sentimental）になる。月の霊気は人を狂わせる（make one lunatical）と、多くの西洋人は信じているようだ。

精神異常者をa lunaticと呼ぶ。ラテン語のlunaticusは「月の影響を受けた」「一時的に正気でない」という意味だ。だから精神病院はlunatic asylumとなる。

日本人も月の霊気に酔う。しかし、これは「狂」ではなく、「遊」に近い。歌を詠(よ)む心は酔狂、つまりludic（showing spontaneous and undirected playfulness）なのだ。

「即興で、方向性を無視した遊び心」？ そう、それが月を愛(め)でる縄文人の遊び心であったのだ。

そういう縄文人を、ホイジンガーはhomo ludence（遊戯人間）と呼んだ。

ラスコーの洞窟に身を隠し、動物の絵を描いたクロマニヨン人にとり、壁画は生き残るための真剣な遊び心の証(あかし)であった。

ピカソはこの壁画を見て「負けた」と呻(うめ)き、岡本太郎は縄文人の作品に心酔し、大阪万博の「太陽の塔」を創作した。縄文の芸術スピリットに狂わされた耽美派であった。He was mooning over Jomon beauty.（彼は縄文の美に耽溺(たんでき)していた。）mooningとは、intoxicationと同じ意味だ。

「百人一首」に惚れた小名木善行(おなぎぜんこう)氏は、多分、縄文人（probably a Jomonite）だろう。縄文の心（empathic feelings）は、私の芸術観からイメージすれば、水の心だ。水のように方円に融合するspiritそのもので、「もののあはれ」や「惻隠(そくいん)の情（empathic feelings）」もすべて縄文の情（水の心）を源流としている。

「百人一首」は縄文の水と関係が深い。月、雨、雪、海、河、涙、憂い、悲しさ──水。私が好きな風も吹いている。見えざる沖の石もある。この風や石にさえ、遷(うつ)りゆく変化に戦(おのの)きながらも耐え忍ぶ、水の心がある。その水素というパワフルな元素が、ときに熱くなり、火にも炎にもなる。

縄文の心はwater logic（雪とともに六角形になる）と対等に立つnatural logic（自然界の論理）ではないか。

人為的なギリシャ語のロジックとは違ってspiral logic（渦巻の論理）を開発した私の心は、多分縄文時代に戻っている。武器がなくても共存できた時代に。

kanojo-wa-shohmi-kigen-gire
（彼女は）賞味期限切れ。　She's no longer good.

賞味期限を直訳するとa use-by dateか a sell-by dateだが、人の利用価値（人や実力などの市場価値）はそう簡単に「切れる」（expire）ものではない。

そもそも、女優やキャスターの人気や年齢に、賞味期限という制限を加えることが間違っている。

「難訳辞典」に挑んでいる私など70代の後半、賞味期限はとっく

にすぎている。Way past my use-by date! だが、これから価値が高まってくると思っている。

「賞味期限がくる前に、彼女を雇え」なら、Get her while she's still young（good）.でよい。「青田刈り」とは、the hiring of (university) graduates earlier than the customary timeのことだが、直訳しても通じない。

Get college kids before they graduate.でもまだピンとこない。

Get them while young. は、話の文脈次第では、もっと短くしても通じる。Get them young (er). と。

日本語の「賞味期限」はよく使われるのでbig wordではないが、英訳されたとたんbig wordになるから気をつけよう。

gaman
我慢　tolerance

日本人の「和」はharmonyなんかじゃない、という指摘は外国人の方からなされてきた。私もそう考える一人だ。

神道、仏教、儒教の「和」といえば、おたがいが我慢しあうことではないか。外国人から見ると、日本の文化は「我慢」に象徴されるようだ。ぐーっとこらえる──和を守るために。強調すべきは、ザ・ガマンの方だ。

ダン・ラザー（Dan Rather）という著名なアンカーマン（CBS Evening News）は、アメリカ人に「和」の精神を説いた──harmonyという言葉を使わずに。

Be tolerant.（アメリカ人よ、我慢しなさい）、これが民主主義の基本だと述べたうえ、それだけではなく、他国より、異見を受け容れる（accept）、inclusiveな社会にしろ、という。

じっと我慢するなら、enduranceの方が親しみを感じる人が多い。だがこれは、暗い。toleranceはもっと明るく、積極的だ。後者には、手強い相手（思想）に対し、尊敬の念がある。

kami-kakushi
神隠し　spirit away

映画『千と千尋の神隠し』（宮崎駿監督）の英訳はThe mysterious disappearance of Sen and Chihiroでもいいのだが、なんと"Spirited Away"。短いが、パンチが利くタイトルだから、欧米人も

関心を持つだろう。

　バミューダ三角水域という魔の海域では、船や飛行機が突然、跡かたもなく消えてしまう（Planes and ships have been spirited away in the Bermuda Triangle.）という怪奇現象が起こっている。人体を離れた霊魂の仕業(しわざ)なのだろうか。

　バミューダ三角水域は、Devil's triangleとも呼ばれる。それを「神隠し」ととらえる日本人は、神をGodでなくspiritsと、とらえているのだろう。

　あるはずのものが、突然消えることが、我々の周囲にも起こる。「不思議！　神隠しか」と誰かが言う。一神教の「神」ではないことはたしかだ。

(kami-ni) chikau
（神に）誓う　swear (to God)

　西洋では、ビジネス・トークにも神が登場する。何かを誓うときに、稀に、I'll swear by my mother. と言う人もいるが、通常、母親より神の方がおっかない（fearful）と震える(ふる)（quake）人が敬虔(けいけん)なクリスチャン。だから、I swear to God. が自然に口から出る。「至誠は天に通じる」を信じて疑わない交渉者も、誠のこころを貫く覚悟を示すには、やはりGodを用いた方が賢明だ。いやその方がpragmaticだ（ソロバンが合う）。

　ちょっとここで耳を貸してほしい。swearには、反対に「ののしる」という意味がある。いわゆるswear words（ののしり言葉）がそれに当たる。

　"God bless America." （アメリカに幸(さち)あれ）と言う代りに "God damn America." （アメリカに呪いあれ）と教会で発言したジェレマイア・ライト（Jeremiah Wright）牧師がいる。オバマ元大統領がかつて師とあおいでいた黒人牧師だ。

　イギリスの心理学会の会議（British Psychological Society's conference）でののしり語（swear words）を連呼した参加者たちは、ののしらなかった人たちよりも、はるかにパワーがあったという。

　ののしることは、脳幹が司るfight-or-flight response（闘うか逃げるかという生理的反応）を活性化（activate）させるというが、Goddamn it!（コンチクショウ！）とののしるのも、自らをpsyche

up（奮い立たせる）上で役に立つかも。
kame-no-koh-yori-toshi-no-koh

亀の甲より年の功。　Wisdom comes with age.

　よく受ける質問のうちに、「亀の甲よりなんとやら」がある。同時通訳の時に、こんな諺が使われたら、と思うと、日頃から危機管理（crisis management）を怠ってはいけないな、と身が引き締まる。プロの同時通訳者の「残心（open attention）」とは、あくまで平生にある。

　『ウィズダム和英辞典』ではまず直訳から始まる。Age and experience are better than tortoise shells. しかしWisdom comes with years. やAge and experience bring wisdom. いや、もっと縮められるはずだ。『ジーニアス和英辞典』は親切にもAge and experience teach wisdom. の解説まで加えている。

　私がなぜageで間に合わせようとしているのか。Wine grows with age. という粋な表現を耳にしたことがあるからだ。

　そのときとっさに、Men don't grow wiser with age. という表現を編み出し、使ってみたら評価された。

　私は失敗という経験を人一倍重ねてきた。他社の和英辞書編集者たちの苦労がよーくわかる齢になった。すべてを否定していた私が、すべてを受け容れるようになった。やはり年の功というべきか。

　昨夜、YouTubeでジェフ・ベゾス（Jeff Bezos。AmazonのCEO）の発言を、頭の中で「亀の甲より年の功」と同時通訳している自分に気づいた。

　彼ですら、その英語はこんな口語的なものだった。――対談だから気軽に使った。インタービューアーも笑いで返されていた。The longer you're around, the more humble you become.（Laughter.）

　aroundは「生きている」、humbleは「腰が低くなる」というイメージでとらえているから、加齢はhumblenessと一致する。

　ラテン語の意味はhumilisはlowly（低い）だ。例：answer in lowly terms（へりくだった言葉で答える）

　私は年相応にhumble（謙遜）になったかもしれないがI'm modest. とは決して言わない。もし言えば、それこそ己惚れになる。

　いいワインの風味は、いつ樽（cask）から取り出すか、というタ

イミングがcritical（決め手）になるのだ。

若すぎて（too fruity）もいけない。遅すぎてよぼよぼ（decrepit）になってもいけない。

ぶどうとワインは、人生そのものなのだ。円熟（tastes round ＝まろやか）になるのは、やはり年の功。

kamen-fuhfu
仮面夫婦　plastic couple

仮面夫婦をmasked coupleと訳しても、通じない。仮面舞踏会（masked balls）でなら使えても、私の好みは、plastic couple。

クリントン夫妻はpolitical couple（どちらも政治的野心をもった夫婦）といわれ、世間を欺く演技（これを play charades＝ゼスチャーゲーム）と映るが、映画 "Primary Colors"（凝りない男＝ビル・クリントンのこと）の邦題が『パーフェクト・カップル』とはお見事。

そつのない（理想的な）夫婦なら、perfect coupleと、英訳しても通じる。

とにかく、アメリカ人は、イギリス人の眼からみて、role-playing（役割演技）やplay-acting（芝居をすること）が大好きな国民だ。pretending to be someone you are not（自分ではない誰かのふりをする）のもゲーム。

こんな表現を一緒に覚えてしまおう。playing games at work, dressing up（着飾る）、putting on an act（演技をする）、donning the character（なり切りゲーム）、playing the female gender game（I'll be playing a mother figure. 母親役を演じるのも社交ゲーム）、これも妥協を許さぬ a game of hardballになる。

合意を取り付けようとする態度は女々しいのよ（イギリス英語ではwet）と言ったのは、マーガレット・サッチャー（Margaret Thatcher）元英首相だ。男も女も power game は続く。

karasu-no-katte-deshoh
カラスの勝手でしょう。　Mind your own business.

かつて流行ったパクリ・ソングがあった、「カーラースー、なぜなくの、カラスの勝手でしょう」。たしかにcrow's businessだ。

人間さまにとやかく言われたくない。日常会話ではMind your

own business. これで決まり。

　カラスを訳す必要がない。直訳にこだわっている間は、人工知能に負ける。翻訳者が直訳にこだわっている間に、失業する時間が迫っているのだ。今はrobotics（ロボット工学）の時代だ。知識の量ではコンピュータに勝てない。

　deep learnerを誇る人間も、deep learningを始めたAIに追いつかれる。碁も将棋もチェスも完敗が続いている。

　AIの進化速度は、恐ろしい。人間もシャッポを脱ぎ始め、どうせ勝てないのなら、頭脳を使う仕事はAIに──machine thinkingの時代だから──任せちゃえ、となる。人間と機械が対等になるsingularityの時代が、そこまで来ている。人間よ、傲るなかれ。

　Says who? カーカーと、カラスがそう言っている。英語ではCaw, caw。日本人は、カーカーと子音で書いている。しかし、よぅく聞いてごらん、アーアーアーと母音でないているんだよ。

　日本人は、自然の音をすべて人間の思考に転換できると思っているが、それはゴーマン（hubris）だね。

　カラスは反論する。「我々は泣く（cry）ときも、哭く（weep）ときも、鳴く（chirp）ときも、啼く（sing）ときも、そのときのムードによって使い分けている。この苦労（crow）は人間にはわからない。」人間の勝手でしょう。Mind your own business, crows!

空手形を出す　an empty promise
kara-tegata-wo-dasu

　空手形とは、実際取引がないan accommodation bill（note）のことだが、日常のビジネスで使われる表現は、issue a bad checkか、an empty promiseだ。

　fly a kiteはスラングだったが、今では立派な口語表現だ。これもよく使われる。kiteは凧のこと。融通手形、空手形、不正小切手のこと、威勢よく高く凧を飛ばす（overcommitをする）人に、ペテン師や詐欺師が多い。

「あんたは空手形ばっかり」は Promises, promises, promises. と、promiseを重ねて使ってもいい。

「あんたは、いつもゴタクばかりを並べている」Words, words, words. 映画『マイ・フェア・レディ』（"My Fair Lady"）から学ん

だ。リズムさえ伴えば、ひとつの単語を三度繰り返すだけでよい。ワンワードを三度。迫力がある。

「俺たちがほしいのは仕事だ」Jobs, jobs, jobs.

大口投資家は、カネばかり。Money, money, money.

It's a rich man's world.（それが金持ちの世界なのだ。）

松下政経塾の第一期生（酒生文弥）から聞いた。「松下幸之助氏はよく言っておられました。①身の丈に合った生活を、②人から借りるな、③保証人になるな」と。そう、しみじみと語ってくれる話を聞きながら、頭の中で同時翻訳していた。

Live a decent life. Don't owe anybody anything. Don't guarantee anybody anything.

たしかに、身内に対しても、連帯保証はするな、というのは、ナニワ流のtough love（愛のムチ）なのだろう。100万円せびられたら、10万で勘弁してもらえ、ということだ。「手切れ金」だから、Pay'em off. ということだ。借り手の顔を立てて忘れてやることだ。

120万払えば、"徳を積む"（pay it forwardという）ことになる。つまり借り手を奴隷にでもできるし、解放してやることもできる。

karami-johgo
絡み上戸　（heavy）argumentative drunk(er)

上戸とはdrinker、下戸はnon-drinker。

泣き上戸は、sentimental（maudlin）drinker（drunk）。

笑い上戸は、a merry drinker（drunk）。

怒り上戸は、a quarrelsome drinker（drunk）。

絡み上戸は、an argumentative drinker（drunk）。

上戸にはdebateはできない。しかし、口論をふっかけてくるからargumentativeになる。

私が好きな飲み友達はdebaterだが、一番嫌いな飲み相手は、arguerだ。arguerは一方的にしゃべって、人の言うことを聞かないから、飲むと、もっとタチが悪くなる。

I stay away from drunken arguers.（絡み上戸は御免こうむる。）

karisuma-teki-na-hito-wo-nerae
カリスマ的な人を狙え。　　Look for Pied Pipers.

多分、客の勧誘に長けたマルチ商法のプロなら、そう部下にハッ

パをかけるだろう。

　日本でいう、タレント（personalities）はタレント（talent＝才能）のある人のことではない。メディアでの露出度の高い人気者のことをいう。

　考えてみれば、ハーメルンの笛吹き男（the Pied Piper of Hamelin）のような、無責任な煽動家のことではないか。つまり、日常使われている「カリスマ的人物」とは、超人気の芸能人（電波芸人）や大衆を巧みに誘い込むメディア人間のことだろう。

　欧米人がcharismaticという英語を耳にすれば、「超自然的な力を持った」とか「神の寵愛をうけた」influentialな大人物をイメージするだろう。超訳するより外はない。

　ネズミ講や詐欺の首謀者がほしいのは、お友達が多く、ネットで「いいね」を押してくる、思慮の浅いカモたち（suckers）で、狙う相手は決して、真にカリスマ的なリーダーではない。

kan / mushi-no-shirase
勘／虫の知らせ　gut feeling

　勘を辞書で調べると、intuitionが出てくる。

　これは脳からくるが、虫の知らせという勘は、腹（guts＝内臓）からくる。いや、sのつかない、消化管からくる。

　よく使われる表現は、gut feel（ing）か、gut instinctだ。

　What's your gut reaction?（どんなことがひらめきましたか？）という問いは、相手に論理的な判断を迫るのではなく、直観などのひらめきを求めるときに用いる。

kankan-gakugaku
侃々諤々　get worked up

　侃侃諤諤とは、一堂に会した者がズケズケ直言（議論）するので、その場がヒートアップする状態である。よく似た表現に、喧々囂々がある。どちらもargue furiouslyのことだ。

　けんけんがくがく、と人が言えば、違う、かんかんごうごうだ、と訂正する人がいる。どちらも間違っている。そんなことで口論（けんか）するより、両者をひっくるめて、get worked upだ、と覚えよう。頻度数が高いので、私も好んでよく使う。*Number 1 SHIMBUN*（May 31st, 2017）が"Rebellion in the Valley of the Fireflies"（ホタルの谷での反乱）を載せた。石木ダム建設反対運動に住民が立ち上がった。昔なら、一揆に発展したかもしれない。川を守る住民側とカネで黙らせようとする政治家との醜い駆け引きは避けられない。かつて、ダムの調査で何度も数々の現場に足を運んだことがある社会派の私はliberal（左）なのだろうか。環境保護の立場ならconservative（右）のはずなのだが。

今は右にも左にも属さない（nonesの一人）中庸派ジャーナリストである私は、NONESチャンネルでキャスターをつとめているが、フリーランスのSonja Blaschke記者の突っ込んだ記事に感銘を受けた。そのときに使われた英語表現がこれ。

If we start talking, we only get worked up.（いったん、話し始めると、必ずカンカンガクガクの議論になるんだ。）

ケンケンゴウゴウ、どちらでもいい。お互いがカッカするとか、カリカリするといった、オノマトペでもいい。漢字や漢字風の風化しつつある四字熟語に惑わされないことだ。

私がこの記事の見出しを書くなら、これ。

Damned if you do, damned if you don't.（ダム建設、どっちに転んでもロクでなし。）damned（「呪われる」を「ダム建設をする」とかけた）をユーモラスに縮めて使った。

ganko-oyaji
がんこおやじ　uncompromising person

べつにおやじ（old-fashioned guy）でなくてもいい。めったに信念を曲げない人物は、扱いにくい曲者だが、人や信念を曲げない（principled）意固地さ（stubbornness）がある。

難訳語のひとつに、青森県人の「じょっぱり」というのがある。この言葉に出会って、数十年になるが、まだ英訳できない。

stubbornというネガティヴなトーンをポジティヴに変えるだけのことだが、容易ではない。どうやら、青森という縄文のままの土地柄に根ざしたものだ。なかなか折れないヒバのような「木」質の人間か。人づきあいが悪いといわれるのも承知で、意地を張る。マスコミより、口コミの個人的信用を重んじる、非社交性。なぜこんな気質が、青森県人の間でもてはやされるのか？

その謎が、縄文気質であるとわかったきっかけがある。今回の八

戸での執筆期間中に出会った、佐藤一弘という、謎の料理人だ。みちのく紘道館の上田亮院長（やわたクリニック）が敬愛する佐藤氏は、人気まんがの『美味しんぼ』に2回も登場されている。

　自然食のグルだと誇らしげに語る。客を選ばない（お客様は神様です）のが弥生マーケティングの特徴とすれば、この博覧強記の佐藤一弘は、客をも選ぶというプライドの持ち主。主客同格へのこだわりが「じょっぱり」精神であろう。ヘソを曲げたら最後、テコでも動かない、どんな客でも。

　英語道（The Way of English）を、東北で広げてくれたパイオニアも、八戸出身の柴崎清孝（*Japan News*論説委員）であった。「ナゼ、オレが妥協しなきゃならないのだ。オレはこだわる。Why should I compromise?」こう叫ぶことが許され、愛される人物が縄文人（Jomonites）だ。

　みちのく紘道館の拠点、そして常宿と決めたのがこの洋望荘（自然食研究所）だ。オーナーシェフの佐藤一弘という「がんこおやじ（じょっぱり）」がここにいる。

　厳寒の冬は客がこない。しかし冬は「仕込み」（ミソ、漬物他）の期間。自然のリズムに逆らわず、旬の素材を生かすのが縄文人のこだわり。弥生化されてたまるか、というのがじょっぱり。

kanjoh-wo-osaete
感情を抑えて　　pragmatically

　この超訳に不満なネイティヴはきっと言う。pragmatismのpragmaはギリシャ語のpragma = deedから来ているから、当然「情や意欲が入るはずだ」と。いい反論だ。少なくとも日本の辞書によるpragmatismの訳には、意欲とか情念の熱（heat）はあまり感じられず、むしろ「冷たさ」が伝わってくる。

『ジーニアス英和大辞典』でpragmaticを引くと、1. 実用（実践）的な、2.〔哲学〕実用主義の、〔言語〕語用論の、3. 国事の（に関する）、4. 実用的歴史観の、と出ており、知的でpractical（実際的な）面が前面に出てくる。ウェットに対するドライというイメージでとらえられやすい。

　宮本武蔵も英語道を重んじる私も、ムダを嫌う、pragmatic warriors（応用的な戦術に長けたサムライ）。秘めたる情熱を失うこと

はない。隠しているだけだ。悲願を達成するために。

だから、私はpragmaticallyを「感情を抑えて」と訳す（むしろ、英和のほうがふさわしいかも）。

kanzen-chohaku
勧善懲悪　poetic justice

通常、justice（正義）とは法律用語だが、「世の常」とは倫理、道徳など、もろもろの社会通念が加わるので、もっと複雑だ。

仏教の因果応報も正義とすれば、欧米人がよく使うpoetic justiceがいいだろう。

kan-chigai
勘違い　right for the wrong reason

使えそうで使えない。たしかに、勘違いはmistake。だから日本語に引っぱられ、mistakeかmistakenと直感的に抽象名詞を使おうとする。

You've mistaken her for my girlfriend.（君は彼女を私のガールフレンドと勘違いした。）これでは勘違いした人を責めているようだ。

もっと無難なwrongを使ってみよう。

You're wrong about us.（二人の間を誤解している。）

二人は仲がいいという観察が正しければ、right（そう思われてもしかたがない）と認めてみよう。

You're right for the wrong reason.（君は勘違いをしている。）

You're barking up the wrong tree.（君はとんでもない思い違いをしている。）これは「見当違い」に近い。

「あれは恋をしている女性の目だった」はThose eyes are the eyes of a woman in love. 私好みのフレーズだ。

しかし、Are you always right about women's eyes?（あなたはいつも女性の目を正しく観察しているのですか？）と問われると、You're asking the wrong man.（質問する相手を間違っている）と答える。mistakeというbig wordは使わない。

kan-de-wakatta
勘でわかった。　I just knew.

I played hunch. And it worked. が標準だろうか。

バイリンガル・アンカーマンとしての私は、視界が悪いときによ

く勘に頼る（I often go by the seat of my pants）。

playの代りにuse one's intuition（instinct）を使うこともある。「わかっている」は、I know.「最初からピンときていた（理由はわからないけど）」は I just knew. justを加えるだけで、勘や直観を言い表わすことができる。I had a feeling. でもいい。

他にも big wordsが必要な時がある。"It's a female（woman's）intuition."（女の勘よ。）

"You're quick to catch on."（お前は勘がいいな。）

"She's got a sense of music."（彼女は音楽の勘がいい。）

kanten (mikata)-ga-chigau
観点（観方）が違う　see things differently

違った観点とは、perspectives とか agendas が正しいが、実用英語では、うんと応用が利く方が好まれる。一番無難なのが、see things differentlyだ。

I see the issue differently.（私は別の観方でその問題をとらえている）は、I'll challenge you to debate.（あなたと議論するつもりです）の序曲になりそうだ。

前奏曲（prelude）は、穏やかなアダージョ調が好ましい。I disagree.（私は同意しません）より、I see it differently.（私の観方は違います）のほうがより紳士的だ。

「我々は、意見は違っていても心は通じ合っている」という長ったらしい表現も、We just see things differently. と言えば角が立たない。justというワサビも効いているから、相違がかえって人生の醍醐味（Variety is the spice of life. と言ったのはオスカー・ワイルド）となる。

kanban-ni-itsuwari-nashi
看板に偽りなし　what you see is what you get

ネットに登場する人たちの写真は、10〜20歳ぐらい年齢に差のある人が多い。水商売の女性でも写真で勝負する人たちは、その差はさらに大きくなる。

だからポン引きたち（pimps）も先制攻撃をかける。「写真そのままの娘です」と。そのときの英語も What you see is what you get.

イギリス人も使っている。店頭に並べられたコピーフードの横

に、こんな英語の解説があった。What you see is what you get.（看板に偽りはありません。）

アメリカ大使館で同時通訳の修行中であった30代の私にとって、夜にこっそり浅草へ逃げることが唯一の楽しみ（guilty pleasure）だった。ポン引きが寄ってくる。「この新しい店に、こんな新入りがいます。慶應の女子大生…」。女子大生か、ほろ酔い気分になって癒されてみようか。

テーブルでいくら待っても、慶應の女子大生が現われない。ずっと横にいた50代半ばのホステスに「まだですか」とたずねた。「あの、私です」「えぇ？ 女子大生の？」「そうです。慶應のOGです」

不覚（My mistake）！　写真を見るべきだった。浅草の歓楽街。

What you see is NOT what you get.（看板に偽りあり。）ほんまか？　30年前の話やがな。

kanpoh
漢方　Traditional Chinese Medicine

今、中国では、漢方（中医学、中国医学）、Traditional Chinese Medicine（略字のTCMがよく使われる）を盛り返そうという動きがある。しかし薬効が不確かということで疑問視するムキもある。

西欧の薬（western medicine）に対する対抗意識を露骨に見せたのが習近平だ。

Mr. Xi calls it "the gem of Chinese traditional science", and uses it himself, claiming TCM is in its golden age.（*The Economist*. Sept. 2nd, 2017）

（習近平氏はそれを「中国の伝統科学の宝石」と呼び、自ら使用し、漢方は黄金期を迎えていると主張している。）

漢方が黄金期を迎えたというのは少しオーバーだが、東西の薬学の競争は避けられない。日本は、「競争（competing against each other）」ではなく「競合（competing among themselves）」の道を選ぶのだろう。

ki
気　energy

西山千氏が「同時通訳者に一番大切なのは、気迫（鬼迫）ですよ」と語られたときに、英語ではどう訳しますか、と私は師の意表

を突いた。その時の即答は「知りません」であった。私はたったその一言で弟子入りを所望した。はまった。(That got me.)

あの気迫はkiller instinct（殺人本能）か、fighting spirit（闘志）か、今も思い悩むが、「気」にまで押し込めれば、energyそのものになる。

中国語の「気」（qi）はnegativeとpositiveに分れる。angry spiritは否定的。しかし気迫というhungry spiritは、かなりpositiveな"ki"に含まれそうだ。

故・西山千のいう「気迫」とはhungry spiritのことではなかったか。Tough being an interpreter.（通訳者はツラいよ。）師が他界されてから、今の私は、hungry spiritのシンボルとしての狼の研究に入った。

gi
義　self-sacrificial justice

見出しには、justiceとか、righteousnessのどちらかを選ぼうと思ったが、最終的には「自己犠牲的な正義」という苦しまぎれの訳を選んだ。

ある和英辞書で調べても、justice, righteousnessに始まり、integrity, honor（体面）、faith（信義）、loyalty（忠義）、chivalry（騎士道精神）、heroism（義気）と実に雑多で、シンボルが摑めない。「義のために死ぬ」（die for a just cause?）、「義を重んじる」（value justice? value honorの方がいい場合もある）を訳そうとしても、シンボルが見えないだけに、適訳が思い浮ばない。

ただ、その辞書のしんがりに加えられたself-sacrificeという言葉にグッときた。義には、どこか自己犠牲的な行動が見え隠れする。

justiceは秤（はかり）がシンボルになっている。有罪か無罪かの両端をscale（秤）で測って判定するといっても、そこには必ず裁く第三者（神でなく）の眼がいる。このジャッジに自己犠牲の義務を負わせることはできない。「裁く」側は、常に強い立場にあるから、あまりfairとはいえない。

日本の義の裁定には、少なくとも三つの角度（perspectives）がいる。"三方善（さんぽうよ）し"（win-win-win）がそれである。

"三方一両損"という大岡裁きも、表のlose-lose-loseとは反対に、

全員が納得しているからwin win-winにほかならない。東京裁判がfairでなく、justiceでなかったのも、そこに義がなかったからだ。

裁判長自身が「誤審であった」（I misjudged.）と自供しないかぎりは、blind justiceといえども有効のままで歴史に残る。禊をしてもらわないと、justiceは為されても、日本人が尊ぶ、「和（the wa）」というwin-win-win justiceは果たされていない。Justice undone.

kiai
気合い　oomph

NONESオフィスの近くに、新しいラーメン屋ができた。うまかった。店のモットーは「仕込みは気合い」となっていた。

うーむ、どちらも難訳語。伝家の味は元祖がこだわるもの（something they should not compromise）か。

そんなガンコ親父から、「センセイ、気合いは英語でどう言うんですか」と奇襲攻撃がかけられる前に、先制攻撃（preemptive attack）をかけるつもりで書いておこう。

この「気合い」とは、ハラから出る声のoomph（ウーンフ）がいいだろう。店のこだわりは、mind（頭）やheart（心）だけが決めるものではない。

mindもheartも変わるものだ。だが、ハラは人体のうちにひそむ、自然の声だ。だから、人為が及ばない。

ジンギス・カーンの気合いも狼の声、ウーだった。モンゴル人はthroaty singing（喉歌。発声記号で表わせない）で歌う。ウーウーウーかオーオーオーか、区別がつかない。

バラク・オバマ（Barack Obama）が大統領に就任する前に、大切なのはoomph（気合い）だと言った。この音霊が新聞で見出しとなった。気迫もoomphのうちだ。

kiou-na
気負うな。　Just be yourself—effortlessly.

アメリカ人が恐れた英語の使い手、沖縄尚学学園の名城政次郎理事長が掲げる、次のモットーは、氏の傷だらけの人生を物語っている。

恐れず　侮らず　気負わず

これを、私なりに訳してみたが、英語道、人生道の教えに通じるものがある。

Fear nobody. Take nobody for granted. Just be yourself—effortlessly.

とくに私が好きなのは、最後の一句だ。「自然体」(effortlessly) を加えてみた。

口語表現では、「肩の力を抜け」はDon't try too hard. でいいが、それではあまりにも"芸"がない。そこで、さりげなくjustを前に、後ろにeffortlesslyを加えた。

ki-kubari
気配り　thoughtful attention

「気」とはcare, attention, precaution。「配る」とは、distributeが原意だが、to concern oneself with somebody's welfareのこと。

別れの前にBye.の代りにTake care.（気をつけてね）と言うのも、ちょっとした気配りだ。

この「心づかい」をconsiderationという。How considerate of you to ~! という表現は思いやりが感じられて美しい。

How thoughtful of you to give me chocolate during breaks! （幕間にチョコレートを差し入れてくれるとは、気配りがいいね！）

本番と本番の間で、心身ともクタクタに疲れているときに、イカの塩辛（ビールのおつまみ）なんか出てきたら困る。How thoughtless of you! と叱る。ここには宗教はない。

知人のジャック・ハルペン（Jack Halpern）氏（イスラエル人）は、日本人の唯一の宗教が日本教（Nihonism）と言ったイザヤ・ベンダサン（山本七平）の説に魅かれ、日本人が大切にする「気配り」をthoughtful considerationと訳した。妙訳。

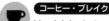　コーヒー・ブレイク

義（火）と仁（水）を融合させるのは蟻のロジック

私は、昆虫大好き人間だった。手塚治虫が昆虫に狂っていたから、よけいに好きになった。40歳を超えたときから、生物学に再突入した。今では、私は昆虫経済学という分野の権威者ではないか、と自負している。

たとえば、「義」という言葉のシンボルが見えないときは、自然界の昆虫たちから学ぼうとする。義のある虫？　蟻だ。

「義」とはなにか。手柄を独り占めにしないこと。蟻は仲間と共食する。このともいき（co-living）の美学。

抜け駆け（steal the march）はしないから、チームワーク（team spirit）は完璧——そこに仁義（benevolence）がある。共に闘う義侠心（chivalrous spirit）がある。

英語学習者たちが蟻の真似をしたら、コツコツ（slowly but surely）やる黒蟻たち全員が、きっと黒帯（クロオビ）になるだろう。

独り勝ちではない、お互い足を引っ張ることがないから、全員がクロオビ（有段者コミュニケーター）になる。彼らの超人的なコミュニケーション能力は、世界中の生物学者を驚かせる。

『蟻』（"Les Fourmis"）の作者のベルナール・ウエルベル（Bernard Werber）は、上巻のフラップ（表紙カバーの袖）中でこう述べている。

「3匹のアリは、三角形になり、絶対的通信を始める。そういうふうにすると、互いに自分たちが経験した冒険を言葉で話しあう必要もない。なぜなら、絶対的通信では、まるでひとつの体を三つに分けたように、3匹のアリは、それぞれに起こったことを即座に知ることができるからである。

触角をぴたっとつけあう。思考が流れ出し、融合する。ぐるぐると、彼らのなかをかけめぐる。三つの脳は、トランジスターのように働き、トランジスターは、受けた電気のメッセージをさらに豊かにしながら運んでいく。そしてそこには無理解も嘘もない。」（本文より）。

まるで日本人ではないか。二次会、三次会で交わされるフェロモンは、3人の脳をオンライン状にさせ、お互いが瞬時に理解しあえる。このフェロモンとは、"空気"のこと。

日本蟻の思考は、空気というフェロモンに左右される。あんな空気じゃ反論できなかった、というのは、まさに蟻の習性。

ところが、英語とは、複眼により空中で勝負する蜂の言語であり、嗅覚より、視界が優先するグローバル言語なのだ。

> アクションが派手な蜂は、踊り、ブンブン（buzz）と歌う。針というprinciple（原理・原則）で敵を倒す、殺す、論破する。
> 　空間を支配する蜂は、幾何学的な証明法（ロジック）で倒すことを得意とする。これがディベートという説得工学。
> 　しかし、蜂といえども、蟻の情的なフェロモンパワーには勝てない。そこで、より知的な（ロジカル）蜂は、騙しのテクニックで、蟻をはめ込（framing）もうとする。
> 　東京裁判は、強い日本蟻たちが弱い蜂の群団の包囲作戦で、敗者日本が勝者ギャングによる集団リンチを受けた復讐劇に過ぎない。今の右傾化（ナショナリズム）は蟻のリベンジであろう。
> 　I'm not just an ant; I'm a samurai ant armed with guns—English and its logic.（私は単なる蟻ではない。私は武装した武士蟻…英語とその論理という銃で。）

kitto-bachi-ga-ataru
きっとバチがあたる（世の定め）　poetic justice

　因果応報（Reap as you sow.）。刈り入れという（結）果は、種がまかれたときが（原）因であるという、仏教のロジックだ。「やつには罰があたる」という呪いの言葉なら、He'll pay for this.で十分。

　He'll get what he deserves.は、やつに対する「ざまあみろ」といった私憤が感じられる。

　ところが、世の中のしくみとは、そういうものだと達観したときの言葉は、もっと哲学的に凝縮されたものとなる。これが前にも触れたpoetic justice、勧善懲悪という四字熟語だ。

kihaku
気迫　fighting spirit

　気迫を闘争意欲と訳すと、fighting spiritになる。アメリカ人は、日本人が大切にする気迫をkiller instinct（殺害本能）だと即断するだろう。

　どうも積極性をagressiveness（攻撃性）とか、負けん気をkiller instinctというふうに「闘争心」に結びつけるところがある。

　逆にアメリカ人の眼からは、日本人の選手たちにkiller instinctやdemonic spirit（凶暴な心）を感じるのかもしれない。

ファイト、ファイト、ファイト（英語ではGo, go, go.）という掛け声をFight, Fight, Fight.と文字通り訳すからであろう。

　日本人の気迫はspiritであり、動かざるsoul（魂）を動かすエネルギーを内包するものだから、fighting spiritが最も近いように思う。

　だから、気迫を感じさせる人は、アメリカのプロレスラーのようにケンカ腰で相手を威嚇（いかく）する人ではなく、動かざるsoulをにじませる人に限られる。soulが充満すれば、それがspiritとなって、エネルギー化されるはずだ。

　クリスチャンはif the spirit moves me, ~（聖霊が私に働くならば～）という、「聖書」によく登場する表現を好むようだ。

　それが欧米流の"気"（Ki-energy）なのかもしれない。
「同時通訳者に一番大切なのは、気迫（鬼迫）ですよ。」

　カマキリは静かに、何時間でも型を崩さず、チャンス（opportunity）が来るまで待ち続ける。勝機は決して逃さない。

　その強力なspirit。あの端整な美。いつも空腹のカマキリにメタボはいない。もし、満腹のカマキリがいたら、腑抜け（despirited）だろうな。

　カマキリは、プロ通訳者のように、常に臨戦態勢（combat readiness）を崩さない。これを残心（open attention）という。いつも気迫を失わない（remain spirited）ことが、プロの第一条件なのだ。

kibun-tenkan
気分転換　relaxation

　よく「あなたの趣味は」ときかれたときに、パブロフの条件反射ではないが、My hobby is ~と、とっさに答える人がいる。My hobby is reading books.と。

　とっさの英語とはいえ、あまりにも不自然だ。I like（to read）books.（私の趣味は読書です）だけでいいのではないか。

　少し機転を利かすなら、I read comics to relax.（私は息抜きのためにマンガを読んでいます）とか、My diversion is doing pachinko.（私は気分転換にパチンコをします）

「あなたの気分転換の方法は？」はWhat's your chill-out?
「あなたの趣味は」もWhat's your hobby?と聞く代りに「息抜き

の方法は?」(What do you do to relax?)と相手をリラックスさせるのが、プロインタビューアーらしい質問。

kimi-dakara-koso-ieru
君だからこそ言える。　　YOU could get away with saying that.

　ときどき考える。なぜ、東大の悪口を言える人に、東大出が多いのか。東大中退のホリエモンも、茂木健一郎のように、東大へは「行くな」と最近言い始めた。またか。(Not again.)

　三島由紀夫が「東大を動物園にしろ」と言ったときに世間は、カッコイイと思った。東大出だから説得力があるのだ。東大出のドクター中松は、「今の東大には武士道がない。だから、世界ランキングは下がりっぱなしだ」と、自虐的に私の番組(Global Inside)で語った。

　森毅も『東大が倒産する日』(ちくま文庫)の中でこう言っている。「…大学教授も含めて教師っていうのは半分役人で、半分芸人だ。大学っていうのは、決まったことを教えて決まった学生を育てるっていうシステムを維持する現場でしょ。ほんでもう教授になったらそのシステムを維持せなしゃあないんですよ。だから役人なの。単純化すると大学の機能とは研究と教育をせないかん。…アメリカなんかは結構、教育も重視するけどね、日本だとだいたい業績評価って研究だけですよ。」

　こういう実態を知っていても、東大出でない者は、口に出して言えない。だから東大出が、憧れの東大を痛罵してくれると、溜飲の下がる思いがするのだろう。ざまあみろ！(Take that!)と。

　私は勘違いしていた。なぜ京大出の森毅教授が悪口を言うのかと思っていたが、森氏も東大出で、インタビューアーの豊田充氏も東大経済学部を卒業されている。つまり、東大批判ライセンスが与えられたご両人だった。ごく一般人の私は疑問に感じてしまう。

　このdouble standard(二重基準)の正体は何だろうか。嫉妬(jealousy)か。大卒の日本人にとり、社会的認知度で歯が立たない、東大と東大生は羨望の的である。

　その東大の価値が崩れることを心の底から望む心境を、ドイツ語でSchadenfreude(人の不幸を痛快がること)という。いわゆる毀傷の喜びというやつだ。

東大をけなす東大出自身も、ある種の嫉妬から解放される。ある種の嫉妬（a jealousy）とか、東大出という肩書が弊履のごとく忘れ去られる。しかし東大というブランドは永遠に残る。トーダイ・フォーエバー！　か。東大出はくやしまぎれの溜息をつく。

　私はよく言う。「あんたはガイジンだから、日本のタブー（天皇制、同和問題等々）にも触れることができ、好きなことが書けるんだ。日本人には、とてもじゃないけど無理」と。

　使う英語は You, non Japanese journalists, can get away with writing the stuff like that, while we Japanese just can't.

　ほとんどの外国人は、大きくうなずく。

　get away with ～（～しても許されるという意味）を文法的に少しひねって、It takes a foreign observer like you to write the truth about the hidden topic. と、take を使うのも一工夫。

　しかし、あんただからこそという場合は、you を YOU とアクセントを置き、only YOU could do that. とするのも一案。

　could にアクセントを置くと、「あんたでも（やろうと思えば）できる」と意味が変わる。

kimi-nara-kasegeru
君なら稼げる。　YOU could make money.

　「儲ける」は get money。信と者をくっつけると、信者、つまり信者を get することは、儲けになるのだ。

　しかし、これは虚業。実業とは、宗教の力を借りずにおカネを make する業だ。get（虚）と make（実）はこれだけ違う。虚業はますます虚化する。

　make money on money（マネービル）や、make money by other people's money（人のカネで私腹を肥やす）は、企業の virtual reality（仮想現実）を増加（augment）させる。

　AI の独走の恐ろしいところは、ここにある。これをエンロン化（Enronization）と呼ぶ。

　実現されていない仮想資産（virtual asset）で給料を払っていたという。蛸が自分の足を食っていたようなものだ。蛸配当（cooked devidend）とはうまく言った。

　「君なら稼げる」という言葉を音霊で考えてみよう。「君」にアク

セントを置けば、YOU。「やろうと思えばできる」という努力を強調するならCOULD。

kime-tsuke
決めつけ　stereotyping

この歌手は、もうおしまいだね、と決めるつけることがネットでは大流行。「だから、メディアは国を滅ぼす」と、決めつけゴッコ (the game of stereotyping) がはやっている。

茂木健一郎が「日本のお笑い芸人は権力批判をせず、内輪での上下関係に終始して、世界に比べるとレベルが低い」とツイッターで決めつけたことに対して、阿川佐和子が「ジャーナリストらしく」と鋭い突っ込みを入れた。

大阪の芸人は、東京からの目線やな、とムッとするだろう。しかし、ダウンタウンの松本人志は「ちっとも腹が立たなかった。なぜなら茂木さんに笑いのセンスがまったくないから」と逆突っ込みを入れた。

茂木氏は、「どうもすいません」と、東京人らしく――文明人らしく――謝った。東京人は大都会的に礼儀が正しく、笑いで逆襲することはまずない。

これも私の決めつけかな。Am I stereotyping Tokyoites?

kimoi
きもい　yucky

名古屋のパルコギャラリーで開かれた「キモい展」は、人気イベントで、私ものぞいてみた。ウェー、オェーッとするような昆虫（ゴキブリ、クモ、ムカデ）が、ゾロゾロ這い出すので、ゾーッとする。

この気持を英語にすれば？ Yuck!（ヤックでなくイヤックと発音しよう。肩をすくめて、顔をしかめて覚えよう。）

Yuck! と発音しながら、背筋が凍るような (like giving you the creeps) 感情を表わす形容詞は、そうyuckyと、yをつけよう。
（嫌ッキー）キモチワルーイ！

She's an evil and yucky woman, telling yucky dirty jokes.（彼女はきもい女で、きもい冗談を言っている。）

こう陰口を叩かれると、この口裂け女は永久に浮ばれない。オジンはびくともしない。たとえHe's a dirty old man.（ヘンなおじさ

ん）と嘲（わら）われても。

kyaku-yose-panda

客寄せパンダ　a come-on

「報酬は確か月20万円。でも一回も講義をしていません。客寄せパンダだったんだろうね。」そう答えたのは、加計学園との関係を語るみのもんた（『週刊文春』2017年8月10日号）。

　ご本人はまったく罪の意識がない。そんなことはどうでもいい。「難訳英語」と癒着したい読者に対しては、こんな質問をしよう。「客寄せパンダ」を英語でどう言うか。a customer-drawing (-attracting) panda?

　はぁ？日本人同士しかわからない。正解はa come-on。「いらっしゃい」というのがCome on.

　"The visiting professor must've been a come-on." （客員教授は客寄せパンダだったことは間違いないだろう。）

　または、"The Kake-Gakuen must've tapped me to use me as a come-on."「加計学園は私を客寄せパンダにしようとして罠にかけたに違いない」がいいだろう。

　今では、瀕死状態の大学がテレビ・タレントたちを客寄せパンダに利用しようと、ヤッキになっている。

　みのもんたや、多くの芸能界タレントは招き猫（a beckoning cat）としてしか効用がないのか。そしていずれ野良猫（stray cats）になる。政界、教育界、芸能界——捨て猫（homeless cats）の溜り場。

kyuhshoku

給食　school lunch

　日本教育の風物詩。日本にいるネイティヴはthe Kyushokuと、そのまま使う。人の和、自然の恵みに感謝するための共食は、日本の食育（food education）の"核"といえる。

　小学校の頃の私は、給食の時間が待てなかった。一人か二人は、がんとして、中には泣きながらも給食を口にしなかった生徒もいた。よほど家庭が裕福だったのか。

　日本の平等主義（egalitarian approach）はバランスのとれた健康な食生活（balanced and healthy eating）を目指したもので、それ

なりに注目されている。続けてほしい。

*METROPOLIS*は、日本の給食（classroom cuisine）について、こう述べている。Kyushoku menus use seasonal and local vegetables — some even grown at the school and tended to by students…（給食では旬の地元野菜が使われています――学校で生徒が栽培しているものもあります。）

行 gyoh a calling / a practice

ビジネスとしての行は、an occupationとか、a tradeのことだが、それらをひっくるめていえば、practiceとなる。to practice medicine（医を行とする）というふうに。

エーリッヒ・フロム（Erich Fromm）は、Love is a practice.（愛とは行なり）という名言を吐いた。

たしかにそうだ。愛は奪うものでなく、与えるものだ、と規定すれば、それは、実践という「行」が伴う。単なるa serviceではない。（英語ビジネスはすべてservice業だろう。）

しかし私は、英語道はa practiceだと考えている。そして「狼の森」を立ち上げた以上、英語道（the Way of English）をthe highly polished art（磨き抜かれた技芸）の地位に高めて広げることは、a calling（天職）に他ならない。

天職は、先祖や神に祝福され、選ばれた聖職だから、業（カルマ）の延長としての「行」となる。行はいつまでも続くものではない。しかし、因縁めく業は、永劫に続きそうだ。

武士の滅私奉公の精神も、a callingに近いものがあった。神が主君やお家に替わるだけだ。行と違って逃げられない。a professionをa life purpose（生き甲斐）とすると、a callingは、天職（召命＝神の思し召し）だから、a higher purpose（志）に変わる。

かつて英語道ブログのアップデートを引き受けてくれた春日さんという人物がいた。「どうして、1年間もボランティアで引き受けてくれるのか」と聞くと、「行だと思っています」と答えてくれた。

通訳を行と考えている人は、an interpreter by callingとなる。1年間のボランティアは、「行」より「業」に近かったのでは、と今も思う。まさにa callingだ。

kyohki
狂気　audacity

「狂」(madness)という言葉は、今の日本では警戒される。しかし、明治維新を実現したのは狂気(audacity)に他ならない。

audacity（大胆な行為）とは、正常な人間が狂うロマンス（risk-taking spirit）がゆえに「狂」が「美」に結びつくのだ。狂＝美。革命家が陽明学という度の強いアルコールに酔う（司馬遼太郎）のも、大胆さにある。

狂いたくて、狂えずに散ったオバマ大統領の好んだ価値観はaudacityであった。哲学的詩人のエマーソン（Ralph Waldo Emerson）から学んだのは、火を独り占めにしていたゼウスから、人間のために火を盗もうとしたプロメテウス。audacityの代名詞といえる男だった。

そのオバマの後釜にすわったトランプ大統領は、男女関係romance（ラブラブのこと）で華々しいが、ビジネスに要求される大胆（bold）な行動が続き、公約は竜頭蛇尾（a flash in the pan）に終りそうだ。

武士道とは、「狂＝美」の世界だ。裏切られて嫉妬し、復讐に狂った女（謡曲『道成寺』）は、結末はともあれ、その動機の純粋故に「美」にまで昇華されるのだ。

そして日本の硬骨の士（もののふ）は、その動機の純粋性（陽明学でいう「良知」）にいたく感情移入する。

日本の武士道は、西洋の騎士道と違って母性的なのだ。madnessではない、audacity。

 コーヒー・ブレイク
狂気が求められる辞書編纂

ドングリを拾うがごとし、辞書づくり。下手な私の川柳だ。40年前もそうだが、今でも、あのドングリもこのドングリも、捨てがたい心境だ。

だが日も暮れてきた、今日はこれぐらいと、執念を断つ（letting go）。しょせん、囚人向きの仕事なんだからと、自嘲的になることがある。狂っている。You bet, I *am* mad.

きょうき

　そんな私だから、こんな話題書を再読したくなった。ハーパー社の"The Professor and the Madman"（邦題『博士と狂人』）by サイモン・ウィンチェスター（Simon Winchester）だ。
　the mad man（狂人）の存在が、私とだぶって気になる。
　あの幾万人という知識人が関与し、完成するまで70年もかかったという Oxford English Dictionary（『オックスフォード英語辞典』。略称OED）には謎めいた（mysterious）歴史があったという。「正気」そのものの学者である、OEDプロジェクトの編集長のジェームズ・マレー（Dr. James Murray）と、「狂気」の協力者である、ウィリアム・チェスター・マイナー（Dr. W.C. Minor）とのコラボであったという。
　A Tale of Murder, Insanity, and the Making of the Oxford English Dictionary（殺人と狂気の物語、OEDはこのようにして生まれた）が、この本の副題である。
　この「正」と「狂」のご両人が、20年間近く文通しながら、会ったこともないというから、関係そのものが異常だ。
　引きこもりがちの変人のマレー博士でも、気になってしかたがない（mysterious and intriguing）もう一人の変人、協力者がいた。一目でも会いたいと、お礼の旅に出向くことを決心した。1890年代の後半のことだった。
　やっとのことで、この出不精の博士が、憧れのご本人に会えた。緊張していたマレー博士はうやうやしく、こんな重々しいがパーフェクトな英語で挨拶をした。よほど緊張していたのだろう。
　....It is indeed an honour and a pleasure to at last make your acquaintance—for you must be, kind sir, my most assiduous helpmeet, Dr. W.C.Minor?
　（…とうとうお目にかかることができましたことは、このうえない名誉であり喜びであります。…ご親切なお方、あなたは私に最も忌憚のない助言を賜っている、ドクター・W.C.マイナーであらせられるでしょう？）
　戸惑った相手は、「申し訳ないが、勘違いをしておられる。私は囚人精神病院の刑務所長です。おたずねのドクター・マイナーは囚人、患者として20年間ずっとここにおります。」

このエピソードは1世紀以上、密封されたままだった。

うーんと私は唸(うな)った。OED編集長が最もお世話になった陰徳の協力者は囚人で、しかも殺人の経験のあるa mad man（狂気の人）であったという。名も地位もいらない人間は、閉じ込められ無私無欲になったときほど、思考が解放され、大胆（audacious）になるものなのか。身につまされる（I feel him.）。

同じ独りで瞑想するなら、酒場の方がよかったのかも…。

kyoh-juh-ni
今日中に　by the end of the day

文字通り訳せば、within todayだが、一般的ではない。正しくは、by the end of the day。Get it done by the end of the day.（今日中にやりとげるのだぞ）と一息(ひといき)で覚えよう。

映画ではこんな表現があった。「いつまで」という問いに対して、The end of the day.とbyまで省いている。主語は、youかIか、どちらでもよい。

英文法を真面目にやった人ほどしゃべれなくなるのは、「主語が誰か」と深読みしてしまうからだ。

英語がスラスラ話せる人は、ロジックや文法のあるべき姿（the way it should be）ではなく、現実（the way it is）を重んじる人だから、主語を気にしない。

「世の中はそうなっているんだ」は、英文法派なら、主語は、動詞は、と考え込んでしまう。そして黙ってしまう。

しかし、英会話派は、主語が気にならないから、教科書より、映画から学ぶ。Just the way things are.と、主語がいつの間にかthingsに？　しかし、こういう会話型は、英語の文章が書けない。音感に頼りすぎても危険だ。英文法もやれ。

kyogyoh
虚業　shady business

『広辞苑』によると、「実業」とは、「農業・工業・商業・水産などのような生産・経済に関する事業」のことだが、ここには商業があって、金融がない。

金融業は確かに虚業とされている。生産・経済に寄生（live off）

しているという、ネガティヴなイメージがつきまとう。

商業（commerce）は売買リスクが伴うから、ビジネスも真剣だ。他人のふんどしでビジネスをするfinancial businessとは違う。

それに対し、欧米の金融業者は反論するだろう。「冗談じゃない、アメリカの金融資本主義者たちは、企業買収や合併でリスクをとっているから、実業ではないか」と息巻くはずだ。

しかし、人のふんどし（other people's money）を操作する、リスク回避型ビジネスは、どう考えても、うさんくさい（shady）ところがある。

そもそも汗をかかずに、裏の情報や時差を利用して、がっぽりと利息や金利で稼ぐという、あこぎな商法は、決して実業ではない。実現されない、将来の収益（vertual asset）をリアルに見せかけて、配当収益を見込んだド派手なエンロン（Enron）は倒産し、投資家たちを泣かせた。エンロンビジネスこそ、虚業の最たるものだ。

kuimono-ni-suru
食い物にする　live off

"マッカーサー幕府"の統治から始まった、日本の戦後史は、表の民主化政策とは裏腹に、裏社会が勢力を増した。彼らは企業を食い物にした。（They lived off corporations.）

「食い物にする」とは、live offのこと。たとえば、「やつは女を食い物にしているだけ。サイテーだ」（He doesn't do anything but living off women. He sucks.）のように使う。

寄生虫はparasiteだが、名詞を忘れたら、動詞で勝負することだ。He lives off his parents.（彼は親のすねをかじっている。）

Parents are living off the fat of the land.は「両親は残された財産で、のうのうと暮らしている。」

the fat of the landは「最も良い（滋養に富んだ）部分」「手に入れられる最上」だから、「ぜいたく」のことで、それを頼りに（off）生き永らえることができる境遇。まさに、左ウチワだ。

人はやはり、身の丈に合った生活が好ましい。Everyone has to live on their fat.（みんなが備蓄でやっていくべきだ。）

kuhki-ni-sakarau-na
空気に逆らうな。　Sail with the wind.

　空気は難訳語のひとつで、ネイティヴと何度も話し合いを続けた。空気という自然の法則がすべてなら、tideしかない、とあるネイティヴが答えた。tide（潮流）なのだ。

　tideで動く政治風土といえば、大都会の東京だ。政官財の世界はすべて「潮流」で動く。とくに今の政治は、空気。

　swim against the tide（潮流に逆らう）すれば負け組になる。swim with the tide（潮流に乗る）は勝ち組。政治屋は「空気」を味方にするが、政治家（statesman）は「空気」を変えようとするから、波風が立つ。前者はポピュリスト（populist）。政治を劇場と考える人（小泉純一郎首相はこれを得意とした）はred herring（赤いニシン）という、政治家にとっての禁じ手を用いる。

　投票者が好む身近な問題（existential problems）を、針小棒大に取り上げ、仮想敵を作り上げて肝心な政策問題から目をそらせるという姑息な手段だ。政敵を悪魔化する（demonize）。これにより、タブロイド（『夕刊フジ』、『日刊ゲンダイ』等々）好みの読者の血を騒がせる。

　猟犬の気をそらせるためには、赤いニシンを与えるに限る。愚民どもも、猟犬と同じくだまされる。しかし、ポピュリズムは長続きしない。潮の流れが変わるからだ。この原稿には、新しい情報を提供したい。波より早く変形する風に置き換えただけだ。

　アメリカの人気TVドラマ"House of Cards"（『ハウス・オブ・カード　野望の階段』）では、Don't sail against the wind.（空気に逆らうな）が使われていた。これなら、潮流と同じくagainstやwithを巧みに使い分けることができる。

　アメリカの政界ではslic（変わり身の早い）な、要領のいいゲームプレイヤーがはびこっているが、日本でも赤いニシンで踊らされる大衆を陰で操るのは、政治屋とメディアだ。

kuchi-ura-awase
口裏合わせ　agree to agree

　あまりにも日本的な発想なので、英訳に困る。
　日本の株主総会——いや大学の教授会でも——は、「口裏合わせ」

の儀式に終る。異論は和を乱す意見とされ、醜聞（scandal）とされ、時間以内にシャンシャンと終らせるようなシナリオが作成されている。一種のやらせ（a set up）である。共通点は、debateが許されないという「空気」だ。空気が裁く、ヘンな国だ。

debateの精神はagree to disagree（お互いが反対し合ってもいいことにしよう）の合意である。口裏合わせが「清」とされる日本では、agree to disagreeは「濁」である。

口裏合わせをディベートの対極に置けば、agree to agree（お互いに反論なし）という不可解な英訳も通じるはずである。

ネイティヴにわかるように解説するなら、こう言えばよい。Don't disagree with me in public.（人前で反論するな。）

Why? Because nobody likes it.（なぜ？　誰もそれを好まないからだ。）

Why? It's a question of face.（なぜ？　それは面子(メンツ)の問題だ。）

Why? Because embarrassment causes loss of face.（なぜ？　恥ずかしい目にあうと面子がつぶれるからだ。）

ここまで、why-because（なぜ・なぜならば）で執念深く検証してくれないと、欧米人の思考枠（a frame of reference）に入らないから難儀だ。

kuchi-gotae-suru-na
口答えするな。　Don't argue with me.

決してDebate with me.と言ってはならない。「つべこべ言うな」Don't argue with me.でよい。

argumentは口論、つまりケンカに近く、破壊に終ることが多い。

debateはあくまで知的な建設的結果を求める共同作業だから、終ったら握手ができるのだ。handshakeがあるかないかで、argumentとdebateの違いがクリアになる。デール・カーネギー（Dale Carnegie）はdebateを勧めたが、argumentは戒めた。

gudoh
求道　seeking the inner truth

究論道(きゅうろんどう)は、道を究(きわ)めることだが、その前に求道心(ぐどうしん)（truth-seeking spirit）がいる。それを究めるには「行(practice)」がいる。それがミチでなく、ドウとなる。

ドウには型（form）がいるが、それは見えざるミチを守り、さらに行うために必要となる。

たしかに道はtruthである。しかし、それは「聖書」に明かされた真実ではない。密教が求める真言（マントラ）でもない。

真言（mantra）は言葉で言い表わすことができるかどうか、といった、哲学的な命題がディベート（究論）のテーマとなった。高野山、松長有慶阿闍梨から、高野山大学の学長をされていた頃に、真言宗の密教僧がいかに究論を「行」としていたのか、夜を徹してご教授いただいたことがある。

カトリック教にもカテキズムという教理問答はあるが、それはすでに認められている真理（outer truth）へ導くためのプラグマチックな手法であり、各人の中に眠っている真理（inner truth）を覚醒させるための論争ではない。私が求める究論道（The way of Debate）でいえば、それは論争術の域を出ない。

密教はその点、不立文字（no dependance upon letters）を原則とする禅宗の公案（zen puzzle）と相性がよい。自分の潜在意識の深奥部で眠っている思いに目覚めることが「悟り」なのだから。

kunigara

国柄　national character

国体といえば、national polity と訳されているが、そのシンボルは、"天皇制"と言えるだろう。天皇のシンボルと言えば、右翼と短絡的にイメージされるが、そうではない。だが、そのシンボルだけで、神国と呼ばれる国柄がイメージできるだろうか。

シンボルが写真とすれば、イメージは動画である。流れがほしい。たしかに、菊と刀、権威と権力という構造は、日本特有の国柄（national character）であるが、characterとなると、そのシンボルは国の背骨（the constitution）に変わる。

いや、生物学的に見るとそれは、バック・ボーン（spine）である天皇制が生まれる以前——神武天皇以前——から脈々と続いてきたものだ。

神武からの国体は"風格"があっても、神武以前からの国柄には歴史を背負っているという"品格"がなくてはならない。

だから、ボイエ・デ・メンテは国の品格をdignity of nationとせ

ず、character of nationと訳した。この背骨には歴史がある。

現在の日本国憲法とは、入れ歯かインプラントのように、GHQから人工的に嵌め込まれたものである。これはnational character（国柄）とは言えない。GHQから、まさに骨抜きにされ、そして中毒化（intoxication）されたようなものだ。現行憲法無効論とは、detoxication（解毒化）のことだ。

民俗学者の柳田國男は『農業政策学』で、国柄をうまく表現している。「国家は『現在』の国民のみで構成されるのではなく、『死し去りたる我々の祖先』も『将来生じ出ずべき我々の子孫』も国民なのである。これは死に対する生でなく、生死を包含したいのちであろう。」

だから、国柄はnational identity（かたち）よりもnational characterでなくてはならない。したがって、英霊（war deads）も集合論的に言えば、国柄の中に入る。

kuyokuyo-suru-na
くよくよするな。　Don't worry. / Be happy.

直訳すれば、Don't dwell on the past.（過去に拘泥するな）となる。前著でMove on.に触れた。この表現もよく使われるが、まだスカーッとしない。人と別れる前に口に入れた、冷めたコーヒーのようだ。「くよくよするな」（Don't worry.）「明るくいこう」（Be happy.）といこう。

Be cheerful.には（暗さを見せず）明るく振る舞え、という意味合いがあるので、やはりBe happy.だ。

幸福の追求（Pursuit of happiness）はアメリカンドリームでもある。アメリカ人気質とはGet rich. Get happy.（金持ちになれ。幸福になれ）という単純な行動パターンだから、追求心に燃えている。

それでいいのだろうか、モノばかりが増えて、という疑問をもったジェフリー・クルーガー（Jeffrey Kluger）氏は、*TIME*（July 15th, 2013）のカバーで「幸福の追求」という価値観を検証（debate）し、Happiness of Pursuitの方が幸せではないかと論陣を張っている。Appleのスティーヴ・ジョブス（Steve Jobs）の発言を、その象徴としてとらえている。

"The only way to do great work is to love what you do. If you haven't found it yet, keep looking. Don't settle."

（偉大な仕事をやる唯一の方法は、自分が気に入ったことを愛することだ。もし、なにがやりたいのかが、まだわからなかったら、それを探し続けることだ。）

エリノア・ルーズヴェルト（Eleanor Roosevelt）は、"Happiness is not a goal, it is by-product."（幸せとは、目標ではなく、副産物なんだ）と言っている。つまり、幸福の「追求」そのものを、真っ向から否定している。

英語を道（プロセス）だと解釈すれば、スティーヴ・ジョブズやルーズヴェルト夫人の側に立つことになる。英語道とは「追究する幸福」こそがミチだから Happy English なのだ。

kurai (inken-na)
暗い（陰険な）　dark

黒が black でなく、dark に替わることも多い。黒チョコは dark chocolate、黒ビールが dark beer（Guiness）というように。
「姿をくらます」ことを go dark という。

とくに一神教国では、光（light）が神を、闇（shadow や darkness）が悪魔をシンボライズするように、悪魔的に暗い人間は dark と表現される。悪魔（devil）のD語（death、depress、demon、etc）が持つ陰極の磁力は dark だ。

しかし、最近のアメリカでは、一神教に翳りが見えだした。

ある女性のキリスト教信者は、神道が重んじる新月（new moon）の darkness に魅せられたのか、dark green の森林に棲み家を移したという（*TIME* の記事にあった）。自ら The Princess of Darkness の道を選んでいる。

kurui
狂い　audacity

「狂い」は madness。しかし、これでは狂いの美学（pride or philosophy on madness）は訳せない。mad は insane（精神障害）と同じく、ネガティヴで、こんな行動哲学を実践する人は裏社会の人間（outlaws）でしかない。

陽明学の「狂い」の思想は、中国でも警戒され、日本では、放送禁止用語に近い。きだみのるの『気違い部落周游紀行』の「気違

い」はまさにoff-limits。狂いは、理性の枠から逸脱するがゆえに美しいという発想は、コンプライアンス（法遵守）が支配する日本社会から抹殺されようとしている。

　能の「狂女」を演じるシテの舞いは、狂おしいほど幽美なのだが、それをmad womanと訳しては、それこそ味噌も糞も一緒にした（the folly of criticizing everything by lumping good and bad things together）ことになるではないか。

　狂いは、ロマン（男女間の狂いであるromanceかrisk-taking）の一種と考える私は、そこに大胆さを見いだす。その愚鈍さがaudacity。オバマ前大統領が愛でた「狂い」の行動哲学であった。

　しかし、オバマは狂いきれず、クリントン夫妻と共に政治的な壊死（political necrosis）を迎えた。

　吉田松陰の死は、「狂いの美学」を生物学的に捉えると、aesthetics of political apoptosisとなろうか。

　三島由紀夫の自死は、文学死と捉える人もいるが、氏の大胆性（audacity）は、松陰と共通するところがある。「天下なんぞ狂える」という憂憤の志を抱いて、『こころ』を書いた夏目漱石は、明治の精神（この「こころ」はspirit）に殉死した。（『天下なんぞ狂える』の著者、廣木寧の説）。『こころ』がaudacious bookであることは、百年後の私も認める。

　人はどこか、死に憧れを抱くものだ。Death wish. それを行動に結びつけるのは、audacity。スティーヴ・ジョブス（Steve Jobs）のStay foolish.（愚かであれ）もそれに近い。彼の受難の人生は、禁断のリンゴをかじったときから始まっていた。

　『難訳和英口語辞典』の英語の書名を、初めはAudacious Dictionaryにしようかと思ったが、「狂い」の危うさを抑え、好奇心溢るる（curious）辞書で決めた。The Curious Bicultural Dictionaryだ。curiosityも大胆なるところ、一種の「狂いの美学」に他ならない。

keien-suru
敬遠する　　stay away / give a walk

　敬遠とは、ストレートにいえばavoidだ。stay away from himだが、そこにはちょっとしたdistance（距離感）が必要だ。

　上方の商人が江戸の殿様を敬遠する場合は、たてまえ上、respectful distance（敬意を払った距離感）を保つが、殿が去ったあと、赤い舌をペロリと出すようなもの。

ただ、stay away from lordsではない。give someone a wide berthに近いが、berthとは、停泊のための位置のこと。人は誰でも寝床を与えられると、ホッとするものだ。敬遠とは停泊を許すことだ。私はむしろ、野球用語を使いたい。Give him an intentional walk.（歩かせろ＝敬遠しろ。）

himとはバッター。殿様は敵にしてはやばいバッターのことで、打たせてはまずいので遠ざけよ、となる。だから、Give'im a walk.（敬遠しろ。）もっと単純にJust walk him.と言っても通じる。

keiki-wa-doh-dai
景気はどうだい。　How are things?

株価は市場の人気（the psychology of the market）で動く。なぜか、その実態は誰にもわからない。

J.P.モルガン（J.P. Morgan）ですら、I don't know why the stock prices go up and down. The only thing I know is that they fluctuate.（私には、なぜ株価が上下するのかわかりません。私がわかっているただひとつのことは、株価は動くということです）と言ったらしい。

景気はあらゆる現象に左右される。主語がわからない。だから、thingsにしようと妥協したのだ。

Prices go up and down. I don't know how things work.（株価は動く。景気のしくみはわからない。）

keigo
敬語　respect language

丁寧語は敬語の一つ。だからpolite languageで通じる。languageを省いて、respectだけでも通じる。

Young people should show more respect to old people.（若者は老人をもっと尊敬しなければなりません。）

尊敬には、行動が伴う。だから、言葉づかいを含めた態度が問われる。You have an attitude problem.は、「あんたは態度が悪い。」

もっとストレートに言いたければ、giveを使えばよい。Don't give me (an) attitude. アメリカ英語にはgiveとgetが多い。

西洋ではちょっと下心(したごころ)のある博士から、なれなれしくCall me Bob.（ボブと呼んでくれ）と言われたら、警戒心の強い女性なら、No, I'll call you Professor Robert.（いいえ、ロバート教授と呼びます）と距離を置くだろう。

respect languageは、このように、目上の人に尊敬を表わす場合も、警戒すべき相手から距離を置く場合にも用いられる。

gekijoh-gata-seiji-ka
劇場型政治家　　a clown

欧米人は、政治舞台をa theater（劇場）とみる。デボノ博士（Dr. Edward de Bono）と日本の政治の話をしていたら、Good theater! と表現した。「見ていて楽しい劇場」とはうまく言った。

東京都知事選で当選する政治家は、イギリス人に言わせると、サーカス（circus）のピエロ（道化師）に映る。ピエロは、政治の争点には触れず、楽しませる。変えてみせる（何をどう変えるのかというプランを見せずに）と、演技力で観客にアピールする。

次の東京都知事は誰かな、という場合、イギリス人ならこんなユーモラスな英語を使うだろう。Who'll be the next clown in the next circus?（次のサーカスでは、誰が今度のピエロになるのかい？）おかしい。涙を流して笑うのは、ピエロの定めなのだ。

gekihaku-suru
激白する　　come out

これまで隠していた不都合な真実を告白することをcome outという。Now you know me inside out.（これで君はぼくのすみずみまで知り抜いた。）

被疑者がドロを吐いて、有罪を認める（plead guilty）ことをcome cleanという。ところが、自分がゲイやレズビアンであることを、公言する（go public）ことは、世間をアッといわせる激白に近い。これがcome out。He came out. これだけで通じる。

Kevin Spacey came out. And he was forced to get out of Netflix.（ケヴィン・スペイシーは激白した。そしてネットフリックスから抜け出ることを余儀なくされた。）

私が好きなケヴィン・スペイシーがセクハラ疑惑を受け、ゲイであったことを告白し、職業的自殺（professional suicide）をした。

ニュースキャスターのビル・オライリー（William O'Reilly）もセクハラが発覚して、テレビ（FOX）から突如、消えた。

このoutの語感に気をつけよう。Break out. Get out.

トランプは "Get it out.（ホンネを言え）" という口語英語を好む。outをすれば、もう元に戻れないということだ。

もう最後というのがout。「最後まで聞け」はHear me out.「最後まで待て」はWait it out.だ。

水商売から女性を身請けすることは、buy her out。他の会社から引き抜くこともout。「彼を買収しろ」はBuy him out.これはBribe him out.と同じ意味。outがわかれば、語感は身につく。

「今、言っちゃえ、言っちゃえ」はCome on out, now.

下克上　dog-eat-dog
gekokujoh

下が上に克つ。つまり、秩序がなく乱世（when the going gets tough）のときは、下層級が上層（国王や主家）の地位を奪ってもしかたがないという風潮のことだ。

仁義なき闘い（dog-eat-dog）といえば、まるで野犬同士の闘いになる。犬が犬を食うと漢字で書くと、イメージがしやすく聞きとりやすくなるが、いきなりドッギードッグという英語が耳に飛び込んでくると、ドギマギする。

ドギードッ（グ）とは、まさにdog-eat-dog。治世のあいだは正しい者が勝つ（ルールを作るのは、勝者の方だから）。しかし乱世になれば、上からのルールがなくなるから、下から強い側が勝ち、新しいルールをつくろうとする。

国を治める（govern a country, rule overやreignも使われる）ことは、下克上が許される乱世のあとにくる。

私の好きな諺がある。When the going gets tough, the tough get going.（乱世は強いやつが生き残る。私訳）

猫は逃げるか、裏に回り身を潜めるが、犬は真正面から闘うか、表舞台に出ようとするので、下克上は避けられない。

欠席裁判　try somebody in his absence
kesseki-saiban

乱世ゆえか。この日本でも欠席裁判が増えてきた。メディアも、

けんかす

気のあった連中が、共通の敵を叩くといった欠席裁判が増えている。

タテマエが優先する地上波では、問題発言（politically incorrect remarks）が許されないから、裏のネットがホンネ・トークで逆襲する。するとインターネット番組の「欠席裁判」が「闘論・倒論・討論」とドロ試合を繰り広げるようになる。

表も裏も「両論併記主義」（fairness doctrine）というジャーナリズムの本道から外れてしまう。この日本人好みの「闘論」という、ホンネ・バトルの対極にあるのが、"究論"（私が定義するdebate）である。

私は欠席裁判（a judgment by default, condemning in absentia）が大嫌いだ。ハンドルネームによるネットの「闇討ち」は卑怯だ。

I don't want to be tried in my absence, anymore than you do.（僕は欠席裁判で裁かれたくはない。あなたがただって同じでしょう。）

in my absenceをin absentiaに変えれば、格調が高くなる。

地上波（NHK、テレビ朝日、TBS etc.）では、昔から一方的にしか、報道されなかった。こんな偏向報道に業を煮やした（get fed up）のがインターネットという裏のメディアだ。

最近、TVを見なくなったという人が、私の周りに激増している。インターネットTVのNONESでの番組Global Insideは、追い風を受けている。（We are riding a tailwind.）

だから、より慎重にfairness doctrine（両論併記主義）を貫いている。欠席裁判はunfairだからだ。

kenka-suru-aite-wo-machigaeru-na
喧嘩する相手を間違えるな。　　Never pick a fight with a wrong guy.

南京大虐殺や従軍慰安婦強制連行を否定する本が、アパホテルの客室に置かれていると紹介した動画が、中国最大のSNSメディア（微博＝ウェイボー）に投稿され、炎上した。この動画は2日間で6800万回視聴され、その数は今や1億回を超えたようだ。

2017年の1月15日に勃発した事件で、波紋はさらに広がった。社会時評エッセイストの藤誠志氏（元谷外志雄氏のペンネーム）は

自著の『理論近現代史学（本当の日本の歴史）』の中で、正々堂々と筋を通して反論しておられるから、頼もしいディベーターである。

竹田恒泰氏は、「あの人は売られた喧嘩は買いますよ。中国は喧嘩する相手を間違えた」と本の帯で述べている。投げられたgauntlets（籠手(こて)）を、狂いの美学を抱く元谷外志雄社長は、受けて立つという。

英訳すれば、take（pick）up the gauntlet（受けて立つ）となろう。このようなぶっそうなセリフが気に入って、項目として取り上げた。

この売られた喧嘩は、a picked up fightのことだ。夫婦げんかのargumentとワケが違う。公論としてもdebateとはほど遠い。

喧嘩を買う（pick a fight）とは、大人の英語を用いるとprovokeになる。Mr. Motoya was provoked to (anger) fight back.（元谷氏は喧嘩を買った）が最も忠実な訳だろう。

それでも、相手（中国外務省）の挑発に乗らないとなれば、He refused to be provoked into angry reaction.（彼は喧嘩を買って怒りの反論をすることを拒(こば)んだ）となろうか。

怒りの反論は相手の思うツボ（play into their hands）にはまることになるから、じっと耐えていた方がいい場合がある。（私の人生でも何度もある。）日本の外務省なら泣き寝入り（grin and bear）するだろう。

映画 "For Whom the Bell Tolls"（邦題『誰がために鐘は鳴る(た)』）の中で、挑発を受けた男が、いくら殴られてもじっと耐え続けたシーンが印象的だった。そのときの英語もunforgettable。I don't provoke.（そんなことで俺は挑発にのるものか。）

本来、他動詞で用いられるが、このときは自動詞で用いられており、一層の凄味(すごみ)を感じた。Chinese provoked the wrong man.（中国人は喧嘩を売る相手を間違えた。）

genki
元気　in good spirits

元気そのものを、絵になる表現で表わすならpepを勧める。full of pepが決まり。pep talkは、ハッパをかけるスピーチのこと。

pep rallyは、気勢を上げるための決起集会。

You pepped me up.（君に元気づけられたよ。）

hot pepper（トウガラシ）は、刺激を与えるもの。あまり元気すぎると、気分がハイになるのはいいが、短気になったり、コメントも辛辣（しんらつ）になったりしがちだ。だから私は、無難な表現として、be in good spiritsをイチオシとした。spirits（複数に注意）は、ハツラツさを感じさせ、アルコールと同じく、気分をハイにさせる。

high-spirited personとは、元気（威勢）のいい人のことだ。

ネイティヴの同僚は、私のことをYou're always very Genki.（君はいつも元気いっぱいだね）と言ってくれる。

genkoh-kenpoh-wa-mukoh

現行憲法は無効。　　Our Constitution is off.

現行憲法は無効だと主張され続けている二人の奇人が「憲法を改正するのではなく、GHQ憲法は最初から存在していなかったのだ」と熱く語り合っている対談をYouTubeで聞いた。前国会議員の西村眞悟氏と畏友・南出喜久治弁護士だ。

使用期限（use-by date）が終ったというのなら、offでなく、overだ。It's over.とは、憲法はこれまで有効であった（It has been valid.）が、これからやり直しだ（Start it over.）となる。しかしoffは、最初の時点に遡及（そきゅう）して（retroactively）、いったん、明治憲法に戻せ、それを改正するのだ、という。

offとoverとは似て非なるもの。このロジックの相違は日本人にはなかなか理解されない、と南出氏は嘆く。

無効はもちろん、invalid。論理的に筋が通らないという意味だ。それを強調するために、私はあえて、offと超訳させた。

Our marriage is off.（二人は最初から縁がなかった。）これをoverとすれば、「二人の関係はおしまい」（not operative any longer）となる。「縁がなかったのね」にもoverが使える。

コーヒー・ブレイク

言語を一考　giving language a thought

言語（language）とは何だろう。20万年前から発生していたという定説を崩す、驚くべき説が登場した。いや200万年よりも

前から言語は使われていたという。*The Economist*（Oct. 7th, 2017）の見出しがgiveで始まっている。Give evolution enough time——進化論を長い眼で見たら——

そもそも、言語は化石を残さない。動物はコミュニケーションをしても、思考を形に残すため言語を使うのは人間だけだ、というのが定説だ。言語をホモ・サピエンスが使い始めたのは20万年前から5万年前の間に遡るという。

そのいい加減な推論に対してダニエル・エヴェレット（Daniel Everett）氏（マサチューセッツのベントリー大学教授）が『言語の起源』という新著で挑戦した。なんと、ほぼ200万年前に、言語が生まれていたという。

マージ理論（Merge＝併合）を展開した知的なノーム・チョムスキー（Noam Chomsky）は、mindを重視して、「the houseがthe hillとくっついて、the house on the hillとなったのは5万年くらい前だ」と言った。だが、何年も家族と共にアマゾン流域の原住民と暮らしたエヴェレット氏は「彼らにはチョムスキーのいう再帰（recursion）はない」と断言したのだ。

負けず嫌いの言語学者のチョムスキーはヘソを曲げたという。

anti-Chomskyというレッテルを貼られたエヴェレットも、負けてはいない。キリスト教の宣教師という肩書まで捨てて、現地の言葉を学んだという猛者だ。Me Tarzan, you Jane.（ぼく、ターザン、きみ、ジェーン）というブロークン語を使い、現地人と交流した。ブロークン、しかし言語ではないか。（ICEEの原点はここにあるのでは…。）

ホモ・エレクタスたちは、男根のシンボルや妊婦の姿を石で表現するなど、抽象化（abstraction）や代替化（displacement）の知恵はすばらしく、自然現象を耳と眼で模倣しながら、野生の生物や先祖と共に言語や思考を育てていると主張した。

シンボルを重ねながら言語を進化させていったから、英語学習のためにはsymbol buildingが必要だという私の説は、SVO（主語・動詞・目的語）にこだわるチョムスキー理論より、（西巻尚樹氏の）VSOP文法に近い。とにかく、主語と述語にこだわると、英語は進化せず、かえって退化するのではないか。

こいつは

koitsu-wa-odoroita
こいつは驚いた。　Well, well, well.

　検定試験をすべて受け、すべてに合格したという、検定英語の達人が、どういうわけか、私のそばに集まってくる。驚かない。

　ところが、そんな人が多くの人を動かし、食べさせる経営者になりました、と報告してくれると、私は目を丸くして、Well, well, well. と驚く。まず考えられないからだ。

　本来、ビジネスか何かの分野で功を為したい人は、検定試験そのものに狂うことはない。It's the other (wrong) way around.（まるでアベコベではないか。）

kohan
公案　Zen puzzle / Koan

　"The Complete Idiot's guide to Zen Living"には公案がこう表現されている。

　A Koan is an instructable story, riddle or enigmatic saying that the zen practitioner is meant to contemplate until he or she thinks of an answer.（公案は、示唆に富む物語や、謎かけや、不思議な言葉であって、禅の修行者がその答えに至るまで、思索を深めることを目的としている。）

　その著者であるゲイリー・マクレイン（Gary McClain）博士が好きな公案がこれ。 One hand clapping. 白隠禅師の「隻手の声を聞け」。Listen to one hand clapping? Ridiculous.（片手の拍手を聞く？ばかばかしい）と人は嗤う。しかし、これがかの有名な白隠禅師の代表的な公案だ。

　手を叩けば音が出る。片手で叩けばどんな音が出るか、というのだ。ムリだ。そんな音を聞けというのは、もっとムリ。これが公案。

　非論理的（illogical）、いや前論理的（pre-logical）な問いは、ロジックでは答えられない。You really have to think outside the box. だからそれが公案（Zen puzzle＝禅パズル）と呼ばれる。the box（常識）から離れて考えろというのが、公案の狙いだ。これは後述する「禅の心とは無（giving up control）なり」の延長である。

　「執着」も一種のcontrolとすれば、giving up controlはde-control（管理撤廃）となる。難解な漢字に訳せば、心を失ってしまう。

kohgen-suru
公言する　vow（be under oath）

　公言はあとで撤回すれば、ウソつき呼ばわりされる。政治家は投票者を失い、失墜する。「公言」は誓約に近い。

　人前で「誓う」はvow。同棲（cohabitation）とはliving together without a marriage vowのこと。

　神前で誓うとは、法廷で聖書の上に手を置くに等しい。

　"He told the truth, because he was under oath."（彼は真実を語った。なぜなら、彼は神前で誓っていたからだ）は日本人には使えない。その理由は英文法の問題ではなく、価値観を含めた発想の相違によるものではないか。

　日本では、I swear to God.（私は神に誓います）といっても、その神は、一神教の絶対神でなく、神々、そして周囲の眼（the eyes）を意識しながらの発言だから、誓いを破れば、"恥"（shame）をかくことになる。

　人前で笑ってもらっても構いません（日本ではそんな契約が交わされたこともあった）という証文（bond）に近い。法的にも拘束力がある公言（commitment）といえよう。

　My word is my bond.（武士に二言はない）という言葉が交わされたロンドンの金融街、the Cityは村落に近く、仲間筋の眼（the eyes）が光っていて、平気で公言を覆す人や、日頃から二枚舌（double talk）や二言癖のある人（double-dealer）は村八分（social ostracism）にされる。

kohzen-no-himitsu
公然の秘密。　We all know.

　旧著の『日米口語辞典』ではopen secretという訳を載せた。だが、open secretでは、正しくても、しっくりしない。そこで最近では、Everyone knows.でよいと述べてきた。しかし、ミシェル・オバマ前大統領夫人のトランスセクシュアル問題が出て、We all know.（知る人ぞ知る）がよいと思えてきた。

　Everyone knows. は、まさに公然の秘密（常識に近い）。だが、We all know.となると、我々（ハリウッド）の仲間の間ではバレている（公然の秘密）ということになり、温度差がかなり違ってくる。

openになれば、すでに秘密（secret）ではない。馬から落ちて、落馬したといっているようなものだ。Everyone knows.でいい。

故・ジョーン・リヴァース（Joan Rivers）という女性コメディアンの発言が、今頃YouTubeでにわかに脚光を浴び出した。"Michelle is a trans." "Excuse me?" "She's a transsexual."（「ミシェルはトランスです」「なんですって」「彼女はトランスセクシュアル（性転換者）です。」）

納得しないレポーターに対し、こう加えた。"We all know."と。「我々はみんな知っている（公然の秘密よ）」と言ったから、世間は騒いだ。

kohron (kenka)
口論　war of words

日本のテレビで見る議論には、argumentsが多い。衝突（clash）を否とする文化では、正面衝突を是とするdebateはなかなか実現できない。すぐに舌戦（war of words）に陥ってしまう。

W語の世界では、womenが強い。女性がweep, wail（号泣）し始めたら、男は黙って引き下がるよりスベはない。

これを西洋では、女性のemotional manipulation（感情操作）と呼ぶが、日本では、そのような底意はなくても、「涙」が武器になることは確かだ。

かつて、『ケンカの花道』という、人気テレビ番組があった。男女が本音をぶつけ合うというすさまじい口論番組であったが、なぜか続かなかった。泣いた女に軍配があがる。emotional blackmail（情的脅迫と呼ばれる）にポイント。女を泣かせた男は一本取られて負け。まるで茶番劇（a joke）。そして、幕引き。桜は散った。そしてそのショー番組は消えた。

kokutai
國體　the national polity

a national polity（国の政体）とa（indefinite article＝不定冠詞）をつけてもよい。polity（政治組織）はどこの国にも存在するからaでいい。しかし、国体（国民体育大会にあらず）という概念に、これほど狂おしいほどこだわり、議論しうる国民は、日本民族をおいて私は知らない。

だから、国体より國體という旧字にこだわる人が多いのだ。

骨が豊かであるというこのシンボルは、天皇制と切り離せない、憲法（constitution）のことだ。體（character）を骨抜きにすれば、ただの法律（law）となる。月とスッポンほどの違いがある。

話が長くなったが、国の"かたち"としての国体（polity, constitution）の冠詞は、the（これしかない）でなくてはならない。あくまでこの伝でいけば、「国体は護持しなければならない」は、We must preserve the polity（constitution）.となる。

the（共通の課題である）を用いれば、current（現行の）とか、of Japanなどの無駄を省くことができる。

kokoro-kara-mohshiwake-nai-to-omotte-imasu
心から申し訳ないと思っています。　I am deeply sorry.

「心中より」（from the bottom of my heart）だから、深く侘びている。心痛はよくわかる。だからI'm sorry and I mean it.（申し訳ない）と口語的に答えては軽すぎる。やはり、公式の場では慎重な表現を選んだ方がいい。

闘病中の妻の眼を盗んでニューヨークで不倫をしていたことがバレた渡辺謙は、やっと開いた会見の場で上のように答えた。私はあえて文語体に変えた。いやもっとI regret what I have done.（私はやったことを後悔しています）と訳してもよい。

芸能界のレポーターの前での答えなら、I should've known better.（オレはバカだった）でよかったのではないか。

謙さんの英語力は推察できる。ニューヨークでの会見であれば、これぐらいのクロオビ英語は使ったはずだ。そしてこの程度の答弁なら、「二度と浮気はしない」と約束したことにはならない。スミマセンも一回限りかも。とにかく、謝罪したことは間違いない。The fact remains Ken Watanabe apologized.

kokorozashi
志　something bigger than yourself

「こころざしの会」の会長から、「志を英語でどう言えばいいのか」という質問を受け、いまだに模索中（groping in the dark）だ。

「私の志は人々の英語力を上げること」なら、I'm on a mission to improve everyone's English.でよい。しかし、これでは英語教育と

こころざ

いうビジネスから離れていない。志（resolve）はもっと高貴なものでなくてはならない。

そう、higher mission, higher purpose。

むしろ、something bigger than oneselfが近い。

たまたま、映画の中で耳にした、なんでもない表現が、ぐっときた。灯台もと暗し（right under one's nose）だ。

神さまとは、something（way）out thereという人もいる。God? いやgods? それともdemigods? いや、単にkami? と悶々とするより、something（someoneでも悪くはない）out thereで十分伝わる。

それじゃ、遠すぎるって？ もっと自然の方に神々を近づければよい。例えば、八百万の神を仰々しくmyriads of gods and deitiesとか、all the gods and goddessesと訳すより、単にspiritsとひとくくりにするのも一案だ。

志は、私心から離れた、神々しい存在だから、やはりsoul-shakingなspiritに近い。

kokorozashi-wo-tateru

志を立てる　set oneself a high aim（resolve）

志を立てるとは、決意（aim, resolve）や祈り（prayer）より誓い（swearing）に近いから、おごそかな決意（resolution）といえる。

年頭所感（new year's resolution）もそれに近い。

kokorozasu

志す　set one's heart on ～

何か重大なことを志すとは、本当にやりたいことを「立てる」ことだ。単に、make up one's mindではない。

こういう決心は、すぐに崩れる。mindよりもheartといこう。

心中は、深い。Set your heart on fire.「燃えるような気持で志せ」ということだ。

kozakashi'i

こざかしい　game players

日本人の美学は、欧米人が自然に演じるgameの感覚（gamesmanshipという言い回しもある）と馴染まない。gameを持ち込む人を「こざかしい（人物）」と敬遠する。

この訳に困っていたが、最近観た映画"Dark Water"（邦題『ダーク・ウォーター』）の一場面で耳にした、Don't play any games.というセリフに、「これだ」（This is it!）と感じた。

形容詞を形容詞と一致させることは不可能であることが多い。

政治家（politicians）はすべてgame playersであり、すべて「こざかしい」エゴイストとなってしまう。マニフェストはすぐに忘れられてしまう。そんな無責任な人物はいらない。真の政治家（statesman）はいないか。

ホンモノの政治家は「空気」と「人気」を気にし、投票にしか関心を示さないポピュリストでは決してない。つまり、大衆にコビを売ろうとはせず、信念を曲げない人。そんな人を待ちわびているのだ。I'll keep on waiting for them. いつまでもI'll wait them out.

go-jiyuh-ni-shiawase-ni-natte-kudasai
ご自由に幸せになってください。　　Be free to be happy.

このfree to be happyという見出しは、*TIME*（July 8th-15th, 2013）から引用させていただいた。いい特集は、お蔵入り（shelving）させることにしている。

この素晴らしいHappiness特集は、アメリカ人の心理を捉えるうえで最も参考になり続けると、にらんだ。なぜ、1776年の独立宣言（the Declaration of Independence）に謳われた、「幸福の追求」（the pursuit of happiness）の真意を追求する、深遠な内容の記事の見出しが、口語体になったのか。

Feel free to leave.（ご自由に退出されても構いませんよ）、Feel free to ask.（遠慮せずに、ご質問をなさってください。）このように、しばられない（free）気持が、happyと結びつくのであろう。

誰しもがthe right to life, to libertyを求めているから、アメリカというland of opportunity（誰にでもチャンスが与えられる国）、land of plenty（豊饒の国）、home of the brave（勇気ある人の棲家）では、どんな手段を用いても、pursuit of property（財産の追求）を求める権利を有している。

たとえ、1％の勝ち組が、残り99％の負け組を奴隷状態に置いてでも──勇気さえあれば。

コーヒー・ブレイク

Happinessの追求とは

アメリカ人は勘違いをしている。多分、多くの日本人も。幸福を追求する権利とは、自分だけがhappyになるために、他人を蹴落とすことであってはならない。

1978年に独立宣言について書いた、Garry Wills氏の古典となった書物にはこう書いてある。

"When Jefferson spoke of pursuing happiness, he had nothing vague or private in mind. He meant a public happiness which is measurable; which is, indeed, the test and justification of any government."（"Inventing America"）

（抄訳すると）「ジェファソン流の解釈では幸福の追求とは、大衆が実感できる公の幸福であって、これを追求し、証すことはいかなる政府にとっても試練なのだ。」

ジェファソンは、公の権利の精神はアリストテレス、キケロ、ロックといった先達たちの思想と軌を一にするものだ、と述べている。

アリストテレスは幸せを「人間とは他の人間との関わりに意義を見いだす社会的生物（social creature）である」と述べ、ジェファソンは、幸福を意味するギリシャ語（eudaimonia）を用いて、「徳、善行、寛大な市民精神こそが、幸せなのだ」と説いた。

アメリカ人は、建国当時から、ギリシャ・コンプレックスの持ち主だ。ギリシャ人と話をすると、「アメリカ人の行動は、昔のギリシャ時代から一歩も出ていない。不気味なくらい同じ思考パターンだ」と言う。

と、いうことは、どちらも先が暗いということか。いや、もっと明るく考えよう。どちらが早く、幸福の原点に戻るか。

温故知新（learn from history 『ウィズダム和英辞典』はもっと具体的でlearning new things from the past）は、日本から学ぶべきだろう。中国語の四字熟語はすでに風化しているだろうから。

中国は、韓国もそうだが、呪わしい過去を簡単に唾棄するか、それを政治的に利用するので、happinessの追求のために「古き」を善用しようとは思わないようだ——政治的配慮から離れて。

読者諸兄も、何十年、英語を学んでもモノにならない。音読して覚えた英語は、口から出るが、そこには聞いてくれる相手はいない。猫一匹だけだ。孤独だろう。

　とにかく、音読で学んだ、丸暗記できた英語が、ニュース番組や映画などのリスニングに、どれほど役立っただろうか。情報の壁を破り、ネイティヴの英語がスラスラ聴ける、至福のときは、いつくるのか。Hopeless.

　30年も経つと、丸暗記して覚えた英語まで忘れ始める。50歳、60歳からは、忘れる英語を食い止めることで精一杯となる。侘びしい（sad and lonely）。

　この「侘び」を「さび」に転換するには、mellow（熟）の境地に入ればよい。それに「忘却の悦び」（joy of oblivion）が加われば、枯淡（austere elegance）の境地に没入できる。

　これこそが英語道の求めるHappiness of Pursuit（追い求めることの幸福）なのだ。英語道の幽玄ともいえる、この枯淡の趣とは、simple and refined tasteのことで、そこには、愛も嫉妬もない。英語の知識を増やすことと、減らすことが合一する、不増不減のゼロ磁場となる。

　Fearlessness、べつに英語道でなくてもいい。道の磁力を感じる、いかなる芸術においても、「永遠の愛」を信じる求道心とは、このpursuit of fearlessness（voidness）に他ならない。英語道のhappiness of pursuit（求めることの悦び）に気づいた人は、fearlessnessという「悟り」に目覚める。

gotaku
ごたく　　Words, words, words.

　くどくどしい話をendless（pompous）talk, going on and on（『新和英辞典』）という。

　もっと絵になる表現はないかと模索していたら、映画"My Fair Lady"（邦題『マイ・フェア・レディ』）の中の歌詞にひっかかった。ある色男が美女オードリー・ヘップバーン（Audrey Hepburn）にテノールで小夜曲を歌う。それに対する返歌がこれ、Words, words, words.

そんな美しいごたく（御託）はうんざり。態度で誠意をしめしてよ、という切り返し。

結論はShow me.だった。"My Fair Lady"は古典。ここで使われる英語は、今日でも使用できるほど、聖書的な普遍性がある。その心は3にある。本音を明かさない相手に対し、Well, well, well.と。

井戸水（well water）を汲み上げる（well up）のも3語。

No, no, no. Yes, yes, yes. Ha, ha, ha.この3の数字の魔力は「マザーグース」（Mother Goose）のThree Blind Mice（3匹の盲目ネズミ）の、3のリズムだ。

ワルツの3のリズムも、不思議なことに、日本人の音感により、偶数（2拍子、4拍子）になってしまう。宴会で、一同が手を叩いて合唱する「芸者ワルツ」のようなものだ。

しかし、英語のリズムは3だ。3人称、これが英語のリズム。これが英語の基本。

「私はこうして英語がペラペラになった」「英会話は何週間」というハウツーものが世間を騒がせている。もう、ごたくは聞き飽きた。Don't give me words, words, words. Show me.

gotaku-wo-naraberu-na
ごたくを並べるな。　　No bullshitting.

ごたくについては前項で述べたが、とくに文明人は説教が好きで困る。だから、私は説教されることも嫌いなのだ——生理的に。そこには、自己否定も含まれているのかもしれない。

反知性の方がカッコイイという、反抗心がある。それを言葉にすると、Bullshit.（くそったれ）となる。日本人の英語学習者には勧めたくない表現だ。

ジャーナリストの私だって、すぐに口から出そうな表現だから、Bullsh... I mean, Horseshit....と言葉にすることがある。糞は牛でも馬でもいいのだが、それを笑いに変えてしまう。ニュースキャスターとしては、スレスレの問題発言だ。

「ノウボーシティン」（No bullshitting.）は何度も耳にする。古い映画では『カッコーの巣の上で』（"One Flew Over the Cuckoo's Nest"）からだ。

キレイゴト（虚言）を反抗的に否定するときによく用いられる。

"Americans bullshit everything, everybody."（アメリカ人は、なんにでも、誰にでも、ケチをつける。）

アメリカ人がいかにニヒリスティックになっていくか、を口語的に述べてみた。

kotan
枯淡　graceful effortlessness

枯れの美学（aesthetics of mellowness　私訳）といえば、難訳語中の難訳語といえる。

mellownessは、円熟、耳あたりのいいこと、と苦しい訳がなされているが、これでは息切れがする。

円熟した人物という場合なら、mellow personで通じるが、これでは「甘さ」を感じても、「渋さ」が伝わらない。枯れた心境とは、気負いのない、いや気負いを意識することもなく、甘さも受け付けない枯淡の境地だから、英訳すれば、a state of total effortlessness（自然体の極致）であろう。

この境地がわかる人は、同じように枯れた心境にある人に限られるのかもしれない。どんな人たちかといえば、mellowing persons aging gracefullyとしか、訳しようがない。「甘味」を少し加えた私訳だ。

いや、やっぱり（on second and third thoughts）、graceful effortlessnessだ。なぜ、そうなったか、場所を変えて話そう。

コーヒー・ブレイク
枯淡の境地

枯淡とはaustere mellownessと、とっさに訳したが、悩んだ末、やっぱり（on second thought）、形容詞はaustereやdisciplinedよりgracefulに変えたことを、前項で述べた。

辞書から離れて、浮遊しながら描くこの「難訳辞典」には「コーヒー・ブレイク」が必要だ。読者の皆さんも、私の悩みや愚痴につきあってほしい。

沖縄には、私が最も敬愛する名城政次郎（沖縄尚学学園理事長）という名の怪人物がおられる。

沖縄といえば、反米、反日本政府のスタンスから基地反対運動

を繰り広げている県として知られている。『沖縄タイムズ』『琉球新報』という二大メディアが琉球王国に代って君臨している。今も繰り広げられている反基地運動のエンジンとなった、カメジロー（瀬長亀次郎）を政界の英雄とすれば、教育界とメディアの英雄はマサジローであろう。

とにかく、当時、『琉球新報』に挑戦状を叩きつけ、一歩も引き下がらず交渉し、ついに公式に謝罪させたという怪物だ。この豪気な人物は、もとは法廷通訳士であり、鬼の翻訳者といわれ、米軍からも恐れられていたというから、同じく米軍が最も恐れたカメジローとよく対比される。

前置きが長くなったが、この名城政次郎と同じく、翻訳の鬼才として知られていた、故・瀬名波昇氏の寄稿文が、枯淡について述べたくなったきっかけだ。

尚学学園三十五周年に寄せて
枯淡の味──名城政次郎の翻訳力
瀬名波昇

「…そんなある日、私は政次郎氏をちらりと目にしたことがある。眼光炯々（けいけい）、威風堂々、体じゅうに生気がみなぎっていて、政次郎の体から"気"が舞い上がっているように見えた。その姿を見て、身の毛がよだったことを私は今でも思い出す…

…とうとう私は、政次郎の域に達するには、何十年かかっても駄目だろうと思うようになった…

…その頂点に達したのが、『海やかりゆし』の翻訳の時である。序文の一部がどうにもうまく訳せず、何日も悩んでいたところ、政次郎氏がやってきて、私の目の前でさらさらと訳してしまった。さすがと思った半面、私のショックは大きかった。たった一行のことだけれど、それはまさに、渋さを通り越して枯淡の境地に達した翻訳であった。その英文は、無駄な部分がすべて省略された枯れたものであった。ひとことで言えば、政次郎の英語は安心して読める英語である。」

この箇所を読んで、目からウロコが落ちた。It really shook my soul.

「海やかりゆし」はいったいどう訳されたのですか、と88歳の名城政次郎氏ご本人に訊ねた。

「たしか、Our sea, the greatest blessing. と言ったはず。our sea is the source of blessing ですから」

うーむ、かりゆしが a blessing か。I got all shook up. 瀬名波昇氏の日本語から、氏の英語力が看破できた。すごい。What a soul-shaking experience. ただものではない。葉隠武士の枯淡…。

「一緒に墓参りに行きましょう」と言うと、名人政次郎は「ぜひ行きましょう。お詫びしたい、大切な部下を失った」。なんという amazing maturity!（円熟の境地。）

理事長（政次郎）は、瀬名波昇氏をこてんぱんに叱り、英文をメチャメチャに訂正し、毎日帰宅してからぐでんぐでんに酔わせ、アル中状態にまで追い込んでしまったとも言えるのだから、罪深い。

共に禊をする、二人の間はまさに mutual effortlessness（お互いに気が楽になる）。

この禊とは、宗教的には ablutions だが、日本人好みの言葉でいえば purification となろう。身を削ぐ行為には謝罪が伴う。

政次郎と私は英語道の同志、共に墓参することは禊（soul-cleansing gesture）につながる。

この話、コーヒーより抹茶の方がよかったかな…。

gochisoh-sama
ごちそうさま　an enjoyable dinner

いただきますが英訳できないなら、ごちそうさまも、できない。I'm done. とか I'm full. はいただけない。That was a good dinner (lunch.) ぐらいでよい。

食べ物に関して、あまり露骨な表現は避けた方がよい。むしろ、共食したもの同士の「集いの悦び」を表わすべきだろう。I enjoyed every minute of talking with you over (a) dinner.（あなたと一緒に夕食ができて、とても楽しかった）のように。

この点に関し、大阪府立北野高校の講師（アイルランド出身）に確かめてみた。「私がカトリック信者であったころは、grace（食前

の祈り)はやっていましたが、棄教してからは、食事は黙って食べて、黙って終るようになりました。『いただきます』も『ごちそうさま』も言わなくても、それが自然になりました。日本滞在が長くなったからでしょうか」と。

kotsuniku-no-joh
骨肉の情　feelings for one's flesh and blood (bone)

　肉親とは、a blood relativeのことだが、その中には骨（bones）が入っていない。

「沁みる」とは、bitingあるいはfeel something in one's bonesという表現を使うが、日本人好みの骨肉愛という「骨」が加わると、遺骨（bones, ashes, remains）として土に埋められる。「土」が登場すると自然界の領域となる。象までも身内の骨を愛でる。

　映画『禅と骨』("Zen and Bones")の主人公となった「狂人」ヘンリ・ミトワ禅僧がなぜ骨にこだわったのか、それは彼にとって単なる人種的identityではない。

　アメリカ国籍を放棄して日本へ戻るためにツーリレイク隔離収容所（忠誠審査の結果判明した「不忠義」者を集めるためにつくられた特殊隔離施設）で終戦を迎えている。その後、国籍放棄の無効判決をうけ、晴れてアメリカ人となった。

　日系アメリカ人とは何者なのだろう。ご本人も迷っていたはずだ。信じるものは、自分の「骨」でしかなかったのか。

　横浜生まれのこの日系アメリカ人禅僧。枯淡の境地の人…と思いきや、この問題提起で、私の同時通訳の師匠であったセン・ニシヤマ（ミトワとほぼ同期）を思い出した。

　なぜ、師は自らの遺骨を土に埋めず、駿河湾へ散布させるよう、遺書に残されたのか——多分、故・ライシャワー夫妻の前例に従われて。師の西山千は、聖人だったのか、それとも究極の俗人であったのか。H・ミトワとS・ニシヤマは、どこかでだぶる。

　玄侑宗久の解説が深い。禅と骨は結びつかない、という自説を超え、「骨まで保管し、祀ってしまうというのは人間の抜きがたい『情念』のなせるワザではないだろうか」と述べ、さらに「骨肉の美学」を「縁」にまで、このように敷衍される。

「しかしそれも自分の人生なのだ。自分が受け容れるべき『縁』の

総体なのだと、人生や縁を主体にしてすべてを反転させて見たらどうだろう。」

それは「骨美」といえようか？　ライシャワー、西山千、ヘンリ・ミトワの骨。で、私の骨の行方（ゆくえ）？ Who knows?

kotoba (zukai) ni-ki-wo-tsuke-yo

言葉（づかい）に気をつけよ 。　Watch your language.

「あなたの眼には翳（かげ）りがある」（I see sadness in your eyes.）と言われて、喜ぶ人がいる。しかし、まるで自分が精神分析家のような目線で相手を低く見る人とは、交際（つきあ）いたくはない。

ムッときたら、Watch your language.か Watch your mouth.と言い返す。

だが、日本人の使う翳り（inner gloom）は決してネガティヴではない。S-wordsは shade, shame, shadow, sadness——すべて sexy だ。幽玄も sexinessだ。Sは snakeのように、くねくね（slithering）していて、不気味であり、高貴でもある。

そんな怪（妖）しげな雰囲気には、近寄りがたいムード（respectful distance）を感じさせる。

蛇（snake）は歩行者には見えないが、単眼の（熱を察知する）パワーを持つ蛇たちからは、人間の動作はミエミエなのだ。

「道ばたを歩くときには、足元を見よ」は、Watch your step.
「頭上に注意」は、Watch your head.
「太り過ぎないように注意しろ」は、Watch your waistline.
「スカートはあまり短くするな」は、Watch your hemline.
「くれぐれも用心を怠るな」は、Watch your back.
「残心を怠るな」と、相手の心の油断を戒める場合でも、この Watch your back.（背中に目をつけよ）が使えそうだ。

kotoba-wo-tsutsushime

言葉をつつしめ。　Hold your tongue.

つつしむとはhold（抑えること）だ。

I can't hold my tongue.と言う人は聞いたことがないが、酒に弱い人（can't hold it）、トイレが近い人（can't hold it）と同じく、おしゃべりを止めることができない人（loose-tongued）だ。

「しゃべってもいいが、話し方に気をつけろ」は、Watch your

こどもの

mouth.だ。減らず口を叩く人は、a big mouth。

kodomo-no-mama-otona-ni-natta-otoko
子どものまま大人になった男　man baby

　欲しいものは何でも手に入れたがる男の代表として登場したのが、アメリカのドナルド・トランプ大統領。TVジャーナリスト（とくにユダヤ系の）からman baby（子どものまま大人になった男）と冷笑的に揶揄されたが、彼は理想を持った「大人」だ。

　もし、ジャーナリストが、彼を御しがたい「子ども」と定義するなら、millennialsと同じであると、証明しなければならない。

　ミレニアルという新語は学歴があり、生活も安定しているが、だらだらして、自分たちの両親から乳離れができない、若いナルシストたち（10代から20代の若者）ということになる。

　TIME（May 20th, 2013）がカバー（The Me Me Me Generation）で定義した英語は、Millennials are lazy, entitled narcissists who still live with their parents.（ミレニアルは怠け者で、まだ自分たちの両親から乳離れができない恵まれたナルシストたちのことだ。）

　本文を読めば、スマホ、セルフィーで、自分のことしか構っていられない、わがままな人だという。

　2000年代の若者たちの世代は、末期的と言わんばかりだ。こんな若者たちが、2000年代を救ってくれるのかと*TIME*誌は疑問を投げかける。このカバーストーリーを書いたジョエル・シュタイン（Joel Stein）は、私好みのユダヤ系ジャーナリストで、この示唆に富んだ記事も、今の世相の危うさを指摘している。

　ハッカー対企業、ブロガーと新聞、テロリスト対国家、YouTubeディレクター対スタジオ、アプリのメーカー対全産業界、このような対決の構図の中で、ミレニアルたちだけは、誰にも関心を持たず、闘う意欲もなく、the Me generationを謳歌し続けようとしている。

　自己陶酔型のトランプは、たとえman baby（赤ん坊のまま大人になったヒネボン）と呼ばれても、こういう自分しか愛することのできない、寄生虫的な（parasitic）パラサイト・シングルたちよりも、遥かにましだろう。

居酒屋トーク

子どもの夢を叶(かな)える戦略

今日はお母さん一人とお父さん一人、どちらにも一人息子がある。私を含めて三人で日本酒か。上出来だ。As good as it gets.

今日は『ラスト・プリンセス―大韓帝国最後の皇女―』という映画を観てきた。泣かせる映画だった。クラスでは語れなかったが、ぼくの感想を聞いてもらいたい。

朝鮮から大韓帝国へ国号が変わって、李氏朝鮮第26代国王高宗(コジョン)が初代皇帝の座についた。日本統治時代の話だ。

高宗は、日韓併合条約に反対し、朝鮮総督府と激しく対立、毒殺されてしまう。徳恵翁主(トッケオンジュ)の悲劇はこの日(7歳)から始まる。

日韓の政治的駆け引きの犠牲となった徳恵の人生は、あまりにも悲しい。劇場内でのすすり泣きが続く。

最後の皇女に対するblue sentimentは、日韓の相反するred sentimentsを遥かに凌駕(りょうが)していた。今現在の日韓をめぐる相互憎悪(ぞうお)は、どちらも真っ赤に燃えたままで、そこには妥協はない。政治は赤色に傾くが、王室は青色のままだ。

韓国は「菊=皇室」の青を捨てて、「刀=政治」の赤一本に絞った。韓国の悲劇が始まった。blueを捨てれば、国家としての伝統(ミチ)を失うので、戦略が立たなくなる。

ところで、子どもの教育の話だが、言っておきたい。お母さんは子どもの目先の安全を願うために、リスクを避けようとする。だから大物は育てにくい。戦術(tactics)に絞ってしまう。

しかしお父さんは、子どもの遺伝子に語りかけることができ、戦略が立てられる。秀才にすることができなくても、息子が本当にやりたい夢を叶えてやるのは、お父さん、あんたの仕事だ。

息子さんのための戦略を立てるのは志。お父さん自身のchallengeだ。いかにお母さんに反論されようともびくともしない肚(はら)があれば、息子さんを谷底へ突き落とすことだ――あなたも一緒に落ちる覚悟で。

koto-wo-nasu

事を成す　make a（big）difference

「事を成す」とは孫正義氏の好きな言葉だ。「現状を打破する」ことと同意とみてよい。英語に超訳すれば、make a differenceとなる。

　企業広告にでも使いたくなるほどの斬れる英語表現だが、日本人には訳しにくい表現だ。

「差をつける」ぐらいの訳では、語感が伝わらない。

「世のためにつくす」とか「世を変えてみせる」と大風呂敷を広げている人のセリフを聞くとき、私なら頭の中で、change the world（世界を変える）を使わず、make a big differenceと同時通訳している。

「大事を成す」と「大」を強調するなら、make a BIG differenceと、bigを力強く発音するか、それともa big breakthroughを使う。

　その男が私の予想を裏切って、本当に大事を成したなら、私は前言を取り消し、このようにつぶやく。

　He made it big. I didn't see it coming. And I was wrong.（彼は大事を成した。私の予想を裏切り、私は間違っていた）と。

(kono-hanashi) en-ga-nakatta-koto-ni-shiyoh

（この話）縁がなかったことにしよう。　The marriage is off.

　離婚話が急に浮上して、離縁にまで追い込まれると、Marriage is over.である。「終った」から、終るまでは有効であったことになる。

　しかし、offは、最初から無かったから、当初にさかのぼって無効となる。overとoffはこれほど違う。

　憲法無効論とは、戦後の現行憲法が、制定時点から間違っていたから、無効（invalid）というのであれば、The Constitution is off.である。

　もしoverであれば、もう賞味期限が切れて無効になったというわけで、それまでは有効（valid）であったことになる。

　結婚生活は最初から縁がないとか、「なかったことにする」という場合なら、We were not meant for each other.となり、お互いに傷をつけずに、別れることができる。縁のせいにさえすれば。

kono-hito-dare
この人、誰？　Who's that?

　TVジャーナリストは、風の人たちだ。プリント・ジャーナリストは、もっと定着率は高い。書く人は強い。

　翻訳者は翻訳者と呼ばれても、通訳者は通訳と呼び捨てられたように、書いたものは残るが、通訳者や漫才芸人のセリフは残らない。だから、新聞記者とかTVジャーナリストより、プレステージは低いが、多くの若者は画像（動画を含め）で競う、ネットメディアに憧れる。それほど世の中は刹那的になってきたのか。

　情報も人も使い捨てになった時代。今そこにいる人が誰かわからない。紹介された人とも、二度と顔を合わせることもない。
「この人、誰？」は、Who is this? とthisで縮めるより、thatで突き離してしまおう。この人も、今二人で見ているテレビに映っている他人も、すべてthatなのだ。Who's that?

　thatは「あれ」、thisは「これ」？　その考え、もう古い。

　それって本当？（Is THAT true?）当たり前よ。（That IS true.）このISにアクセント。

komyunikehshon
コミュニケーション　relationship

　うちの家内はコミュニケーションが下手でね、という場合、She's a poor communicator. とは言わない。日本人同士の会話でよく耳にするが、She doesn't know how to relate to others. というふうにrelateを使えば、人間関係だとわかる。communicationは日本語のコミュニケーションとは違って、意味の幅がとてつもなくだだっ広いから、使い方に気をつけるべきだ。

　人間だけでなく、自然のあらゆるものがcommunicateするのだ。Serenity in the woods communicates to me.（森の静寂が伝わってくる）というふうに、沈黙もコミュニケートするのだ。

　私は仕事を問われると、I'm in the relationship business. と答える。communication businessなら、もうすぐAIに奪われる。

gori-oshi
ゴリ押し　twist an arm

　強引に説得することを、「腕を曲げる」という。片腕しかねじ上

げることができないから、an armと単数でいこう。この交渉用語は役立つ。私も使う。

「どうしても私が行かなければならない理由を教えてくれ」という場合は「私の片腕をねじあげてくれ」という表現を使う。If you want me to come with you, twist my arm.と。

　上からの目線で（たとえば米大統領が命令するように）強引に説得することを、米英語ではjawbone（下顎の骨のこと）という。

　強引な（トップダウンの）説得工作は、日本ではうまくいかない。（Jawboning doesn't work in Japan.）

御利益 go-riyaku　one's wish（an answer to a prayer）

　神社のおみくじ（oracle）は、a fortune drawn by lotで、「吉（good fortune）」を求めたくなるのは、人情だろうが、「凶」を引いても「これからですよ、これ以上悪くならないから」と周囲がなぐさめてくれる。

　大吉（great good luck）は、満潮だから、あとは満月と同じように欠けていくのみ、と言われると、心を引き締めざるをえなくなる。

「ただ女難の恐れあり（気をつけろ）」は、どうすればいいのかわからない。見えない。それでも人は御利益を求める。欧米では、Have your prayers answered?（祈りは叶いましたか？）という表現が用いられる。

　もっと口語的な表現を用いるとすれば、getが登場する。Did you get your wish?（願いは叶いましたか？）

　そう、御利益とはone's wish（願い）なのだと考えると、見えてくる。御利益をwishと覚えていると、Make a wish upon a star.（星に願いを）は使いやすく、絵になる表現となる。

これが限界。 kore-ga-genkai　This is it.

　32歳で引退。ゴルフファンのみならず世間を騒がせた、あのプロ・ゴルファーの宮里藍氏は1年前に答えを出していたという。海外メジャーは日本人には絶対ムリだという絶望感。

　プロは甘い世界ではない。限界を感じての決断だという。この

「限界だ」をどう訳すのか。This is it.

　そう、これでおしまい。これっきり。すべて This is it.

　私が本当に言いたかったことはこのことよ、という告白が This is it. マイケル・ジャクソン（Michael Jackson）も、最後の映画のタイトルは "THIS IS IT"（邦題『マイケル・ジャクソン THIS IS IT』）。
「今でしょ」も This is it.「これでお別れ?」(Is this it?) に対し、そうだよ、とつれない返事をする異性の表現も、This is it. 強調するなら、is にアクセントを置こう。

　宮里藍氏は、technical, physical, mental の三点で、プロでは勝てぬと自らの限界を感じて、現役引退をした。

　私がインターネット TV 番組（Global Inside）のキャスター役を現役引退するときも、この三点で 限界を感じ始めたときであろう。

　英語と情報のパワー、体力、そしてメンタルパワーの三点で、燃え尽きた（burnout）と感じたら This is it. といって消え去るだろう。I'll jump before you push me.

kore-de-owakare-ni-shiyoh
これでお別れにしよう。　We're done.

　しょっちゅう耳にする口語表現だ。I guess this is it.（これでお別れのようだね。）

　今が別れるべきタイミングという場合は This is it. でよい。
「これでおしまい?」は Is this it?
「そうだ」は This IS it. と is を強音にする。
「あんたとはもう会わない」と、相手とのケジメをつけたいなら I'm done with you. となる。

sah-ne
さあね。　Who knows?

　フーノウズ（Who knows?）はしょっちゅう使われる日常用語だが、姿が見えない。

　三島由紀夫があるコラムでフーノウズ（Who knows?）についてネチネチと書いていたが、読んでもわからなかった。そこから私のリサーチによるアルゴリズムの強化が始まった。

　昨夜観た映画『パターソン』（"Paterson"）の中で Who knows.

がまた出た。その字幕が「さあね」となっていた。

外国人が首をかしげる日本人の「さぁー」はI wish I knew.だと書いたことがあるが、さらりと「さぁ」と「ー」を抜いて短く答えると、「知ろうとするのは野暮――誰も知らないんだから」。Who knows?

信心深い欧米人たちは、Nobody knows.の代りにGod knows.と答える。べつに「お釈迦様でもご存じあるめぇ」と開き直っているわけではない。釈迦はゴッド？　Who knows?

 コーヒー・ブレイク

Godにsがつくか

日本ではYES、godsかdemigodsと、どうも日本人は、単数、複数に弱い。「狼の森」で初めて筆記試験をしたのも、日本人の英語達人にとりaとtheの違いがなぜわからないかを調査したかったからだ。

「TIME（Jan. 22nd, 2018）にこんな見出しがあった。HOW TO TELL [ ] PRESIDENT "YOU'RE FIRED" [ ]に入るのはAかTHEか、Why?（理由を述べよ）」というものであったが、答えはさんざんだった。

ほとんどがまず和訳でつまずいている。社長と訳した人がいた。しかし引用符で"You're fired"というセリフで知られているとなると、トランプ大統領でしかない。時事英語は英語以外のカレントな常識力が問われる。

Presidentは社長ではない（社長はCEO）。presidentは、あまりにも多すぎて話題にならない。常識の問題。次は文法の問題。a presidentは、トランプを含め、過去のどんな大統領でもいい。大統領を弾劾（impeach）する制度上のしくみを問うている。

the presidentとすれば、簡単に奉公人（apprentice）を馘にする（"You are fired"）トランプという困ったやつは、なんとかならんかねという苛立ちだ。トランプという男だけに絞ると、theになる。同時通訳者は、このaとtheの違いが瞬時に捉えられるだろうか。

祭祀 _{saishi} a religious rite

祭は、a festivalか、a religious serviceでよい。祭祀をつかさどるとはconduct a "Shinto" religious ceremonyとなる。

國體護持塾を率いておられる南出喜久治弁護士は、日本の國體のエッセンスは、祭祀にあると断定される。

縄文の文化（私はあえてcivilizationと超訳したい）は、祭祀（rite）としてのまつりごと（弥生時代となり、それが政事に変わり、政治的エゴにより濁された）であった。

青森県の三内丸山遺跡や皆川遺跡には、祭祀遺跡（a ritual site）がある。集(つど)いの喜びがあった。成人式でなく元服に似た、通過儀礼（a rite of passage）があった。festivalでなく、riteであったから、いろり（fire side）で行うこともできた。

fireが縄文時代。弥生時代は太陽のlightに変わった。太陰暦（lunar calendar）が太陽暦（solar calendar）に変わり、まつりごとが政治に激変した。

縄文時代のまつりごとの中には、家や部族を中心としたまつりごととしてのpoliticsもあったはずだ。その中心に、天皇の源となる「氏神」（a tutelary deity）がいた。

さきがけ（早起き） _{saki-gake（haya-oki）} the early bird

「早起きは三文の得（徳）」The early bird catches the worm. よく耳にする諺だ。だからthe early birdだけで流れがイメージできる。

さきがけ、一番乗りも、すべてポジティヴなニュアンスがあればthe early birdでひとくくりできる。しかし、一番乗りとか言い出しっぺは損をするねと、反論するヒネクレものやdebaterもいる。Well, the early worms get caught early.と。「早起きの虫は早く鳥に食われるよ」という天の邪鬼(あまじゃく)（negative persons）もいる。

夜型の人をa night owlといえば、早起きの人はan early riserという。初日の出を拝むと、何かいいことが起ると信じている日本人が多いから、日本ではearly-risingやthe early birdは良縁のシンボルといえそうだ。

だから、さきがけもthe early birdでいいわけだ。リスクはある。

しかし、それも覚悟。とにかく日本人は、「初物好き（a liking for things〈foods〉which have just come into season）」が多い。

居酒屋トーク

酒は涙か、ため息か、いやホンネ（veritas）や

友人のヘンリー・スコット・ストークス（Henry Scott Stokes）記者から、これぞイギリス人好みの言葉だと教わった。In vino veritasがそれ。「真実は酒の中にある」という諺だが、私は頭の中で、「飲まんとホンネが出まへんな」と関西弁に訳した。

直会（なおらい）というシンポジウムの前になると、気が緩むのか、お互いが母語や地方訛（なま）りに超訳することが許される。シラフでしか話せないコンピュータの入り込む余地はない。

AI（人工知能）の時代で、コンピュータもdeep learningができるようになったとはいえ、ホンネを吐かせるために、コンピュータに、深酒を勧めるわけにはいかない。

「いや、センセ、酒癖の悪いAIはおまへんで」と突っ込むやつがいる。「せや、人間より賢い」と、ヘンなところで同意する。酒が入るとなんでも許せるので、ケンカ（argumentative）にならない。からみ上戸（じょうご）はいない。

ところで「からみ上戸」は英語でa mean drunkという。argumentative drunkのことだ。そこへ、酔いが回り始めた関西出身者が口を出す。「drunken debaterでよろしいでんがな」（笑）。He's a mean drunk.が正解。しかし、飲んだ席上では、You're a drunken driver. いや、You're a drunken debater. そこで、AIで勝負するコンピュータがシラフのまま口をはさむ。"You're a drunken arguer." と。

空気が盛り上がっていくと、勝負感覚はなくなってくる。
「せやな、やっぱりAIの時代やな」
「あんた、さっきゆうてたこととちゃうやないか」
「誰にものゆうてんねん、あんたのセンセに向かって」（爆笑）

このように、酒が入ると、無礼講（なんでもあり）となる（Anything goes.）。ヘベレケになる前にさっきのラテン語で引き締めるか。In vino veritas.（真実は酒の中にあり。）

sasuga-ni-kinchoh-shita
さすがに緊張した。　You bet. I was nervous.

　29連勝でストップした将棋の藤井聡太六段（当時14）が最も緊張したのは2016年12月、加藤一二三九段（当時76）と闘ったときだという。「現役最年少棋士と最年長棋士の対局」という話になって、そのとき集まった報道陣は50人以上。「さすがに緊張した」そうだ。そのとき、もし私が同時通訳を頼まれていたら、と考えると、さすがに私も身震いがする。

　「さすが」の訳にこだわらない。流れをとる。点を捨てて、線をとる。流れから、I *would* shiver. と仮定法を使う。または、Just the thought of it makes me shudder. とひねる。

　You bet. を使わないなら、I *was* nervous (as hell.) と was にアクセントをつけて、心の動揺を強調する。

sassa-to-katazuke-nasai
さっさとかたづけなさい。　Get it over with.

　今、はやりの整理学では、かたづけは organization。ディベートに強くなる鍵は、この organization にある。情報や思想を、キチンと整理整頓する力を organized mind という。頭がウニのようにぐちゃぐちゃになっている人（a person with a disorganized mind）は、ディベートどころか、スピーチもできない。

　思考を肯定側と否定側に二分し、意見（opinion）と事実（fact）を切り離すための整理も organization だ。Organize your speech. とは、言いたいことがいっぱいあるのはわかるが、エッセンスに絞って、ロジックの筋を通しなさい、ということだ。

　ディベーターはスピーチさせても、無駄がない。思考の流れが、整理（organize）されているからだ。

　「それをかたづけなさい」は Put it away. や Put it back where it belongs. でよいが、他にも大切なことがあるので、目先のそれをまずさっさとかたづけなさい、という場合なら Get it over with. がよい。

sasshite-hoshii
察してほしい。　It's complicated.

　複雑な心中は、人には明かせないもの。俳優のブリー・ラーソン（Brie Larson）は、複雑な家庭に育ったこともあり、映画"The

Glass Castle" が公開されてから、このように語った。

"I want to encourage more people to feel like they can be all things, you know, you can be complicated."

（人目にはどんなふうに映ってもいいのよ、もっと多くの人に、察してもらえばいいだけのこと。）（私訳）

複雑は complex。その複雑な気持を解ければハッピー。しかし反対に、それを明かしてしまえば、アンハッピーになる。

「想像にお任せします」（I'll leave it to your imagination.）は、40年前にネイティヴの力を借りて正解だと思っていたが、今の私はシンボルからイメージの時代に移っている。

complex と complicated の違い——その温度差——がわかるようになった。312ページの「微妙（な）」の項目で詳しく述べる。

察しろよ。　Read into it.

金融関係の役員秘書をしていたときに、上司から「察しろ」（Read into it.）と言われたことがあった。

read into とは、言葉の裏を読み、深く解釈せよ、ということだ。ひとつの言葉に多くの意味を持たせ、聞き手の各人に都合よく解釈させる、おおらかなハラの文化がある。腹芸（the haragei）の社会では、具体的な答えを求めて Why? と訊くことはご法度だ。

ガイジンなら許されるが、"空気"が支配する日本社会で生き延びるには、この the "sasshi" game が必要なのだ、と言ってきた私だが、今なら、外国人に You ought to play the "sontaku" game. と忠告するだろう。

それほど、忖度という言葉が、在日外国人の間でも使われるようになった。「推量する」から「何か配慮して行動する」にまで、かなりの広がりを見せてきた。相手の言動をよく考えて「斟酌する」という意味から、「腹を探る」（feel it out）という意味にまで広がってくると、そう簡単に英訳できなくなる。

逆にもっと単純化すればどうだろう。誰でも知っている、Read into it. だ。どうしてももっと解説がほしいという人には、こんな超訳はどうだろう。Feel (into) him. And see what's in it for him, me and us.

相手の立場になって考えるだけではない。相手がwin、こちらがwin、そして我々（世間を含めて）といってもwinになるような、計らい（maneuvering）のことだ。

当事者間だけのwin-winであれば、インサイダー取引と変わらない。第三者をカヤの外（out of loop）においては、醜聞（scandal）に発展しかねない。そこで、日本人好みの取引上の知恵（win-win-win＝三方善し）が不可欠だ。

NONESのキャスターである私は、忖度の根本哲学は、誰も傷つけないan everyone-is-happy compromise（みんなが幸せになる妥協）のことだと言っている。それでも、この腹芸的解決のハラが英訳できない限り、私も完全に納得しているわけではない。I wasn't entirely happy with what I said on the air.

解説はつらいのだ、察してほしい。It's tough being an anchor. Read into my message.

コーヒー・ブレイク
「察し」はa keep'em guessing game

日本の文化は「察し」の文化。察し（推測）はguess, understand, perceive（see through）が妥当なようだ。しかし、日本人が好む「察し」には「ぼかし」が加わる。あえて、本心を語らず、聞き手に正しい判断を（guess correctly）求めることが多い。だから、a keep'em guessing gameと超訳することがある。
「それ、どういう意味ですか」と聞くことはヤボである。「察しろよ」と上司に叱られたことがある。ぼかしの美学がわからなかった、サラリーマン時代の経験だ。

小名木善行氏は『ねずさんの日本の心で読み解く「百人一首」』の中で、ザ・サッシ・ゲームの原点に触れておられる。「『一番大切なことは隠す』という文化と、それを『察する』という文化、その両方が交差しているのが和歌です。だからこそ和歌は、あらゆる日本文化の原点と言われているのです…」と。

氏はさらに聖徳太子の「十七条憲法」の中にある「察し」の効力、「明察功過」について鋭く分析されている。「功過を明らかに察する」とは、「功績も過ちも、先に明らかに察しなさい。そし

て賞罰は察して事前にしてあげなさい」という意味だ、と。

　事件や事故が起きる前に、事前に対処するのが為政者の義務なのだが、最近は起こってから動くというリーダーらしくないリーダーが激増している。少しぐらいの誤りも大目に見て、失敗をさせ、気づかせている（まとめて叱るのはずっとあと）のだという。

　上司の親心が最近の人には理解できなくなった。間違ったらその都度叱ってください（Correct me if I'm wrong.）と言う時代になった。教育にも「察し」が必要でなくなってきた。

　アメリカのテレビで、こんな質問の仕方を耳にした。「この事件をどう推察するか」はWhat do you make (out) of it?

　make outは、見抜く、見わける、判読するという意味があるが、共通点は「察し」だ。むしろ、outをとってしまった方が、もっとボカシの効果が表われる。

　Have you read Matsumoto's Curious Dictionary? What do you make of it? これでよい。相手のハラを探るのに役立つ質問だ。

　What do you think of it? なら、かなり具体的になる。相手もAbout what?（具体的に何について）とボカシを許さなくなる。

　What do you think of his audacious translation?（彼の大胆な翻訳をどう思うのか？）

　かなり突っ込んだ質問だ。追いつめた質問はclosed-end questionだが、「察し」を求めるなら、相手を追わないopen-ended questionの方が好ましい。だから私は、相手がどのようにでも答えられる、オープン・エンドのWhat do you make of it? を勧めたいのだ。

　アメリカというマトリックス（matrix 基盤）が支配するタテ社会では、トップがすべての情報を占有する奴隷社会になってしまう。歌によって、国民にシラス（let it be known）し、察しを求める、といった縄文の察しの思想を復活しなければ、いかなる国の組織も硬直化し、ひょっとしたら北朝鮮化してしまう。

satori
悟り　Ah-hah

「あっそうか」はAh-hah. アクセントは後ろ、Ah/hah.

NHKラジオ『英会話』の松本亨博士が『英語と私』を著された。この名著の副題は"ENGLISH AND I"であった。

私の英語道人生は、My English。「私と英語」でなく、「私の英語」と一体化されたものだ。「の」は一体化（identification）のこと。だから、英語道とは、禅とは切り離せない。英語も人間も呼吸し始める。これが悟り。

「悟り」とはなんなのか、と林という人がヘンリ・ミトワ禅僧に聞いた。答えは、「そんなものはない」であったという。

「英語に心があるか」という質問に対する答は、yes or noでなく、yes and noであるということだ。英語に心がないという人がいてもいい。「ある」と思う人がいてもいい。人も英語もいろいろ。

sabi
寂び　austere aloneness

ある書には、beauty in decayという直訳的な解説があり、ちょっと首をかしげてしまった。decay（腐食）にポジティヴな価値が存在するという証明がいる。むしろ、age-oldという形容詞の中に、渋さをにじませる方が、翻訳の手法としては微笑ましい。

加齢が老化でないという証明には、「枯れ」という日本的価値観が必要となる。欧米人には熟成（mellowing）と発想転換した方が、伝わりやすい。この「熟す」は普遍的価値を持つから、私も勧めたい。酒、チーズなどはmature、発泡酒ならferment、果物はripen。熟年層の人たちなら、the mature agedと訳せる。私はmellowing peopleを好んで用いる。

よく使われるmellowとは、「円熟する（ripe）」、「豊潤（sweet）になる」というポジティヴなプロセスが感じられるので、mellowed（これでは終了）より、mellowingと進行形にした。「さび」とは、「わび」とは違って、ポジティヴな価値観を感じさせる。

その違いは、私個人の美的感覚（これでも昔は芸術家になりたかった）によれば、「わび」lonelinessに対して、「さび」はalonenessだ。「孤」と「孤高」の違いだ。

さびしい

　ポツネンと取り残された孤立状況はlonelyでuglyだが、孤独を感じない、感じさせないalonenessという言葉は、神々しく勇ましくもある。aloneness（孤独を恐れない）は、austere beauty（美の極致）なのだ。

「さび」をelegant simplicityと訳そうと考えたが、やはり、austereを使いたくなり、私流にaustere alonenessに決めた。このaustereには、「どうだ、オレは孤高の士だ。淋しさなど感じたことはないのだ」といった気負いがない。

「さび」の渋さ（subdued taste）はrestrained（elegant）simplicityであり、集合論でいえばausterityの範疇に入る。だがelegantは雅びに近づくので、外したい。あえて、「雅び」を超訳するならば、austere eleganceと厳粛的な風味を加える。

sabishi'i

淋しい　lonesome / isolated

　日本人が淋しいというときは、必ずしもSVO（主語・動詞・目的語）を必要としない。考えてみれば、I miss you.とかI'm gonna miss you.と正しい英文法で表現しても、まだしっくりいかない。べつにあなた（you）がいなくても、欠けている感じがしない。

　横に猫がいるだけでいい。いや犬でもいい。いや孤独（lonely）の感覚のなかにも、私（I）もいないのかもしれない。

　miss（なくて淋しい）する対象の私すらいないときもある。その淋しさの対象は、いなくてもいい。missを使わず、I'm lonely.ならわかる。I'm alone.なら淋しくはない。I'm alone by myself.（一人ポツネンとしている）と。by yourselfは、「一人っきり」以上に、ご自身がそば（by）にいるという意味だ。

「いや本当に淋しいんだ」と強調するなら、I feel trapped.を勧めたい。なんらかのものに閉じ込められている状態だから、まさに身動きができない。

　こちらの方が英語らしい表現だといえよう。閉じ込められている感じさえなければ、まさに「侘しい」状態だ。これがsad and lonelyか、いやもっと淋しさが深刻なlonesome, isolatedがよさそうだ。

sabishi'i-ningen
淋しい人間　a sad and lonely man

「『私は淋しい人間です』と先生はその晩またこの間の言葉を繰り返した。」淋しさは、lonelinessでsadnessのことである。そのsad lonelinessをあえて、小説『こころ』の中の「先生」に語らせる。夏目漱石の、読者をぐいぐい引き込む（enthrall）手法は実に渋い（awesome）。

ぽつんと孤立した状態のlonelinessではない、語る相手がいるだけ、まだましなのがlonely。人気が周囲になければ、みじめで侘しい。このisolatednessはpitifully sad。

「わび」はネガティヴ。しかし「さび」にはポジティヴな価値観がある。「わび」、「さび」は磁石の両極のようで、同じでありながら、違う（equal but separate）のだ。

インドの哲学者のオショウ（OSHO）は、Loneliness is ugly. Aloneness is beautiful.という。lonelinessは格好が悪いが、aloneness という孤独はカッコイイ。

孤独をコンパニオンに、道なき道を歩み続ける宮本武蔵には憧れたものだ。今も、英語という孤独が私にとり、日本刀。日本語が脇差（small sword）になりそうな近頃だ。

『こころ』の先生のように「ぼくは淋しい人間です」と語りかけられると、ただちに答える。"What?"

もし、その人物が"I mean I'm alone by myself."と答えたりすると、NO. You're NOT alone. Because you're by yourself.（あなた自身がそばにいるではないか。）

その人は、きっと淋しい笑い方をするだろう。The man will smile sadly.

sabetsu-wa-shite-imasen
差別はしていません。　Separate but equal.

差別はseparation。だから、これを否定するなら、I don't believe in separation.という英訳で正解、達人英語。

しかし、名人芸となると、equalという価値観を加える。

separateだけでは見えないが、これを否定して、but equalを加えて、光が当たり、概念の輪郭がくっきり浮ぶ。

I abide by the principle of "separate but equal." これが名人の訳。

> **コーヒー・ブレイク**
>
> ### サムライ・プレイヤー
>
> イチローがサムライ・プレイヤーであるわけ。
>
> 武士道の延長としての英語道は、それなりに深遠だ。その私が、嫉妬らしきものをイチローに感じるのは、アメリカ人を驚かせた彼の言動にある。
>
> "I'm not satisfied with the way I'm hitting," Ichiro told the Tacoma News Tribune.
>
> (「私は自分の打撃の流儀には満足していない」とイチローは『タコマ・ニュース・トリビューン』に語った。)
>
> "I've never been satisfied with it. To be satisfied is to stop searching."（「私は満足したことはない。満足するというのは追求をやめるということだ。」）
>
> 満足したらおしまいというのは、武士道の根本哲学だ。人から一番だとほめられても、満足できなかったら、一人淋しく、くやし涙を流す。それが真のサムライだ。
>
> 一番で喜ばないのが武士。真の武士は、自分が強かったからではない、相手が弱かったからだ、と自分を突き離す。
>
> いつまでも自分がピークに達していない（I haven't reached my peak.）と語ったとき、外国人プレイヤーは、目を白黒（白青？）させたらしいが、武士としては当たり前の発言だ。武士道も英語道も、ランクのない世界に生きている。
>
> 武蔵は「固定は死」と、スティーヴ・ジョブズ（Steve Jobs）はDon't settle.と言い放ち、私は常にDefeat yourself first.と言い続けている。

zan'nen

残念　too bad

「お気の毒に」I'm sorry.等々は、意外にさらーっとしたものだ。
ところが「残念」は、満足がいかず、物足りない感じが残されているから、くやしさが残る。

前著で、be chagrined（ホゾを嚙む／無念）について触れた。「心残り」「無念」は、Too bad. と眉間にシワを寄せるだけで十分。「つらかったろうな」という心情を表わすなら、Tough luck. がいいだろう。

さらに、「忘れなさい（あきらめなさい）」を加えたいなら、Get over it. 別れてくよくよしている相手には、Get a new one to get over the old one.（買い替えろよ）とサラリといこう。

sanboh
参謀　confidant strategist

徳川家康の参謀は、服部半蔵という忍者。両者は、水のごとく水素と酸素が化学結合している。西洋の参謀は契約で結ばれるから、水と油のような物理的結合となる。だから、契約違反という理由で、いとも簡単に裏切れる。日本の武将を支えた参謀は、裏切れない。内部告発はありえない。

将の女房や子供を城外へ逃がし、将と共に城を枕にして死ねる器が参謀。単なる strategist や manager ではない。

中国では宰相と呼ばれ、諸葛孔明は理想像とされている。将以上の力量と実績があっても、決して表には出ない。まさに confidant（腹心）だ。将が戦略を立てれば、参謀は戦術を担う。

しかし、proactive（先読みのできる）参謀（executive assistant）には、vision があり、strategy を立てることもできる。だから私は confidant strategist（腹心の戦略家）と訳す。

ji-ishiki-kajoh
自意識過剰　be full of oneself

世間から自分がどう見られているか、といった評価が気になる（self-centered）人が多い。

overly sensitive な人やナルシストと話をしていると、疲れてくるものだ。——聞き手が同類（narcissistic な人たち）なら、もっと気疲れが激しくなる。

同病相憐れむ（pitying each other）というから、そこまで極端でなくても、自分のことしか眼中にないエゴイストは、誰にとってもつきあいづらい相手だ。

Why? Because they are so full of themselves.（どうして？　彼ら

は自意識過剰だからだ。)

self-conciousness（自意識）というbig wordsは、避けた方がいい、というのが私の流儀だ。

>   コーヒー・ブレイク
> ### 「シェア社会」と「縄文型贈与交換社会」
>
> 三島由紀夫が大好きな、外国人記者がいた。その人から、「お金を貸してほしい、今日中に振り込みたいのです」とせがまれて、困った。私も借りたい心境だったからだ。
>
> しかし、これで彼の記者生命が終ると聞くと、妻とも相談して貸すことにした。ご本人の名誉のためにも、名前は伏せたい。
>
> 返せとは言えない仲になっていたから、施してやるというのも押しつけがましい。返さなくてもいいというのも、相手を侮辱したことになる。相手にbeggarだという意識をみじんも持たせてはならない。
>
> そこで、述べた言葉が、Here's a gift... from Mishima Yukio（三島由紀夫からの贈り物だから、返金の必要はありません。)
>
> 相手は雀躍。それから私（紘道館）の参謀となった。gift以上のgiftを返してくれた。Both of us paid it forward.
>
> ジェレミー・リフキン（Jeremy Rifkin）が"The Zero Marginal Cost Society"（邦題『限界費用ゼロ社会』）の中で、近々こんな世界がくる、と予言している。Sharing society（シェア社会、共有社会）。
>
> 今や世界はたしかにJomonized (gift exchanging) society（縄文型贈与交換社会）に近づいている。Jomonization is almost here to stay.（縄文化という考えは定着した感がある。)

jishi
自死 suicide / die on one's own

He committed suicide.を訳せば、「彼は自殺した」となる。「死」でなく、「殺」。「殺される」は恥（shame）、名誉ではない。だから「自死」とする。三島由紀夫を割腹自殺ではなく、「自死」したのだ、と愛国者たちが賛美したのも、故人にshameをかかせない

という深慮からだ。
「自殺ではない、自死だ」という人の気持を通訳してくれないか、と頼まれたら困ってしまう。多分He didn't kill himself. He just died on his own.と訳すだろう。まだしっくりこない？　では、He ended his life with dignity（honor）.と超訳でもしてみるか。

コーヒー・ブレイク

自死と自殺

　自殺は不名誉、自死は名誉。だから、割腹自殺した三島由紀夫は、death自"死"（美）であって、suicide自"殺"（醜）ではない。

　外国に多い他殺（homicide）は、醜である。それは、成敗が不名誉で、切腹が名誉であることと同じ理屈になる。

　この自殺は、生理学ではアポトーシス（細胞の死）という。apoptosis [æpətoʊsɪs] とは、cell death。プログラムされた自然死に近い。天命による死とでも。

　なに、わかりづらいって？　そう、日本人でも「殺」という穢れや血を忌み嫌うがあまり、「死」という甘いオブラートに包んで地中に葬ろうとする。

　あのロジックに強いはずの夏目漱石でも、小説の文章としては、智が働かず、情に流されてしまうことがある。ロンドンでノイローゼになった遠因では、と憶測する。

『こころ』の中に、こんな文章がある。

「私が進もうか止そうかと考えて、ともかくもあくるひまで待とうと決心したのは土曜の晩でした。ところがその翌晩に、Kは自殺して死んでしまったのです。」（傍点筆者）

「自殺して生きる」は、自殺が全うされていないから、まだ生きていたことになるという矛盾。

「他殺したのに生き返った」のであれば、他殺が不完全であったことになり、どちらも論理的矛盾となるから、「自殺して死ぬ」はトートロジー（同語反復）になる。

　同語反復とは、necessary essentials（必要な要点）とか、「馬から落ちて落馬する」といった類のロジック・ミスである。しかし、平均的読者は気がつかない。

英語という悪魔の言語に魅入られ、多少ひねくれた人には、K killed himself and died. というセンテンスは、論理的にも英文法的にも受け容れられない。英訳文は極めてシンプルでロジカル。But that night, K killed himself.

『こころ』の最後のしめくくり（いや、しめくくりは最後のはずだった）の表現が読者の胸を打つ。

「…私が死んだ後でも、妻が生きている以上は、あなた限りに打ち明けられた私の秘密として、すべてを腹の中にしまっておいて下さい。」

So long as my wife is alive, I want you to keep everything I have told you a secret — even after I myself am dead. ("Kokoro", translated by Edwin McClellan)

この遺書は、自分が納得して死ぬのだから、自死の証明になる。沈黙の勝利。日本文学の世界では、沈黙は雄弁なのだ。

shita-gokoro
下心　what one *really* wants

辞書には、secret intention, ulterior (hidden) motives, an ax to grind（腹に一物）と、big wordsが多い。すべて正しい。だが、勧められるか、となると、行司から「待った」がかかる。

「あなたには下心がある」は、I know what you *really* want.（この方が口語体だ）。wantは、言葉や動作でわかる。しかし、腹（what you're up to）はわからない。

 コーヒー・ブレイク
下心と「隠された動機」

男と女。性の違いは見た目にも明らかだが、もっと深いところで（deep down）、どこかが大きく異なっている。その深層部をテーマに選んだ話題書がこれ。"Why Men Want Sex & Women Need Love"（邦題『セックスしたがる男、愛を求める女』、アラン・ピーズ、バーバラ・ピーズ Allan & Barbara Pease 共著）

男が口に出せないが、求めているのがSex。女がただ今必要としているのがSexとLove。これが日常会話でいう「下心」。下心

とは、口に出せない秘密の花園（ulterior motive）のこと。

隠された動機（hidden agenda）も、同じくらいの頻度数で使われるが、この書では、agenda（個人的な意図）だけが、このように使われている。Men and women have many different agendas when it comes to sex and love, and these are deeply embedded in our ancient past.

「男と女はセックスや愛について、たくさんのさまざまな個人的な意図（下心）があり、これらは私たちの古くからの過去に深く組み込まれているものなのです。」

男は女のhealth（健康）、fertility（肥沃＝ボインボインか？）and youth（若さ）に惹かれるが、女が惹かれるのは、男のpower, status, commitment and material resources（力、地位、覚悟、物質的な資源＝マネーだろう）。

日常会話のレベルのdeep downという言い回しは、誰とでも、いつでも、どこでも使える。

I know what you mean. But I don't know what you're thinking deep down.（おっしゃっていることはよくわかります。でも、深いところではわかりません。）

「あなたの底意（ハラ）は何ですか」（What do you really want?）と問い糺し、警戒されるより、ずっとソフトで、相手も心を許しやすくなる。

shita-zumi
下積み　start at the bottom

大物になるには、「下積み」から始まる。芸能界では、ビートたけし、渥美清（寅さん）をはじめ、すべて下積みから始まっている。政治家でも、裏方から始まるはずだ。

ボトムから始まると、すべてが見える。トップはボトムが見えないが、ボトムにはトップがわかる。だからボトムから始めるべきなのだ。これが縄文時代から今日まで続いている「情」のマネージメント。その反対が、トップダウンの弥生方式だ。

ある東大中退のTVタレントは「東大へ行くな、過去は切り捨てよ、人のために働くな、自分のために働け、ビットコインを知れば

金持ちになれる」と、TVメディアで吼える。これがstart at the top（最上からの出発）。

jita-tomo-ni-mitome-rarete-iru
自他共に認められている　universally recognized

universallyは、「誰もが認める」という意味だ。

ジャーナリストとして、私は自他共に認められたわけではない。I'm not universally recognized as a journalist.

I'm not recognized by either myself or others.はもっと口語的な言い回しだろうが、他人に認められるだけでは、まだ半端な人間だ。自覚がなければ、本当に悟ったことにはならない。それが禅の生き方だ。

shita-machi
下町　the Low City

下町はけっして、華やかな都会風のdowntownではない。山の手はthe High Cityになる。

著名な翻訳家（源氏物語）のエドワード・サイデンステッカー（Edward Seidensticker）による"TOKYO from Edo to Showa 1867-1989"は、江戸（現在の東京）学の嚆矢といえる大作だ。

40年前の『日米口語辞典』編纂時に片腕となっていただいた恩人でもあるから、氏の江戸史に対する造詣の深さは知っているつもりだ。下町がなぜ、downtownでなくthe Low Cityなのか。

Between noon at September 1 and the evening to September 2, most of the Tokyo flatlands—the sections of the city, the Shitamachi or the Low City—went up in flames. The Low City produced most of what was original in the cultures of Edo …

（9月1日昼から9月2日夕方にかけて、東京の平坦な土地のほとんど——市街地と、シタマチすなわち下町——が炎上した。下町は、江戸文化に由来するもののほとんどを創造した。）

サイデンステッカーはこの大作のなかでもthe Low City（下町）とthe High City（山の手）の歴史的な意義の相違を細々と述べている。だから私はこの大作（TOKYO）を嚆矢（the beginning）と呼ぶのだ。

この下町こそ、日本の文化でいえば縄文の心——「雅び」といっ

てもいい——を象徴し、the High Cityは、徳川幕府の弥生文明化された部分と観てしまう。

　縄文期をJomon civilizationと呼ぶ人が増えてきた今日、the Shitamachi Civilizationと呼んでもよさそうだ。

　浅草が第二の故郷として私の心の中で膨れ上がり始めた今、好奇心溢るるこの辞書もLow City mentality（シタマチ・メンタリティー）で書き続けてみたい——粋がりながら。

jitsu-gaku
実学　practical learning（science）

　practicalをusefulに替えてもいい。とにかく社会に役立つ学問というのが実学だ。learningのあとにscienceを加えたが、科学的に（宗教的思惑はなく）practical applicationが強調されているがゆえである。決して、特定の宗派を宣教する目的で創立した学校（例：ミッションスクール＝Christian school）ではない、という裏の意味がある。

　特定の宗教カラーなく、急に浮上してきた、マグロ養殖で知られる近畿大学のように、実学（環境工学）を旗印とした科学重視型の大学が増加する傾向にある。

　英語学の分野でも、偏差値重視の筆記試験や、雨後の筍のような（mushrooming）資格検定試験は、どうしても虚に傾くきらいがある。ランキングは虚を促す。表の社会は、華々しい虚のゲームが支配する。その反対が、英語道という、陰でひっそり咲く、実学である。実学としての英語道は、practicalでscientificである半面、人もモノ（英語）も大量生産ができず、ビジネスに向かないという恨みがある。マネーが動機となった学問は、虚学だ。

　パッと咲いて、美しく散る、派手な桜（華がある）が虚業とすれば、ジッと耐えて「実」の生る花を咲かせる梅は実業なのだろう。

　どちらがreal（実）で、どちらがunreal（虚）なのか、英語道紘道館でディベートを繰り返していると「虚即実」ではないか、と異見が融合され、第三の道が産出されてくる。

　最近訪れた近大附属高等学校の玄関、庭の桜の雄々しい根っこに、私の目は吸い寄せられた。散るのが早い桜は、その瞬間から来年の準備を始め、梅より長い期間隠れるのだ。忍耐力はあの逞しい

根が証明している。そのときひらめいた。実と虚の差は、土中の根のtoughnessにより決定される。

　実学とは、そこに根を下ろし（put down roots）、地味な建学の精神を貫くことではないか。英語道の根っこの哲学はホンモノ思考だ。Genuine?　どう測定すればいいのか。

　次の質問だ。「それホンモノか?」口語英語に翻訳すると、こうなる。Is it real? Does it work? Does it last?　そして伝統（tradition＝道）から離れていないか。Does it have moral compass?　これが実か虚かの分かれ目である。

失言　a gaffe / a slip of the tongue
shitsugen

　政治家とは、タテマエ発言で勝負するプロのこと。ホンネは命取り（political suicide）になる。

「三国人」（referring to Koreans and Taiwanese）発言で物議をかもした石原慎太郎。子供を産まず好き勝手なことをしている女たちの、引退後の世話を税金でまかなうのはバカげている（preposterous）と暴言（blundery）を吐いた森喜朗。「死にたくても、生き続けろと励まされて死ねない。ポックリ逝けばいい。（They should go quickly.）」とホンネを吐いた麻生太郎。口がすべった（They just slipped out of tongue.）だけで、叩かれる。

　失言はslips of the tongueでも、gaffeでもいいが、アメリカでは、They just misspoke.（ちょっとした発言ミス）と大目に見る傾向がある。このようなmisstatement（発言ミス）で、世間を騒がせ（make headlines）て、知名度を上げる、不逞のやからが増えてきた。ポピュリズムもここまで来るとは、病膏肓に入ったも同然だ。Their "populist" disease is already chronic（incurable）。

　少し、big wordsを使い過ぎた。ちょっと肩の力を抜いて、口語表現を使ってみよう。

　Put a foot in your mouth, and you're doomed as a politician.（ちょっと口をすべらせただけで、あなたは、政治家としておしまいさ。）

　ちょっとひねって、Just a little slip of the tongue will cost you a political life.と書き言葉らしくするのも、しゃれている。

"Prime Minister, you made another inappropriate remark."（首相、あなたはまた別の不適切な発言をしたのです。）

"Sorry. An honest mistake." このhonest mistakeは、「悪気(わるぎ)はなかった＝口がすべっただけ」ぐらいの意味か。

その他、こんな弁明がある。That was just a figure of speech.（言葉のアヤなんだ。）

shitto
嫉妬(しっと)　resentment

嫉妬とはジェラシー（jealousy）のことでしょうと、ほとんどの日本人ならただちに答える。故・渡部昇一氏は「日本を動かしているのは嫉妬だ」と断言された。日本文化を嫉妬という情念で見事にしめくくった氏は、そんじょそこらの英語学者ではなかった。He was not *a* scholar, but *the* scholar.

私も氏の説に呪縛(じゅばく)されてきた。日本人を動機づけるのは、愛ではなく嫉妬なのか。Mmm. と唸(うな)った。で、この嫉妬はネガティヴなjealousyであろうか、それともまんざらネガティヴでもないenvyなのか。私はresentmentを選ぶ。そのわけは？

日本は民俗学的に見れば、英霊など死者を尊ぶ文化だ。死後に後世の人から鞭を打たれると、もう一生浮ばれない。The war dead deserve better. これは恨み（resentment）として残る。怨霊(おんりょう)（vengeful spirit）も黙ってはいない。怨霊（an avenging spirit）の祟(たた)り（a curse）がある。私はresentment（ルサンチマン）を代表的なシンボルとしてとらえる。resentには、「憤(いきどお)り」と「恨み」の両面がある。

西洋人が正義（justice）のシンボルとして秤(はかり)（scale）を持つのに対し、日本では左右のバランスを是（fairness）とする。ダイコトミー（二分法）思考が稀薄だ。

むしろ、日本文化のシンボルは、縄文時代から、「水」だ。浮ぶか沈むかという情感が、神道、仏教を貫いているようだ。

I envy you.（うらやましいよ、君が）という発想は、ほほえましい。「のろけ」もjealousyではない。envyを招くだけで、のどかなものだ。jealousyは、手を替え、品を替え、憎む相手を殺すから恐ろしい。ただし、professional jealousyはプロ同士の対抗意識だか

しつらく

ら許せる。

grudge（私怨や逆恨み）を省いて、やっかみも呪いもひっくるめてresentmentという。私憤も公憤もすべてresentment。

Japanese culture is full of resentful spirits, dead or living.（日本の文化は、嫉妬心を抱いた、死霊や生霊で満ち溢れている。）

渡部昇一先生、こんな訳でいいでしょうか、添削してください。

失楽園　Paradise Lost
shitsuraku-en

婦人国会議員が辣腕弁護士とできてしまった（getting romantically involved）。コソコソがバレバレになって、二人はどちらも政治生命を失った。Both of them committed a suicide. これをParadise Lost（失楽園）と呼ぶ。

あるTVのワイドショウで、ある女性タレントが、「"我々は愛し合っています。この愛を貫きます。引き続きご支援を"と堂々とカミングアウトしていれば、立派なのに。惜しいカップル」と嬉々として語っている。

本来ミルトンの『失楽園』は、天上での神と悪魔のディベート（下馬評では、現実面から攻めた悪魔が有利）で、不倫疑惑の二人が、家族を捨て、世間に背中を向けて、雲がくれするという類では決してない。

忍　shadow samurai
shinobi

忍者とは「忍びのもの。」アントニー・カミンズ（Antony Cummins）が書いた、前述の"Samurai and Ninja"は実に啓蒙的だ。浅草の土産物店で聞くと、外国人観光客に人気があるのは、サムライより忍者の方だ。

日本人がスポーツに狂う以上に、外国人は日本の武術のほうがよりクールに映るというから不思議だ。

この本が面白いのは、サムライが「表」とすれば、忍者の方は「裏」となり、お互いにライバル意識が隠せないという点だ。

私がNational Geographicのドキュメンタリー TV番組"Samurai : Behind the Blade"の解説者に選ばれたとき、次回はshadow samuraiを取り上げたらどうか、と提案したことがあった。一瞬色めい

たと思い上がったが、黙殺された。Silence-killed.

武士同士の公式な闘いはある。しかし、忍者には御前試合がない。検定試験などあろうはずがない。名声を求めず、一瞬一瞬に命を懸ける忍者はすべてクロオビ（有段者）だ。英語道が憧れるのは、こういう無冠の英雄たちだ。

jibun-ni-chuhjitsu-na-ikikata
自分に忠実な生き方　existential life

『難訳・和英口語辞典』で「身近な」をexistentialと訳し、「実存的」という直訳を避けたが、「なぜか」というmissing link（肝心なつながり）に欠け、説得力はイマイチ（not quite）であった。

私が脱サラし、妻子を残して1ヵ月山ごもりしたことを知った商社の仲間たちは「あいつは発狂した」と噂していたという。

この話を直接私から聞いたアメリカの女性が、目を輝かせてYou've lived such an existential life.と言ったことを覚えている。意味不明だった。——なぜ実存的？　英語のシンボルが見えなかった。

裏表のない（隠し事のない）生き方ならan honest lifeでよい。平凡だが身の丈に合った生き方ならdecent lifeとなる。自分探しのための旅なら、exploratory journeyでよい。

しかし、自分に忠実とは、「今の自分」だけでなく、「未来の自分」にとっても意味があるはずだ。

existentialismをOEDで調べると、自分の意思で自己の成長を決定するa free and responsible agentとしての個人の生き様を述べている。決して逃避ではなく何かの道（missionでもいい）を求めている行為であれば、求道心までもexistentialになる。

ex-とは外、essenceは内。家庭を捨てたかに見えたのはex-（外）で、本質（内）は海外へ一歩も出ずに日本で唯一の英語オンリーのNHKのTV番組「中級英語」に出てみせる、という"意地"であった。マイペースではない。将来の自分の夢にも忠実であったから、existentialという表現は当たっていた。さすがネイティヴ。

意地だからprideとは違って、self-esteem（自尊心）で、世間の眼をくらますために「狂い」を演じたまでのことだ。

サルトルが提唱した実存主義も、自分勝手で（self-centered）マ

イペースな（whimsical）生き方の勧めなんかではない。responsible way of life（みずから責任を負う生き方）だった。

だから、終戦後の価値観の混乱を引きずっていた多くのフランスの若者たちが、このサルトル思想に陶酔した（intoxicated）のだ。そして解放後に迫りくる"自由の恐怖"に身震いしたはずだ。

shimedasareru
締め出される　locked out

錠が下りていると、家に入れない。締め出された亭主は悲惨だ。

いや、そんな経験は誰にも起こる。下着のままで、ホテルで鍵をかけずに飛び出したときの惨めさ（私もあった）は想像できるだろうか。よくあるケースとみえて、真実話がジョークにもなった。

ステテコのままのみじめな男がフロントで使った、とっさの英語がKey inside, me outside. であり、通じたという話だ。四字熟語イングリッシュという。

あるシンガポールの運転手に、「夫婦げんかはするかい」と聞いたとき、No argument, no love. と答えられた。Yes. と答えるより、「夫婦口論（げんか）は愛の証」の方が、パンチが利く。

話を戻し、正しい英語で言ってみよう。I was locked out. Locked out. だけでいい。40年前の『日米口語辞典』編集のときは、朝日出版社の社長から、数ヵ月にわたってホテルの一室に閉じ込められた（locked up）ものだ。いや、そこまでひどい環境ではなかった。カンヅメにされただけだ。I was just cooped up.

執筆のために、鶏やウサギのように小屋に閉じ込められたとは、恵まれた環境だったといえる。私が望んだ条件でもあったので、I locked myself up. と自嘲的に表現することもできる。

shanai-ren'ai
社内恋愛　office romance

office loveはちと行き過ぎ。romanceは、まだ一線を越えていない。office loveは、すでに一線を越えている（go all the way、そしてcross the line）。だから、office marriageにゴールイン（英訳すればmake it）することが多い。周囲からも祝福される。（It gets everybody's blessing.）

タテマエとは別に、ホンネはどうか。どうせ金魚鉢の恋よ、と二

次会、いや三次会あたりから、陰口を叩かれる。社会により、社内恋愛は御法度（off-limits）とされている。jealousyだけではない。秘密漏洩や人間関係の悪化（office politics）や、社内の志気（office morale）が下がる、というリスクが生じるからだ。

　志気はmorale。モラールと発音。モラルはmoralでeはいらない。「倫理」や「道徳」と混同しないように。職場が盛り上がること（the build-up of office morale）は「公」だが、office romanceは「私」だ。

　私の個人的見解はズバリ、勧めない。Why? Because first it can't work.（社内恋愛はうまくいかない。）Second, it shouldn't work.（許されない。）

　NONESチャンネルの番組Global Insideで私が独りディベート（one-man debate）をしたときの判定も、否定側に勝たせた（論題：Is office romance good or bad?）。狼気質の私の判定だから、かなり主観が混じっていた。狼は野外でハントするものだ。

jareru
じゃれる　be playful（frolicky）

『難訳・和英口語辞典』で「遊び心」（playful spirit）に関して詳しく述べた。読む辞書を意識して書いたから、力が入る。

「和」とは、「遊び心」とは何だろうと、足元でじゃれ続けている黒猫のクロを眺めながら、この原稿を書いている。

　猫がじゃれるという場合、playing with a ballという風に表現するが、捕えた小動物を「いたぶる」といった残虐な一面もある。

　Cat have nine lives.（猫の魔性）といわれるように、何度危険に遭遇してもこりない。それが猫の本性。「難訳辞典」も、辞書に忠実に尾を振る犬型読者には不向きなのかも。

　本来、エッセイストとか小説家には、猫のようないたずらっぽい側面があるのだろう。夏目漱石、吉川英治、村上春樹、池波正太郎、そして末席をけがす猫好きな私など、毒気のある（spiteful）物書きはどこか猫っぽい。playful spiritやspiteful spiritをもった、prankster（悪ふざけ屋）が多い。

　生後3ヵ月というのに、クロはマイペース。私の書斎を平気で荒らす（パソコンのキーボードの上を歩いたりして）。目に余る。そ

れなのに許してしまう。作家め、Writers!

犬のじゃれはfrolicky。犬の「じゃれ」(playful frolics) は許せないことがある。人の靴を隠したりするpranks（悪ふざけ）は、犬派 (dog persons) でも許さない。

janken-wo-shiyoh
ジャンケンをしよう　Let's do Janken.

二通りの訳がある。日本のことをよく知っている人ならjankenをそのまま使う方がよい。

Janken is the most popular of these children's games in Japan.

Let's play the rock-scissors-paper game. と直訳する必要はない。

もうひとつは、海外でジャンケンのように、何かをてっとり早く決めたいときに使うコインのtoss upだ。Let's toss the coin. Heads or tails?（表か裏か。）

ヤクザは丁か半かというギャンブル・ゲームが好きだ。「どっちに転んでもオレが勝ち」ならHeads I win, tails you lose. でいこう。「さぁ、やってみないとわからない」はIt's a toss up.

ジャンケンでもしないと、わからないゲームは、a game of chance. 「あと出しジャンケン (showing your hands late in the card game)」より、cheating at jankenがベター。

juh-yoku-goh-wo-seisu
柔よく剛を制す　judoize

文字通りにSoftness overcomes hardness. と訳しても、外国人にはピンとこないかもしれない。

同じように誤解されるリスクを勘案すれば、思いきってjudoize（柔道化）という離れ技（よく使われるようになった）を使ってみよう。通じる人には通じる。証明してみたい。

The Economist（Oct. 17th, 2015）が柔道着のプーチンの写真を載せて、柔道の極意を無駄のない英文（一読者の）で紹介している。"As a judoka", you say, Vladimir Putin "knows the art of exploiting an opponent's weakness." "Putin dares, Obama dithers"（つまり、ウラジミール・プーチンは、柔道家として、敵の弱さに便乗する技をわきまえているのだ。プーチンは恐れず、オバマは怯む。）

見事な英語はその後に続く。In fact, the distinctive skill of judo

is turning an opponent's strength against him.（実際、その独特の柔道技は、敵の力を利用して相手を倒すものだ。）

　柔道の極(きわみ)であるスキルは、敵の力を利用して相手を倒す、という秘技のことだ。柔道界では小兵(こひょう)であった私の特技（例、つばめ返し）でもあった。そして、ビジネスにも役立てている。

　柔道家のプーチンは、外交でもこの技を巧みに用いている。不利を有利に逆転する妙技は、ロシアの得意技で、外交でもよく用いられる。Putin is "outjudoing us in foreign policy." （プーチンの"外交面の柔道技は、日本の比ではない。"）

shugyoh

修行　hard training

　ときどき、授業中でも、講演中でも、インターネットTVの番組 Global Inside でも、「勉強しろ！」とゲキを飛ばす。その気持は、Study hard. よりも Train hard. に近い。

　英語の点数を競うのは、術（skills）の向上が目的であるが、英語道は英語獲得を目的とした人間の"行(ぎょう)（a practice）"なので、Train hard! に近い。

　宗教心のあるプロは、自分の中に悪魔（evil in me）を見出し、try harder する。悪魔は、修行者を tempt（試す）するのだ。意志の力を test するから、testees は try harder しなければ生き残れない。私が米大使館で同時通訳の研鑽を続けた頃は、まさに trying times（つらい時代）だった。この"行"は修行に通じる、T-words の世界だ。

　かつて、柔道は武道だから practice を使いなさい。Judo は play でなくて practice なんだといわれた。しかし、柔道がオリンピックの種目になってから、ルールにしばられる play に変わってしまった。この「難訳辞典」を編むことは、"行"（practice）であり、"業"（a calling）でもあり、(荒(あら))行(ぎょう)（rigorous training）の類なので、asceticism（禁欲の行(たぎい)）に近いかも。

　Try harder. は完成を目指す武士道の基本だ。

しゅぎょ

 居酒屋トーク

小説『こころ』の「こころ」は何だろう

　ラフカディオ・ハーン（Lafcadio Hearn 小泉八雲）は「心」をheart（the heart of things）と訳した。漱石の『こころ』の「こころ」もやはり核心という意味だから、heartでよさそうだ。しかし、漱石の「こころ」は極めて不条理でcomplicated（難解すぎて理解しがたい）なのだ。

　今夜は、4, 5人も集まった。居酒屋トークの客の入りとしては、上出来だ（as good as it gets）。

　さて、漱石の『こころ』の印象を、一人一人に聞いてみるか。
「暗ーい。導入部が長すぎる。途中でギブアップ」
「とにかく、自殺とか、嫉妬とか…」
「殉死という思想も暗いね」
「昔は、高校生が夢中で読んだ本だと聞くけど。今の人はそんなに集中力はなく、Kindleで数ページ読んで、ぽい。なんでこんな、淋しがり屋で暗い先生にくっついていくのか、わかんない」
「なんか、自殺を競い合っているみたい。日本の小説家はなんで死に急ぐのだろう。太宰治、三島由紀夫、川端康成…。自殺しなくったって、自殺のテーマばかり取り扱うんだもの、気が滅入っちゃう」
「恥とか罪が出てくるけど、登場人物の想念の中には、神がいない。罪も恥の中に含まれるような気がする。良心（conscience）の中にも神がいなくて、あるのは『他人の眼』（other people's eyes）」
「ひどーい、先生ったら、こんな古い小説を今の若者に宿題として読ませるなんて。読破するのに、2ヵ月かかったの。意味不明なところが多いので、何度も読み返したりして…」

　じゃ、君たちは、この小説『こころ』が、暗さをテーマにしているというわけだ。

　全員が「ハーイ」。

　じゃ。ぼくは君たちに反論してみよう。

　まず反対尋問をしよう。たしかに、「死」という言葉が多い。もしこれが「殺」に変わったら、そう、他殺。

「……。アメリカの小説か、リアリティーTV番組のように憎いやつを殺すっていうか」

　そうだろう。漱石の『こころ』には自分に対する慚愧の念（feeling of shame）はあっても、復讐ってものがない。自己に対する復讐心がある。その恨みを晴らす、自死——自殺じゃなくて懺悔によって浄化される。先生はこころの優しい人だったのだ——懺悔の道（すべて自分が悪いと自責し続ける美学）から離れまいとして。

「えー、道？」

　そう、気づかなかったかい。訳者がthe true wayと訳した、あの〈みち〉のことだ。翻訳家のサイデンステッカーが愛でていた「道」のことだ。日本から道がなくなったら、日本はなくなる、といわせた道徳的羅針盤（moral compass）のことだ。

「道のためなら、そのくらいのことをしてもかまわない、というのですか」

　この、道という言葉が、どのように使われているか。

「私は正直な道を歩くつもりで、つい足を滑らした馬鹿ものでした。」この文章は人を責めず、自分を責めている。自分の恋愛で、友人の命を奪った。恋愛は罪深い、私は馬鹿でした、と後悔し続ける先生。なんという清らかで、崇高な自省心。

「それから二、三日して、私はとうとう自殺する決心をしたのです。私に乃木さんの死んだ理由がよく解らないように、あなたにも私の自殺する訳が明らかに呑み込めないかも知れませんが…」道とは、死ぬことを恐れない境地（自死）。幸福の追求（Pursuit of happiness）じゃなく、Happiness of Pursuit（追究の悦び）なのだ。ここにも武士道が見え隠れしている。

　この先生は、やっと道にたどりついて、明るく、思い残すことなく、あの世へ旅立ったのである。「朝に道を知らば、夕べに死すとも可なり」

　こんな明るい、小説が他にあるだろうか。

　君らの私に対する再反論に乾杯！　今晩の授業はこれで終り。

shoh-kon
性根　guts
しょうこん

　根性だ！といえば、ひとつのことを長くやり続ける根気（energy）のことだ。精根ともいう。あらゆる分野で、一芸に秀でる人は、すべて性の根（élan vital）を持っている。性は見えるが、根は見えない。personalityとcharacterの違いでもある。

　前著で、ど根性がgritであるとくどくど述べたが、めげない性根は縄文時代からの音霊（おとだま）を引き継いでいる。

　どうしてもG-wordsに戻る。イメージしよう。gut, guts, grit etc.

　日本の各地では、この頑固な気質を表現するのに、よく濁音が用いられる。青森県のジョッパリ男、佐賀のガバイ両親、名古屋のドエリャー女傑、商魂たくましい（ガメツイ）大阪人、これらはすべて、度胸が据わったgutsyな人間だ。

　genes（遺伝子）、いやgenome（ゲノム、遺伝物質）にあるのかも。これらから生じるのがgutsだろう。

shohtai
正体　the other

「松本の正体」？　人はのぞきたくなるもの。知られている私は「表」。仮面の私。しかし正体となると、Matsumoto Unmaskedとなる。仮面の裏の松本が正体なのだが、こういう場合、英語ではotherでよい。The other Matsumotoとはヴェイルの裏の（unveiled）顔となる。

　ボブ・ディラン（Bob Dylan）の裏の裏をThe other Bob Dylanと訳したことがあるが、今回はさらによく使われる「正体」にメスを入れてみた。

「あれが、あの男の正体だ」は、That's him. やThat's real him. That's what he really is. That's his other side. He's given his colors away. What he shows now is what you get. いろいろ訳が考えられるが the otherが無難（ぶなん）だろう。

　anotherは「別」の存在だが、otherは同一人物の中に同時に存在するから不気味だ。そんな男には、よく愛人か、陰の女（いずれもthe other woman）がいるものだ。

joh'hatsu-suru
蒸発する　vanishing

　*TIME*誌のジョセフ・ヒンクス（Joseph Hincks）記者が「蒸発」という日本的現象を取り上げた。evaporated peopleと、直訳を見出しに選んだところが愉快だ。

　同じようにdisappearingとかvanishingが用いられている。「死ぬよりいなくなる方がよい」（Better missing than dead.）は、日本的心情なのかもしれない。過労死（death by overwork）からのエスケープも考えられる。

　自分探しをロマンととらえる多くの日本人は、「しがらみ」（たとえば、Everybody's watching each other all the time.）を断ち切って、旅に出るのが大好きなのだ。だから、free-spiritのフーテンの寅に憧れるのだろう。

　「夜逃げ」（fly-by-night）は、人（とくに金貸し）の眼を盗んで行うdisappearingだから、ほめられたものではない。

joh'hoh-sohsa
情報操作　spin

　最近では、印象操作という言葉も使われ、カイコやクモが糸を吐くようにメディアが新語を紡ぎ出してくれる。その状態をspinという。（人を）振り向かせる（spin around）ための仕組みのときにもspinが使われる。

　企業や政党などの組織体が世論を味方にする情報操作は、まるでspin（情報粉飾）だ。それに一役買うために雇われた情報操作マンのことをa spin doctorと呼ぶ。

　ビル・オライリー（Bill O'Reilly）というFOXの名ニュースキャスターは、Spin stops here.（私は真実だけを伝え、FOXは情報操作はやりません）と雄々しく吼えたが、セクハラ疑惑でプロ生命を棒に振ってしまった。その事件の言語操作（putting a spin on it）はなかった。

shokunin-katagi
職人気質　craftsman spirit

　craftsmanは職人。craftsmanshipは、職人芸である。

　Crowds are there watching the craftsmanship.といえば、群衆は

職人の熟練度をじっと眺めているだけだ。気質とは関係がない。気質とはもっと気難しい。

*METROPOLIS*誌は刺青(いれずみ)(tatto)の達人を大々的に取り上げた。いつものカバーには、「遊び(play on words)」があるのに、この号だけは、真剣そのものだった。

同誌のCOO(最高執行責任者)であるニール・バトラー(Neil Butler)氏(インターネット番組Global Insideのゲストに招いた)も芸術家肌らしく、真剣そのものだったという。

とにかく、刺青といえば、ヤクザを連想させるだけに、日本文化のディープな分野であるとはわかっていながら、逃げるわけにもいかずに、かなり緊張されて、日本の下腹部(underbelly)にまで探求されたようだ。しかし、カバーの文字そのものが芸術作品になっている。

THE TATOO CRAFTSMAN : Horiyoshi Ⅲ talks about the underbelly of Japanese culture

まさに、この人でなければ語れない、刺青の職人芸。

この刺青の名人(THE TATOO CRAFTSMAN)は、これを芸術といっていいのかと、自嘲的に語っている。いや、この謙虚ぶりは、かえって不気味である。ヤクザが「ヤクザは(社会の)クズでございますよ」と自己否定するスゴ味と相通じるものがある。

ヤクザはなぜ差別されるのか。「いれずみお断り」とは、人道主義(humanity)に反すると、世間の偏見に抵抗する。

刺青をして火中に飛び込み、命を落した火消し役人もいた。自分の家が燃えていても、カタギの家が燃えていたら、命を顧(かえり)みず火中に飛び込む。これって武士道(chivalry)じゃないですか。

しかし刺青の美を見せびらかす人たちには戸惑いを覚える、というくらいshyなところがある。「これが見せびらかすための芸術ですかね」と、あくまで控え目なのだ。なるほど、これが芸術気質(artisan's spirit)か。

shoku-wa-hito-wo-kaeru

食は人を変える。　You're what you eat.

『食品の裏側』の著者、安部司が述べる。

「ある養豚業者が、スーパーやコンビニで売れ残った弁当を捨てる

のはもったいないと、豚にあげたところ、豚はブクブク太りだし、一ヵ月もすると物音に敏感になり神経質になりました。三ヵ月後、20頭の母豚が220頭の子豚を産んだが、全部死産、流産、早産でした。母豚の羊水はチョコレート色で、何とか生まれてきた子豚も虚弱で、一週間後には死んだ、といいます。」

まさに、食は動物を変える（Animals are what they eat.）で、この事実を真剣に受け止めるべきだと主張されている人の一人が、洋望荘自然食研究所のオーナーシェフである佐藤一弘氏だ（マンガ『美味しんぼ』で紹介されている）。

氏から直接話を伺った。玄米、雑穀ご飯、味噌汁、根菜の煮物、漬物、梅干しなど、昔から伝わる伝統食が人を救うと。

種差海岸を眺め、自然食で思考を練りながら執筆を進めていると、数日後、心身とも元気になった。食べる環境で人は変わる。You are where you eat.

滞在中に読んだ『炭素文明論』（佐藤健太郎著、新潮選書）にも影響を受けた。痛風はプリン体だけが原因ではない。ストレスのたまる仕事を楽しむ天才に痛風患者が多いという。ダヴィンチ、ミケランジェロ、そして彼らを支えたメディチ一族が痛風患者だった。

アレクサンダー大王、ゲーテ、ミルトン、ベーコン、ニュートン、ダーウィン。私を苦しめている尿酸は「天才物質」だという。ホッとする（うーん、痛風に苦しむ人は英雄が多いのか）。読書は人を変える。You're what you read.

You're influenced by the books you have read so far.よりもパンチが利く。

shira-nakatta-dewa-sumasare-nai
知らなかったではすまされない。　　Ignorance is no excuse.

人は誰しも、許される範囲の自己正当化（self-justification）の枠を超えて、自己弁護（excuse）に走りがちだ。

「そんなルールは知らなかった」と言っても、解雇したい相手にとり、それは言い訳でしかない。

Give me reason, but no excuse.（弁解でなく、理由を言いなさい）と反撃されるに決まっている。

さらに、有段者が使う決め手はIgnorance is no excuse.（無知と

じりきほ

いう言い訳は通じない)だ。

jiriki-hongan
自力本願　on one's own / self-reliance

　他を頼まず、自分一人の力で本望を達成することだから、書き言葉ではself-relianceか、salvation by one's own effortsとなる。話し言葉では、make it on one's ownぐらいか。その反対の他力本願とは、salvation through the benevolence of Amida Buddhaのこと。

　つまり、自己の修行の功徳(くどく)によって悟りを得るのでなく、もっぱら阿弥陀の本願によって救済されること。転じてreliance on others' helpとなる。「学問に王道なし」を実践する英語道は、当然、自力本願 (self-reliance) だ。

　念仏(権威者のごたく)を唱えておれば、英語が自然に身につくという他力本願は、甘い。日蓮 (a man of self-reliance) は、周囲の抵抗(今風に言えば「空気」)に逆らって、いや逆風(国難など)をバネにして燃え盛り、信者を増やした。

　内村鑑三が選んだ「代表的日本人」の一人、St. Nichiren made it big on his own.(日蓮聖人は、自力で、本願を達成した。)

shiri-ni-hi-ga-tsuku
尻に火がつく　under fire

　尻に火がつけば (the heat is on)、人はあわてるものだ。I'm pressed by urgent business.と文字通り訳していたら、身体中に火が移り、大ヤケドする。

　I'm on fire.は、何かに熱中している状態 (Sachiko is on fire with ICEE.のように)だから、under fireにしよう。これなら、「砲火を浴びて」という切迫感がある。

　I'm on (in) the hot seat.というのは、「オレは今、苦境に陥っている」という意味だ。I'm sitting on a bed of nails.と直訳するよりましだ。こういう直訳はバカにはできない。

　辞書至上主義者の中には、直訳こそ真意に最も忠実だと疑わない人が多い。そんな社長が上司になって、困ったことがある。「風薫る若葉の季節になりました」を一字一句忠実に訳せ、というワンマン社長の指令を受けて、弱り果てた。

「社長、ニューヨークという、緑の少ないところに本社のある大金

融会社の社長にはピンときませんよ」と言ったが、聞き入れてもらえず、悶々とした。

もしあのときの社長が意地を張って、どうしても「尻に火がついている」を直訳せよ、と命じたらどうしたか。I've got my ass on fire. 尻という肉体の一部に火がついたら大変だ。ズボンのことだろう。I've got my pants on fire. ならわかる。通じる。

そのヒントをBB誌（*Bloomberg Businessweek*『ブルームバーグ・ビジネスウイーク』）の見出しで見つけた。Pants on Fyreとなっている。このFyreは、経営危機のさなかにあるFyre Media社のことだ。バハマで恒例のミュージック・フェスティバルが開けなくなり、参加予定客を怒らせ、ファイア社の尻に火（ファイア）がついた情景だ。

火と関係のある武器は、刀でなくgunだ。だから、I'm under the gun. もオーケー。個人でなく、周囲の尻に火がつけば、The heat is on. だけでよい。

このonは、困ったときには強力な味方になってくれる。ゴールドラッシュに火がついた頃のアメリカ人は、The rush is on. を合言葉とした。I'm on. （オレも尻に火がついたぞぅ。）

shinken
真剣　for real

これは遊びじゃない。（This isn't just a game; this is for real.）"for"を忘れないように。

I'm playing (a game). では、まだ真剣味が足りない。

I'm playing for real. は、私は本気だぜ、真剣勝負をやっているんだということ。単に、私、本気よ、という程度ならI mean business. で十分だ。勝敗がつきもののビジネスも、本来は真剣に闘うべきゲームなのだから。

jinzai
人材　human capital

human capitalという奇妙な英語が、またぞろ使われるようになった。器のことなのか？　いや「組織にとって使用価値のある人」が正解。造語者である、英国経済学者のアーサー・ピグー（Arthur Pigou）は、数少ない熟練工をトレーニングで育てても、他のライ

バル会社に密猟（poach）されるので、訓練プログラムも痛しかゆしだ、と思ったに違いない。

　最近では2014年に他界したアメリカの経済学者ゲーリー・ベッカー（Gary Becker）が、human capital（ヒューマン・キャピタル。人的資本）という言葉を積極的に使っていた。

　工場建設やコンピュータのバージョンアップはphysical capital（物的資本）の向上につながるが、これからは人材を育むことが、本人にとっても、会社にとってもプラスになる。human capitalそのものに投資をするべきだ、と主張している。

　考えてみれば、ピグーやベッカーに先立つ、18世紀に輝いたイギリスの経済学者アダム・スミス（Adam Smith）が、すでに生産性の向上のもとになるpeople's abilities（人間の能力）を追求すべきだと述べている。

「人材」こそ宝である、という経済思考（economic thought）は、古い常識（obvious）であったのに難訳語であった。

　It took economists many centuries to flesh out the concept of human capital.（ヒューマン・キャピタルという考えを経済学者が肉付けするまで数世紀もかかった。）

　私は弥生時代のマーケット拡大思考に先立つ、縄文のこころの原点はhuman capitalだと思う。それが、大量生産ができない匠の思想だ。

jinsei-denaoshi

人生出直し　get a second chance

　もう一度やるならget another chance。同じことを繰り返すからanother。「出直し」となると、過去を否定するから、second。

　新しい人生はsecond lifeのこと。英語で考えるには、まず主人公が自分であることを自覚することだ。

　たとえば、あなたが切断手術を受けたamputeeのご本人だとする。その日の、英文日記の見出しにはAmputee, gets a second chance.と自分を突き離す。義肢で希望がわいたと書く。本文はProsthesis gives me hope. そうgiveを使えば、英文がラクになる。ついでにprosthesis（義肢）というbig wordも捨てちゃおう。

　インドの人は英語がうまい。getを使うから、こんなシンプルで、

日本人には思いつかないような英語を軽く使いこなす。

I am getting my fourth leg and I didn't have to spend a penny. It's just like getting an all-new gumboot. (*Japan Times*, Aug. 21st, 2017)（これがぼくの4番目の義肢なんだ。一銭も使わなかったよ。まるで新品のゴム長をはいた気分だ。）

この日本語を再び英語に翻訳するのに、getが使えるだろうか。これで人生やり直しだ。 I'm getting a second chance.

jinsei-wo-mottomo-yuh'igi-ni-ikiru
人生を最も有意義に生きる　get the most of life

最も有意義に人生を生きる、とは最大限に生きることだ。だからmeaning of lifeを省き、the mostをgetすると発想転換すればいい。

アメリカの作家で事業家でもあったウィリアム・フェザー（William Feather）は、哲学者好みの難語を避け、こんな簡単な英語を用いた。

One way to get the most out of life is to look up on it as an adventure.（人生を最も有意義に生きるひとつの方法は、それを冒険と見ることだ。）

そんなフェザー氏は天寿を全うされた（1889-1981）。

私ならこう語るだろう。He sure lived out his life.（彼が人生を最大限に生きたことは間違いない。）

shindoi
しんどい　hard

「メジャーリーグの最初の1年間はいちばん、しんどいのだ。」チームメイトの米国選手が、英語が話せない佐々木主浩選手を振りかえって、こう言った。The first year is the toughest. と。

日本人はよくシビアとかハードを使うが、このシビアもハードもtoughでいい。つらいも tough。

It must be tough when you don't speak a word of English here.（ここで英語が一言もしゃべれないとは、きっとつらいだろう）と、周囲から、慰められたに違いない。

骨身にこたえるぐらいのしんどさなら、私はhardを使う。このときならsevereを使ってもいいだろう。a tough choiceは、つらい決断。a hard choiceは、つらーーい決断。

清水の舞台から飛び降りるくらいの決断なら、the hardest choiceでいこう。

suguni-kohru-bakku-shite-ne
すぐに、コールバックしてね。　Call me back when you get this, if it's okay with you.

簡単な日本語なのに、英語がずいぶん長いなと、読者はお思いになるかもしれない。これが欧米人の気配りなのだ。

ええ？　英語はロジカルで、日本的な気配りなんか、あるはずがない、そう思っている方に、今から欧米人の気配りを論理的に証明したい。「すぐに」といっても、相手は都合がある。留意すべき事は2点。

最初に、ifでなくwhenを使っている。ifを使ったら、この電話を受けたらという仮定になるから、かけ直すかどうか（if）は受け手の判断に委ねられる。つまり、何日後にかけ直してもいいわけだ。

第2の理由は、if。もしも相手にとって都合が良ければ、という遠慮がif（if it's okay with you）で表わされている。「お願い」をPlease.（押し付けがましい）と言うよりifの方が粋（cool）である。

日本人の会話にはifがないので、思いやりがないようにとられることが多い。

Leave a message here so I call you back, if you're very very good.（もしあなたが寛容な人であるなら、ここにメッセージを残しておいてください。折り返し電話を差し上げます。）

スティーブン・キング（Stephen King）の"Bag of Bones"（邦題『骨の袋』）の一箇所だ。

このifの文が気に入った。アメリカ人流の「思いやり」を感じた。

「勝手ながら本日は休業させていただきます」は、たしかに勝手すぎる。英訳すれば、With your permission（If we're permitted）….となる。

よかったら、Michiと呼んでくれないか（Call me Michi, if you like.）とネイティヴに願うことがある。

ちょっと英語流の思いやりを練習してみようか。

もっとご都合の良いときにお邪魔させてもらっていいでしょうか。(I'd like to come at a better time, if you like.) お邪魔でなければ（if you like）が、ちょっとした気配りだ。

こんな「難訳辞典」が読者のお好みに合うようでしたら、読み続けてください。(If the shoe fits, wear it.)

suji-ga-tohra-nai

筋が通らない。　There's no reason.

相手は、大切な会合をドタキャン（cancel at the last minute）した言い訳（excuse）を述べたが、聞き手は納得できず怒った。「筋が通らないではないか」(There's no reason.) と。

これをどう英語で表現できるだろうか。「納得させてくれ。」(Give us reason.)

「筋を通す」とか、「納得させる」とは、reasonをgiveすること。

suji-wo-tohshite-jitai-shinasai

筋を通して、辞退しなさい。　Stand on principle, and turn it down.

「オレの後釜にならんかね」とボスに言われて、「はい、そうします」と返事をした人に対する、周囲の声は冷たかった。とくに、社長の相談役は。

「君ね、筋というものがある。社長のハラはなんだと思う。息子を次期社長にすることさ。そこをよく忖度することだね」

「いや、僕に継がせるというのは社長直々の言葉ですよ。他にも数人が聞いていました」

「困ったな、筋を通すべきだったな」

「意味がわかりません。私が後継者になれば会社が救えるものと、社長が判断されたから、そうおっしゃったのですから、当然光栄と考えました」

「察しが悪いね、筋を通すということは、『いや社長にはご子息がいらっしゃいます。私はご辞退申し上げます』と、遠慮することなのだ」

Stand on principle and turn it down.（筋を通して、辞退しなさい。）筋を通す（stand on principle）と、断る（turn down the offer）とは、論理的には矛盾しているように見えるが、日本には"見

えざる筋"というものがある。

コーヒー・ブレイク
「筋」の訳はほんとうにprincipleなのだろうか

コーヒー店というホンネで語れるcomfort zone（くつろぎの場）では、オフレコだから何でも語れる。

この私でも迷うことがよくある。正確に訳そうとするほど、不本意にも不正確な訳になってしまう。相対性理論（私の翻訳不確定性理論）の世界となる。

アインシュタインの観察はおもしろい。好きなデート相手との密会は楽しく、時間は速く流れるが、いやな相手と一緒にいるときは時間の流れが淀んでくる。

先生もそわそわし始めた。そのとき、隣の席で控えていた秘書が「先生、まだ49分しか経っていません」と言われたと仮定しよう。この意味不明な質問に先生は、どう答えると思う。
「なんで49分？　どうして1時間以内とぼかさないの」

この会話はどう解釈すべきだろうか。いらいらして席を立ちたい気持は、時間の流れが止まり始めている証拠だ。時計（clock）の針は変わらない。

長いなぁと思うのは、本人の認識であって、時間は、感情というエモーションのエネルギーに曲げられてしまう。つまり、時計の針が正確であればあるほど、逆に不正確になる。

「筋」そのものは、reason（道理）、logic（論理）、coherence（一貫性）。これらの『ウィズダム和英辞典』の直訳が役に立つ。ところが、その不透明な「筋」を、文脈を読んで瞬時に訳すのが同時通訳プロの腕だ。

私もかつて、渡辺省吾会長（日興証券時代、私は役員秘書をしていた）と「筋」について、二人で議論をしたことがあった。

氏は、「いや"筋"とは、論理しかない」と言われたが、私は食い下がった。「大都会、東京はある程度ロジックを通しますが、地方、とくに私のように関西出身の人間には情理（emotional logic、ちょっと無理な訳）としての筋があります」と。

知と情のロジック、東京と大阪——火と水のロジック、会長

（東大法学部卒）と秘書の私、噛み合うはずがなかった——それでも裏街道好みの私の人生で、この"筋"論争は至福の一瞬であった。とくに、この「筋」をめぐる究論は、後の私の腹芸論を膨らませてくれた。

さあ、英語が好きな諸君、こんなぼくの話で退屈しなかったかい。Am I boring you? こんな粋な英語が使えるかな、君たち。

5人のうち3人が迷っている。そもそも「筋」という言葉がまだイメージできないらしい。

じゃ、場所を変えて、もう少しぼくの体験談を聞くか、近くの居酒屋で。3人の迷える子羊たちは大学受験の最中であったらしく、「今から進学塾へ出かけますので失礼します」と消えた。

sunao
素直　undoubting

素直の英訳はthe sunawoでしかないと言い続けてきたが、ネイティヴにも通じる超訳がなければ、この辞書のメリットがなくなる。

日本人の価値観は「素直」。そしてその心は、まずアリガトウ、そしてスミマセンと心から発すること——相手の底意（ハラ）を疑わずに。そう、疑わない心（undoubting mind）が日本人の従順さである。

docileとは、ラテン語のdocilis（教えやすい）からきている。doc-とは「教える」。そして-ileは「〜できる、〜に適した」であるから、人間より羊の方が素直な動物となる。その通り、一神教は、反抗する山羊（goat）より、反抗しない羊（sheep）を好む。

ワンマン亭主が、「うちの女房は素直なやつでしてね」と豪語すると、周囲からは二通りの反応が考えられる。

「うーむ、この男は、奴隷のような無抵抗な女が好みなんだ」

その反対の、大多数のコメントは「そんな言いなりになる女なんて、まったくおもしろくない。口論好き（argumentative）な女は嫌いだが、前向きな話し合い（debate）ができる女でないと、家庭が守れないではないか。そうだろう、君ィ」

どちらも正しい。いずれの説にも疑問は生じない。これが「素直」の心なら、undoubting mindとしか訳しようがない。

すなおな

　キリスト教は、信徒の「疑い」や「笑い」を最も恐れた。doubt から始まる科学は天敵となった。だから、ルネサンス（再生）とは、疑い（doubt）を認めるヒューマニズムの萌芽期といえる。

　日本のルネサンスも debate という D-word から始まる。その第一歩が常識に対する doubt である。

　だから、「うちの女房は素直でしてね」は、My wife seldom doubts me. か、She's undoubting.（これなら She doesn't question my integrity. に近いからホメ言葉）がいいだろう。

　seldom（めったに）と限定したのは、doubt（疑い）は、忠誠心の欠如と、かたくなに考える人が多いからだ。

素直な大人（sunao-na-otona）　uncynical adults

「素直な」は難訳語のチャンピオンだ。とにかく、素直を「善」とする日本人と、批判心を「善」とする西洋人とは、そもそも価値観が合わない。

「センセイ、素直は、英語でどう言うんですか」という質問には悩まされる。「ない」としか答えられない。故・西山千（同時通訳の師匠）なら、「文章にしてから質問してください。文脈がなければ、答えられません」と一喝されるだろう。

「素直な大人？」それなら、uncynical がいいかも、と私なら師に代って答える。素直な心の反対は、doubt を持たないこと。つまり undoubting がいいだろう。であれば、「科学者やディベーターの心」を裏切ることになる。

　究論（debate）の原点は、Why? で始まる疑問である。宗教的リーダー（とくに一神教の）は、信徒の doubt を嫌う。信仰（faith）の世界では、疑問はタブーだ。

　ヨーロッパの暗黒時代では、「笑い」すら禁じられた。だから、冷笑（cynicism）が反動として生じた。「素直」を是とする日本で、権威にタテつく（まつろわない）人たちは素直でない人たちだ。

　冷笑者、あるいはネクラは、すべて cynics（ひねくれ者）と見られがちだ。ギリシャ語の kynikos（ラテン語では cynicus）からきている。doglike（犬のように頑固）で churlish（つむじまがりの）な手に負えない連中だったのだ。

cynicsとは、犬。犬儒哲学（皮肉派と呼ばれるキュニコス派の哲学）とはうまく言ったものだ。日本という、湿気の多い風土では、乾いた哲学は生まれない。湿った精神風土では、批判的で冷笑的な人は、すべてひねくれもの（cynics）なのだ。冷笑者は、犬的というより、猫的な感じがする。

「素直」という価値観は、その対極にあるので、un-を加えてun-cynicalとした。ああ疲れた。英語の道に入るまえの私は、もっと素直な人間だったのに。

急に場所を変えて話したくなった。

コーヒー・ブレイク
素直な気持ちで（with an open mind）"素直"を語り合おう

英語を始めてから、ひねくれてしまった。こんな私に誰がした。What have I done to deserve this?

教室や紙面では語りつくせないので、近くの喫茶店を選んだ。

「和英辞書を開けば、gentle, mild, weak, obedient, submissive, tame, tractable, docile, compliant, pliable, yieldingという形容詞のオンパレードだ。たしかに、『素直』のシンボルは『善』。少なくとも『悪』や『邪』ではない。

しかしdoubt（疑問）を是として、whyを好む英語民族のメガネを通してみると、あまり好ましくないキャラに映ってしまう。

たとえばだ。『うちの女房は素直でね。きみたちも素直な女を探したまえ』という文脈で考えれば、この『素直』はどう訳せるだろうか。なに、gentle, mild, weak, obedient？　それじゃ、まるで羊だね。君の理想のお嫁さんはsheeple？

obedient, submissive, tame, tractable（御しやすい）？　じゃ、君たちが求めている理想の女性は、忍従してくれる奴隷ってこと？

docile（柔順）、pliable（言いなりになる）、yielding？　じゃ、君に必要な女性はアンドロイド・ロボットだな。

つまり、どのように英語で『素直』を表現しても、世界の人たちの眼から見れば、日本人の男たちは、すべてsexists（性差別主

すなおな

義者)で、おそらくracists（人種差別主義者）と映るだろうな…」
「で、先生は、僕たちに何をしろとおっしゃるのですか」
「ん？　あまり、素直じゃないね、君は。察しろ、といいたいのだ」
「和英辞書は役に立たないとでも」
「そうも言っていない。感じろ（Feel it）と言っている。言葉にとらわれず、言葉の裏を読め（read between the lines）。

　和英辞書の訳をザーッと読めば、シンボルが摑めるだろう。素直とは、日本人の美徳だってことだ。多くの日本の英語の先生は、生徒に、まず『ありがとう』と感謝する気持、そして、叱られたら『ごめんなさい』と謝ることを教えるでしょう。つまり素直になりなさいということだという意図（the message）はわかるね」
「よくわかりました、先生。英語のシンボルを摑むことの大切さを」
「それで、満足してはいけない。あとはイメージの交換だ。今はやりのメタ認識。私は毎日、日記をつけることで、自分を客観視することを学んだ。これが、私が勧めてきたディベート、つまり究論のシミュレーションだ。外国人を仮想敵として、自己に挑戦状を突きつけるのだ。それで日本人の心理がわかる」

　今日のコーヒー・ブレイク会議の参加者は5人、そのうち一人は、女性のアキエさん。
「どう思うかね、和英辞書の編集者は男性が中心だということがわかったかね、アキエ君」
「私、中性だから、べつに違和感はありません。先生のお話、とっても楽しい。私、あるときは男、あるときは女、あるときは公人、あるときは私人で通しますので（笑）」
「なるほど、そんなに、おもしろい授業だったか、じゃ今日は、君たちのおごりだ」
「もっとホンネ・トークがやりたい」
「英語道は、コーヒーでは語れない。どこか居酒屋でいっぱい、ひっかけるか。ワリカンで…」

sumimasen-ja-korede
スミマセン、じゃこれで。　　Thank you. Excuse me.

　琉球紘道館の比嘉光宣塾頭から、東京の私に電話があった。「先生、櫻井よしこさんは、沖縄では日本の国母（こくぼ）と呼ばれています」と声を震（ふる）わせて、沖縄人たちの気持を伝えてくれた。いったいどんなスピーチをしたのだろうか。

　この原稿を書きながら、YouTubeで、櫻井よしこ沖縄講演会（演題「東京から見た沖縄のマスコミ」）を聴いている。

　彼女が会場を埋めつくした、うちなんちゅう（沖縄人）に向って、心を込めて感謝と謝罪の花かごを贈っておられた。スミマセンという謝意でThank you.とI'm sorry.という二つの異なる概念を結びつけられた。

　彼女が有楽町のFCCJ（日本外国特派員協会）メンバーであった頃の"雄姿"を思い出した。まさに日英バイリンガルでバイカルチャルなスピーカーであることは、疑うべくもない。

「うちなんちゅうとやまとんちゅう（本土人）は、同じ日本人ですよ」と熱く語られたとき、万雷の拍手が湧き起こった。sumimasenで、Thank you.とExcuse me.が、異質ながら同根であることをさらりと実証された。

　パーソナルな見解で、こんなスペースをとる（take up so much space）ルール違反に対しては、スミマセンと詫びなければならない。これはI'm sorry.だろう。

　しかし、こんな長ったらしい私の解説をご清聴いただいてスミマセン、というときの私の気持はThank you.だろう。

　授業はこれで終ります。「難訳辞典」の執筆が待っていますので失礼します。スミマセン。──このsumimasenは、明らかにExcuse me.だ。

sumimasen-de-sumanai-wayo
スミマセンですまないわよ。　　I won't accept your apology.

「すみません」という難訳語は、その効果により規定される。それがpragmatism。

　つまり、こういうことだ。渡辺謙の浮気謝罪会見は、松居一代と船越英一郎のドロ沼戦争の最中に行なわれたものだ。"Umm, strategically staged."（んーん。見事なヤラセか。）これで世間の非難を躱(かわ)すことができる。

「若気(わかげ)のいたり」（We were young and foolish.）と認めただけで、世間は許してくれる。タイミングがいい。しかし、松居と船越は熟年カップル。ドロドロな性器の、いや"世紀の対決"（Pardon, my Freudian slip. ＝ちょっと口が滑っただけやがな）になる。あとがないから、真剣勝負。だからよりおもしろい。

欧米社会は、スミマセンで許されるほど甘くはない。
「辞めさせていただきます、社長」（I'm quitting.）
「いや辞めさせない」（No. You're not.）

これだけ？（This is it?）そうこれだけ。もっと英語表現がほしいなら、I won't accept your resignation. だ。

謝罪もこの延長にある。I won't accept your apology.「ごめんね」では「ゆるさない」。

「じゃ、今ここで丸坊主になるから」「そこまでいうなら（Apology accepted.）」この2語は決してbig wordsではない。日本人がめったに使わないだけのことだ。

sumo-wa-fukai

相撲は深い。　　Sumo is spiritual.

40回目の優勝を遂げた白鵬は、最多勝利記録を更新した。しかし、立ち合いで勝ったと思った、オレは天才なんだ、と油断したときに、新関脇に負けてしまったという。油断が命取りになった。

そのとき、白鵬がしみじみ語ったこの日本語のセリフは冴えていた。「やっぱり、相撲は深いなあと思いました」

この「深い」はdeepであろうか。これなら、日本人は納得する、「忠実な訳だ」と。しかし、まだ不可解。スポーツファンならUmm, sumo is mental. とかIt's deeply psychological. という英語を期待するだろう。

しかし日本の国技である相撲は、本来physicalと共にspiritualなものなのだ。だから、「深い」はspiritualでいいのだ。そして、英語道も、点数で評価できない。deeply spiritualな芸（art）なのだ。

白鵬の深いメッセージを私なりに翻訳すれば、Sumo *is* spiritual. となる。isはイタリックで、強調した。

横綱でも、オレは天才だと油断したときに、魔がさす。そして、白鵬神話は崩れた。やはり、相撲は肉体的な力だけではなく精神的なものなんだ、と強調するには、isを*is*に変える必要がある。

zeitaku-wa-ienai
ぜいたくは言えない　as good as it gets

　日本語も英語も難訳語だ。as good as it getsは、最高（これ以上良くはならない）だが、getが入ると、意味深になる。映画『恋愛小説家』の原題が"As Good As It Gets." 数回観たが、適訳がない。giveとgetに関しては、プロ級だと自覚している私でも悩んだ。
「これ以上、いいことはない」（This is as good as it gets.）しかし、「これ以上は望めない」という裏の意味もある。頂点に立てば、満月のように、あとは欠けるのみだ。これが、まごうことなき現実だ。これを英訳すると、This is as real as it gets. だ。

　さて、この映画。「恋愛小説家」ではさっぱりわからない。性格俳優（character actor）のジャック・ニコルソン（Jack Nicholson）が見事に演じ切る、三文小説家（ユダル）は、女性を口説くにもぎこちなく、ノイローゼ気味。精神科医（psychiatrist）に、看てくれとせがむ。その医者は、「他にも患者が待っているから、急かせるな」とつれない。

　ユダルが、ドアを開けた待合室は、満室。そのときのセリフがWhat if this is as good as it gets?「病んでいる人がこんなにも。文句は言えない（ぜいたくは言えない）」。

　これはこのシーンを何度も聴いて、やっと思いついた解答だ。字幕がどうなっているかは知らない。多分、字幕翻訳者は私のように苦労したはずだ。

zettai-zetsumei
絶体絶命　（desperate）on the ropes

　追い詰められている状態は、being corneredだが、もっと絵になる表現がある。on the ropesだ。くだけたボクシング用語で、よく使われる。相撲用語を用いると「剣ケ峰に立たされている」となろうが、同時通訳者がとっさのときに、英訳するなら、相撲からボクシングにイメージを切り換えればいい。

　on the ropes、これならすぐにピンチ、絶体絶命と、和訳すると

きも簡単になる。
senaka
背中　　the back, an example

　日本人同士のコミュニケーションには背中が大切だ。言葉やルックスではなく、その人物の実績——それらはすべて「背中」が大切なのだ。「背中を見せろ」は、Show your back. ではない。Show an example. や Prove yourself. だ。

　prove（証明）は、"表"（公表できる）を見せること。しかし、背中ではまだ未証明だが、その人物の秘めたる"器"（what it takes）や風情や貫禄（gravitas）は、見えざる"裏"、つまり"背中"（ザ・セナカ）なのだ。

　私が注目している国際スター浅野忠信の『幼な子われらに生まれ』を観た。耐える男の美学を見せてくれて、感服した。

　数年前、日本外国特派員協会で語ったときに質問した私は、浅野がたしかに高倉健の背中（examples）を見ながら、自らの演技を研いてきたことを確認した。

　二人の性格俳優（character actors）をつなぐ心は「忍」の一字である。涙を見せず、ひたすら耐える。それを見せてはならないのがハラ。その器量（中国語では度量＝トウリャンが該当する）を見せるのが「背中」（ザ・セナカ）。

　水商売のママは、男の背中を見れば、その人物がどれほど（値打ちと関西ではいう）なのか、背中のaura（オーラ）を見てわかるという。男の顔は履歴書、女の顔は請求書。これは多分、公理だろう。

　さらに、男の頭はバランスシート。男の背はPL、つまり損益計算書。Profit and Loss statement は、その人の年輪。実績が可能性を暗示してくれる。イケメン代表は、バランスシート（写真）でとられた静画に過ぎない。しかし、背中はPLという動画。その人物の人生の「流れ」を映し出す。

　赤坂の歌楽歌良屋のママを中心としたホステス連中は、小池百合子のルックス（表）を見ず、背中（裏）を見て、豊洲移転問題で見せた「ていたらく」をきわめて正確に見抜いていた——「背中」だけを見て。

　Bar hostesses don't believe what they say; they trust what their "backs" say.（バーのホステスたちは彼らの言葉は信用しない。信用するのは「背中」が語っていることだ。）これが私流の超訳英語だ。もっとママに聞きたかったが、終電が待ってくれず、後ろ髪を引かれる思いで失礼した。I really hated to leave. またはIt was tough to leave.

senshi
戦死　killed in action

　死はdeathかdyingのことだが、英語らしい表現は、「死」よりも「殺」になる。

「戦死した」を直訳すればHe died at war. となるが、英語ではHe got killed in action. He got a KIA. とおどけた使い方をする。

　killを使えば、自然な英語に変わる。He died of cancer.（彼はガンで死んだ）はCancer killed him.

　それだけではない。安楽死はmercy dyingではなくmercy killing。「安楽死をした」を、He died in peace. と直訳した人がいたが、私は思わず笑いこけた。

「抱腹絶倒」は和英辞典で調べると、die laughingという訳もあり、笑いを禁じえなかった。私ならI killed myself laughingを使うだろう。The comedian killed us all.（その喜劇役者はバカうけした。）

　単語を増やすために、毎日辞書とにらめっこしてdie＝死、kill＝殺という枠から抜けられないボキャビル派の英語学習者がいる。退屈だろうな。

　He'll be bored to tears. He'll die of boredom if he's stuck with dictionaries.（彼は泣きたくなるほど退屈だろう。もし彼が毎日辞書とにらめっこしていれば、退屈で死ぬだろう。）

　こういう文脈なら、あえてkillを使う必要もない。だが、病名は、killで間に合わせることができる。

　Pneumonia killed the old woman.（老婦人は肺炎で死んだ。）

　Excessive drinking killed the middle-aged man.（飲み過ぎで、その中年男性は死んだ。）

コーヒー・ブレイク

killとdieの"間（はざま）"

　今しがた、女優、若尾文子が主演した懐かしい白黒映画『妻は告白する』を見た。伏見ミリオン座の近くの喫茶（スタバ）でこの原稿を書いている。

　この不倫がらみの殺人事件は、ちっとも古くない。政治家の不倫騒動が、世間を賑わせている昨今だ。

　人妻が大学助教授の夫を殺した（ザイルを切り、夫を崖底へ落した）のは、保険金がらみか、残された若い愛人（奥さんの夫を尊敬している）を守るためか。検察や世間の眼は、不貞妻（若尾文子）を殺人者にしようとする。殺か死か。愛か憎か。不明のまま裁判が続く。まるで量子力学の世界。

　裁判でやっと無罪を勝ちとった未亡人は、勝って気が緩んだのか、男に愛の告白をする。それを耳にして、若い愛人は、「やはり世間の噂通り、殺人だった」と、誤審に気がつく。

　タテマエを通す男の愛が冷める。「殺人者と一緒になることはできない」と道義上のprincipleを通して、別れる。一人ぼっちの未亡人は、死を決意。自殺。残された男は、疑いが晴れて、やっと許婚（いいなずけ）のところへ戻ろうとする。しかし、その頃、許婚の女性も冷めている。「あの女を殺したのは、あなたよ」

　逃げた愛人を許すには、死を選んだ人に敬意を払うのが"筋"というのが、日本的心情。

　たった独りだけの男を愛し、愛され続けようとした女は、捨てた男の名誉を守り、保険金のすべてを残して、男と許嫁の結婚を祝い、服毒自殺する。

　美しく、儚（はかな）い――poignant（ポイニャント）と表現すべきか――人生をどう英訳すればいいのか。胸にこたえる。強烈すぎて訳せない。ポイニャント。

　Ayako killed herself in desperation?　醜い訳だ。
　Ayako died on her own. Why? Complicated.

　生と死、死と殺、醜と美、その「間」は埋めるべきでない。翻訳者を泣かせる「間の美学」、Complicated.とは"言わぬが花"と訳してほしい。

sensei-shitsurei-nagara
先生、失礼ながら。　Professor, you're wrong.

　日本の大学では、学生は教室では教授に質問することはもちろん、教授に反論をすることなど許されない。アメリカの大学で学生が、Professor, you're wrong. と言ったとき、日本の学生は驚いた。「先生に向かって、なんという無礼な態度」と。その日本人は間違いなくwrongをbad（教授失格）と勘違いしたのだろう。

　英語には、「お言葉を返すようですが」に近いI beg to differ. とか、I respectfully disagree with you. はあるが、「枕詞」のようなものはない。「大先生に向かって失礼とは存じますが」も、枕詞の類に過ぎない。英語で考えるとは、この"マクラ言葉"を捨て、ズバリ本音を吐くことだ。Professor, you're wrong. と。

　wrongは、意見に対して異論を唱えることで、決して人格攻撃ではない。しかし、日本ではこれがpersonal attackになる。

　人前で（たとえば質問が許されない雰囲気の教室で）「お言葉を返す」ことは、師の面子（face）をつぶすことになりかねず、断じて許されない。

　日本の大学では、ディベートはタブーである。だから私は高等教育の私塾化（進学塾化ではない）を主張してきた。反論されると、Prove me wrong. と笑顔で答える、ディベート交流は、私塾でしか実現できない。「釈迦に説法とは存じますが」は、Let me prove you're wrong. と言えば済むことだ。

　日本では煙たがられるが、欧米諸国では「フムフム、私のクラスにも問題意識のある生徒がいたのか。たのもしい」と、喜んでくれる。silence（遠慮）よりclass participation（クラス参加）の方が、はるかに高い評価を受ける。

zen-wa-kanjiru-mono
禅は感じるもの。　Zen is meant to "feel it."

　「生まれる前の赤ちゃんの声を聴け」と問われても、日本人なら、ああ公案だな、と素直に（uncritically）受けとってくれるが、外国人には「なんと非論理的な質問」と映る。

　矛盾は頭の中に生じるもの。頭で考えなければ、矛盾は消える。これが禅問答の"妙"（the beauty of zen）。感じる「もの」の「も

の」をどう訳せばいいのか。意味を置き換えれば通じる。Zen.

ノーベル賞をもらったボブ・ディランが、やっとスピーチをした。"But songs are unlike literature. They are meant to be sung, not read."（Recorded on June 4th, 2017）

歌は文学ではなく、読まれるんじゃなく、歌われるものだ、と言った。しかし、歌手としての彼がもらったのは、文学賞。この矛盾。なんという名言、いや迷言。

ボブ・ディランは、自分の歌は人にmake sense（理解）させるのではなく、move（感動）させると言った。私なら、トム・ウルフ（Tom Wolfe）好みのfeel itを選ぶ。冒頭の訳はfeelにitを加えてリズムを狙ったものだ。だから引用符まで用いた。

同時通訳のブースの中で訳すなら、Quote, feel it, and unquote. と、聴く人の耳に印象づけたい。文法的には、itは省いてもいい。あくまで、語感より音感の問題だ。

zen-wa-mu

禅は無。 Zen means giving up control.

禅はnothingnessかvoidnessかmindfulness、つまり「無私」「無我」といえば、なんとなく納得してしまう。しかし絵にならない。映画『禅と骨』で、再び禅とは何か考えさせられた。

天龍寺のある住職の次の言葉が、この映画のタイトルを決定的にした。「座禅するだけが"禅"ではない。それは型であって入口に過ぎないんです。型は何でもいい」。つまり、どんな仕事をしていても、その道を極めていけば、すべては禅に通じるのだ、という。

そこで禅の入門書といえる"The Complete Idiot's Guide to Zen Living"の次の箇所の方が絵になると考えた。

Giving Up Control.（Even When No One Else Will）は、誰も捨てようとしないのに制御を断念すること。捨てること。

捨てたものは「何かを持っている」という幻想（illusion）に過ぎない。You're only giving up the illusion that you had something.

このillusionを「無」と訳せば、英語そのものだって「無」になる。だから英語道も無であるがゆえに禅なのだ。

この「無」を捨てることで、人生をしっかり摑むことができる。これが禅。英訳すればGiving up something you never had can only clarify you life. このsomethingを英語に置き換えると、英語道になる。剣とすれば剣道になる。あらゆる道も、「無」を原点としたものだ。それをGive it up（捨てよ）！

禅は「断捨離」（letting go）と軌を同じくする。コントロールを捨てれば、人は誰しも自然体（effortlessness）に戻ることができる。龍安寺のつくばいが教えてくれる、「吾、唯足を知る」という教えを一言で超訳すればAcceptance。visuallyに訳せば、Accept yourself.となる。そのままの自分でいい。

What more do you want?（さらに何を求める？）　self-fulness（自己充足）、そしてこの究極の無我、及びeffortlessness（自然体）、つまりcontrolする必要のない状態こそが禅なのだ。

コーヒー・ブレイク
難訳語をハントするのも禅

禅とはGiving up control。常識を捨て、辞書はかくあるべしという"しばり"（control）から解放されなければ、この「読む辞書」を書き下ろすことはできない。

坐るだけが禅ではない。黙想だけが禅ではない。書くのも行。思考を遊ばせるために、毎日のように遊学、遊読（ludic reading）そして遊筆等々、すべての「行」を続けている。これぞ「行動禅」なのだ。

英語道とは、本来無一物、losing yourself and losing Englishのこと。だから、この「難訳辞典」（事典としたいくらいだ）の編纂が苦しくとも、いや、だからこそ楽しいのだ。

本日も、難訳語ハンターの私は、本辞書編纂という難行を続けるために名古屋の伏見ホテルに一泊し、4本の映画（『セザンヌと過ごした時間』『パターソン』『禅と骨』『幼な子われらに生まれ』）を観ながらメモをとった。

一本の映画で耳にした難訳語を、ときには字幕（subtitle）と較べながら、闇の中でメモる。TSUTAYAで借りた映画の本数を加えると、この「難訳辞典」一冊のために、数百本は観ている。

狂おしく英語を求めた青春時代の私は、まさに狼であった。
狼の二つのモットーは、この英語武蔵、今も守っている。

> Wolves are always hungry. Wolves are always hunting.（狼は常に飢えている。狼は常に獲物を狙っている。）

zenrei-ga-nai
前例がない。　　If it ain't broke, don't fix it.

　直訳すればIt's unprecedented. 前例がないとは、やらなくてもいいという言い訳に使われることが多い。つまり「前例がない」は、「現状に問題がない」「だから、変える必要がない」「君の改革案は拒否する」というロジックの流れになる。

　ネイティヴ風に超訳してみると、こうなる。If it ain't broke, don't fix it.（壊れていないのに、なぜ修繕するんだい。）

　ain'tはisn'tのこと。きわめて、乱暴な口語表現だが、しょっちゅう耳にする。まともな知識人もよく使う。

　It ain't broke. これが「前例がない（これまでのルールは壊れていないじゃないか）」の正体なのだ。

　ロジックは、ちゃんと通っている。こんなふうに使える。

　Capitalism ain't broke yet, why fix it?（まだ資本主義が壊れていないじゃないか。）

　資本主義を壊す革命思想を否定するなら、こういうパンチの利く口語表現も役立つというもの。

sohiu-koto-datta-noka
そういうことだったのか。　　Ah, ha.

　アー ハァー。（アクセントは後半。）

　禅の悟りもアーハァー。悟りをAh ha effectと訳す外国人もいる。

　religious awakeningと直訳するのもいいが、「目覚め」という次元でとらえると、「悟り」そのものだ。Ah, that explains it.（それでわかった）やHow true.（まさに）もよく使われる。

sohku
走狗　　kill someone when it's over

　「狡兎死して走狗烹らる」、次の訳（『新和英辞典』）が『広辞苑』の解説より愉快だ。When cunning hares are all caught, it is the turn the faithful hound to be killed for meat.

　こういうエゲツナイ（egregious＝エグい）ことわざは日本には

ない。そして、とっさのときに使えない。

現役の同時通訳者であった頃から、もし、こんな中国の故事を耳にしたら、どう訳せばと考え始めると、胃が痛くなる。

最近AFNで、こんなポップミュージックの歌詞を耳にした。Kill me when it's over. これだ。

他にもKiss me when I'm gone. というセリフにもグッときた。「このロマンスを逃したら、きみは二度とぼくの愛に触れることはできない」

「花の色は移りにけりないたずらに」と歌った、絶世の美女、小野小町も、「もう私もこの歳。誰も振り向いてくれない。大好きなあの人も…」ときっと、あの世で涙ぐんでいるだろう。

You can't kiss me when I'm gone. かつての佳人の溜め息まじりの口語英語。

sohbana-teki
総花的（そうばなてき）　something for everyone

「そりゃ、総花的すぎる」なら、You're trying to please everyone. が直球訳。総花主義は、the principle of pleasing everyone。東京都知事選に出馬する人は、争点（issue）を避けて、総花主義に走らざるを得ない。

剛直球訳なら、That's too much of a good thing.

状況的にはThe measure is too inclusive. がお勧め。

sono-te-ni-noruna
その手にのるな。　Don't fall for that.

騙しのテクニックは、甘い言葉に限る。

We aren't robbers, you and I. To rob a fool, you don't need knives: Just flatter him, tell him sweet lies, And he is yours for life. ——Bulat Okudzhava

「馬鹿を丸裸にするのに、刃物はいらない。おだてて、甘い言葉でメロメロにさせたら、そのカモは一生、あんたの玩具（おもちゃ）になるんだ。——ブラート・オクジャワ」（私訳）

甘い言葉には気をつけよう。That's too good to be true. There's no free lunch.（そんなうまい話はない）というではないか。

sorya-kangae-sugi
そりゃ考え過ぎ　paranoid

　ある映画の字幕から学んだ。paranoidが、「そりゃ考え過ぎだよ」となり、なるほどと思った。英和辞典に忠実に「あなたは偏執病だ」と訳されると、さっぱり真意は伝わらない。

　アメリカ人は心理的に追いつめられたときに、We're paranoid.（我々は困っている）と言う。「そりゃ考え過ぎだよ」と言って相手を慰めるときも、You're paranoid.という。「あなたは被害妄想的だ」とか「誇大妄想的だ」と訳してもらっては困るのだ。

　どうしようもない苦労性（a worrier, a worrywart）の友人に対しては、You're paranoid.と慰めの言葉を投げかけてあげるとよい。

soreja-suji-ga-tohri-masen
それじゃ筋が通りません。　It just isn't right.

「筋」はそもそも見えないものだ。脊椎動物でいう背骨（spine）のようなもの。それがなければ、まるでタコかイカのような軟体動物になる。人道とか道理という人間らしさの証明がない。それは一言で言えば、not right。

　別に筋をprincipleやreasonに直訳しなくても、状況により解釈されるbig wordsを使わないほうが「含み（nuance）」があってよい。筋を強調するあまり、あえて筋を外し、justで置き換えたのも私流の超訳の妙技だ。

sorette-iesu
それってイエス？　Is that yes?

　相手が黙っているとき、あるいはちょっとしたしぐさが、オーケーのサインである場合もある。気になる場合は、「それ」の意味（tellsという）を確かめる。「それって、いいってことかい」と。それは、itか、thisか、thatか？　正解はthat。

　itはお互いが求めている、見えないもの。thisは、自分に近すぎる。その中間はthatだ。

　二人が観ているテレビに、みんなが知っている大統領が出た。年配者が子供に向かって、「あの人は、君の大統領なんだよ」と教える。そのときの英語が、That's your president.

sore-de-ochi-wa-nan-ya-nen
それでオチは何やねん。　So, what's the punch line?

　関西人は突っ込みのアクを笑いで隠す。
　My wife says, "Take wild chances."（ヨメハンがちょっとぐらいムリしなさい、と言いまんねん。）
　大阪人の笑いは、東京人のえげつなさ（brutal frankness）を隠す――隠さなかったりして。大阪人のオチをユダヤ・ジョークに結びつけるのは、間と「笑い」である。
　Your money or your life? ...I'm thinking it over.
　この有名なジャック・ベニー（Jack Benny）のユダヤ・ジョークは、大阪人の笑いよりもえげつない。オレたちユダヤ人は、命とカネ、どっちが大切かわからないというから、あまりにも自嘲的にすぎる。

sorede-manzoku-desu-ka
それで満足ですか？　Does that make you happy?

　それで、とは、そのことが（thisよりも両者が共有しているthatに近い）、あなたを満足させるかということだが、日本語の「満足＝satisfaction」という辞書へのこだわりから直訳すると、Does this give you satisfaction?となり、「これでモヤモヤが解消されましたか」というニュアンスとなる。マッサージの手に力を入れて語るならthis。通常はthat。
「それで満足か」は、その人の心が晴れたか、ということ。今「幸せ」かどうかという現状に力点が置かれるからthat。
　satisfactionというbig wordより、small wordのhappyの方がいい。だから、Does that make you happy?となる。
　前著でも述べたが、「おめでとう」も、Congratulations.よりもGood for you.（よかったね）か、I'm happy for you. を勧めたい

sore-wa-muzukashi'i-na
それは難しいな。　Sorry, we can't.

　That's difficult.と直訳すれば、必ず誤解を招く。ネイティヴには、まずNOと答え、その理由（because）を説明するべきだ。つまり、NOと言うまでは、YESなのだと速断しているからだ。
「難しいが、やってくれないか」とアメリカ人に資金援助を頼んだ

ことがある。その断り方が3秒以内だった。日本人ならざっと数分かかるだろう。Sorry we can't help you. Wish you a good luck.

NOのあと、「成功を祈る」と、フィニッシュも見事だった。

おさらい。日本人の「難しい」は必ずしもdifficultでない。とくに、通訳者は気をつけること。

忖度（そんたく）

忖度という言葉がにわかに脚光を浴びたのは、あの森友事件だ。籠池泰典代表は安倍首相からの直接的な働きかけがあったかどうかの問いに対し、「忖度した」と答えた。通訳はreading between the linesと訳されたようだ。

私ならとっさに、to keep it strategically vagueぐらいに訳していたかもしれない。いや少し経って、weasel it outがいいかなと思い直した。weasel wordsとは、玉虫色発言のこと。

そのときも、多くの記者たちは、conjecture（推量）か、surmise（推測）が正しいのではないか、とあれやこれやと通訳をめぐり、ソンタク・バトルが続いたようだが、この記事の記者は、*The Financial Times*の次の訳に注目している。

a pre-emptive, placatory following of an order that has not been givenと述べ、一種の「逃げの手」（a cop out）と決めつけている。懐柔（和解）的な思惑からの先利的な遁辞（とんじ）とは、実に"快"訳だ。

私の"遊訳"はこうだ。He gave it a strategically, non-committal answer. 戦略的に言質（げんち）を与えない回答だと。

ジャーナリスティック・ジレンマというのがある。

もし記者の友人の駄作を批判したら、倫理的にいかがわしいやつだと後ろ指をさされるが、もし目こぼし（turning a blind eye to ~）すれば、ジャーナリスト魂（journalistic integrity）が疑われるというもの。

政商にも、そのようなジレンマがある。あちらを立てれば、こちらが立たずというethical dilemma（倫理的ジレンマ）から逃げるには、忖度という言動的戦略しかあるまい。

居酒屋トーク

ぼくの気持を忖度してくれよ。Feel me out.

この忖度という言葉が、これほどクローズアップされたことはない。私は何度も、"遊訳"を試みたが、まだしっくりこない。I'm not comfortable with my interpretation.

しかし、このソンタクという言葉は、羽が生えたように、"遊"飛び始めている。2017年5月31日の『日刊ゲンダイ』の小見出しにも登場している。「忖度で逮捕状を握りつぶしたなら重大問題」と。大見出しは、「この政権に共謀罪をやらせていいのか」と、相変わらずの安倍批判。

ジャーナリストの伊藤詩織氏が、元TBS記者でフリージャーナリストのY氏にレイプされた、と霞が関の司法記者クラブで涙ながらに語ったが、Y氏は不起訴。超法規的措置(extralegal treatment)に終わったという。この件に関し、元大阪高検公安部長の三井環氏がこう述べた。

「…官邸が捜査機関を手駒のように恣意的に利用しているとしたら問題だし、捜査機関が官邸の意向を"忖度"して動いているとしたら、さらに大問題です。この状況下で共謀罪成立なんて絶対に許されません」

「としたら」とifが2回も使われており、この事件を「藪の中」(truth is somewhere in between)と、濁しながらも、共謀罪成立に怒りをぶつけておられる。

氏は、共謀罪を葬ってほしい、多くの「ゲンダイ」読者の意向を忖度されているように思えてならない。この場合の忖度は、善意に解釈することだから、give readers the benefit of the doubtに近い。

ややもすると、私の文体はアンチ女性（悪女）に傾きすぎるとの批判をされがちだが、今回のレイプ事件の顛末を知って、急にアンチ男性（悪男）に急傾斜したようだ。居酒屋トークでしか言えない、このもどかしさ。まだ忖度を一言で言い表わせないのだ。この気持を忖度してくれないか。Feel me out!

son'na-taikin
そんな大金　that kind of money

　大金と聞けば、英文法に強い人は、much moneyかa large sum of moneyを思い浮べるだろう。

　much moneyは、文法的には正しいが、リズム感に乏しく、日常ではめったに使われない。その代り、lots of moneyかa lot of money（こちらがお勧め）がよく使われる。I can't afford that kind of money.（そんな大金、私なんかとっても…。）

　moneyは不可算名詞でsがつかない。しかし、お金の種類を複数形でmoneys（the various moneys of the world＝世界の通貨のさまざまな形態）という場合もある。moneysとsがついても、あわてないことだ。

taigi-meibun
大義名分　moral high ground

　業界でトップになるというのは、goalであっても、そこにmoral justifications（道徳的正当性）がなければ、周囲が納得しない。

　勝ち残る、というサバイバルゲームではwin-loseの闘いは避けられない。しかし、同業者がmoral principle（道義）を守れば、win-winの関係は保てる。だが両者だけの密約でwin-winを図るなら、insider tradingを正当化するconspiracy（陰謀）となる。業界という"世間"の眼が納得しない。

　このwin-win-win（三方善し）を可能とさせる大義名分がmoral high groundだ。アメリカのTIMEよりイギリスのThe Economistが好んで使う、斬れる英語表現だ。

居酒屋トーク

大義名分　something bigger than yourself

　新入社員の時、私に上司が酒場で教えてくれた言葉が大義名分。「タイギメイブン、なんですか」

　「漢字ではこう書く。大義名分。自分を捨てること、つまり、会社のためにやったといえば、すべてが許されるのだ。松本君、ようく覚えておくことだ」

　辞典でみると、a good（just, noble）causeとなっている。ピ

ンとこない。たしかに企業内ではよく使われる。

それはjustification（正当化）のことだろうが、日本の社会では自己正当化（self-justification）はすべてexcuse（言い訳）となり、醜い（unjustifiable）とされている。自己正当化しない人が、美化される。

とくに、私が商社に就職した頃は、「社に骨を埋める」(I'll bury my bones here.) という意気込みが美化されたものだ。だが、戦後の民主化は、職場から「家」という情的しがらみを徐々に追放していった。

大義名分もself-sacrificial spiritという色彩を失い始めた。会社のため（for the benefit of the corporation）という具体的な価値観から、職場から離れ、志（higher purpose）といった人生ゴールを問い始める若者が急増している。

something bigger than yourself.（自分よりでかい「何か」のために働くことを夢見る人が増えてきた。

「志」(higher life purpose) が流行語となりつつある。

taishita-otoko
たいした男　really something

「男」でなくて、「女」でもかまわない。うーんと唸らせる行為を見せつけられると、She's really something. と口から出る。

もちろん、He's somebody.（あいつは、ひとかどの人物だ）でもいいが、こちらは、世間からも認められた評価である。

「どこの馬の骨かわからなかったやつが、大成したんだから」を超訳すれば（超訳しかできない）、He once was nobody. Now he's somebody. つまり、名を遂げた、ということになる。

では、無冠の王を自任している松本道弘という英語使いは、どう評価していいものか？

「たいしたことはない。もうおしまい」(He's not getting anywhere. He's washed out.)

その反対に「いや、いい線をいっている。77歳でまだ現役だ」(He's getting somewhere. Still going strong at 77.) のどちらか。

「いい線」も、ゴール（there）に近いと、He's getting there. とな

る。英語のやまと言葉は、big wordsを敬遠する。

dai-johbu
大丈夫。　No, I'm good.

　映画"Bleed for This"（邦題『ビニー／信じる男』）は、実話に基づいた物語だけに迫力があり、2回も観てしまった。キーワードがなんと、"I'm good."（大丈夫）だった。

　Any problem? No, I'm good. このやりとりで、状況が把握できる。「大丈夫かい」に対して、答えはDaijobu.しかない。ネイティヴも、この日本語表現はすぐに覚えてしまう。

　I'm OK. I'm happy.のたぐいだが、自分に言い聞かせるだけでなく、心配してくれている相手の気持を慮（おもんぱか）っての発言でもある。

　再起不能と言われたビニー（Vinny）が最後まで言い続けた言葉がWill fight again.であった。I'm good to go.（まだやれる）だ。

　オレはきわめて"丈夫"（立派な男子）であるとは、あぶなげがまったくない、心配ないという意味で、周囲にエネルギーを与える。

　I'm good.の中に、No, I'm okay. Don't worry.という聞き手を安堵させる思いが込められている。

dai-johbu-shinjite
大丈夫、信じて。　Won't happen again. Trust me.

　ひょっとして、Believe me.を使いたくなったのでは。

　「信じる」といえば日本人はbelieveとtrustが同じだと感じやすい。ネイティヴは巧みに使い分けている。

　Nothing between us, believe me.（二人の間には何もなかった、信じてくれよ。）二人に恋が芽生えているのが真実（truth）であったとしても、二人が怪しい関係ではない、という過去の事実（fact）を信じてほしいというのがbelieveだ。

　二度と浮気はしない（It won't happen again.）というのは未来の事実で、未証明（unproven）なのだから、発言者の人柄を信じるしかない。だからTrust me.という。

　ついでながら、ドナルド・トランプに信用がないのは、Believe me.を乱発するからだ。私じゃない、アメリカのメディアがそう報じている。

takaga-eigo-saredo-eigo
たかが英語、されど英語　It's not just English. But it works.

not just a language（単なる一言語だけではない）。not justはまだ玄関口だ。されどのあとは、There's more to it than that.（実はもっと広いのだ。）

よく使われる言い回しだが、もっと単純に、It *is* the language.と、isをイタリックで強調してもよいし、It's are real language.と色をつけることもできる。

a（一言語）をthe（まさに求めるべき唯一の言語）に換えて、*the*はlanguageと、one and onlyということを強調するだけで、文脈が激変する。「されど」は全文の否定だから、But it works.と逆襲するのが、私の勧め。

takan-na
多感な　emotional

多情多感（passionate）な人は詩人に多いが、ペンで食べる人たちの中にも多くいる。文筆家や芸術家になるにはsensitiveであることは必要条件だが、絶対条件ではない。つまり、多感を抑える自制心とそれを美的、あるいは詩的に、昇華（sublimate）できる才能こそが不可欠（critical）だ。

「あの女性は多感な人ですね」と男が背後で言えば、半分はけなし言葉となる。「あの人は自己肯定感（自己正当化）の強い人」として敬遠されがちだ。「情感豊かな女性」でとどめておくべきだろう。「西郷隆盛は多情多感な人」といえば、100パーセント、ホメ言葉。「あの人は多情な人」はタブーに近い表現だ。

見出しのemotionalを、感情的と訳しては困る。「感情的になるな」は、Don't get personal.（意地を張るな）という意味だ。

dake-ja-nai
だけじゃない　not just

学生時代、not only, but alsoという構文を学んだ。そして使った。多くの仲間が使っていた。しかし、どうもリズムがない。美しい英語とは、誰が見ても聴いても美しく、しかも斬れる表現。

機能美（functional beauty）は無駄を嫌う企業広告英語によく登場する。Rolexのinstitutional advertisingには、唸らせる「美」が

ある。It doesn't just tell time. It tells history.（時間を告げるだけではありません。歴史を伝えています。）tellは、包み隠さず教える、という音霊エネルギーを感じさせる。

　短ければ短いほど、斬れ味が鋭くなる。Brevity is the soul of wit. 彼女は、たんなる英語教師じゃない。(She isn't just an English teacher; she teaches communication.)

　冠詞も省かれ、but alsoもない。すべて削ぎ落とされた、赤子のごとき英語はまさにpoetic。His English isn't just perfect; it's poetic. これ以上の讃美があろうか。

tasukaru
助かる　make it

　Doctor, will I make it?（先生、ぼく助かるでしょうか。）
「助かる」がmake itと覚えるより、「間に合う」「願いが叶えられる」「目標を達成する」――これらすべてがmake itで表わせるのだ。

　シンボルから英語の語感（feel for language）が学べるとすれば、この「難訳辞典」の編纂者冥利につきる。What a blessing this is!

　英語の先生としても冥利につきる。(I'm so glad I'm a teacher of English, too.)

「難訳辞典」の執筆を続けることは、まさに「苦行」だ。だが、間に合ってよかった（助かった）。Thank Heaven! I've made it.

　ついでに「成功する」がmake itで通じることを、次の例文で証明しよう。This is New York. If you can make it here, you can make it anywhere.（これがニューヨーク。ここで成功することができれば、どこでも成功できる。）

「松本先生は、英語はシンボルで学べというけれど、遠回りじゃないかしら。よほど読む、聴くといったインプットがないと、ついていけません」

「そうだ。英語学習に短期決戦はない。Just do what I tell you. I'll make it up to you」

　このmake it up to youは、「埋め合わせる」という意味だ。

tadaima
ただいま。　I'm home.

　homeは音霊の強い言葉で、冠詞を必要としない。「ただいま」はI'm home.（帰ったぞ）だけでよい。「やっと家に帰って、ふるさとのような気がする」ならI feel home.
「浅草はオレのふるさとだ（懐かしい）」はAsakusa is home. And I feel home. でよい。
「ほっとする」なら、時間的に限定されるから、atを加えよう。
　"I feel at home." と、相手がMake yourself at home. という前に言えば、もっと効果的だ。
　誰かから逃げてきて、やっと解放されたという場合なら、もっとドラマチックにFree at last.

tama-mushi-iro-hatsugen
玉虫色発言　weasel-word

　国会でもよく耳にする。議員のあいまいな、どのようにも解釈される発言は、まさに迷彩色。あじさいという、私好みの花がある。私塾紘道館のシンボル・カラーでもある七色に変化する。右翼も左翼も、そして国籍、年齢、性別を問わず訪れる。

　花の色はコロコロ変わる。これが私を悩ませるcamouflage fatigue（彩色疲労）だ。誰でも愛する博愛精神は、八方美人ととられやすい。紘道館のシンボルは桜か、梅かと、常にidentityに思い煩わされる玉虫色（iridescent coloring）。

　言語とは、瞬時だからvague, ambiguous, chameleonic wordsのことだ。私の好みはよく使われるweasel-wordだ。逃げ口上として使われる、あいまいな言葉。weasel-wordedという形容詞もある。

　卵の中身だけ巧みにこっそりと吸い取る、イタチのずるい習性から生まれたらしい。「らしい」というのは、That's too weasel-worded. と突っ込まれる、リスク管理かも。

dareka-to-omottara-anata-datta
誰かと思ったら、あなただった。　Oh, it's you.

　とっさに出ない、itが。3で考える英文法では、IとYou以外は第三者（HeかShe、They）。それ以外はなんでもあり、というのが、3を中心に考えるノーム・チョムスキー（文法学者）の思考であっ

た。だから、itなどは、お邪魔虫の扱いしか受けない。つまり不可解な存在なのだ。

生まれる前の赤ん坊がitなのだ。その得体のしれない（人格のない）物体がit。itは、したがって、悪にも善にも化ける。
「あなたでよかった」と、胸をなでおろすときに自然に発する言葉は、Glad it's you. 1秒で言える。
「君が求めていた相手がここにいる」なら、Yes, I'm it. アイメットでなく、アイム、イットとitを強く発音すればよい。

このitは、犯人や鬼（鬼ごっこの）にも化ける。おわかりになっただろうか、このitが？ Get it（ゲレ）？

dare-no-okage-yanen
誰のお陰やねん　Who (the hell) do you think got you where you are (now)?

大阪のコマーシャルは、東京のそれと違って、味がある。関東系のTVコマーシャルは、全国的に有名なタレントを起用する。タレントはtalentでなく、メディアでの露出度の高い芸能人（政治家を含め）のことだ。英語ではpersonalityのこと。
「引越のサカイ」のコマーシャルで一躍有名になったチンドン屋まがいの芸人が、こっそり居酒屋で吐くセリフがおもろい。
「引越のサカイが上場？ 誰のお陰やねん、わしが歌って踊ったからや」、こういうナワノレンで語るホンネをテレビで流すから、おもろい（edutaining）。

安上がり（affordable＝手の届く価格）で、ぬくもりがある（touchy-freely）から、お値打ち（deserving）ものだ。

しかし、このホンネは、難訳語だ。多くのネイティヴと語り合ったが、一番近いのが、Who the hell do you think got you where you are?だった。

とにかく大阪人はbig wordsを好まない。「わしを誰だと思うてるねん」は、Who (the hell) do you think I am?
「お前は一体何者やねん」、標準語で言えば「いったいあんたは何様のつもり」は、Who the hell do you think you are?

ところで、苦労したのは、「誰のお陰やねん」と、恩を売る、日常英語だ。くだけるには、getとgiveに限る。

Who gets you where you are now? だ。

dantotsu
断トツ　by far and away the best

敵がいない、という意味だ。I'm in a different league from you. というように、leagueは仲間（組、部類）という意味で、日常的に使われる。He's in the league by himself.（彼は断トツだ。）

野球用語（major leagueやminor league）を使って、He's way above leagues. もいいが、無難なのは、He's by far and away the best.

chikan
痴漢　groper

Taylor Swift trial highlights issue of groping (*Japan Times*, Aug. 14th, 2017)（テイラー・スウィフトの裁判で焦点になるのは痴漢の問題だ。）AP社デンバーから配信された記事だが、この見出しで、痴漢裁判の模様がくっきりと浮ぶ。

この辞書はword-for-wordより、シンボルの交換を意識したもので、文化を超えてイメージ交換ができるように工夫した。

A 2014 survey found nearly 1 in 4 women in the United States had been groped or brushed up against in a public place by a stranger at least once.
（2014年の調査では、米国の女性の4人に1人が、少なくとも一度は公共の場で痴漢の被害者になっている。）

gropeは「手探り」、brush upは（ブラシをあてるように）さーっとなでるだから、ひっくるめて、被害者とした。同時通訳者の技だ。Brush up on your English.（君の英語を錆びさせないように。）

テイラー・スウィフトは、He groped me. と言ったが、そのためにクビにされた男（ミューラー氏）は、She made it up.（つくり話だ）、You've got the wrong man.（ヌレぎぬだ）、と主張。裁判沙汰となった。

スウィフト側の弁護チームは、inappropriate touching（不適切な接触）やunlawful sexual contact (harassment)（不法な性的接触、性的ハラスメント）という法律用語を使って、被告を攻める。gropingだけでいいのに。

chikin-rehsu（dokyo-kurabe）
チキンレース（度胸比べ） playing chicken

　度胸比べ（game of chicken）とは、最初に抜けたものがchicken（臆病者）と呼ばれるという、胆だめしゲームのことだ。

　北朝鮮の核実験は米国に対する（中国を相手という説もある）チキンレースと報道されている。

　chicken raceは耳にしない。ピンとこない。rat race（激しい勝ち残り競争）はあるが。chicken gameか、playing chickenを使ってみよう。ビビって逃げることをchicken outという。

　ICEE（異文化コミュニケーション能力検定）は「お祭り」だが、必ず脱走兵（とくに宗教団体系）が出る。Don't chicken out of the ICEE!（ICEEから逃げるな！）

chohshi-no-i'i
調子のいい　slick

　調子のいい人は、口がうまい。如才（じょさい）がない。口のうまい人は、『論語』の世界では仁が少ない。惻隠の情（empathy）に欠ける。

　武士道が重んじる「巧言令色鮮し仁（れいしょくすくなし）」（A honeyed tongue with a heart of gall.）（『新英和大辞典』）、この訳が気に入った。

　甘い言葉の裏には苦みがある、か。図々しいやつほど調子がいいとは、言い得て妙だ。

　ユダヤ人は、この種の図々しさをchutzpah（フツパ）と呼ぶ。一般の英米人は、slickと表現する。slick politiciansの代表が、ビル・クリントン（William Clinton）元大統領だ。

　覚えにくい人には、S語というシンボルでとらえてもらおう。スベスベ（smooth）、サラサラ（superficial）、スイスイ（swiftly）。

　外面（surface）へのこだわりから、瀕死のGMの女性のCEOになったメアリー・バーラ（Mary Barra）は、自動車業界に拘泥（こうでい）しないが、slickにはなりたくない、と弁明している。

　どうやら薄っぺらい（shallow）うえに、ツルツル（slippery）という響きがある。「ぬらりくらりとした八方美人的な」、そして「じゅんさいな」（いいかげんな）もslickの一言で表わせる。

chokin-wo-seyo (intoku-wo-hodokose)
貯金をせよ（陰徳を施せ）。　Pay it forward.

　前著で「陰徳」（pay it forward）について述べたが、「陰徳」という言葉はめったに使われず、苦しまぎれに、doing good in secret（without others knowing）と言っても、ピンとこない。バイリンガルの限界だ。

　バイカルチャルになると、good Samaritan（《聖》よきサマリア人）を使う手もある。困っている者に援助の手を差し伸べる、憐れみ深い人のことだが、日本でいう「恩送り」（pay it forward）に近い。「陰徳」よりも、口語的に使われるのは、難訳語の「貯金」だ。

　東京の都知事選で当選するのは、メディアの露出度の高い、泡沫的なタレント議員（fly-by-nights）に限られる。

　メディアの報道や知名度ランキングに惑わされない（知名度の低い）政治家は、「陰徳だよ、ほんとの政治は」とホゾを嚙む。そのときのセリフが「タレント議員は貯金をしない」だ。

「ミー・ファーストのためにしかカネを払わないやつらだ、もっと貯金せよ。もっと仲間を（投票者へのリップ・サービスより）大切に」と。これが pay it forward。

chotto-oshikko
ちょっとオシッコ。　I gotta pee.

　コーヒー・ブレイクの話が難しくなると、「ちょっとトイレへ」と席を外したくなる人がいる。英語ではアイガラピーと1秒。半秒でガラピーでも通じる。「年をとるとトイレが近くなるので」（Old men can't hold it.）という前置きはいらない。

　教養のある人は、Nature calls.（自然が呼んでいる）と言う。

　number one（おしっこ）か、number two（うんこ）のどちらでも"自然"。大便はウーンときばるから、oo（ウー）の発声が先導する。doo-doo, poop, poo (h)。小便（urination）は続く（keep）から、ee（イー）となる。

　だから、おしっこはpeeだ。（小児語の）おしっこはwee-wee（do a wee-weeまたはgo wee）。「おしっこの時間よ」はTime to go wee-wee. で、It's a wee-wee hour. という人もいる。

ちょっと

> **コーヒー・ブレイク**
>
> ### 英語学習者の下痢型と便秘型
>
> 英語学習者にはdiarrhea（下痢）型と、constipation（便秘）型がいる。どちらもpoop problems（うんこの問題）。
>
> 速読派は下痢を起こしやすい。言葉などの過剰表出もダイアリーアと呼ばれる。ラジオやテレビで流れる英語を聞きっぱなし。しかし身につかない。せいぜいブロークン・イングリッシュ。オーマイガッを乱発する程度。これが下痢（watery poop）。the runs（流れっぱなし）。
>
> 対して音読派は、丸暗記型に多い便秘型。
>
> When your poop is stuck, it's constipation.（うんこがつまっているとき、それは便秘。）
>
> 単語力や文法力はあるが、とっさのときには、口から英語が出ない。いわゆるコンスティペーション（ふんづまり）状態。コツコツ（slow but sure）型の学習者に多い。筆記試験に強いhigh IQ人間に多く、コミュニケーションができない。

chotto-toire
ちょっとトイレ。　　Gotta go.

Gotta go.と言われると、Going number one or number two?（大きいほう？　小さいほう？）とたずねる人がいる。それに対し、Going number three.（どっちも）と答える人もいる。

パーティーがたけなわの時に、Gotta pee.（ちょっとトイレ）と消えて、長いケータイ・トークをするのはparty pooper（座興を削ぐ人）と呼ばれる。pooperは下品な響きだと感じる人は、He's a kill joy.という無難な表現を使おう。

ついでに「おなら」。医学用語はflatus。兄が盲腸で寝込んでいたとき、ナース（看護師）が「ガスが出たら、教えてください」と話したが、兄は「えぇ？」と聞き直す。「おならですよ」とナース。gasは通じる英語だ。

I think I'm going to fart.このfartはbreak windでもlet one goでもよい。しかし、おならという瞬間的な生理現象はやはりfart、瞬間をイメージさせるF語を勧めたい。

>
>
> ### 「車、とめて。ちょっとトイレ」
>
> 「車、とめて。ちょっとトイレ」は、I gotta go...now. Stop the car. でよい。他にもっと、気のきいた小便の表現はないか――ガラピー以外に？ ある。ちょっと並べてみるか。
>
> Take a leak. Go pee-pee. Powder my nose. Go to the john. Water a tree. Play firefighter. Make number one. Urinate. これは Nature calls. に近い、ちょっと上品な言い方。
>
> 医学用語にこだわる人は、My bladder is full. My bladder is getting weak.（トイレが近くってね。）
>
> My urethra is ready for splashdown.（オレの尿道が発射寸前だ、もうガマンできない。）
>
> そこまで言うと、Get yourself a nappy.（紙おむつをしろ）と逆ギレされることもある。nappy とは disposable diaper のこと。

tsuide-ni

ついでに　while you're at it

日本人好みのバイ・ザ・ウェイは、話の流れを止めかねない。避けたい。Oh, by the way. は使えないことはないが、日本人好みの「間」が通じない人たちの呼吸を乱しがちなので、乱発は避けよう。「ところで」は incidentally でよいが、上級向けだ。よく耳にする口語表現は、While you're at it.「ワイリュァ　エレッ」

英語は強弱。日本語の高低のリズムで聞けば、英語のリズムは摑めない。英語の耳は少し違うのだ。

tukusu

尽くす　serve

忠・孝・奉公。いずれにも"尽くす"、"滅私"という響きがある。主君に、主人に尽くす、といえば時代錯誤的な感じがする。

今では、会社に尽くす（奉仕する）という発想も、年功序列・終身雇用とともに死滅しつつある。

serve them なのか、slave for them なのか。them とは、組織（the system）のこと。

イエスはこう言われた。"I love you and I want you to serve me."

（私はあなたを愛し、あなたは私に尽くしてほしい）と。この主たる私に、ぬかずけとでも。ぬかずくとは、頭を地につけて礼拝することだから、古代中国の叩頭（こうとう）（英語でも kowtow）に近い。

　では奴隷制（slavery）と一神教はどこが違うのか。そこまで深追いする必要はない。卓球やテニスの serve も球を投げるだけのこと。

　私が提唱するディベートでいう立論（constructive speech）とは、議論の玉を serve することに他ならない。私の愚論（関西ではボケ）に突っ込んで（反証して）ください、ということだ。

　自らの意見は「単なる仮説（hypothesis）ですから、どうか反論して教えてください」とへりくだること、これがディベートでいう serve なのだ。この精神で、今後も「難訳辞典」を書き続けようと思っている。I'm serving you.

tsumaranai-mono-desuga

つまらないものですが。　It's just a gift.

　This is nothing. と日本人なら言いだしそうだが、こんな英語を聞いたら、ネイティヴは首をかしげる。つまらないものを人に与えるのか、とロジカリーに考える。

　ある台湾の知識人も、日本人の謙遜がわからず、「つまらないものなら受けとりません」と TV 番組で述べた。その時、日本人の俳優が、「それが日本人の美徳ですよ」と反論したが、話が噛み合わなかった（getting nowhere）ことは覚えている。

　この謎は、瀬川拓郎著『アイヌと縄文』（ちくま新書）を読んでやっと解けた。「アイヌは、社会内部の結束を高めるため贈与交換をおこなっており、同族間で純粋な物々交換、つまり商品交換をおこなうことは基本的にありませんでした。…縄文イデオロギーを共有し、それゆえ『外部』をもたなかった縄文時代の日本列島の社会に、商品交換は存在していませんでした。…」

　外部をもち始めたのは、弥生時代になってからだ。「情」の文化に、「知」が働き始め、貸し借り、緊張と対立が生じた。「情」の文化には、貸し借りはなかった。No bartering. Just a gift exchange.

　うーん、と唸（うな）ってしまった。借りを作ってはならないと、汲々としている近代人。「ぼくへの借りは世間に返してくれ」が「恩送り（pay it forward）」の精神だ。

恩を他人に、世間に返す行為は、まさにハラ。太っ腹な人がa giving personと訳されるのは、お返しを期待しないbig-heartedな人物だからだ。1.6万年も続いた縄文人の間には、「つまらないものですが」(This is little something.)という発想はなかった。すべてが自然からのgiftであった。

tsuyoki / yowaki
強気／弱気　bullish / bearish

　経済予測に関しては、悲観的（pessimistic）か楽観的（optimistic）のいずれかの人に分かれる。日本経済に対して弱気な投資家は、売りに走り、強気な人たちは買いに走る。

　前者をbearish、熊のようだと形容し、後者をbullish、雄牛のようだと表現する。the bear marketか、the bull marketか。

　弱気市場の熊をイメージしてみよう。熊は前かがみで、両手で防御するように闘うので、一見臆病に見えるが、雄牛は角を立てて、まっしぐらに突き進むので大胆に映る。

　I'm bearish on Japan's economy. I wonder why you're so bullish on our future economy.（私は日本経済に弱気だが、君はどうして我が国の経済の先行きにそれほど強気なんだい。）

tsura-no-kawa-ga-atsui
面(つら)の皮が厚い　thick-skinned

「図太さ」として一番よく使われるのはnerve。「勇気」というより、「図太さ」に近い。ユダヤ人ならイディッシュ語のchutzpahを使うだろう。You've got a lot of nerve.は、How dare you?（よくもまあ図々(ずうずう)しく）と同じぐらいの頻度で使われる。

　だが、「面」を強調するならbrazen-facedがお勧め。shameless（恥知らず）とか、cheeky（憎めない程度に生意気）は、相手を見て使うこと。次は私のイチオシ。顔や頰でなく、皮膚を使ってみよう。今はやりの「嫌われる勇気」とは、thick-skinのことだ。叩かれてすぐしおれてしまう人（thin-skinned persons）は、政治家やタレント芸人には向かない。

　私は、ホリエモンという新人種はまさに鉄面皮(てつめんぴ)だと思う。――過去の日本人はレールに乗っかったままの人生。今日(こんにち)はまったく意味をなさない、役に立たない。価値観を変えよう。東大に入るな。

ところが、彼の発言で、同じタレントの東国原英夫元宮崎県知事（そのまんま東）がマジ切れしたという。「なぜキレたのか、さっぱりわからない」という。わからない？

そのとき私は、彼を動物のジュゴン（海牛）とイメージした。可愛い、誰からも好まれる。しかし、彼は可愛がられて生きているわけではない。ほうっておいてほしいのだ。水族館でも、『朝まで生テレビ！』でも人気者。何を書いても本は売れる。

ジュゴンは海牛（sea cow）であるだけで、人が集まる。ホッとするのだろうか。他人には関心がない。今の自分、そしてここの自分にしか関心がない。うらやましい。人間との"しがらみ"（fetters）から逃げられない私のような人間は、つい彼のようなマイペースのa here-and-now guyに嫉妬してしまう。

He's a dugong.（彼はジュゴンのような男だ。）発音は［duːgaŋ / djuːgɔŋ］。ジュではなくデュ。べつに覚えなくてもいい。使う機会がないし、試験にも出ないんだから。

tsun-to-shita
つんとした　aloof / play hard to get

an aloof manとは、打ち解けない人のこと。「遠く離れて」というのが原意だから、「超然として」という意味で使われる。

社交的な犬に対して、猫はつんと（aloof）取り澄ますというように、否定的に表現される。

シャム猫やペルシャ猫ならaloofだが、我が家の黒猫は、決してaloofではない。最初に会ったときから、抱き上げられるとゴロゴロ（purr）と悦び、すぐにじゃれ始めた。Very playful. And very entertaining.

How? The way she curls herself up.（どんなふう？　丸くなるしぐさだ。）

猫が丸くなるしぐさは、可愛い。英語道に大切なのは、好奇心（curiosity）と、遊び心（playful spirit）だから、猫から技を盗む――私のように――のが得策といえよう。

英語術は猫、英語道は犬…かな。私は忠犬の大ファン。忠猫はいらない。べつに猫に忠誠は期待しないが、どちらのペットもそれなりの社交ゲームを心得ている。

闘争は犬。しかし、外交は平気でウソをつける猫だろう。それもツンとして逆に関心を惹く（英語ではplay hard to get）という、姑息（こそく）な手段（half measure）だ。

人が（離別や身内の交通事故で）落ち込んだときには、「猫を飼え」（Get a cat.）と勧め、私自身それを実践してきた。今、私はマイペースの猫の動作から禅を学んでいる。

tegami-wo-morau（tegami-ga-kuru）

手紙をもらう（手紙がくる）　get a letter

この「もらう」をすぐに英訳して、口から出すには、少しばかり年季が要る（get many years' experience）。

get fan letters（ファンレターをもらう）、get lots of calls（じゃんじゃん電話がかかってくる）、get mail（郵便物をもらう）、get lots of e-mails（メールをたくさんもらう）。

通常、手紙類は無冠詞だが、e-mailには、複数形のsがつく。たいした問題ではない。口語英語など、コロコロ変わるものだ。変わらないのはgetの用法だ。

「もらう」は英文法ではハブ・モクテキ・カコブンシと覚えて、几帳面（きちょうめん）に（methodologically）こんな風に使っていた。I've had my hair cut today. というように。

日記に「have＋目的語＋過去分詞」の英文を使う習慣ができる（make it a rule to ~）と、疲れてくる。もっとリズミカルな英語を求めたくなる。

I had my hair cut today.（今日、髪をカットした。）get a haircutでOK.

「このカットが気にくわなかった」は、I've had (got) a bad haircut.（バリカンが普通だった昔は、トラ刈りといった。）

「もらう」を「来る（集まる）」と置き換えると、会話がラクになる。「この学校には、いい生徒が多く集まる」はThis school gets a lot of good students.

「いい先生が来る」はWe get good teachers. 集まるだからgatherと直訳してはならない。

getが自然に使えると、「英語で考える」ことができる。「病気にかかる（もらう）」もすべて、get。いやなこと（お目玉）でも、

You're gonna get it.（お叱りを受けるぜ。）

dekichatta-kekkon
できちゃった結婚　a shotgun marriage

　妊娠したので結婚すること（a marriage of necessity）。
「できちゃった」ので「結婚」というのでは、あまり世間体はよくない。娘（とくに未成年の女性）の父が、相手の男に「結婚せよ」と、shotgun（散弾銃／強制）を向けると、相手はもう逃げられない。a shotgun wedding（散弾銃結婚）ともいう。

　ぶっそうな結婚だが、*The Economist*誌はユーモラスに、イスラエルのパレスチナ占領の心境を「できちゃった結婚」に喩えている。

　"We've been given a good dowry, but it comes with a bride we don't like." His words proved we're prescient than he imagined.（*The Economist*, May 20th, 2017）
「我々イスラエル軍は、たっぷり結婚持参金をもらっても、奪った花嫁（パレスチナ地区）は気に入らないって感じ」。彼の言葉には、想像した以上に先見の明がある。

　このできちゃった結婚のストーリーの見出しが、Shotgun Weddingとは、よく笑わせてくれるよ。

te-saguri-de-aruku
手探りで歩く　grope in the dark

　暗中模索という四字熟語を使いたかったが、あえて、この辞書の精神に忠実に、やまと言葉を選んだ。その方がイメージしやすく、難訳語の謎解きが容易になるからだ。それに、これまでの和英辞書が活かされる。grope one's way in the dark.

　手探りで歩き回るは、grope one's way around。『新和英辞典』の訳は完璧。gという「土」（ground）の臭いのする単語に、rという「戻る、巡る」（return, round）という動きがくっつく。「手さぐり」とは、満員電車の中の痴漢（groping）のことでもあり、ネイティヴはピンとくる。

　molesterとか、sexual assaulterという類似語に目が移る前に、gとrのコンビのシンボルをとらえてみよう。

居酒屋トーク

TVでは「私」、インターネットでは「僕」、ナワノレンや居酒屋では「オレ」

　授業中での話は、カリキュラムからの脱線が許されない「表」の世界に属する。ホンネ（truth）が許されずタテマエしか言えないとなれば、それは「虚」になる。地上波（テレビ）もそうじゃないか。

　一橋大学が百田尚樹の講演会を中止にしたニュースを聞いてショックを受けた。それに近い事件は、オレにもたびたびあった。

　表の社会では、大阪弁で語る百田氏のホンネ・トークは敬遠される。表のテレビで負けても、裏のインターネットで復讐される。だから表は「虚」となる。

　制限下での発言は、thoughts inside the box（枠内での思考）の結果であるから、真実（veritas）から離れる。ホンネとはthink outside the box（枠から離れて自由に思考する）ことであるから、百田氏も講演会や教室ではなく喫茶店でやればいい。

　英語教育の大先輩でもあった某教授は、教室から離れ、喫茶店でホンネ・トークされていた。教室では20名、喫茶店では10名。そのあと数名になると、ナワノレン（居酒屋）でもっときわどい政治的な話になる。

「あのマツモトくんは、勝ち負けにこだわるディベートを勧めているようだが、日本社会は"和"だろう。真実はひとつなんだ。そうだろう君ィ…」

　隣の学生の膝に手を置いて話をすると、学生はメロメロになる。なにしろメディアでも知られた天上人から、直々に迫られるのだ。ノーとは言えず、あっという間に洗脳されてしまう。

　オレのディベートは、いつの間にかヘイトスピーチと同類とされていた。もう逆襲はできず、オレは和を乱す者とされてしまった。オレはあの「空気」がこわかった。密談で一人を入信させることは、ときには何千人のファンを獲得することに等しい。

　ここで得た裏の情報をintelligenceという。その反対に、公表された、表の情報をinformationという。intelligenceは、マグマのようなもので、この溶岩が、決定打となる。

> 　小池百合子は都民をファーストといい、インフォーメーション（TV）という上流で勝負をしようとしたが、身近でも、深くてホットな人間関係のインテリジェンス（底流）を軽く見て、インターネット族から足をすくわれた。
> 　小池百合子がオレにディベートを教えてほしいと接近したことがあった（30年以上前だ）が、ディベート「道」をまじめに教えるべきだったと、今は後悔している。

丁稚 decchi　an apprentice

　丁稚小僧なら、a shop-boyでいいが、丁稚となると、奴隷に近い苦行をも覚悟しなければならない。

　ドナルド・トランプ大統領は、就任前はTV番組 "The Apprentice"（アプレンティス）のホストとしても知られていた。超富裕者のトランプCEOはまさに、奴隷所有者（slave owner）が「オレのアプレンティス（奴隷、丁稚）にならないか」と吼えているようだった。

　丁稚になれないようなやつは、You're fired!（オマエはクビだ！）とつまみ出される。しかし、なぜ徒弟制度（apprenticeship）にアメリカ人が魅かれるのだろうか。

　私見で恐縮だが、資本主義は名を変えた奴隷制度なのではないか。Capitalism is slavery under a different name.

　私の思考は飛躍しすぎているのだろうか。*The Economist*誌（Sept. 2nd, 2017）がこんな興味深い見出しを載せた。Indentured labor 100 years since servitude（年季奉公隷属以来100年）.

　契約の年季奉公は、奴隷とは違って、サラリーが支払われている。だからといって、雇用契約によりプランテーションに縛られている奴隷制度と、どこが違うのか。世界最大の民主主義国家といわれるインドは、この年季奉公のシステムにより世界中に散った、インドの半奴隷（indentured labourers）によって、支えられたものだ。経済大国のインド（中国が最も恐れる相手）の成功は、奴隷メンタリティーの賜物ではないか。

　この記事を読んで、気を強くした。そうだ、「下積み」こそ、経

済成長のエンジンになるのだ。

~de-hikutsu-ni-naru-na
～で卑屈になるな。　　Don't apologize for ~.

　この開き直りの発言は、文字通りに訳すと迫力が落ちる。これまでのアメリカ（オバマ政権の8年間）は黒人のパワー（黒人、そしてイスラム勢力）が増し、白人は遠慮がちだった。

　白人のドナルド・トランプの"Make America Great Again"というスローガンで、白人優位主義が返り咲いて、Make America White Again!のことではないか、と揶揄されるほど、アメリカの国内にracismがくすぶっていたことが確認されてきた。

　*Newsweek*誌（Apr. 28th, 2017）のカバーに I WANT YOU TO BE A RACIST（君たちは人種差別主義者たれ）という、ぶっそうなポスター（provocative poster）が登場した。

　本文の見出しも KEEP HATE ALIVE（憎しみの心を失うな）と、かなりやばい。アメリカでの極右（the alt-right）の台頭だ。

　我々がこの国を創立したのだ。（We founded this nation.）それなのに、なぜ、白人の我々が卑屈になるのだ。（Why should we apologize for being who we are?）

　卑屈とは、「白人ですみません、黒人のみなさま」とペコペコすることだ。白人はすでに過去を謝ってきた。しかし、ヒットラー崇拝やKKKという黒人狩り集団が、またぞろ鎌首をもたげてきた。「白人でスミマセンはやめよう」と。やはりapologizeが適切な用法だろう。

　日本にもalt-right（極右）が台頭し、日本に謝罪を求め続けてきた韓国に対しDon't apologize for being Japanese.というポスターが出てきても不思議ではない。

deru-kui-wa-utareru
出る杭は打たれる。　　A giant can't hide.

　杭を釘に間違える人が多い。A protruding nail will be hammered down. ことわざに使われるnail（釘）も、誤解から生じたものかもしれない。それでも通じるのだから、市民権を得た（currency）かもしれない。

　少なくとも、stake（杭）よりもnailの方がわかりやすい。

ところで、『新和英辞典』ではstakeが使われている。いずれにせよ、conformity（右向け右）の行き過ぎを揶揄するときに使われる。一方で、目立ちすぎることによる代価という意味で、A tall tree gets (catches) a lot of winds.が使われ、私など好んで用いたものだ。風当たりが強くなるという意味で、絵になる表現と自負している。

The Economist（March 25th, 2017）の小見出しに、こんな表現があった。A giant cannot hide.（巨人は身を隠すことができない。）

目立ちすぎるAmazonのことを言っている。創始者のジェフ・ベゾス（Jeff Bezos）は、目立ちすぎて悪いことができない。

deru-tokoro-e-deru
出るところへ出る　demand satisfaction

法律用語としてのsatisfactionとは、（借金の）返済、賠償のこと。したがって、satisfactionを要求するとは、謝罪（決闘）や償いを求めることになる。明るいところとは、裁きを求めるところだから、通常は法廷（the court）となる。I'll sue you in court.（出るところへ出ろ）は、アメリカでは日常表現だ。

しかし、示談（out-of-court settlement）や、円満解決（happy compromise）を是とする日本で、「出るところ」や「明るいところ」といえば、まるで憂さを晴らすための、真昼の決闘となる。

国会で喚問するぞと言われると、すべての有名人は「白州裁き？」と、ビビるようだ。

satisfactionはただ単に「満足」ではない。give somebody satisfactionはあくまで表の意味だ。その裏をのぞいてみよう。Satisfaction guaranteedは、満足いかなかったら、お金はお返しします（money back）という法外な約束だ。

だが、顧客が満足（customer satisfaction）するためには、お金だけでは物足りない。つぶされた面子はどうなる？ この私怨は、明るいところで恨みを晴らす（give vent to my resentment）、つまり返済（復讐＝pay back）させてもらうという情念だから、どうしても "I demand satisfaction." に落ち着く。

その裏のメッセージは、I'll get even.（I'll settle the score.）（仕返しをする）であることには、変わりがない。

ten-shoku
天職　a higher calling

天に定められた職といえば、神を思い浮べるが、職人気質（artisan spirit）をもつ日本の職人には、「神」はなく、ノレン（goodwill）という伝統（みち）がある。

こんなエピソードを The Economist 誌から学んだ。司祭になることが a calling だと考えていたオランダ人は、アングロ・サクソンの、株主を中心とする資本主義の考え（企業は社主だけを儲けさせる）に疑問を抱き、世界中にシャンプーを売りまくってやることが a higher calling（天職）だと考え直した。

水のような安価で、電化製品を広く消費者に売りまくる、といった故・松下幸之助氏も a higher calling の持ち主だった。彼らは、抽象的な「神国のため」ではなく、より幅広い消費者層の higher calling を支える公益のため、という意識の持ち主なのだ。

こんな英訳を使ってみよう。They keep half an eye on the greater good. Corporate do-gooding is the name of the game.（天職を支える企業の社会正義とは、あくまで公益なのだ。）

企業は利益動機（マネー）だけではない。世のため（public good）、これが higher principle（崇高な理念）なのだ。神に仕えるための神職だというと、カッコよすぎるのだろう。

自分の仕事にプライドを持つ芸術家気質の人は、誰しもなんらかの calling を感じている。ただ、さらに崇高さという次元を加える人は、そこに、higher calling と、higher を加える。一神教の人たちは、deeper より higher という形容詞を好むようだ。

没我状態となっている芸能人が You're in a groove.（ハマり役だな、お前）と言われると喜ぶのは、別にそこに使命感（a high mission）がなくても、のめり込んでいる（high）超人的な姿が、第三者に目撃されたからだろう。

ten'nen-boke
天然ボケ　natural high

ネアカすぎる人は、too high。いつもソウ（躁）の状態にある人ならば、生まれつきのネアカなのだろう。

ときには、depressive（ウツ／鬱）で、ときには euphoric（ソウ）

というmanic-depressiveは病的だから、highとlowの期間が交互に現われる、やばい状態だ。そのようなmood swingsに影響を受けず、いつでもハイの状態の人はnatural highな人間だ。たとえ認知症の兆しがあっても祝福される。

toire-ga-chikai
トイレが近い。　　I can't hold it.

　世界のビジネスマンとビジネストークをするときに、トイレの近い人（a person of weak bladder）は不利になる。肝心なところで席をはずすから、その間に、残された当事者同士の口裏合わせにより、裏取引されてしまうことがある。

　特にロシア人や中国人の交渉テーブルで酒に弱い人（those who can't hold liquor〔alcohol〕）は、酒の勢いでうっかりホンネ（戦略＝ハラ）を吐いて、逆転されることがある。urinary bladder（膀胱）の弱い人は、交渉時にあまり飲まないこと。

　「トイレが近い」はThe toilet is near. ではない。加齢により前立腺が肥大し始めると、夜尿に悩まされるようになる。30年前に、アメリカ帰りの友人が"I'm kind of short."というのを聞いたと教えてくれた。しかし、プロ・ジャーナリストは裏付けをとらないと、おいそれと使ったりはしない。──ましてや教えてはならない。

　「難訳辞典」のための調査は今も続けている。琉球紘道館の比嘉光宣塾頭が調査に協力してくれた。複数の米兵から"I'm kind of short."は「今、カネがない──ショートしている」という意味でしか使わないと。おすすめはI can't hold it.「がまんができない」なら、「酒に弱い」という場合にも使えるから、これをイチオシとしよう。

 コーヒー・ブレイク
同時通訳のプロでも、カマキリには勝てない
「禅機」というべききっかけは、一種のtipping point（転換点）となって、悟りに似たひらめきを与えてくれる。同時通訳の西山千師匠が他界されて間もない頃、淋しさを紛わすために、人目を避け、山奥の旅館で執筆に没頭していた。その日の夜、どこからともなく机の上に、一匹の大きなカマキリが現われた。「西山

千先生が帰ってこられた」と大声をあげてしまった。

カマキリといえば、常に端整で静かだが、瞬発力はすぐれて、狙った獲物は絶対に逃さない。この「静中動」の姿こそ、サムライや芸道のプロに要求される「残心」だと、心に言い聞かせることにしている。

ブース内の私の隣で、同時通訳される師匠の技を必死に盗もうとしたが、無駄だった。歯が立つ相手ではなかった。日本語と英語という、形態がまるっきり違う言語が、一瞬の息づかいの中で化学的に融合されてしまう。Unbelievable!

英和や和英辞書から英語を学んだ通訳者なら、言語が物理的に交換されている限り、耳にも明らかに感知できるはずだ。水と油は物理的に結合され、視覚的にも観察されるが、水素と酸素が溶け合って透明になれば、凡人の目や耳では感知できない。

A社がB社に吸収される、を物理的に訳せばA is acquired (bought, taken over) by B.となるが、化学的に訳すとA is already part of B.となる。見えなくなるとはそういう意味だ。

She's a pathological liar.なら、物理的には「病的なウソつき」となるが、化学的に訳せば「平気でウソをつく人」となり、ぐっと身近に感じる。

それが、この辞書でも意識している英語の「やまと言葉化」なのだ。existential issueは、実存的争点ではなく、「身近な問題」と、くだけて、やまと言葉風に訳すと、話し手としての同時通訳者と聞き手との距離はグンと縮まるはずだ。

サイマル・インターナショナルの創設者の一人であられた故・斎藤美津子教授が、「西山さんの同時通訳の日本語が一番気持よく耳に響きます」と、ある大勢の会場で高く評価されたときは、心の中で快哉を叫んだものだ。

いつの間に、この天才（師のこと）は同時通訳の準備をされているのか。姿が見えない。しかし重要な会議の日はいつの間にかブースの中で息を潜めて待っておられる。テーマという狙いははずさないカマキリ――そのように私がイメージしたのは自然の流れだった。

dohshite-naitte-ieru-no
どうして無いって言えるの？　How can you say it's not there?

　この質問はあくまで、「無いことが証明できるか（to prove it's not there）」ということだ。通常、あることは証明できる。それは証拠だからだ。

　evidenceとは、明白な（evident）ものだから、証明できる。I've got evidence.（私には証拠がある）は、I've got proof.と同じ意味だ。しかし、無いことを証拠にすることは骨が折れる。

　私が弁護士に英語を教えるときには、この言葉は必ず覚えておくこと、と言う。Absence of evidence is not evidence of absence.（証拠が無いということは、無いことの証拠にはならない。）

　ピンとこないと言う。そこで何度も音読をさせると見えてくる。ああ、そうか。「証拠がないだろう」と開き直っても、その事件が起こっていないことの証拠にはならない、ということだ。

　まだわからない？　どのような平易な言葉で言い表わせるかと、迷い悩んでいたときに、こんなOCRFA研究所の広告欄の英語に出会って、瞬間、心がときめいた。5歳の子どもにもわかる表現だ。"Just because you can't see it doesn't mean it's not there."（*Popular Science*, July-Aug., 2016）

　ガンの兆(きざ)しがないから、といって、ガンがないとは言えない、という女医の勇気ある発言だ。コピーライターの英語は必ずキレる。しかも語り言葉となると、もっと迫力がある。Absence of evidence is not evidence of absence.という法曹用語よりも、温(ぬく)もりがある。

dohse
どうせ。　Let's face it.

「どうせ」とか「しょせん」は日本人好みの表現で、どこかで誰かがいつでも使っている。ところが、和英辞典の訳をみると、in any case, anyway, anyhow, at any rate, at allという、めったに耳にしない表現ばかり。

　まてよ、日本人同士の英会話の中では、しょっちゅう耳にする。でも、ここではネイティヴに正しく伝わる表現にこだわっている。「どうせそんなことだと思った」はI'm not surprised.か、I knew it.（やっぱり）がお勧め。私がしょっちゅう使う、もうひとつの妙訳がある。それがLet's face it.

She'll be late as usual. Let's face it.（彼女はどうせ遅れるんだから。）「どうせオレはワルさ」はYes, I *am* bad.「どうせ」を思い切って、割愛する。

ある和英辞書には、All right; I know you think I'm foolish. と優等生が（数秒で言える）解答が出ていた。私なら1秒。Yeah, I *am* foolish. と。ただ、amを*am*とアクセントは必ずつける。イギリス人ならI'm an incurable fool.（僕は、救いがたいくらいの馬鹿ですから。）と、自嘲的な笑いを取るだろう。I'm incurably curious. So is this dictionary. Let's face it.

このLet's face it.は「どうせ」に「しゃーない」という諦念感（ていねんかん）のスパイスを混ぜたものだ。

「そんなに急いでも、どうせ間に合わないよ」の優等生解答はWe're going to be late in any case, so there's no point in hurrying like that. しかし、長すぎてリズムがない。

私の解答は What *can* happen *will* happen. と1秒にとどめる。

なんのことはない、映画を見る平均的な教養人なら、マーフィーの法則（Murphy's law）を知っているから、その技を盗んだまでだ。「どうせ」をwill（probablyのこと）に置き換えて、ちょっと気の利いたロジックのルールを用いて、笑いをとった。

dohchoh-atsuryoku

同調圧力　peer pressure

「ヘイトスピーチは、あなたがたの国の人がやっているんですよ」
「たしかにそう思います——人の前では言えませんが」
「書いてくださいよ。今がチャンスですよ」（This is it.）
「折を見てね」（As I see fit.）
「ナゼ今じゃなく？」（Why not now?）
「言ってみれば、同調圧力かな」（Peer pressure. Sort of.）
「周囲の眼ですか？」（People's eyes?）
「周囲の眼」とは、複数の眼 eyesのこと。「空気」という妖怪に勝てない、日本という国の住民は、なかなか本音で語れない。Because eyes are on us. 仲間（peer）の眼（pressure）はもっと恐ろし

い。「私は同調圧力に負けたのよ」(Peer pressure got me down.)

dohdoh-meguri
堂々めぐり　talking in circles

　日本人の議論がぐるぐる回るとき、遠近法（perspective＝高所から眺める思考法）が欠けていることが多い。

　英語民族は、直線的なリニア思考を好むので、ぐるぐる回る議論（go round in circles）にも「遊び心（playful spirit）」がある、と弁解しても理解されないことが多い。とにかく、"渦状の論理（spiral logic：私の造語)"が通じないので、困る。

　欧米のビジネスマンは、真っ直ぐに進む議論をefficient（効率的）と評価するが、日本的な「遊び」は無駄ではなく、effective（効果的）であることもあるのだと、弁護したくなる。

　in circlesがendlessと同義であることは認めがたく、私が世界に広げたい、国産のhexagonal debate（六角究論）は、spiral logic（渦状論理）が母胎になっている。目的は、あらゆる角度から、思考を"つくり固める"（修理固成）、つまり新しい価値を産み出すことだ。

　議論が渦状にぐるぐる回ると、批判されてもよい。しかし、日本には神話の時代から産霊（むすび）という、生物学的に健全な思想がある。きっと世界平和に寄与する。

tohroh-no-ono
蟷螂の斧（とうろう）　battle the windmill / quixotic

　throw straws against the windやlike ants trying to fight an elephantという愉快な訳もあるが、私のイメージでは、ドン・キホーテが風車に対して、無謀な闘いを挑んでいる姿が一番近い。カマキリ（蟷螂）の斧のイメージとだぶってくる。

　カマキリは、勝てない相手に対しても、エリマキトカゲのように、翅（はね）を広げて威嚇する。勝てないと知りながらも翅を斧のように立てて、構える。この無謀な構えがまさにドン・キホーテ的（quixotic）。そうクイクソティックはまさにカマキリの斧。

tokage-no-shippo
トカゲの尻尾（しっぽ）　a fall guy

　和英辞書でトカゲの尻尾切りを引いたが、put all the blame on

one's subordinate(s) to protect oneselfというような解説的なものが多く、同時通訳や字幕翻訳に役立ちそうな表現は見当たらなかった。頻度数からいえば、a fall guyが圧倒的に多い。この言葉だけで、「尻尾切りされた」という情景が目に浮ぶ。

The Fall Guyという*Bloomberg Businessweek*誌の大見出しで、いったい誰が、と心が躍(おど)った。トランプにクビにされた元FBI長官のジェイムズ・コーミー（James Comey）の事件だ。

なぜこのfall guy（カモ、貧乏くじを引かされる者、身代り）がトカゲの尻尾なのか。気にくわない、使いづらいという理由で使い捨てられたからだ。

ジェイムズ・コーミーは、ずいぶんトランプにかわいがられていた存在であったために、まさに、中国でいう走狗(そうく)。人の手先となって、こき使われ、最後に使い捨てされる哀れな存在だ。社会派の作家・小林多喜二は、警察は資本家の走狗だと言った。「狡兎(こうと)死して走狗烹(に)らる」、恐ろしい中国的発想だ。

直訳の方が、迫力がある。When cunning hares are all caught, it is the turn of the faithful hound to be killed for meat.
「いったい、ぼくらは、あなたがたの走狗なんですか」はAre we what you might call "fall guys"? またはWhat have we done to deserve this? これがかつてプロ同時通訳者であった私好みの訳だ。しかし、AIの時代に弁護士、会計士や技術翻（通）訳者が仕事を失うことがあっても、超訳はコンピュータが許すはずがない。本辞書は、対AI戦争の最後の砦（the last bastion of human intelligence）となるかも（砦のbastionはバスチョンと発音する――このきめの細かさも人間ならでは！）。

dokidoki-suru
ドキドキする　get butterflies in one's stomach

心配で心配で、心が定まらない心情は、「胃の中に蝶が入る」という表現で表わすことができる。このドキドキする感情は、恋愛のトキメキ（feeling of elation）と同じである。

Romantic love gives youths butterflies in their stomachs.（若者は恋愛するとドキドキする。）

この説に反論はできないだろう。ところで、沖縄そばによもぎ

(フーチバ)を入れて、初めて食べたときから病みつきになった。It was love at first bite.と。初噛みとは斬れすぎる。

時の氏神 (toki-no-ujigami)　a godsend

　困ったときに手を差し伸べてくれる人（a person who appears at the right moment to give the right person a helping hand）を形容するのに、神々しい（godly）を使う人もいる。女性がチャンスか？わからないではない。だからa godsendを勧めたい。a fairly godmotherが、運命の女神（lady luck）のように、女性が幸運をもたらすのは古今東西を通して定説となっている。

　K-1のチャンピオンの小比類巻貴之選手（キックボクサー）から教わったことだが、格闘家が、自分の部屋にベタベタと女性のヌードの写真を貼るのは、欲情を抑え、ほとばしるエネルギーを内部にたくわえるためであり、そしてまた幸運の女神に祈願するためだという。負けると、こうつぶやく。Lady Luck failed me tonight.（幸運の女神は今夜私に背を向けた）と。

融け込む (toke-komu)　fit in

　ロブ・レインズ（Rob Rains）による"Baseball Samurais"（St. Martin's Paperbacks）を読むと、やたらにfit inが出てくる。私が使っていたblend inどころの頻度数ではない。

　"Ichiro tried very hard to fit in."と観察していたのは、マリナーズのリリーフ・ピッチャーのジェフ・ネルソンであった。

　そして著者は、イチロー以外のほとんどの日本の選手たちも、うまく融け込んでいたという。Almost all of the nine Japanese players in the major leagues were fitting in just fine.

　日本では日系米人でも社会に融け込むことが難しい。ハワイ出身のウォーリー与那嶺選手も、fit inできないくやしさを執筆し、その原稿を翻訳してくれないかと、同通プロの西山千氏に頼まれたことがある。「老人ボケのために、翻訳したいが、どこかの出版社を紹介してもらえないか」と。私もなかなか、米大使館の空気に馴染めず、fit inできなかった。

doko-ga-ki-ni-iranain-dai
どこが気に入らないんだい？　What's your problem?

　機嫌の悪い人間にはWhat's eating you?（どこが気に入らないの？）であって、What are you eating?（何を食べている？）ではない。eatは簡単なようで、英語を耳で覚えていない多くの日本人には、使いづらいのだ。

　一般的なのは、What's your problem?で、これがベスト。なんだ、そんなことか。ドンマイでいこう。このドンマイは、Don't worry.

　Don't let it eat your heart out.（そんなことでくよくよするなよ。）

　What's your problem? は、相手のイライラが他の者の眼に映る場合だが、他人に察せられないが、気になる問題を抱えた人は多い。そんな人にはWhat's bothering you?（どこが気になりますか？）がお勧めだ。

doko-ni-demo-iru-on'na
どこにでもいる女　a woman

　学校英語は、He's a boy.（彼は少年である。）を教えるが、見ればわかる実社会でa boyといえば、「どこにでもいる」少年になる。

　a womanも、一人の女でなく、ふつうの女性のことだ。

　English is a language.といえば、英語はタンザニア語やスワヒリ語と同格の一言語に過ぎない、ということだ。

　I saw a dog. The dog is... というふうに、最初にa、次はtheというのは英語の基礎。書き言葉としては、*a*（どこにでもいる）とか*the*（他にどこにもいない）とイタリックで用いられることが多い。

doko-fuku-kaze
どこ吹く風　nonchalance

　詐欺師（con artist）が増えてきた。風吹けば、詐欺師（con men）が増える、と口ずさみたくなる。最近、いや、昔からか、アラン・ポー（Allan Poe）がswindler（ペテン師）分析をしたくなった動機が手にとるようにわかる。私もよく犠牲者（victim）になったからだ。

　ポーは詐欺師（swindler）の9大特徴を述べた（「痩せ我慢」の項参照）が、それらは詐欺師でなくても、人生の成功者なら、すべて

必要な条件（necessary conditions）だといえる。だが、それらは十分条件（sufficient conditions）ではない。次の二点がなければ、詐欺師としては、不十分（insufficient）だ。それは、サラリと見せるnonchalance（無神経さ）と、ぐっとこらえて隠そうとするgrinのことだという。さすが、名作家の洞察力。

あっけらかんとした（ノンシャラン）人は、安倍首相の昭恵夫人のようなキャラ。誰にでも好かれる、フーテンの寅のような"a free spirit"。公人か私人か、それは風が決める。

私が最近はまり込んだ本がある。キャノンゲート社の"The Confidence Game"（詐欺ゲーム）だ。

著者のマリア・コニコヴァ（Maria Konnikova）は、「詐欺の心理と、なぜ人は必ず騙されるのか」を自問自答し、その結果を解明した。自分自身に対して忠実な人らしく、読者と同じ目線で書いておられる。

We feel shame and guilt when we've lied or cheated or otherwise harmed someone.（嘘をついたり、詐欺をしたり、誰かを傷つけたりすると、私たちは恥ずかしさと罪悪感を感じます。）

ところが、やましいことがあっても、人の心の痛みなどまったくお構いなく、知らんぷり（look the other way）する人がいる。良心の呵責を感じれば、表情に出るという、フツーの（decent）人間じゃないタイプ——これがnonchalantだ、と著者は述べる。

私の経験からいうと、メディア関係の人間、そしてメディアに魅せられた有名人、政治家さんたちには、こういうノンシャラントな、爬虫類の頭脳（reptilian-brains）をもった人種が多い。

このノンシャランスがmakes many a con man what he is（詐欺師たらしめる）のだ、と述べられる。この無神経さ——蛙の面に小便、とは巧く言ったものだ。両生類のカエルや爬虫類のヘビには、人間固有の情感を期待してはならない。

dokomade-kakugo-ga (dekite-iru-no-ka)
どこまで覚悟が（できているのか）?　How much can you risk?

riskとはtakeするもので、avoid（回避）するものではない。
risk-avoidingという表現を好む日本人がいるが、risk-averseに変

えよう。これは使われる頻度数の問題でもある。

　繰り返すが、riskは「とるもの」であり、最大のリスクとはリスクを回避することだ。riskの原意は、目標港に向い、荒波にめげず航海することである。英訳すれば、something unpleasant, that is likely to happenのことだ。

　つまり、chance of disaster or lossのことで、誰しも避けたい。だから、そのriskを査定して、軽減することだ。したがって訳語は、How much can you risk? とした。

「あんな男と一緒になるなんて、どこまで覚悟しているの？」という友人の言葉は、riskの代りにgive upを使うこともできる。How much can you give up to get a man like him?

　どこまで会社に骨を埋める覚悟があるのか、と問うならcommitmentがいいだろう。How much commitment can you give to your company?　答えは？

　Hundred percent. I'll owe my soul to my company.（全身全霊を会社に捧げます。）ちょっと仰々しすぎるか。

　I'm happy to ship out with you, skipper.（船長、共に出航できることは光栄です。）

　こちらの方がカラッとしていてよい。船長呼ばわりされた社長の方でも、Welcome aboard!（じゃ出帆だ！）と喜んでくれる。

常若 (とこわか)　forever young

　この言葉に遭遇したのは*TIME*誌上であった。*tokowaka*とイタリックになっていた。調べてみると、eternally youngのことだ。生老病死という生理的現象を超越している。欧米人ならforever youngと訳すだろう。これしかない。

　grow oldを恐れる人、grow youngを恐れる人、そのどちらでもない。進化（evolution）も退化（devolution）もない、不増不減、変化（change）あるのみだ。命（soul）は肉体と共に滅んでも、霊（spirit）は永遠なのだ。始めも終りもない常若の国、この日本。なんというネアカな発想！

どちらの

dochira-no-shusshin-desu-ka
どちらの出身ですか？　Where do you come from?

　didではなくdoを使おう。didだと、I came from Asakusa.となり、doだとI come from Osaka.となる。よくWhere are you from?をいきなり使う人がいるが、What country are you from?はまだしも、これでは、あまりにもぶっきらぼうで、Why are you here?（なぜここにいるんだい）と同じくらい、ぞんざいな感じを与える。

　サマンサ・ロン（Samantha Loong）というライターは、会話とは運転（driving）のようなもので、"車間距離"に気をつけ、まず他の車を観察しろ、と言う。つまり、こちらからしゃべるより、相手から引き出せ、ということだ。Conversations are driving.とは、言い得て妙だ。

　英語の学び方はListen, look and learn.（*Japan Times ST*, June 2nd, 2017）と、L語を並べられたところがニクい。そこへ私はlearn and unlearnを加えたい。多聴の勧めだ。そのためには速読も同時に実践することだ、というのが私の底意（ハラ）だ。Now you know where I'm coming from.

　where I'm coming fromは、thinking deep down（ハラの底）のこと。

towa-iu-monono
とはいうものの　That said,

　Having said that,の短縮形で、最近活字上でよく使われるようになった。日常会話でも、having said that,の代りにThat said,とさらに短縮された形で使われるので、聴き落しやすい。

　「とはいうものの」を「もう一度考えると」と置き換えると、On second thought,が勧められる。

　secondはfirstの否定と考えると、イメージがしやすく、使いやすい。I'm having second thoughts about what I've just said.（今言ったことを考え直し始めています。）

tobokeru
とぼける　play dumb

　とぼけはput on an act（演じる）のことで、演技のうちである。
　Stop playing dumb. You're not going to fool me.（とぼけても、

ごまかされないよ）とかNo use putting on an act.（put on makeupのように、見せかけの類(たぐい)）と言ってもピンとこない日本人にはbig wordを使ってみることだ。

Stop pretending ignorance.（とぼけるんじゃないよ。）

映画によく出る日常英語は、Stop being funny.とかYou're not fooling anybody.

tomo-iki
共生　live and let live
ともいき

やまと言葉の「共に生きる（co-living）」を、哲学的に換言すると、漢語の力が必要になる。「共存共栄」というと、より知的な響きがある。英語に直訳すると、coexistence and coprosperityとなり、舌がもつれる（too mouthful）。

やまと言葉の英語に換言すると、live and let liveでいいのだ。ネイティヴの中にはlive and let dieと皮肉る人がいる。

口語的な表現は、人の心にストレートに入るので、揶揄(やゆ)されやすい（likely to be made fun of）。そして耳に優しい。その点、big wordの方がより視覚的だ。

「共生き」がco-livingであれば、「共生(きょうせい)」はco-existenceとなる。進化がevolutionであれば、「共生進化」は、co-evolutionとなる。

ダーウィンのnatural selection（自然選択、自然淘汰(とうた)）や、the survival of the fittest（適者生存(いっしゅう)）を一蹴するには、今西錦司が主張する「共生（co-evolution）」というbig wordの方がより視覚的だ。

共に生きる（共生＝co-living）とは、弱肉強食、自然淘汰の対極にある縄文思想である。かつてアイヌ民族にとり、狼は家族の延長ないしは仲間であった。明治政府は狼を高額の賞金をつけて、絶滅させた。狼の遠吼(とぼ)えが北海道から消えて、哭(な)いたのはアイヌの人たちだった。縄文思想とは、かつての北米インディアンのように、自然と共に生きるco-livingの思想だ。

弥生思想とは、あえて単純化すると、自然現象の管理競争（水利権、領土拡大etc.）のための人為的ロジックといえよう。つまり認識革命により、weとtheyの「境目」が尖鋭化し、勢力争いがlive and let dieの勢力地図に変えた。live and let liveを「融合」とすると、live and let dieは「分裂」となる。

don-ki-hoh-te-teki
ドン・キホーテ的　quixotic

　ドン・キホーテといえば、セルバンテスの長編小説のヒーロー。サンチョと共に勇ましいラ・マンチャの男。夢想的に自己の理想に突進する実行型人間。非現実だが、日本では究極のロマンチストとして、好感視される。

　『男はつらいよ』の寅さん。like a Don Quixote とは言わない（耳にしない）。よく私が耳にするのは、クイクソティック、これで通じる。Quixotic [kwik'sädik] とは、OEDによると、extremely idealistic; unrealistic and impractical と意味が鮮明になる。

don'na-otoshi-ana (wana) ga-aru-no-ka
どんな落とし穴（わな）があるのか　What's the catch?

　話がうますぎる（too good to be true）と、どこかに落とし穴があるに違いない、と人は勘ぐる。There must be a catch somewhere. You got a big life insurance policy?（どこかに落とし穴があるに違いない。あなたは生命保険の大きな契約を結んでいませんか？）

　Yeah, why? は通常の会話。なかには、「その質問にはどうもひっかかるな」という意味で、Where's the catch? と突っ込みを入れる人もいる。Well, I can imagine your wife is nudging, "Take chances."（あんたの女房が、あんたも人のやらないことをやったら、とけしかけている状況が目に浮かぶんでね。）

don-pisha
どんぴしゃ　spot-on

　私のカンは、どんぴしゃだった。My hunch was spot-on.

　spot-onはもともと「狙いをはずさない」という意味であったが、アメリカ人がよく使うようになった。His comments are spot-on.（彼のコメントは、言い得て妙だ。）

　次の例文は、『オックスフォード新英英辞典』らしく、「どんぴしゃ」から離れても絵になっている。

　The bow-tie, cockney accent and affected intimacy with the great are all spot-on.（蝶ネクタイに、コックニー訛り、大物気取りの馴れ馴れしさは、じつに決まっている。）

nai sode-wa-furenai
ない袖は振れない　can't give you what I don't have

　返済能力のないものに対し、取り立てることはできない。そんな常識の通じない世界もある。

　商社時代は、審査本部にいたが、よく仲間から聞かされた。「ほなら、娘でも出せ」と。まるでナニワ金融道。

　今は、そんな露骨なビジネス・ルールは通じないだろう（hopefully）が、ナイモノハナイは、いつの時代でも公理（taken for granted）。映画『交渉人』("The Negotiator")から学んだ。うーん、これなら使える。

naibu-kokuhatsu
内部告発　whistle blowing

　日本ではこれまであまりなかったが、従来の、会社が家族という意識が薄れてきたのか、企業内の秘密や恥部を暴露する傾向が目立ってきた。ピーピーと笛を吹くことからwhistle blowers（内部告発者）と呼ばれるようになった。

　会社は家ではない。社員も法人（legal persons）が相手だから、whistle blowing（内部告発）もゲーム感覚で行われ、あまり罪意識も生じないようだ。

　しかし、法人の一員としてルール違反をしたことになるのでunethical（非倫理的）となる。とはいえ社会制裁だからimmoral（非道徳的）という論拠もなりたつ。厄介な論題だ。

　そもそも、legal personsという概念そのものが、非社会性の温床になるとマイケル・ムーア（Michael Moore 社会派映画監督）もノーム・チョムスキー（Noam Chomsky MIT教授）も述べる。

　資本主義の受難時代はこれからも続きそうだ。

nagai-me-de (miru)
長い眼で（見る）　give ~ long time

　よく使う実例で恐縮だが、商社時代の話をもう一度。かつて商社マン同士でこんなテレックス・ジョークが。Look at us with long eyes.「長い眼で我々を見てくれ」と直訳しなければ、通じない。もっと短く言えないのか、と問われ、直ちにGive us time. とした。

　この頃からgiveとgetで通じるという発想が芽生えていた。商社

マンの私は、(今でもそうだが)「美しい英語」より「機能的な(斬れる)英語」を求めていた。

「あいつはまだ新米だ。長い眼で見てやれ」は、He's still green. Give him time. で通じる。

naka-yoku-suru
仲よくする　get along

「和」とは、一緒にいて仲よくすること、であればbeing togetherもget alongもすべて「和」の現象だ。

「夫婦仲よくしているかね？」はAre you still getting along? かAre you still together? でもいい。後者はStill married? に近い。

　離婚していないことは、さほど仲が悪くないというのが定説である。仲がいいということは、必ずしもイエッサーと盲従する(get along)ことではない。

natsukashi'i
懐かしい　Brings back memory.

「懐かしい」は難訳。英文法でいうSVOが通じない。主語が不明確だ。懐かしさを運んでくる主体がわからない。「懐かしい」に匹敵する形容詞はない。そのときの感情を、そのときの形容詞で伝えるものが他にない。

　How nice to see you again. もしくはLong time, no see. という主語なきピジン英語を使うこともある。私などIt feels nice to be together again. とitを主語にすることもある。

「あの懐かしい峠の我が家」ならOh, give me a home where the buffalo roam. とgiveが使える。

　かつて英文法学者であったチョムスキーには忠実なお弟子さんたちが多い。すぐに、主語は、述語は、とSVOルールにこだわってしまう人たちだ。主語をitにするだけで、お手上げになる。

　映画 "The Color Purple"（邦題『カラーパープル』）ではBrings me memory. というセリフがあった。黒人英語には情緒がある。

　コーヒー・ブレイク
「涙を呑んで」がpragmaticと訳されるワケ

　FOX Newsで一番人気のあったTVキャスターといえば、ビル・

オライリー（Bill O'Reilly）だ。

ボイエ・デ・メンテ（Boye De Mente）という知人のジャーナリストは、私をthe most dangerous Japanese（日本で一番危険な男）と、持ち上げてくれた御仁だが、こんなことを言ってくれたことを思い出す。
「ラリー・キングじゃなくて、ビル・オライリーのように、信念を貫く個性派のTVジャーナリストになってほしい」と。

そのビル・オライリーが突然、セクハラ疑惑でFOXテレビの画面から、消えた。あれだけ人気のあった看板スターがあえない最後。彼を一番評価していた86歳のルパート・マードック（Rupert Murdoch）も、涙を呑んで、引退を認めた。番組を残すことが大切でスタンスを崩さず、プラグマチズムの道を貫いたという見出しが、*The New York Times*の国際版に載せられた。

Murdoch's defiance again gives way to his pragmatism.（*Japan Times,* Apr. 21st, 2017）（マードックの公然とした無視は、やはり、自己流の石の心。）

心を鬼にしてオライリーを切り捨てるのは、マードックのいつものやり方というのを「石の心」と超訳させた。NONESチャンネル（Global Inside）のキャスターの私も、身につまされる思いがした。

nani-ga-nozomi
何が望み？　What do you want?

望みは、この文体からみると、hopeではない。wishかwant？　それともneedか？　あれやこれや考えると、とっさのときに英語が出なくなる。この際、What do you want?で決めてみよう。
「いったい、何がお望みなの」と「いったい」が加わるなら、What on earth do you want?となる。

しかし、What the hell do you want?は勧められない。これ以上、何が望みなんだ。What more do you want?

narushisuto
ナルシスト　be in love with oneself

正しくスペルする（spell out）とnarcissist（ナルシシスト）。発

音やスペルに悩まされず、単語を忘れる恐怖から解放されるためには、絶対忘れない英語（low entropy English とか「英語のやまと言葉」という）を覚えることだ。

She's in love with herself.（いつも自分のことしか話をしない。）

She's always talking to herself. を「彼女はナルシスティックなタイプ」と通訳すれば、"She's so full of herself." という、誰でもわかる英語を使う。

地上波の池上彰が、小学5年生でもわかる日本語を使うと聞いて、私がキャスターをつとめるNONESチャンネルの番組Global Insideでは、小学生でも聴き取れる、平易な英語表現を使うようにしている。それでも、いやそれだからこそ、日本の大学生には難しすぎて、ついていけないという。やれやれ、Good grief!

なれっこ　be immune to~

なれこ（馴事）の変化。すっかりなれていること。つまり「免疫」とは、ものごとが度重なるにつれて馴れてしまうこと。

I'm kind of immune to jet lag.（時差ボケにはもうなれっこ。）

人前で夫に馬鹿扱いをされている妻が同情されると、「もうなれっこになっています」（夫と妻は、今の日本では逆転している）と。これを免疫ができている（be immune to）と置き換えてみよう。

嘲笑などの攻撃の影響を受けず、まったく感じない、という場合はI'm immune to it. なれっこの反対はどうか。まだ免疫ができていないで、「お世辞に乗りやすい」はI'm not immune from flattery.

toからfromに変わるだけ。「あんたは脇が甘いのよ（誘惑に弱い）」も、You're not immune from seduction.

そう言われたら、こう返そう。Oh, yes, I'm immune to it.（とんでも。もう誘惑にはなれっこさ。）東京では、これで終る。大阪は終らない。（そんなに経験があったんかいな、あんた。）

なんでやねん　Why not?

映画『ゴーストロード』（"Ghostroads"）は、大阪弁ばかりだった。それが字幕で翻訳されていたのが愉快だった。訳が見事だった。字幕翻訳者は大阪弁のわかるネイティヴだろう。暗闇の中でメ

モをとった。

「しばいたろか」I'll kill you.「アホ」He's slow.「なんでや」Why not?（東京人の「なぜ」はWhy?　大阪人の「なんでやねん」はWhy not?）「すべった」Booed.「ずっこける」Screwed up.「魂を売った」Sold out.

　sell outはsell（out）one's soul to the devilのこと。イディオムではない。英語のやまと言葉だ。カネのためにsoul（魂）を売ること。Did he sell out?（カネの誘惑に負けたのか）だけで通じる、やまと言葉だからsell outには深ーい意味がある。単にきっぷが完売した、という場合にも使われる。

　このロックンローラーにとり、魂の名作（perfect song）は絶対に売り渡してはならない「命（soul）」である。私にとり、英語道は、my soulである。There'll never, never, never be a sell-out.

nantomo-ie-nai
なんとも言えない　too early to tell

　ネズミ講（pyramid scheme）について述べたことがあるが、時事英語にうるさい人から、史上最大規模（650億ドル）のネズミ講、バーナード・マドフ（Bernard Madoff）という大詐欺師に触れていないではないか、と苦情が寄せられなかったのが幸いだ。

　この悪名高きPonzi scheme（ポンジー・スキーム）で、マドフ氏は禁固150年の刑を受けた。そのために残された妻や息子たちは、深い心の傷を負った——何千人という犠牲者とともに。

　もう耐えられないと立ち上がった、末息子のAndrewがドキュメントドラマを書いて、テレビ（HBO）映画化したのだ。それが、ロバート・デニーロ（Robert De Niro）が演じる"The Wizard of Lies"だった。名誉回復のため（to clear his father's name）に映画化したのかという問いに対し、「僕はさほど同情的な人間ではない。あのお陰で、結構恵まれた人生が送れたのだから」と、被害者ぶったりはしていない。彼の英語をそのまま引用してみる。

　"I don't know if I'm that sympathetic a character. At one end of the day, I lived a life of a great wealth and privilege.（*Bloomberg Businessweek,* May 29th-June 4th, 2017）

　だから、身内のことをぶちまけるのはつらかったというのが、偽

らざるアンドリュー君の心情だった。この「つらさ」を記者は同情的にしめくくる。Their story really is too hard to tell.（彼らの偽らざる話を書くことは本当につらい。）美しい英語だ。見出しにも記者の思いやりが感じられる。

The SINS of the FATHER.（父の罪。）

父は、犯罪（crime）を犯した加害者だけではなく、被害者でもあった。森友、加計事件等々、政府がらみの事件が表面化している近頃、crimeとsinの差があいまいになってきた。

ホリエモンというデジタル人間は「人のために働くな」とか「年功序列制は詐欺（scam）だ」と豪語し始めた。「この若者は許せるか、先生」と問われると、「さぁ…」としか答えられない。英訳すると、Well, that's hard to tell.

コーヒー・ブレイク
「難訳辞典」と脱ジェンダー（gender-neutral, all-gender）人間

同性婚（same-sex marriage）が話題になって久しい。sexをめぐるgenderの問題は、広がる一方だ。深化ってものじゃない。辞書はそのスピードに追いつけない。pansexualという英語が*TIME*（March 27th, 2017）に登場した。panとは、「全…all」「総…universal」とか「汎…」という意味だから、「汎性欲的な」という市販辞書の訳をさらに飛び越えている。

He's pan. という言葉が若者の間で広がっている。ミシェルはheでもsheでもない、ミシェルのままでいいじゃないか、という発想だ。

itが宇宙人、これなら見える。しかし汎となると、見えなくなる。男女の差がない（asexual）、性欲なんかない（aromantic）や、genderqueer（超性差？辞書には未登場）、two-spirit（二つのsoulではなく、二つのspiritはどこにでも神出鬼没できるので、密室殺人もできる）と、*TIME*も適語探しで苦労している。

LGBT（lesbian, gay, bisexual, transgender）にQ（queer）が加わったから、まさに乱戦模様。とくにGender isn't me. Gender just doesn't apply to me. Screw gender.（ジェンダーなんて糞く

らえ）という脱ジェンダー（gender-neutral, all-gender）人間だ。

で、彼らは自分たちをなんと呼ぶのだろうか。"Call us queer."このqueerは奇態、ゲイ（ホモ）という、ネガティヴな価値観や周囲の決めつけをも否定する。これらをひっくるめてクイアとすると、LGBTQとなる。

さて、若者の中に、このようなgenderqueerな人間が異常発生（breaking bad or breaking good?）するとnonbinary, genderless, pangenderという新語の花を咲かせることになるだろう。

新語だけではない。言葉の防人（さきもり）というべき言霊や、ひいては言葉の参謀というべき英文法までも、突然変異（mutation）を強いられるかもしれない。そして、辞書は？　変化こそが常（つね）との信念で立ちあげたこの「難訳辞典」はどこまで生き残れるだろうか。pansexual人間は、人類史の始祖鳥となるだろうか。

今日のコーヒー店も暗かったが、私のモノローグ（独白）はまるで、ミルクと砂糖抜きのブラック・コーヒーを2杯、続けて飲んだような心境だな。

nigerare-nai-sekinin (watashi-ga-sekinin-sha)
逃げられない責任（私が責任者）　　accountability

故・國弘正雄先生（同時通訳の大家でもあった）から、responsibilityとaccountabilityの違いをどう説明していいのか、と訊（たず）ねられたことがある。驚異的な氏の語彙（ごい）力から察するに、正解はご存知だったはずだ。accountabilityとは、結果責任（義務）、法的責任、会計責任、説明責任。これぐらいの解説はプロ同時通訳者なら誰でも知っている。

しかし、故・西山千の流派の嫡子（ちゃくし）を自任している私は、その言葉のシンボルにこだわる。そこで、國弘氏にこう答えた。

responsibilityは、私「は（には）」責任があるという場合の「は」で、accountabilityは、私「が」責任を負う、という場合の「が」です。つまり、「が」は逃げられないのです。

我ながら冷（ひ）や汗（あせ）をかいての解答であったが、國弘氏は深くうなずいておられて、ホッとした。

このシンボルを摑んでいれば、速読ができる。証明しよう。

ここに *The Japan Times* 紙の社説（Aug.14th,2014）がある。その Enhancing government accountability という見出しは、いきなり同時翻訳するわけにはいかない。中抜きのリードの解説文で、輪郭がくっきりした。Punishments should be introduced for government officials who violate rules on the management of documents.（文書の取り扱いのルールを破る官吏に対しては、なんらかの罰則を導入するべきだ。）

　これで、罪と accountability が結びつく。シンボルから攻めればイメージができる（ここまでは故・西山千氏の教え。）

　イメージを膨らませると、もっと応用が利く。「が」のシンボルは、accountability、これを破れば stick（処罰）、しかし守れば、carrot（褒美）につながるはずだ。

　responsibility は、期待を裏切ったところで、「不徳のいたすところ」と謝るだけで、すまされる。しかし、期待を裏切らなかったところで褒められることもない。プラマイがゼロ。目立たない。だが、信用は貯金されていく。

nigeru-nara-ima-no-uchi
逃げるなら今のうち。　　Quit while you're ahead.

　「勝ちやめはずるい」というのが、空気を大切にする日本人のゲーム感覚だが、これはあくまで心理的なもので、物理的法則を無視したものだ。勝ち進んでいるとき（be ahead）にやめるというのがロジカルだ。

　世界で通用する相場感覚では buy low sell high だ。数回音読して覚えよう。バイロウセルハイ。低いときに買って、高いときに売り逃げるのが、相場師にとって常識である。

　ユダヤ人はこの勝負感覚に長けているが、多くの日本人の投資家はその逆を行くように思えてならない。市場の人気（the psychology of the market）や、「空気」に流されやすい日本人気質には困ったものだ。

　だからマスコミ情報に踊らされやすい。人気上昇に便乗し、講演や執筆が殺到するが、人気が凋落すると、ホゾを噛む。みんなで騙されれば、恐くないとでも思っているのだろうか。

nijimi
にじみ　ooze

「汗がきみの額からにじみ出ている」は、Sweat is oozing out of your forehead. 汗でも血でも、ジワジワと「にじみ出る」を表現するのはcome out of（from）よりoozeという㋒の音霊(おとだま)を用いる方がよりリアルである。

「ぼかす」は人工的（人間の作為による）だが、「にじみ」は、自然の発露だ。同じように、「しみる」も、自然がもたらす痛みのことだ。painを伴うとなると、人間の肌を突き刺す（pierce）か、貫通（penetrate）するように、P-wordsが増えてくる。

「にじみ」は、しみて広がることだから、blur, run。自然の力であっという間に広がるからrun。たしかにストッキングが走る（デンセンする）ように"走る"のだ。

　水、血、膿(うみ)、涙や、はなみずなど、水気の多いモノはrunするのも速い。血がポタリポタリと流れる「にじみ」も結構せっかちだ。

nidai-me
二代目　junior ／ the second generation

　役者の二枚目（a beau-part actor）は美男と決まっているが、ビジネス界での二代目はちょっと"微妙（complicated）"。

　初代の遺業を引き継がざるをえないが、初代の後追いをすれば無能者とされる。「親の七光(ななひか)り（He's shining by his father's light.）」と後ろ指を指される。どちらに転んでもおもしろくない（Damned if you do, damned if you don't.）役回りだ。

　その不満が三代目に継がれるから、三代目（the third generation son）が家（あるいは会社）をつぶすと言われている。二代目は、the seed of destruction（破壊の種）なのかもしれない。一番ラクなのが、何をしても許された初代のワンマン社長ではなかったか。

nito-wo-oe
二兎(にと)を追え。　You CAN have it both ways.

　Run after two hares. と直訳しても通じない。If you run after two hares, you won't catch either. 「二兎を追う者は一兎をも得ず」と言えば、誰でも知っている。狙いを絞れという教えだ。

　だがロジックの前に、英文法の段階でつまずく人がいる。both

を否定し、can't catch both といえば、一兎を逃しても一兎は捕えられるという意味だ。これが日本の英語学習者が苦労する部分否定。「一兎も得られず」は、can't catch either となる。

Everyone says you're great.（あなたは素晴らしいという噂よ）と言われると、否定するのが定石だ。

だから、Everyone can be wrong.（みんなが間違っていることも）とか、Everyone can't be wrong.（中には間違ってない人もいる）の二つの反応が考えられる。こういう議論は、「空気」といえども crowd wisdom（衆知）であるかぎりは、無視できないものだ。

kill two birds with one stone という言い回しも使われるが、やや月並み。もっと頻度数の高い表現に変えよう。

"You *can* have it both ways"「二兎を同時に得よ」と超訳してみよう。can を could に変えると、できないことはない（努力すれば）、とトーンダウンしたことになる。やはり、強調するには can のボリュームを上げるべきだろう。

「両手に花」をどう訳すかと、あるネイティヴに聞くと、ただちに You can have it both ways. と答えた。左右のどちらの女性でも手に入るという意味だから、納得できる。

サラリーマンでも二足の草鞋は同時に履けないものだが、今のような厳しいビジネス界では、二足の草鞋は、生き残りの術として、あえて勧められるようになってきている。have it both ways が常識（commonplace）になり始めている。

ninin-sankyaku

二人三脚　hang together

辞書で二人三脚を調べると、a three legged race と出ている。しかし、これでは、会社経営には使えない。run the company in harness together という苦しい訳があった。

お互いが馬車のように働く mom-and-pop store なら使えるかもしれないが、日常会話で、私が勧めるとしたら、hang together だ。英語はハチの言語だと、思考をジャンプさせるのだ。

ハチの経営では、hang（ぶらさがる）する力のない社員は、捨て去られる。これが合理化（streamlining）という名の経済学。

ハチの economics とは、ムダの切り捨てである。だから、仲間仁

義と思って、がんばろう（hang together）になる。Or, you'll hang separately.（でないなら、一緒に暮らせないよ）となる。

経営でも、結婚生活でも、「ガンバレ」はHang in there.だ。

別れそうな夫婦でも、お互いがグッとこらえて、がんばり抜くことをHang tough.という。

日本語は地を這う蟻の言語。地上を離れて、ブラブラする（hang around）ことは決して、蟻の労働倫理（work ethics）にはない。だからhangが使えないのかも。

見出しに挙げた私の超訳は、最後にor...をさり気なく加えておいた。togetherができなければ、separately（バラバラ）になるよ、という警告だ。

コーヒー・ブレイク
日本の美と艶はpolishedに尽きる

私の著書も160冊を超えてくると、なぜだろうかと思うようになる。少し面映いが、かつて『日本の品格』（藤原正彦著）を意識して『日本の気概』（日新報道）を著したとき、遠藤留治社長に「先生の文章には、艶があります」と褒めていただき、最大の賛辞と受け止めた。しかし、英訳できない。かつてのプロの同時通訳者としては失格だ。

艶とは何か？ ①うるわしく光ること、②若々しく張りのある感じの美しさ、③味わい、面白み、④愛敬、⑤男女の情事に関したこと、色めいたこと。（広辞苑）和英辞典で艶を引くと、a shine, a gloss, a luster, a grace, brightnessと、どうも私の文章にはそれらに共通する「光沢」があるようには思えない。

『ジーニアス和英辞典』には、a gloss, a luster──ここまでは『ウィズダム和英辞典』と同じ。それにa polishが加わっている。

これだ、と思った。「木のテーブルを磨いて艶を出す」（polish a wooden table）。私は、自分の英語を、刃物を砥石で研ぐように磨いたものだ。それは文学作品を真似たものでは決してない。私が故・三島由紀夫に狂ったのも、彼の「陽明学」や「憂国」であって、彼のきらびやかで、クールな文学作品がきっかけであったわけではない。

では、本来武道家を自任している私は、どんな文章を目指していたのか。多分ディベートという、知的格闘技の手法に影響を受けたはずだ。斬れるか斬れないか。流麗さは問わない。短くて、パンチが利いて、無駄がないか。むしろ言文一致体にプラグマチズムを感じてしまう。三島文学とはますます乖離していく。

このように、私の文は豊潤さとは無縁である。まるで、オノマトペを嫌った三島文学の対極にある。とはいえ、ベテラン編集者の遠藤社長が、私の文章を見誤ったとは思えない。あの艶とはpolishされたもの。文筆家としての生来の素質なんかではなく、苦労して研かれた結果であったのか。そこに、道というプロセスを見出していただいたのかもしれない。

茶道はa polished art of teaだ。中国伝来の闘茶 (fighting tea) ではない。闘いという粗々しさを削り、研き上げられたのが、日本の茶道というa polished artなのだ。だからそこに艶っぽさ (sexiness) や奥床しさ (profoundness) を感じるのだろう。

ningen-ryoku (iji)
人間力（意地）　what you're worth

人間の値打ち、価値、値段はお金では計れない。ガラの悪い大阪人は、「お前はなんぼのもんじゃい」というだろうが、一般的には、worthで通じる。人間の価値が自覚されると、self-worthとなる。企業で言う正味資産はnet-worth。

映画 "442: Live with Honer, Die with Dignity"（邦題『442：日系部隊・アメリカ史上最強の陸軍』）を観た。

第二次世界大戦で日系米人がアメリカのために、ヨーロッパの戦場で戦ったときの動機は「実力を見せる」(show them what they've got)、そして「忠誠心を示す」(prove their loyalty to the U.S. government) と同時に、日系米人（ダニエル・イノウエ）の「人間力」「意地」を見せたかったのでは。

日系米人の、次の言葉が胸に刺さった。

They (442) wanted to show them (Americans) what they were worth.（彼ら442部隊は、アメリカ人に意地を見せたかったのだ。）

アメリカ人たちは、日系部隊をこう評価した。We're giving

them a lot of credit.（我々は、彼らを賞賛してやまない。）
　worthを正当に評価するにはcreditを与えることだ。

neaka
ネアカ　open-minded

　ネクラはdarkという形容詞で、一応は通じる。しかし、その反対の、いつもジョークを飛ばしているsunshiny（太陽のように明るい）な人物がネアカとは限らない。また外交ベタな、ひねくれ人間（negative personalities）がすべてネクラとはいえない。

　コンピュータ業界で天才と考えられている人に、風変わり（eccentric）でcynical（冷笑的）なnegative personsが多い。しかし、出世している。

　多くの企業の人事課の人の意見を聞くと、採用の第一条件は「ネアカ」と答える。私は目の輝きと答える。外見の明暗にはとらわれない。マルチ商法の勧誘員はすべて、ネアカで楽観的なpositive thinkers（くよくよしないタイプ）だ。

　東西共通に好まれるタイプをネアカとすると、答えはひとつ、pleasing personality（人好きのする性格）。ナポレオン・ヒル（Napoleon Hill）は、成功する経営者に共通する性質を"pleasing personality"（ネアカ）と捉えた。これなら万人が納得する。

　これまで、ネアカはsunshinyで、ネクラはmoonshinyというイメージで捉えていたが、本格的にこの「難訳辞典」に取り組んでから、さらに考えが深まった。神か悪魔か、正か邪か、天国か地獄か、というeither / orで考える思考が、排他的で暗いのではないかと。

　debateというdoubtから始まるD-wordが日本で根を下ろさないのは、devilish-sounding、悪魔的に響く、穢れた語（dirty word）であるからだろうか。

　この穢れを清めるのに、道が必要となった。道を求めるといえば、誰も反論しないのは、ミチの大らかさだ。open-mindednessだ。mindfulnessにはまだ地上のmindに対するこだわりがある。

　日本人が好むネアカとは、神道的で根っこが明るいから、他人や他人の思想を排除しない。だから、終末論者の声がpessimisticに響くのだ。

神道は、ネアカ宗教だ。初めもなければ終りもない。私が好む神道の言葉は、「常若(とこわか)」である。
「いや、永遠に救われない人（cynics）もいる」、そんな考え方をしている人に私は言う、You're such a cynic.か、You're so dark.と。

nekura
ネクラ　dark

根が暗い人は、どこかに自分というエゴがある。我(が)の強い人は、自己を他人から切り離す。「お前が先に惚(ほ)れたんだ」「別れたいと言ったのはあなたが先よ」と、AかBという思考は、darkだ。

D語は悪魔（devil）が好む言葉だ。doubt（疑い）は、信仰心を崩し、人間関係を冷却させる。神道の教えは、素直（doubt-free）なno-mindの勧めである。

アメリカ人は、この心境をmindfulと曲解する。正しくはmindからも解放されたmind-lessが「無」の境地なのだろう。

一神教の影響を受けた人は、光（light）の反対の暗闇（darkness）を、神（God）と悪魔（Satan）という対比でとらえる。そういう二項対立思考（dual thoughts）そのものが暗い（dark）のだ。

ネクラ人間は、終末論が好きで、未来に対してもpessimisticになる。どこか、絶対者に対するfearがある。

nerai-wa
狙いは？　What are you up to?

どのようなビジネストークでも、双方にそれぞれの「狙い」がある。腹（hidden agenda）は、めったに口に出せないが、agenda（狙い）なら聞き出すことはできる。

よく耳にする口語英語は、What are you up to?だ。up toはafter（～を求めて）のことでもある。

相手からハラを探られた場合に、交渉をスムーズに進めるために、思い切って当方のハラを明かす（come clean）場合もある。Yes, that's the bottom line.というふうに。

このボトムラインというビジネス英語は、これ以上妥協できないというギリギリの線と、金銭的にもこれ以上の妥協はできませんという、両方の意見が含まれている。Take it or leave it.（いやなら、やめとけ）に近いファイナルアンサーとなる。

nen-wo-komete
念を込めて　wholeheartedly

　外国語をモノにしようとすれば、念を込める（with a whole heart）必要がある。「念入り」には、carefully, elaborately, thoroughly, closely という big words が用いられるが、ひっくるめて wholeheartedly（想いを散らさずに）を使えば無難だろう。

　その反対に、いい加減な気持で（halfheartedly）事に臨めば、何事をも成就（じょうじゅ）することができない。

　そもそも「念」そのものが、難訳語だ。"The Spirit of Aikido"（by Kisshomaru Ueshiba, Kodansha International）によれば、「念」は一言では言い表わせず、合気道でいう「念」とは、concentration（集中）の三点が凝縮されたものだ、と述べる。

　念力を鍛えるには、精神を鍛え（discipline the spirit）、念力を研（みが）き（sharpening the power of *nen*）、身と心の統一（unify body and mind）を目指し、もっぱら「宇宙の気」（the ki of the universe）を味方にすれば、スーパーナチュラルパワーが得られ、すべてを見透かせる鏡（clear mirror）になれる、という。

　勝とうと思えば負ける。だから勝敗を意識せず無心になるべきだ、と合気道は教える。

　この「念」を大切にするのが、武士道の延長としての英語道だ。

　空手道五段の加瀬英明氏（外交評論家）は、NONES 番組で「『勝たねば』という執念を持てば、負ける、という武道の発想を西洋人に説くのは、骨が折れる」と打ち明けられた。この「無心」（emptying one's mind　氏の英訳）はアメリカ人好みの mindfulness と訳してはいけないという点で、奇（く）しくも、私と見解が一致した。

　念を込めるとは、それほど難しいのだ――英訳の話だけではない。合気道創始者の植芝盛平氏は、「念」をこう解説されている。

　Nen, the single-hearted concentration seeking the unity of the order with universe and the principle of change, becomes the wellspring of the subtle working of *ki*.。つまり、念の行きつくところは、宇宙との一体化を図る「気」だという。

　闘わずして勝つ道（the truth of winning without fighting）とは、「念」から発するものだ。

nodo-kara-te-ga-deru-yohna-hanashi
ノドから手が出るような話　an offer one can't refuse

　こういう奇をてらった表現は、項目として取り上げたくはなかったが、交渉的には役立つと思った。
「こんなうまい話はない」なら、This is a tempting offer. で通じるが、「ノドから手が出る」となると、どんな条件でも文句が言えないくらい、つまり、よだれが出るほどのおいしい話（mouthwatering offer）だ。私の訳は an offer one can't refuse である。よく耳にする。目にもする。

　The Economist 誌は、こんな斬れる表現を見出しにする。That sounds too good to be true と。しかし、あまりおいしそうな話は、警戒される。

~ no-meiyo-no-tame-ni
～の名誉のために　in fairness to ~

　欠席裁判は、あまりフェアではない。

　誰かが誰かの陰口を叩くとき、「～の名誉のために」と持ち上げ、バランスをとるのが礼儀となっている。そのときに使われる「名誉」とはべつに honor ではない。「公正さ（fairness）」に近い。
「彼の名誉のために言っておくが、彼は別にウソをついたわけではない。ウソも方便さ。」（In all fairness to him, he didn't lie. He just stretched the truth.）

　もうひとつ。「彼女の名誉のために言うが、彼女は浮気したのではない、私の夫を奪っただけ。」（In fairness to her, she didn't cheat her husband. She just stole my husband.）

　これは名誉なんかではなく、逆に、彼女の不義理を強調するブラックヒューモアだ。

nori-kakatta-fune
乗りかかった船　We're（already）in on it together.

　こんな辞書訳があった。We've come too far to go back. There's no turning back（no backing out of the job）. かなり良心的な訳である。Can't turn back. だけでも通じる。

　こんな妙訳はどうだろう。We're already in on it.

　西巻尚樹（VSOP英文法）や加賀美晃（英語求道士）は、句動詞

（phrasal verbs）を用いて、英語を単純化しようとする仲間だ。クリストファー・バーナード（Christopher Barnard）の次の発想に注目する。日本語は動詞中心の言語だが、英語は空間中心の言語である。だから副詞や前置詞（preposition）が重要な役割を果す。ところが、前置詞と副詞がネイティヴでも区別できないから、難儀だ。しかし、この句動詞を使えばbig wordsを倹約することができる。

We're in.で「もう逃げられない」状態だ。inは副詞、そしてon itは、共通の目的から離れることはできない、の意。

onは「接触」を意味する前置詞。togetherとかalreadyという副詞を省いても通じるところまできた。

乗りかかった船は、We're in on it.で十分。発音は、イノネ。聴きとれない？　目を使って、in on it。そう、イノネ。

noru
のる　get on a roll

「調子にのる」の「のる」には、「宣る」と似た音霊を感じる。本来、口に出して言う意でなく、呪力を持った発言だから、ふつう言ってはならないことが呪われたように口から出てくるという状態だ。神に向かって唱える言葉は、神がかった人しか口から出ないものだ。

interpreter high（通訳者が神懸ると恍惚状態になり、疲れを感じなくなる）の体験を何度も経験した私は、この辞書を書くときも、神懸の状態でペンが進むことがある。

英訳すればI'm on a roll.となる。rollとは「ころがる」こと。My pen began to roll.といえば、私のペンに勢い（はずみ）がつき始めたということだ。

心がコロコロ変わるのはflip-flopだが、rollはグルグル回り続けると、シンボライズするべきであろう。カミナリのゴロゴロは、続くので、rollがよい。The thunder is rolling.

Rock and rollもR語であるから、のりの音楽だ。お互い、のりたいムードになったら、身体を左右に動かしながら、こう言ってみよう。Let's rock and roll.と。

のろい

noroi
呪い　a curse

　地下資源に恵まれた国は幸せ？　いや、他国から狙われるから不幸せだ。これが経済学用語でresource curse（資源の呪い）と呼ばれ、このジレンマは今も解消されないままだ。

　モンゴル人は広い草原で、自給自足の生活を送っていた。ところが、地下資源が発見されたとたん、隣国の投資家に狙われ始めた。政府は腐敗し、争いが絶えなくなり、環境が悪化する。

　*The Economist*誌の特集は"A drag, not a curse"という予想通りの見出しを載せた。「資源はおとりにはなるが、呪いではない」と、経済効果は否定していない。

　a dragとは、「ひきずる」ことだ。最初の一服のタバコのように、あとは止まらなくなる、困ったものだ。

　このdragがいつの間にか罠になってしまう。「オノマトペ」でいえば、ズルズルとなろうか。You're getting dragged into dating with that old man, aren't you?（あなたは、あのおじさんとズルズルとデートを重ねる仲になってきているのね。）

baka-tono
バカ殿　a King Lear

　裸の王様といえば、Emperor's (new) clothes。この英語表現で世界中に通じる。しかし「難訳辞典」を謳った本稿では、あえてシェイクスピアのリア王に登場を願い、バカ殿を見出し語に選んだ。

　そのきっかけは、*The Economist*（June 17th-23rd, 2017）の記事 "Finding Trump in Shakespeare" だ。二人の娘の甘言に心を奪われ、憂き目に遭ったときに、ようやく末娘のコーデリア（Cordelia）の愛に気づくが時遅し。愚かな王。まるで暴君ドナルド・トランプ大統領（私の意見ではない）。

　エネルギー長官のリック・ペリー（Rick Perry）は、トランプのことをcancer on conservatism（保守派のガン）とまでののしっていたが、大統領になったとたん、My hat is off to you.（あなたに脱帽）とベタホメ。トランプは「よし、わかってくれたか」と、にっこり笑顔で返す。

　この豹変ぶりを悲劇のリア王だと感じた人物が、カナダ（トロン

ト）のツイッターにこうつぶやいた。This is actually the start of 'King Lear'. と。「リア王の開幕」というフレーズは、あっという間に世界に広がった（went viral）。

*The Economist*誌の分析がすごい。Lear confuses flowery words with love.（リアは、美辞麗句を愛の言葉と混同している。）

ジュリアス・シーザーも、裸の王様となった、そのツケを払った。しかし、Lexington記者はバカ殿、トランプへのペンの攻撃を緩めようとはしない。Mr. Trump is no King Lear.... Nor is he a Julius Caesar

Juliusの前にはa（～のような）が入っている。愚王のリアとは対等に立てても、ジュリアス・シーザーの分身（a）には及ばない。

シェイクスピアの国の記者の舌鋒は鋭い。ちょっぴり嫌味（tongue in cheek）があるが。

hakanai-jinsei
はかない人生　fleeting life

「はかない命」はfragile life、「はかない恋」はephemeral (short-lived) love、「はかない夢」はan empty dream、夢そのものが儚いものだが。「はかない望み」はa vain hope。

はかなさを哲学的に述べると、mutability, transiency, evanescence, impermanenceなどがある。

昆虫好きの私の好みの抽象語はephemeralityだ。ephemeralとは、昆虫や草などの「一日限りの」、つまり「束の間の」という生物学的な短命のことだ。ephemeralとは、カゲロウ（mayfly、ephemerid）のこと。ephemeraとは、ギリシャ語で、lasting only a day（*epi*; on, *hemera*; day）のことを指す。

カゲロウの幼虫は水中に住む。2～3年で成虫になるが、その寿命は1時間から長くとも3週間とされている。このはかなさに較べれば、さくらの花のいのちなど、決してはかなくはない。

さて、この「難訳辞典」で私が勧めたいのは、こんなbig wordではなく、口語的にも使えるfleeting lifeだ。浮世のことを、floating lifeと訳すように、人生を川の流れ（flow）になぞらえてみれば、音も聞こえてくる。浮世も、世の流れとあきらめることができる。人の心もコロコロとflip-flopする。

はかない

　F語は軽くて、fly（ハエ）やdayfly（カゲロウ）のように刹那的（ephemeral, transient）なのだ。火（fire）も炎（flame）も、炎上（flare up）してすぐに消える。fleet（消滅）する。

　無常とはfleeting（いつかすぎさってゆく）なものなのだ。

　ポックリ逝く（go quickly）ことを望んでいる老人の夢は、すべて、a fleeting but beautiful life ではないだろうか。墓に入るのもはかなければ、入る墓も買えない人の人生もハカナイ。

 コーヒー・ブレイク
「はかなさ」を言霊で学ぼう

「今日は、喫茶店で『はか』を科学してみよう」

「お墓？　なんか暗い」

「いや、『はかる』についての楽しい会話だ。学校の授業は、1時限90分だったかな。このコーヒー店では、30分だけの臨時レッスンをしよう。先生もいそがしいから」

「わーい。先生の教科書を使わない講義大好き」

「じゃ今から30分。時間を測ってみるか。…そうだな、まず、1枚の紙に、ティッシュでもいいや、『はかる』の漢字をできるだけ多く書きたまえ。3分間」

「はぁーい」

「3分間、けっこう長いだろう。量る、計る、測る、図るか。ん、一人だけ、謀ると書いたな。西巻君か」

「ぼくは小学校の頃から東大を目指し、本ばかりを読んでいました。哲学が大好きな、暗ーい人間でした。読書が友達でした。高校の頃は1日1冊岩波文庫を読んでいましたから、1年で300冊以上読んだことになるでしょう。だから英語の世界に入っても、教えられていた英文法に疑問を持っていたのです。正しい英文法とは…」

「君の話は長い。もっと短く答えてほしい。謀るは英訳する時、どうなるか」

「conspireでしょうね。陰謀（conspiracy）のconspireは息を合わせること。世界史の戦争史は、この陰謀ばかりで…」

「もういい、君の話は長くなる。他に4人の生徒がいる。寸法や

山の高さを測るという場合はmeasure。体温や血圧を測るのもmeasureだが、『はかる』を漢字で使い分けることもできる。量は、量るだろう。秤(はかり)が必要だな。計算するのは計る。図る（plot）は、幾何学的だな。

　敵国の地理を読み解いて、奪いとる、したたかな植民地主義者たちはすべてmap makersたちだ。地図は、本来そうして謀る（conspire）ために用いられた。そういう戦略的意図を補佐するのが、本来の外交官の仕事だ。コンサルタントの仕事も『はかる』ことだ。この『はかる』の漢字を知っている人」

「はい」

「また、西巻君か」

「諮(はか)るという言葉があります。こちらはconsultantの意味です。英文法で、英語に見捨てられた人たちを救うのが、私のコンサルタント業務なのです」

「ありがとう、では、『はかる』の言霊を剝(は)がしてみよう。ところで、今ぼくは何気(なにげ)なく、ハガスと言ったな。はぎとることなんだが、なぜ『は』という言霊が出てきたのか。この『は』の言霊(ことだま)は何だろう。

　端（はし）、葉（は）や、火（ひ）のように、羽（はね）が生（は）えたように広（ひろ）がるだろう。池の氷が張（は）るのも、この広がるハ音のエネルギーだ。これは英語のF語に近づくことになる」

「え、ハヒフヘホはH語じゃないですか」

「いい質問だね。たしかに火鉢の火（hi）も太陽の陽（hi）もヒだ。熱はheat。しかし、火は英語ではfireとなり、下唇を嚙まないと音が出ない。ただそれだけの違いだ。どちらも軽い（flighty）現象に変わりはない。

　Fのfireはひらひらと、flare upして、flameとなる。蛇の牙は、fangsという。人間の舌（tongue）は、蛇のようにヒラヒラさせることはできない。

　中学生の頃から、国語には自信があった私は、友人の秦君をからかったことがある。『ハタのハタケでハタのハタがハタハタとハタメイテいた』と。これが仲間にもウケた。中二の頃、国語は

いつもクラスでトップだったが、英語は大の苦手で、落ちこぼれていた。

　さて、この秦の畑で秦の旗がハタハタとハタメイテいた、を英訳すると、The Hata's flag was flattering on Hata's farm. H語がF語に占領されてしまっている。こういう作品は、屁でもなかった(a piece of cake)。

　ところで、あのはかない屁。屁の英訳は、そうfartだ。あと5分しか残っていない。時間がたつのは速いだろう。Time flies. 流行（fad）も知名度（fame）もflame up（燃え上がる）して、すぐにfade out（フェイドアウト）して、farewellになってしまうものだ」

haki-soh / modoshi-soh
吐きそう（もどしそう）　I'm getting the pukes.

　ゲーと吐くことはpuke。get the pukesと覚えよう。もどすことはpuke up。すべて「ウー」の音霊。ゲロ、ムカつくやつ、すべてpukes。あいつは、ヘドが出るほどイヤなやつ。He's a puke.

　もどすは、医学用語ではvomit。しかし、私は英語の音感を大切にする。He puked up like a baby.

　音で覚えよう。I woke up at midnight, and coughed and coughed, till I puked this morning. 訳はいらないだろう。数回音読すれば、状況が見え、その苦しさの情景が浮ぶだろう。

haki-dashi-nasai
吐き出しなさい。　Tell.

「吐き出す」とは、胃の中のものを外へ出すことだが、心の中にあることを全部しゃべるときにも使われる。Speak up.では弱い。Come clean.（ドロを吐け）は、警察官の尋問のようで、勧められない。

　Come on.は「ウソだろう、ホントのことを言え」という感じで、相手も、「わかった。ぼくは同性愛者なんだ」というふうに、激白（go public）してくれる。すべて吐き出す（I'll come out.）というニュアンスだ。私のイチオシはTell.

　Tell?　そう、tellの中には、なかなか言えないホンネを言挙げす

る「勇気」が込められている。

　トランプ大統領は、相手の真意を引き出すときにGet it out.（ゲレラウ）という、子供でもわかる口語表現を用いる。Get it out.でなく、Tell.だけでも十分だ。Speak.より、はるかに重い言葉だ。

hakushi-ni-modosu
白紙に戻す。 The deal is off.

　ビジネス交渉でよく勘違いされることがある。overとoffの違いだ。The deal is over.は、これで契約期限は切れたということだが、offになると、最初から無効であったという意味だ。

　リアリティドラマの"House of Cards"（『ハウス・オブ・カード　野望の階段』）ではThe deal is off.が「白紙に戻す」という字幕で、感心した。まさに名訳だ。結婚生活でもoverは、これまでは有効だが、offは結婚という契約そのものが最初から間違っていたということ。「白紙」とはうまい訳だ。

hagure-ohkami
はぐれ狼　a lone wolf

　一匹狼をa lone wolfと訳している人が多い。多読・多聴派の私は、そういう議論を疑い続けてきた。

　多くの場合、文脈からみると、a lone wolfは、仲間はずれにされた、独り者だ。単独犯もいる。lonely（浮き上がっている）だが、alone（しっかりした自分がある）ではない。

　一匹狼はa single wolfとすでに訳している気になって、「はぐれ狼」を『新和英大辞典』はどう訳しているのかと調べたところ、a lone wolfとなっていたので感激した。

　こんな喜びでも、歳のせいか、感動するようになった。

　少しは、私も枯れてきたのかな？（Have I mellowed?）

コーヒー・ブレイク
はぐれ狼と野性人間

　loneには、lonelyという「淋しさ」がある。群れから離れた、群れについていけない、一人ぼっちの狼（lone wolf）は哀れだ。決して一匹狼（single wolf）ではない。

　野性人間（wild things）は、外で、チームワークで狩りをす

る。独りでしか行動できない人間（lone wolves）は、どこか後ろめたい（feel guilty）ところがある。

　結婚相手を探すhuntingのことだけではない。英語道の道でも同じ。斬れる英語を求めるには、wolf spiritが欠かせない（critical）。Be hungry. Be a hunter. Be wild.

　生きた英語を学ぶには、辞書というcomfort zoneから抜け出し、自らリスクを冒（おか）す覚悟がいる。私の辞書からも、できるだけ早く卒業することだ。

bake-no-kawa-ga-hagareru
化（ば）けの皮がはがれる　　give oneself away

　仮面の裏が、本当の顔とすれば、それはtrue colorsに過ぎない。She's shown her true colors.は、「彼女は化けの皮がはがされた」という意味だ。

　wolf's skinを使わなくてもtrue colorsだけで十分だ。primary colors（原色）は、変えようのない"血"（遺伝子）のことだ。

　ビル・クリントン（William Clinton）元大統領は、アーカンソー州知事の時代から、ホワイト・ハウスに入ったあとも、悪ふざけ（naughtiness）が止まなかった。Bill gave himself away.（クリントンは化けの皮がはがれた。）

　彼はこりない奴だった。英訳すればHe keeps showing his primary colors.となる。He unmasked himself.という訳もあったが、ちょっと苦しい。

　mask（仮面）の解釈は、国によって違う。maskはアラビア語の*maskara*（道化者）からきている。マスク（仮面）とは、覆面と同じく、保護や偽りの象徴だ。能面（Noh mask）との間には、かなり隔たりがある。

　西洋人にとり、maskは、自己を隠すもの、日本人、とくに武芸家にとっては、"なりきる"対象である。なりきるから、仮面が息づいている。同一化（identify）した仮面はウソがつけない。「先生らしさ」（聖職者としての心構え）とは、師のお面をつけることだ。

　日本では、能面を（ノミという道具で）「彫る」とは言わない、（心で）「打つ」と言う。そこには、魂が打ち込められている。

私は、英語を日本刀と見なしている。英語を研ぐとは、日本刀を玉鋼（raw steel by smelting sand iron）から、心魂を込めて打ち鍛えることだ。アンカーマンの私がNONESチャンネルで使っている英語をあとで聞き直すと、まだ入魂された英語とは言えない、とホゾを嚙む（regret bitterly）ことしきり。

　日本刀を支える神々に申し訳ない。（I need to do more justice to gods, the spirit behind my English sword.）

haji-da
恥だ　a disgrace

　恥そのものはshame。しかし、「恥だ」となると、That's a shame.でなく、That's a disgrace.となる。

　It's a shame you've never been overseas.と言われても、不名誉なことではない。お気の毒（a pity）に近い。shameは、人の眼、そして人の耳のことだ。あなたのようなアメリカ事情にくわしい人がアメリカへ行ったことがないことは、disgrace（恥ずかしいこと）ではなく、shame（他者が驚く）なのだ。

　アメリカ史上最強の陸軍、日系部隊に対し、東條英機は、「アメリカのために闘え」と言った。松岡洋右も「アメリカへ忠誠を誓え」と言った。アメリカ人はもとより、日系米人もピンとこなかった。母国を裏切れとでも？

　この言葉は、武士道で解ける。上司に忠誠を誓うのが武士の意地なのだ。この意地（self-worth）は、morality（道徳）ではなく、ethics（倫理）の次元に存在する。たとえ相手が敵国であれ、上司を裏切る人間は、母国の上司をも裏切りかねない。

　日系米人を大切にしなさい、と私によく語られた故・西山千師匠（同時通訳の草分け）は、日系米人を支えた精神は大和魂であった、と回顧されていた。

　生き延びて名誉負傷章（the Purple Heart）を与えられた日系米人は、必ずこう答えたという。「私は生き延びただけ。名誉なことではない。本当の英雄は戦死したやつらだ。They are unsung heroes.」と。

　もし「死んだやつらは恩賞ももらえず、馬鹿だ」と死者に鞭を打つものがいれば、きっとHe's a disgrace to the war dead.（英霊の

顔に泥を塗るやつ）と後ろ指をさされることだろう。

Now, that's Bushido...putting glorious death ahead of shameful life.（そう、それこそが武士道だ。…恥ずべき人生よりは輝かしい死を）と私もつぶやきたくなる。もう一言。...Umm. The price of honor.（…うーん。名誉の報酬か。）

hajime-yokereba-owari-yoshi
始めよければ終りよし。　　Start out right and end up right.

A good beginning makes a good ending. これで決まり。しかし日常会話やビジネス交渉では、もっとくだけた表現の方が使われる。それが上記の表現だ。If you start out right, you'll end up right. このようなifを加えた訳の方が、より温(ぬく)もりがある。

最近の TIME 誌からヒントを得た。「スタートを間違えば、結果がうまくいくはずはない」の英訳が次のように斬れている。

"You can't start out wrong and end up right."

こんな気の利いた訳はどうだろう。

（最初にボタンを掛け違えたら、あとで大変だよ。）

hazukashiku-nai-no
恥ずかしくないの？　　Aren't you ashamed?

人に見られて恥ずかしく感じるのは、shameかembarrassmentのいずれかだ。shameは、心のなかに隠れているguiltというレーダーに引っかかったときに生じる。そういう罪意識がなく、単に恥ずかしいなら、be embarrassedだ。

チャックが開いているのに気がつかず、人前でスピーチしたときに感じることはI was embarrassed. という。日本人が好きな失敗談はembarrassing storiesのことだ。

映画『カッコーの巣の上で』("One Flew Over the Cuckoo's Nest")の中で、人目を盗んで女友達を連れ込み、一夜を過ごした、身体不自由で吃音(きつおん)の若者を、看護婦長が問い詰めるシーンがあった。Are you ashamed?

その答えはNo, I'm not. 精神病棟の仲間たちは拍手を送った。収容者は正常で、患者から一切の自由を奪おうとした白衣の天使が異常であることを立証した映画だった。

婦長が少年を脅す。How is your mother going to take this?（あ

んたの母さんが、このことを知ったら許すとでも？）

その言葉で、吃音の少年は、「ママに言わないで」と哀願する。許されるはずがない。キリスト教では、邪淫は御法度(はっと)（off-limits）なのだ。その若者は、その夜、自殺する。guiltからではない。母にバレるshameに耐えられなかっただけだ。

hataraku
働く　serve

日本人は、ハタラクとは"ハタをラクにする（making others labor free）"ことだ、といえば、納得する。なぜか、そういう思想は外国にはない。

ロシアの労働者は、働く喜びを高らかに歌う。しかし労役（labor, toil, drudge）そのものは、苦痛であることに変わりがない。

人は、laborは逃げられないものと考える。No pain, no gain.（苦あれば楽あり。）したがってお産はlabor painとなる。

このlaborを他人に与えようとするのが人間の性(さが)（The Origins of Inhumanity＝非人間性の源泉）で、laborを避け、それを他人に押し付けようとするのが資本主義の原点だと述べた学者がいた。"Labor Avoidance"（労働回避）の著者ジョン・ヒュアー（Jon Huer。メリーランド大学社会学教授）だ。

たまたま、同教授が私の"The Unspoken Way *Haragei*"（Kodansha International）に刮目(かつもく)されたことを、師の教え子である紘道館の門弟（加藤きょう子）から知らされた。「お会いになりませんか。先生とよく似た人です。この人です」と、数冊の著書を手渡してくれた。すぐに速読したところ、私の方が感動してしまった（He had my eyes opened. 目からウロコが落ちた）。

ハラ芸とまったく異次元の世界だ。労働を避ける——いや人に労役を押し付ける、この資本主義、植民地主義、奴隷制度等々の西洋人の苦役回避の思想は、アダムとイヴの世界にまで遡るという。

結論を急ごう。日本人の労働観は、どうしても二宮尊徳のクリエイティヴな勤労観に戻る。

苦と楽は巡(めぐ)る。Pleasure and displeasure are two sides of a coin.

人のために尽くす、はserve othersであり、決してslave for othersではない。私の母校（関西学院）はミッション・スクールだが、

その建学理念は、Mastery for Service.（奉仕のための練達）であり、ようやく、この歳になり、serveがハタ（others）をラクにする（make labor-free）という意味が見えてきた。

英語道に精進し続ける私も、「私心」やエゴの延長としての、「公益（public good）」に出食わしたのだ。業（a calling）としての英語道はjoyful laborであったのだ。やっぱりHappy English works.

発火点　critical mass

この訳にもだいぶ悩んだ。critical massという言葉が、ひっきりなしに使われているのに、英和辞書風に「臨界質量」と直訳すると使えなくなる。*TIME*（Nov. 20th, 2017）は、What happens when women reach a critical mass of influence（by Jay Newton-Small）という見出しで、わずか1ページの中に7、8回もcritical massを使っている。

…when women comprise 20% to 30% of an institution, things begin to change.（女性が組織内に20%〜30%を占めれば、何か変化が起こる。）なるほど、女性のcritical massはとっくに超えた、外国語大学のほとんどは女子大生天下になっている。

女人禁制でスタートした紘道館という古池にも、外来魚のような女性参加者が数人闖入してきたときは話題となった。だが、男性天下はびくともしなかった。

ところが20〜30%のcritical massが破られると、雪崩のように女性支配になった。物理学用語を使えば、核爆発を誘発したとなろうか。これをthe theory of critical mass（臨界質量の理論）という。

Critical mass? It means getting women in power to tip the ratio toward change.）（発火点？　それは転換をもたらす力を女性に与えることを意味する。）

このtipも*TIME*が使った英語だ。tipping point（転換点）の方が流行語となった感じがする。

八方美人　be all things to all people

八方美人とは、be everything to everybodyのことだ。『新和英大辞典』が八方美人をa policy of being all things to all peopleと訳し

ている。流石(さすが)！

同じように、一流雑誌にもこの表現が使われている。"We aren't going to win by being all things to all people everywhere. It's not the right strategy."（*Bloomberg Businessweek,* May 22th-28th, 2017）（八方美人主義がどこでも通用するとは思っていないし、それは正しい戦略ではない。）

八方美人（everybody's friend）を「誰にもいい顔をする」（pleasing everybody）と置き換えるなら、かなりネガティヴになるが、思考を広げることにより、このようにもっと幅広く（ビジネス界でも）使えるはずだ。

hana-kotoba
花言葉　flower language

花言葉が好きな日本人は多い。花も夢も、開くところに"妙"がある。事業に失敗して故郷に帰る夫婦が、新幹線の中で、うつらうつらしている女優の故・森光子を見かけて、サインを求めた。悪いことに、書くペンがあっても、紙がない。新聞紙を出した。ふつうの有名人なら怒るところだ。

女優の森光子は、微笑を絶やさず、その新聞紙の白い部分に、「念ずれば花開く　森光子」と書いた。感激した夫婦は帰郷してから、その新聞紙を神棚に上げ、念じ続け、熱心に働き、一財をなした。そして、森光子にお礼をしにやってきたという。運も開けるのだ——念ずれば。

この「念ずれば花開く」は坂村真民(さかむらしんみん)の代表的な詩である。

さて、最近 "The Language of Flowers"（邦訳『花言葉をさがして』ヴァネッサ・ディフェンバー《Vanessa Diffenbaugh》著）を読み出した。同書のサブタイトル（副題）の英語で、私の目が開かれた。これこそ、「念ずれば花開く」の訳ではないか。Anyone can grow into something beautiful.

花言葉の極意と言えそうだ。誰でも美しい何かに成れるのだ。「念ずれば」と仮定法にすれば、canをcouldにすればよい。こんな私でもときめくことがある。こんな私が好きな七変化(しちへんげ)するあじさい（hydrangea）の花言葉は、非情（unfeeling）だ。

はなこと

コーヒー・ブレイク
花は語る　Flowers speak.

花言葉について、ついにしゃべってしまった。

Flowers don't talk. They speak.（花が語る言葉には意味がある。）

中身については、コーヒー・ブレイクで語りたくなった。イギリスのヴィクトリア王朝では、花は感情を表わすものと信じられていた。honeysuckle（スイカズラ）は献身、azalea（アザレア）は、情熱、赤いバラは愛。"The Language of Flowers"の主人公、Victoria Jonesは、悲しさ、不信や孤独の気持を伝えるのに、花を用いた。

養護施設や里親たちのもとで育った彼女の過去は暗かった。Her only connection to the world is through flowers and their meanings.

前述した、私の作詞した歌にも花が出てくる。英語を水の女にたとえて、水辺の百合と表現したときもあった。しかし、この本を読んでthe lily of the valley（谷間の百合）と換えた。さらりと語られている。"...some believe lily of The Valley brings a return of happiness"べつに祈らなくても、谷間の百合は、幸福を返してくれるのだ。

英語道（Happy English）も花だ。今、きみが使っている英語を愛でてあげれば、英語は幸せになる。英語が幸せになれば、君も幸せになる。Happy English brings a return of happiness.

たかが花、されど花。たかが英語、されど英語。

英語なんか、ただの言葉だ。もっと他の言語に浮気してやろうと思うと、英語は悲しむ。英語の花は、何か国語もペラペラという浮気男を好まない。

この浮気男に贈る花は？　lavenderかな？　その花言葉はholly（先見の明）かmistrust（不信）のいずれか。そんな解説は、どの英和辞典にもないぞ。いや、シェイクスピアがそう言っている。

And there's columbine, *desertion;* holly, *foresight;* lavender, *mistrust.*「そしてオダマキ（放棄）、モチノキ（先見の明）、ラベンダー（不信）がある。」

読者よ、もし私の「難訳辞典」を読み飽きたとおっしゃるな

ら、こんな毒気のある花を送ってください。foxglove, hydrangea, anemone（ジギタリス、アジサイ、アネモネ）は美しいが、どこかに苦の種を残してくれそうな花だ。

友人の結婚式にひまわり（sunflower）を贈ってはならない。偽りの豊富（false riches）か、時節外れ（out of season）を意味するからだ。

花言葉は中期英語でvariety（よりどり）という意味がある。美しいdaisy（デージー、太陽のように誰にも好かれる）は、お帰りなさいと迎えてくれるが、どこかに毒気を秘めている。

花に盲目の愛を寄せることは危険だ。fly-trap（ハエトリ花）という食虫植物もある。

hydrangeaの心で、この辞書を執筆している私のペンの心が、七変化（しちへんげ）するために「非情」に映るのは、やむを得ないだろう。

hanashi-ga-mienai
話が見えない。　You're losing me.

細かい話に終始する人は、大局を見失う（losing the forest for the tree＝木を見て森を見ず）ことが多く、大局ばかりを見て、足元が見えない人は、losing the tree for the forest となる。

しかし一時的に、こういうthe large-picture person（大局を観る人）は、将軍や経営トップに向きそうだ。
「大局を見失うな」はNever lose the large picture.だ。a picture.では一枚の写真になる。theが入ると、視野が広がる。だから、長期的な展望（perspective）も可能となる。とにかく、経営にはvisionやperspectiveは欠かせない。

Never lose perspective. こういう警句は、英語学習者にも使える。ビジネスのために英語を習い始めたのはいいが、そのために受けた資格試験のスコアが気になって、試験を受け続け、いつの間にかスコアアップが英語学習の目的に変わってしまう。

loss of perspective のツケは大きい（a terrible price to pay）。

英語道の基本は、Get（Gain）perspectiveだ。遠近法のことだ。

ビジネスに使える英語をモノにすることが最終目標であれば、それが遠近法の消滅点（a vanishing point）なのだ。

読者には私の言っている話が見えますか。（Are you with me? Are you losing me?）

大相撲が荒波に呑まれている。Harumafuji's violence is losing Japanese sumo fans. モンゴルの"覇"（強者がルールを作る）か、日本の角界が信じてきた"道"（強者が譲る。品格）か、という構図で考えると、白鵬と貴乃花といった対極のシルエットが浮んできた。術と道。英語の学び方にも術と道がある。どちらも大切だ。術は道を求め、道は術で証す。

hanashi-wo moto-ni-modoshite

話を元に戻して　putting things back in perspective

欧米人は話を元に戻すことを嫌う。Let's get back to where we started from.（最初に戻ろう）は、道に迷ったときだけ。これまでの話はすべて無駄であったことを認めたことになり、議論のすべての参加者の立場を失うことになる。

では、このような直線思考の人たち（linear thinkers）にどう言えばいいのか。Let's put（get）it back in perspective.（話を元に戻そう）と言ってみよう。

to（gain）get perspectiveという、なんでもない表現を日本人が苦手とするのは、遠近法という、高所から眺める思考法がなかったからなのだ。それは西洋でも、ルネサンスの頃から、暗黒時代を抜け出すために用いられた思考だ。

> コーヒー・ブレイク
> ### 上から（立体的に）見る get perspective
> 私の英語人生で、私を最も苦しませたのが、このperspectiveという発想だ。この遠近法というルネサンスの産物が見えなかった。今も難訳のままだが、最近上野公園の国立西洋美術館で「北斎とジャポニスム　HOKUSAIが西洋に与えた衝撃」展を見たときに、ハッと気がついた。葛飾北斎が実に身近に感じられた。
>
> なぜ、あの大波の海景画（the Great Wave off kanagawa＝神奈川沖浪裏）に世界の芸術家は息を呑むのか。その謎はやはりperspectiveにあった。「富嶽百景」や「冨嶽三十六景」には、富士の姿を消滅点（vanishing point）とするとか、示唆された山中

や風景そのものに、観察者を没入させる——あるいは多角的にとらえる——といった"非"西洋的な手法があったのだ。

下波の向うにある富士山は、消滅していない。消滅しているのは、観察者の視点の方なのだ。これを私はzero-perspectiveと呼ぶ。すると、Hokusai is a perspective-free artist.（視点なき芸術家）となる。視点を消滅（vanish）しなければ、あの大波は描けない。波に呑まれようとしている舟や乗組員の存在が気にならない。現実的であり、現実から遊離している。

これらはすべて北斎の心象にある。すべて北斎の、そして北斎の絵に溶け込まされた西洋の観察者がゼロ（空）という台風の目（the eyes of typhoon）に巻き込まれている。

ゼロの次元だから、あらゆる事象——心象までも——を渦で洗い、呑み込んでしまう。

人、男、女、春画、浮世絵、動物、植物、風景、すべて北斎の心中にある。それらのモヤモヤを解放させているfreedomが、パースペクティブの呪縛から西洋人の心を解放する。

この遠近法に共通する視点（perspective）を日本人の"心"と捉えれば、日本人の英語学習者の「心」がわかる。主語がないのだ。私が毎日、当用日記を書くように、彼はほぼ毎日のようにマンガや浮世絵を描き続けた。この読む辞書も、書くのではなく、描いてきたつもりだが、その私も、北斎の気迫と開放感に呑まれてしまった。

そして、アルフレッド・ステヴァンスもジュール・ヴィエイヤールも、エドガー・ドガもメアリー・カサットも、アンリ・ド・トゥールーズ＝ロートレックも、クロード・モネも、オーギュスト・ロダンも、ヴァン・ゴッホも、北斎の虜となった。

油絵のように、匂いが重ねられた加算的画法ではなく、水墨画的な減算画法だ。匂いがない。油絵画法には匂いがある。

北斎漫画に惹かれたアルフレッド・ステヴァンスの「公爵夫人（青いドレスの婦人）」の油彩画は、美しすぎるが、部屋中がパフュームでムンムンしている。北斎なら、「うーむ、ボクの絵を背景に描いてくれたのは嬉しいが、…この部屋から解放されて、旅に出たい」とつぶやいたに違いない。

これは、あくまで、私好みの印象派的な文体だが、日本人の心情には、どこか臭いを残したくない、という水の心がある。

　北斎の絵には水が多い。海、波、川、雨、傘、風呂の湯。西洋の画法には、静止した池に多彩な空の色彩を反映させる意図がある。水は多彩だというメッセージも。

　北斎には、そういった気取りはない。これが英語を学ぶ日本人の心ではないかと、急に私の思考を飛翔させたくなる。私はかつて芸術家に憧れたが、今は英語道の道に迷入してしまった。

　英語学に戻ってみよう。ふと、懐かしい、と感じてしまった。芸術の道に入ろうと思っていた青年時代の私に戻ってしまった。

　それはわかるが、いったい私は何が懐かしいのか。日本人読者には説明がいらないのではないか。チョムスキーの英文法に戻り、主語は、動詞は、と暗中を模索する必要がどこにあろうか。「懐かしい」という、主語を必要としない私の心情が英訳できるだろうか。

　私だけではない、おしなべて日本人は、定義という思考の「枠（frame）」が嫌いなのだ。I miss those paintings?　とんでもない――SVO文法はしっかりしているが。

　Those drawings bring me back good memories?　さっぱりわからない――主語と述語を転倒させても。

　It feels nice to be in Hokusai's mind?　ちょっと近い。――主語を3人称のitにしたから？　Feels like good old times?　ぐっとくるのはいいが、ちょっと自分に酔いすぎかな。

　Give me good old times?　芸術家になろうとして、兄に反対された、あの頃が懐かしいって？　読者には関係のないことだ。

　主語がいらない。視点なんかどうでもいい。どうしても主語（subject）を加えなければ、北斎の心がわからないというなら、I feel him.だけでいいのでは。

　日本人に英語を苦手にさせる犯人は、自分を消滅させる北斎メンタリティーではないか。定義ができないゼロ思考の日本人。英語ができない。惜しい。英語を学ぶなら、perspectiveをマスターしなければダメだ、と言い続ける私もつらい。

hana-yori-dango
花よりだんご　pragmatic / substance over style

　花は美しく、高い理想。しかし、現実はもっと身近にあり（existential）、ときには醜い（Idealistic but not realistic.）。

　それを耳にした欧米人が頭に浮べるのがpragmaticだ。pragmaticを辞書通りに、実際的とか実用的と機械的に訳すと、使える機会を失ってしまう。ギリシャ語のpragmの言葉は、行為（deed）を意味する。知より行だ。理想（であるべき）というより、現実（実際は理想論が通じない）を優先させるのがプラグマチズムだ。

　アメリカのチャールズ・サンダース・パース（C.S.Peirce）やウィリアム・ジェームズ（William James）たちが考案した「観念」の意味や真理性は、それを行動に移した結果の有効性から明らかになるという立場、平たくいえば、Does it work?とかDoes it pay?である、というのが私説だ。大阪人の「それでゼニになるのか」というソロバン思考もpragmatismだ。

　哲学云々はさておき、外見（appearances）より中身（real value）だという場合に、最もよく使われるのがstyle vs substanceという比較だ。pragmatismのシンボルは、多くの日本人には不透明だ。解説に骨が折れる。そこで大阪出身の私は、ソロバン思考と述べる。道徳家（moralist）より、現実主義者（realist）のことだ。理想は桜の花のように美しい。

　しかし、現実は、腹をすかしている。だから、オマンマ。これが身近な（existential）issueなのだ。タテマエ（style）よりホンネ（substance）を優先させるのは、エエカッコする（stylish）東京人より、ホンネ（substance）で勝負する大阪人の方だ。

　大阪人の「なんぼのもんや」（What's it worth?）という考え方は、まちがいなくpragmatic。

hane-wo-nobasu
羽根を伸ばす　have a fling

　伸び伸びした状態は、ときには羽目をはずして遊ぶことを意味する。F語の軽快さと、「読み」を強いるニュアンスまでも活かしたい。fling（投げ飛ばす）とは、勝手な（放縦な）ふるまい。「浮気する」（to flirt）も flingに含まれる。

和英辞書には、勧められる用語はあまりなかった。リラックスするため羽根を伸ばすぐらいなら、chill outか、hang looseくらいが無難だ。

F語はfireにみるごとく、ちょっとしたお遊び（play with fire）が、炎上（flare up）することもある。F語に慣れていない人なら、playだけでも通じる。When the cat's away, the mice will play.（鬼の居ぬ間に洗濯）と言うではないか。

habakaru
はばかる　　to shy away from ~ ing

多くの日本の政治家は、NHKの討論（非討論？）番組には出ても、公開で勝敗を決めるディベート（open debate）をはばか（憚）る。はばかるとは、「恐れ」から来ている。だから、shameの域に属すことになる。

恥ずかしくて、〜ができない状態だから、shy away ~ ingがお勧めだ。They shy away from debating issues in public.となる。

debateは本来open（公）であり、密室でやる謀議であってはならない。だからshyな日本人は人目をはばかってしまう。

shyとは「人見知りのする」「恥ずかしがり屋の」という意味で、動詞にも使える。

人目につくとshame（恥）を感じる公園での見知らぬカップルのキス、shameful？　いやスレスレだろう。このスレスレの（はばかってほしい）行為にもshyという形容詞が使われる。全米でも人気のTVシリーズ"House of Cards"（邦題 『ハウス・オブ・カード 野望の階段』）にも、反逆罪スレスレ（shy of treason）という、日本人に使えない表現が何度もはばかりなく使われていた。

浮気行為も背信行為も、人目をはばかって行われるもの。

Some people would prefer to shy away from making comments on it.（回答をはばかりたいと願う人もいる。）

hama-no-masago
浜の真砂(まさご)　　come and go / born every minute

浜の真砂とは数知れぬこと。as numberless as the grains of sand on the seashoreと直訳しては芸がない、いや、味がない（tasteless）。石川五右衛門（安土桃山時代の伝説的な盗賊）は、「石川や

浜の真砂は 尽くるとも 世に盗人（ぬすびと）の 種は尽くまじ」（泥棒はいくら退治しても、浜の真砂のように、数が途絶えることはない）と言った。こんなとき、絵になる表現は、と、同時通訳者は考える。
...Thieves come and go. これでよい。

　泥棒だけではない、詐欺師、ペテン師の種も尽きることはない。Con artists come and go. （詐欺師は浜の真砂のごとく。）

　Con artists are born every minute. （詐欺師は浜の真砂のごとく）といえば、詐欺師はニヤッと笑って（grin and bear）、こう言い返すだろう。

　Why? Because there's a sucker born every minute. （いや、ひっかかるカモも、浜の真砂だからさ。）If there's a grifter, there's a mark. カモがいるところにペテン師がいる、ということだろう。

payoku
パヨク　apolitical activists

　一昔前なら、ノンポリを項目に選んでいただろうが、世の中の移り変わりが速く、めまぐるしくなり、ネトウヨから、パヨクと、新語が雨後（うご）のタケノコのように繁殖し始めた。これらをひっくるめてapolitical activistsと呼びたい。

　政党を右と左に分けると、与党と野党の二つの渦が相異なる"軸"を巡って、拮抗（きっこう）している。与党が右（伝統）を軸に回れば、左は相反する。左の"核"は何だろうか。それが不明のまま群れているのであれば、politicalではなくapolitical（政治に関わり合わない〔無関心の〕）、つまりノンポリということになる。これがパヨク（サヨクぶっているが、ノンポリ）の実体であろう。

　沖縄の基地反対の活動家のほとんどは沖縄人（うちなんちゅう）でなく、本土からのパヨクと呼ばれる活動家であったというから、ノンポリ、apolitical（エイポリティカル）の時代だ。

hara-ga-aru
ハラがある　tolerant, graceful

　難訳語のハラ（腹）を、外国人向けに英訳で解説するには、数十ページは必要となり、腹芸となると、"The Unspoken Way Haragei"の「続」を書かざるを得なくなる。ここではハラに関する難訳語をできるだけ絞ってみたい。

既に触れた、今はやりの忖度(そんたく)も、ハラを軸にして考えれば、氷解する。こんな話ではネイティヴは納得せず、必ず具体例（For example?）を求めてくる。いいだろう。たとえば日本史の中で、大物として異彩を放っているのが、太っ腹の西郷隆盛だ。

ハラとアタマと正反対と考えてもいい。アタマは、知能指数（IQ）と同じ。高ければ高いほどよい。しかし、ココロの次元では、そういう指数が無意味になる。情感指数（EQ）は測れない。SQ（Spiritual Quotient）は、the deeper, the betterなのだ。

マインド（IQ）もハート（EQ）も、裁く。ただひとつ裁かず、受け容れるのが、ハラである。相手を容認できる寛大さ（generous, magnanimousやtolerantが当てられる）が、まさにそれで、その伝でいけば、日本の代表的な宗教（神道、仏教）は、まさにtolerant religionsと相成る。外来の宗教との習合を拒絶しないハラ（この中に"甘え"が含まれる）がある。

> ☕ コーヒー・ブレイク
> ### 西郷隆盛のハラ
>
> ハラ（the hara）は教室では教えられない。熱が入って、時間をオーバーして語っても、評価されるご時世ではない。早めに切り上げ、点数に甘いクラスの人気者が、いい教授と言われる時代だ。多くの大学はすでに"死に体"だ。
>
> 大学生たちが、ソワソワし始めた。カリキュラムと時間の制限があるので、教室から離れた近くの喫茶店で話すと、今どきの大学生の関心は、学問ではなく、就活、結婚。そして、さすがに婚活はなくなったが、バイトもある。
>
> だから授業終了の鐘が近づくと、学生たちはスマホをクリックしはじめ、気もそぞろとなる。日本社会におけるハラの実体など、うわの空だ。
>
> こういうごたく（words, words, words）はいい。コーヒーが冷(さ)めないうちに、話を始めよう。
>
> 「きみたち、庄内藩が江戸薩摩藩邸を焼き討ちしたことは知っているか」
> 「あの西郷隆盛が率いた実行部隊がいた藩邸をですね」

「うん、よく知っているね。西郷さんは怒ったと思うか」
「当然でしょう。お家断絶、藩主の謹慎、そして会津若松のような戦争でボロボロとなったところへ転封などの厳しい処分は覚悟していたはず」
「それで」
「藩主・領民(藩名が大泉藩と改称された)が、御慈悲のほどを、と新政府に陳情を重ねたのです」
「よく知っている。さすが、日本史に詳しい高田くん、じゃ他の4、5人に聞くとするか。西郷さん、そうセゴドンは、どう忖度、いやハラで考えたと思う」
「……」
「ハラを示したのだ。He was tolerant. 寛大な(ハラのある)措置を示したということだ。それに感激して、藩主の酒井忠篤は、明治政府に、藩士78名とともに西国見学をする許可を願った。93名の庄内藩士が西郷さんに弟子入りし、4ヵ月も鹿児島に滞在して、西郷の薫陶を受けた。その教えを書に著したのが、松本道弘がバイブルとしている『南洲翁遺訓』だ」
「西郷さんの遺訓には何が書かれているんですか。我々は次の約束がありますので、まとめてください」
「せっかちだな。一言でいうと、この本のエッセンスは『道』だ」
「みち?」
「そう、そしてハラ」
「ハラ? ますますわからなくなってきました」
「ハラとは空、つまりゼロ。命も要らず、名も要らず、位も要らず、という人こそ最も扱いにくい人である。そして、こんな人でないと、国家に偉大な貢献ができない、というのが西郷さんの教えなのだ」
「そんなことができるのでしょうか」
「できる。道という道徳的羅針盤(moral compass)があればだ。正道を進み、正義のためなら、国家とともに死す覚悟ができるはずだ。正道、つまり道だ。この道こそ日本民族が一番大切にしてきた心の"重心"(gravitational center)なのだ」

> 「あのう、センセイ。私はお先に失礼します。今の私に大切なのは就活でして、道徳訓じゃないのです」
>
> 「私もこれでバイトに出掛けますので。その前にひとつだけ伺っておきたいのですが、センセイ、手短にお答えください。就職活動には必ず英語力が問われるのですが、英語道が役に立つのですか…」
>
> 「二つ答えがある。今すぐの即答では、英語道は諦めること。そして検定試験を受け回り、資格をとることだ。もう一軒つきあえば、その反対の答えを教える」（296ページ、居酒屋トーク「ハラ（腹）を知る英語道」に続く）

barashite-shimae

ばらしてしまえ　Go tell it.

「ばらす」とは、秘密のことがらを人に知らせる、暴露することだ。ただ「公言する」ならgo publicでよいが、goのあとにtellをくっつけるのがミソだ。

tellとは、「言う」や「述べる」というヤワな動詞ではない。「秘密を漏らす」という勢いのある動詞だ。告白に近い。

「彼女に愛の告白をしなさい」と言えば、多くの日本人は、単語の量に自信のある人なら、Confess you love her.を使うだろう。この英語にネイティヴは、首をかしげる。

愛を告白することは、それほど罪なこと？　人の女房に、横恋慕？　禁じられた火遊びでも？と勘ぐられるのがオチだ。正解は、前著でも述べたが、Tell'er you love'er.と1秒英語。

こんなポピュラーミュージックの歌詞を思い出す。Go tell it on the mountain.「山上から大声でわめくのだ。」

大本教の教祖、出口王仁三郎が大声で「山上の垂訓」いや、人々に説教をされたとき、綾部市全域に響きわたったと言われている。

hara-de-naku

腹で泣く　weep bitterly inside

顔（表）で笑って、腹（裏）で泣く場面は、日本の小説や映画でよく見受けられる。腹で泣く（crying inside）とは、感情を効果的に抑えるしぐさだ。それは「察し」の世界だ。

ピエロ（clown）の世界ではない。ピエロは、仮面で笑っている——本心を見せずに。だから、不気味でホラー映画によく登場する。

スティーヴン・キング（Stephen King）の"IT"には恐怖のピエロが登場する。日本人はピエロの存在に悲哀（poignancy）を感じる。そして、美的に感情移入する。そこに隠されたidentityが醸し出す、凍りつくような恐怖はない。なんという美しき相互誤解！

顔で笑って心で泣く（weep bitterly inside）行為とは、あくまで周囲への心遣いから発したものである。

hara-ni-kike
腹に聞け。　Ask yourself.

日本人にとり、ハラ（腹）とは底意。つまり真意ともいえるホンネの部分。しかし、Ask your stomach.とかAsk your heart.とは言わない。Ask yourself.だけで十分。

Ask yourselves: can you truly pay it forward?（胸に手を当てて問いなさい。あなたがたは本当に陰徳を積むことができますか、と。）

pay it forward（恩送り）という表現は、最近の*TIME*の中でタビス・スマイリー（Tavis Smiley。PBSのホスト）が使っている。

It's time for us to start paying attention and moreover, paying it forward.（*TIME*, Aug. 28th, 2017）（関心を払い、さらに恩送りをすべき時期です。）

hara-no-aru-hito
腹のある人　big（tolerant）

日本人が理想とする上役は、おしなべてハラ（腹）のある人だ。外資系の上司は、てきぱきとしてefficientでeffectiveなbossとなろう。迅速な事務処理能力のあるシャープな上役は、あまり腹（包容力）のある人物とは思えない。

日本語で腹のある人格とは、tolerant personsを指すことが多い。

日本文化そのものが、tolerantだ。神道や仏教もtolerantな宗教であるから、宗教対立が殺し合いに発展することはない。あるとすれば、内輪モメに近いものだ。

hara-hachibun-me
腹八分目　Stay hungry.

文字通り訳せば、Never keep your stomach full. あるいは、Eat in moderation. さらに Temperance is the best medicine. と格調を高めれば、非日常的な訳になる。

Don't overeat. は子供でもわかる英語だが、軽すぎる。Stay hungry. の方が教訓的になる。スティーヴ・ジョブス（Steve Jobs）の Stay foolish.（愚かであれ）と同じく、満足するなという教えだ。

比叡山の修行中に学んだ施食（せじき）とは、餓鬼や無縁の精霊に食をほどこすことであった。「小鳥にも少しはほどこすように」と僧侶が言ったことも、武道家の「残心」(open attention) と変わらない。その効果は物理的にも、生物学的にも証明される。

満腹になると（on a full stomach）、思考や行動は鈍る。人は空腹時（on an empty stomach）の方が、思考や行動が前向きになるものだ。満腹は油断につながる。狼もジンギス・カーンも孫子も、そのことを一番よく知っていた。

hara-wo-kukuru
腹をくくる　ready（to accept what's coming）

「腹を決める」は make up one's mind。和英辞書ではそうだが、同じ意思決定でも、頭と腹とでは、覚悟（readiness to accept consequences）の度合いが違う。「腹を決めた」は I've made up my mind. より My mind is made up. の方が、凄味がある。

「死ぬのも覚悟（ready to die）」なら ready で十分。お迎えがこないかと待つ、ポックリ寺の不幸の老人は I'm always ready.

死を覚悟しているサムライも、I'm always ready. という。「日々是（これ）決戦」も I'm ready every single day. だけで十分。to die for what I'm up to などと、余計な説明はいらない。武士は簡素を好む。

ソフトバンクの孫正義は、48歳のときにボーダフォン日本法人を1兆7500億円で買収した。このときに「腹をくくった」という表現を用いた。プロの同時通訳者なら、He betted big. That was a hard choice. ぐらいの着色はするだろう。

しかし私はピリオドの多い、簡素な表現が好きだ。ちょっと試し斬りをしてみようか。He bets big. He wins big. He loses big. He gambles big. He loves big (critical) decisions. Why? Because he loves big money. And big money loves him. Wait! He also loves big ideas, or what he calls kokorozashi — big dreams. He's growing big. He'll die big. And he's always ready.

　腹をくくってきた氏のビジネスライフはすさまじい。

hara-wo-sagure
腹を探れ。　Feel him out.

　忖度(そんたく)するという言葉が、ここまで広く話題になるとは思わなかった。流行語に終りそうだが、お互いが傷つかぬように相手の「ハラを探る」と言い換えるだけで、末永く使えそうだ。ビジネストークに欠かせないハラという概念そのものが、難訳語なのだから。

　「相手の言葉の裏を読む」なら、read between the linesかread into what's saidでよい。だが、書かれた言葉や語られた言葉だけでなく、その背景をあぶり出すには、言葉の発信者のハラ（底意＝hidden agenda）を探らなければならない。昆虫の触角（feelers）のような強力なアンテナがいる。

　その目的は、feel out（敵の気配を感ずること）だ。人間は、昆虫のような優れたantennaを持っていないから、feel outとは、「人の気持を探る」とか「打診する」ことになる。

　「ハラを探る」というのは、お互いの腹が痛まないように感じとり、ネガティヴな行為を中和させることだから、よく使われる口語表現の、このfeel outでことたりる。

　「腹を読む」ならread into somebodyでいい。腹の中を探り出すには、outがいる。

hara-wo-watte-hanasoh
腹を割って話そう。　Let's level with each other.

　Let's split open our stomachs.といえば、共に切腹しようとなる。お互いに腹を割って、腹蔵なく話し合うことが、集団自決だと曲解されてはならない。お互いの立場（playing field）を、平衡にする（level with each other）ことだ。

　お互いがlevel playing field状態になると、両者が同じ土俵に上ったことになる。西郷隆盛は、江戸で勝海舟に会ったときは互角ながら、勝を「先生」と敬称で呼んだ。立場は同じであっても、逆転

(trading places) することはある。

　腹芸（ザ・ハラゲイ）とはそういうものだ。人間同士の"器"（ハラ）——重力と言ってもいい——が、重大事の決め手となる。腹のある人物には、同じく腹のある人物の器がわかる。言葉を交わさずとも。うーむ。It takes one to know one. と、深呼吸したくなる。

 居酒屋トーク
ハラ（腹）を知る英語道
（うーん、残ったのは二人だけか）
「おや、君はバイトで英語を教えることになっていたんじゃないのか」
「ええ。でも、急用ができたと電話で伝えて、アポを変えてもらいました」
「そうか、まあ飲もう。まず食おう。ハラが大切だからな。英語の勉強もハラだ。英語道の第一歩もハラを鍛えること」
「なぜ英語道がハラですか」
「池口恵観大僧正は、ハラを知・情・意と捉えておられる。知性・感性・徳性だ。密教はハラだ。顕教は、アタマとハートだと言えるな。mindとheartの次元では嫉妬が生じる。しかし宗教のハラには、ジェラシーはない。ハラとは、まさに自然の権化なのだ」
「わかりません」
「そうだな、こう言ってみよう。ぼくのハラには、君がいる。君のハラには、ぼくがいる。君とぼくとは、同じ"幹"で結ばれている。嫉妬が生まれるはずがないではないか」
「それが英語道とどんな関係があるのですか」
「君らは、英語に惚れているな。惚れることと恋すること、そして愛することとは違う。愛とは行なのだ。クリスチャンなら受難と受け止めてcross（十字架）というシンボルを使うだろうか。つまり苦行のことだ。

　今の君らは、就職のための英語習得を求めている。一種のquick fix（その場しのぎの解決策）だ。すぐに恋心は醒める。ハラが据っていない——点数しか求めない人たちは、逃避に過ぎな

い。求道ではなく、放道である。磁石でなく、電池なのだ。

　もし今の社会や会社がそんなすぐに切れる電池人間しか求めていなければ、気の毒なことだ。すぐに切れる単三の電池社員ばかりになると、社会や会社もエネルギーを失ってしまう。

　もし筆記試験でスコアアップだけを求めるのであれば、辞書を片手のボキャビルが手っ取り早い。英語道も、この『難訳辞典』もすべて時間のムダになる。進むかやめるかは、今のうちだ。

　今日の授業はこれで終り」

hanguri'i-seishin (tohshi)
ハングリー精神（闘志）　the killer instinct

　私の超訳に満足しているわけではない。他に納得する訳がないだけのこと。『ウィズダム和英辞典』は、a strong motivation, an aggressive ambitionと訳し、「hungry spiritは和製英語」と注を加えている。たしかに、私は耳にしたことがない。

　誰がこの表現を使ったのかと、他の和英辞書を調べると、『ジーニアス和英辞典』も『新和英大辞典』も使っている。

　Be hungry.だけでも通用する。spiritは付けなくてもよい。『シャノン・ヒギンスの野球英語で直球勝負！』（マクミラン ランゲージハウス）の著者のシャノン・ヒギンス（Shannon Higgins）も、日本野球選手のハングリー精神の無さを、このようにこきおろす。「ハッキリ言って、いまのプロ野球は最高につまらない。もちろんそれは阪神タイガースが弱いからということもあるし、読売巨人軍が圧倒的な財力を使って、選手をあさるだけあさって、ほかのチームを骨抜きにしているということもある。人によっては『いい選手は全員メジャーに移籍して、日本プロ野球が空洞化しつつあるから』というし、『サッカー人気が高まったから時代はもう野球ではない』とも言う。…つまり、ハングリー精神が圧倒的に違う。気の抜けたプレーをしたら、そのポジションを狙った選手が代りにいくらでも控えているのだ。サッカーでも同じことが言えるが、日本のプロ野球にはそれがない。」

　耳が痛い（That hurts!）。私の超訳はthe killer instinctだ。べつに、「殺してやる」といった殺気ではない。やつらには負けたくな

い──殺らねば、殺られる──逃げないというサムライ精神は英語道の創始者の私の心の支えであった。がむしゃらな闘志と闘争本能がなければ、NONESチャンネルのバイリンガルキャスターは7年も続かない（2018年で8年目）。

ついでに『オックスフォード新英英辞典』でkiller instinctを引いてみる。a ruthless determination to succeed or win「成功、勝利のための非情なまでの決意」のことだ。

プロの英語を目指す人に、一言(ひとこと)英語のメッセージを送る。Get back that killer instinct of yours. Or you'll be sorry.「初心を取り戻せ」という私のハッパ（pep talk）だ。

hangurih-seishin-wo-ushinau-na
ハングリー精神を失うな。　　Stay hungry.

Hunger spiritと直訳すれば、まるで地獄の餓鬼どもとダブってくる。英語道の基本はStay hungry.である。
「先生はなぜ、貧乏ですか」と、あるインターンの女学生から質問を受けて面喰らったことがある。こういう変化球に弱い私だが、あれから数年経っても即答ができず、悶々(もんもん)としている。ふと考えた。狼の原則ってやつだ。群狼(ぐんろう)（仁義が守れないlone wolfは弱者）の掟がある。Always hunting. Always hungry.だ。

aggressiveという、余計な形容詞なんかいらない。そういえばメタボの狼はいない。常にハングリー精神を失わずに何かを求めている。それは私のイメージとダブってくる。That defines me.

bi
美　austere beauty

美意識を分析するなら、日本人にとっての「美」そのものをまず追究すべきであろう。Japanese concept of beautyは幽玄の美（profound beauty）に見るごとく、密(ひそ)かな（とりあえずsexyと訳しておこう）美である。欧米人が評価するaesthetics（美学、美意識）は目(め)に映る美を愛でたものが多く、耽美(たんび)に走りやすいが、日本人のそれは、もっと禁欲的でストイックなものだ。

茶道で使われる「侘(わ)び」という美（beauty in simplicity）は、もっと簡素（simple）で深遠（profound）なものだ。哲学者、西田幾太郎の見る「真・善・美」とは、すべて、急進的に凝縮されたもの

だ。美とは、「秘花（hidden flowers）」。隠された美こそが真の美なのだ。

若さを謳歌した美は、世阿弥に言わせると、「時分の花」であって、「誠の花」ではない。これも内面の美（inner beauty）の類である。私はそのinnerをaustereと意訳したいのだ。このaustereは、どのように使われているか。たとえば、ワインの厳しい（austere）味だ。

果実の甘い風味より、酸味あるいはタンニンの味がまさる、という情景が浮ぶだろうか。禁欲的な地味さと言えよう。

ギリシャ語のaustèros（厳格な）が、核（コア）であることは確かだ。『オックスフォード新英英辞典』なら、having no comforts or luxuriesかhaving a plain and unadorned appearance。

どうやら外連味のない（俗受けを狙わない）自然美（unpretentious beauty）が、そのエッセンスのようだ。ポピュリズムに便乗して、出世を図ろうとする現在の政治家や芸能人たちとは相反するコンセプトだ。

無常（impermanence）を愛でる美とは、自己に対する厳しさ、そしてストイックな美――やはり私が一番勧めたいのはaustere beauty（秘められた美）だ。

bigaku
美学　emotional aesthetics

和英辞書には、emotionalを加えず、そのままesthetics（イギリス英語。米語ではaesthetic）を使っている。中には、principleだけで済ませている和英辞書もある。

This goes against my principles. という私がよく使う例文もある。しかしそれは私の行動哲学であり、私の美学は単なる行動指針だけではない。陽明学に近いだけに「狂いの美学」（aesthetics of audacity）という行動原理が加わる。

だから、美学（aesthetics）にしても、emotionalを加えなければ、日本の武士道の心意気（spirit）は伝わらない。

居酒屋トーク
狂いの美学

　オレは狂っている。英語道とは狂いの美学だ。
「オレについてくるやつは幸せになれない。マイナスに賭けるやつだけ来い。オレについてきてプラスになることはない、やめるのは今のうちだという話をしてやる。それでもオレのホンネを聞きたいか。ナワノレンでのおごりは、ついてきたやつが払う、クラスでそう言って、ついてくる生徒を追っ払ったが、刀根君、お前一人だけしか来なかったな。カネ持ってるな」
「はい」
「では、夜のレッスンを始める。昼のレッスンは『虚』。夜は『実』。今日の授業で、美学のことに触れたのを覚えているな」
「はい」
「じゃ、狂いと美学はどこで結びつくのか、答えろ」
「それを先生から聞きたいから、ここへ来たのです。バイトで稼いだなけなしのカネを、先生に注ぎ込むつもりできたのです」
「生徒のごちそうになるか…。これが英語道名人のなれの果ってやつだ。しかし、カネの無いやつから、カネをとり、本人に教育するのも"行"かな、はっはっはっ」
「狂いの美学の話をしてください。それが英語道とどうつながるのですか」
「まあ一杯飲んで、肩の力を抜け。今晩はタダメシ、タダザケでしけ込むか。狂いとは、コモンセンスを破ること。それにはアルコールがいる。刀根君は、A新聞の記者になりたいと言ったな。狂えるか」
「意味わかりません」
「エリート意識が捨てられるかね」
「平気です」
「本気かね、まあ一杯。…まだ正気だね。狂気とは、現実に目を開いたままの、夢を実践する気概（spirit）のことだ。品格（soul）では狂えない。君の希望しているA新聞は、最も評価されてきた新聞社だ。日本文化のsoulとして、権威があり、最も打たれ強いメディアとされている。そのsoulに火をぶっかけるの

がspirit」

「外からよくやられますよ。いったんA社に入ったら、私はA社を死守します。それがサムライじゃないでしょうか」

「いや内部からだ。それがロマン」

「それって裏切りじゃないでしょうか」

「だから、狂いなのだ。裏切りだと考えれば、それは裏切りになる。狂いには、その価値判断は存在しない。さて、オレの狂いは、半世紀にわたって主張してきた英語道という偶像を壊すことかもしれない」

「どのように狂われたのですか。その歴史的事例は？」

「思えばこんなことがあったな。40歳を超えて、初めて踏むアメリカの地で、プリンストン大学のディベート・クラブでの講演(The Haragei)を頼まれたときだった。

全米で政界にも最も影響力のある有名大学で、そのパワーの源泉はディベート部というから、私も心を引き締めた。

飛行機の中で作戦を練った。その前夜に買った水戸の納豆をスピーチの冒頭に配り、食べよ、といって学生に回した。あのネバネバの納豆を目にしては、しかめつらをしている学生が多かった。あなたがた、これが食えるか、この豆と豆の間の複数の糸（threads）が見えるか。これを日本では"筋"という。the *suji*。

海外留学の経験はなし、もう特攻隊、これが私にとり初陣。その日、その大学のキャンパスに直行した私は、時差ボケと闘うヒマもなく、"敵の枕を押え"た。宮本武蔵の秘技だ。

相手から反論（質問でもいい）を受ける前に、先制攻撃をかけ、相手の呼吸を呑みこむという奇襲作戦だ。

日本文化は特殊という命題に反論があるのがわかっているだけに、ザ・ハラゲイは、このようなウェットな社会でしか存在できないと述べた。その証拠に、日本人の行動原理は、あなたがたのprincipleと違って、幾重にも重なっているのだ、と。

機中で考えついた、敵に納豆を食わせるという奇襲作戦。平均的アメリカ人にとり、あまりにも気味の悪い（slimy）納豆 natto（fermented soy beans）を回し食いさせ、機先を制する、というのは『狂い』だ。

> 　孫子の兵法でも、詭道（相手をあざむくやり方）にはリスクがあるという。私の英語道は正道ではない。しかし、詭道の中にも正道がある。
> 　もう一杯、刀根君につきあってもいい。今晩はすべて、オレのおごりだ。正道を貫くために、詭道はときには役に立つ。『狂い』とはリスクの異名のことだ。」
> 「つまり、リスクをとらない人は、英語人生の道でも負けるということですか」
> 「よし、よく狂いの行動学がわかったな。やっぱり今晩はお前のおごり、いやジョーダン」

bigaku-ni-hansuru
美学に反する　go against my principle

　美学とは、日本がこだわる行動倫理（code of ethics）のひとつだ。そこに「美（beauty）」があるかが問われる。自分と相手の間にwin-winの関係を結ぶことは、どの文化圏にも必要とされる価値観だが、そこにDo others feel it?という美学、valueが加わると、どうしても日本が誇るwin-win-winの商道徳が必要になる。

　両者が密談でwin-winを達成しても、第三者が「美談だ」と認めなければ、「醜」に終ることが多い。感銘を与えるか（Do they feel it?）というaesthetic valuesの存在を問うのが「道」であろう。

　日本の美学とは、自分のハラの中に潜む他人の心、そして美意識のことだ。この道の美を説くのが美学（esthetic principles）という普遍的な哲学だ。

　この日本的なemotional aesthetics（美学を私なりに直訳すると、こうなる）は外国人には不透明な概念であるので、思い切ってaesthetic（美学的な）を省くこともある。

　That goes against my principles.でも通じる。欧米人は「美」をmoral principleの中に含めるだろうからだ。ただ日本の美学はもっと「深い」（spiritual）。道徳的には悪でも、それが美に昇華されることがある。

　歌舞伎俳優の片岡仁左衛門は述べる。「歌舞伎では、心は現代でも型は古典で演じる。それでこそ、残酷な殺しの場面が美学にな

る。型も現代風になると、ただ残虐なものになってしまう」。深い。

映画の字幕翻訳にヒントを得ることがある。spiritualが「深い」と訳されていたことに、感動した。殺しの場面は、倫理的にも、道徳的にも、宗教的にも「醜い」が、それが「深い」となると、spiritualしかない。

だから私自身の美学に反するという場合、That goes against my spiritual values（principles）.と、超訳したくなる。

日本の美的センスもspiritual valuesに含めるのだ。そうすれば、ガイジンに日本人の美なんかわかってたまるか、という危険な独断と偏見から解放されるはずだ。AIのdeep mindもspiritual mindとすれば、日本の美はAIの力を借りても、世界に通じるはずだ。

hisho
秘書　babysitter

秘書をsecretaryと訳すのをためらう。有名人（タレントやセレブ）にはオールラウンドな秘書がいる。paid secretaryであれば、契約条件が必要となる。しかし、政治家の秘書は契約で縛れない、トータルなサービスが要求される。proactive（先が読める）秘書は、まさに参謀といえる。

上から下までの世話をする人は、まさにベイビーシッター（babysitter）。時間外のサービスだからといって、赤ん坊を見捨てることができない。私はあえてbabysitterと超訳する。

日興証券の役員秘書の時代に、先輩に聞いた。「役員（社長や会長）の秘書とはどんな仕事ですか」と。答えは「役員のおしめを替える仕事です」であった。

「社長が見知らぬ女性と話をしているのを見ましたよ、誰ですか、あの女性は」

「松本さん、聞いてはいけないのです」

「見たのです。この目で」

「いや、見ていません。見て喜ぶのは、三流ジャーナリスト。そういうアブ（gadflies）から、社長を命がけで守るのが、口の堅い秘書なのです。秘密は墓に入るまでリークしてはならないのです」

主人を赤ん坊だと考えれば、忠実な秘書とは、24時間監視態勢を怠らないbabysitterとなる。

ひしょ

> **コーヒー・ブレイク**
>
> ## 美辞麗句　flowery words（suck）
>
> この記事が気に入った。ぐっときた。(This article got me.)『新潮45』(Aug. 2017) の「私を苛立たせる10の言葉」の記事だ。
>
> その勢古浩爾氏が頭にきたという10の言葉を、私なりに英訳してみた。ここは喫茶店。教室じゃないから、気楽な気持で和英の特別講義をしよう。
>
> 1.「上から目線だな。」(Don't patronize me.)
>
> 　「恩着せがましい態度」はa condescending attitude。「相手を下に見るような（横柄な）態度」は a patronizing voice。どちらも人を見下すという意味で、同じぐらいの頻度で使われる。とくに、Don't patronize me.という表現は、よく映画でも耳にする。patronとは、パトロン（後援者やひいき客）だから、目線が上からになるのは避けられない。
>
> 　look down on 〜 は〜を軽蔑する、という意味だから、目線とは関係ない。いわゆる「あんた（お前）に言われたくない (Look, who's talking.)」も「上からの目線で言うな」と同じ意味だ。
>
> 2.「させていただきます」(If you allow me, ...)
>
> 　たしかに、勢古氏の述べるごとく、「上からの目線」批判に戦々恐々とし始めた、今どきのネット市民たちは、ネット上の「炎上」を恐れて、やたらに「させていただきます (If you allow me, ...)」が増える。「勝手ながら、数日間休業させていただきます」という看板を見ると「勝手だよなぁ」と言いたくなるときがある。With your permission?　That sucks.
>
> 3.「元気（勇気）をもらいました」(You've raised me up.)
>
> 　いったん自分を上に置き、それをいきなり落として卑下してみせる。「私を産んでくれてありがとう」「いえいえ、こちらこそ生まれてきてくれてありがとう」という成功ごっこはインディーズ系の映画に多い。
>
> 　女を売買するサイテー男が、惚れていた女をフーゾクに落し、自分もドン底に落ちて、やっと後悔する。その堕落した（元の彼女であった）ソープ嬢の前で、侘びて命乞いをする。

「ボク、もっと生きていていいですか」

　観客はこのシーンで必ず泣く。「元気をもらいました」(You've pepped me up.) どころではない。「あなたのお陰で生かされてきました」(You've got me to where I am.)

4.「もし不快に感じられたなら謝罪します」(We apologize 〈are deeply sorry〉, if we've made you feel uncomfortable.)

　不祥事を起こした会社の経営陣が、報道陣の前で何十秒も頭を下げ続ける形式を、謝罪道 (the way of apology) と呼ぶそうな。あやまり方にも型 (the Kata) がある。

「そのあやまり方はなんだ」と叱られないように、3分間頭を下げ続けたケース（福岡県警の幹部）もある。上記の謝罪表現は、外国の会社がよく使うソツのない形式だが、「もし」という仮定法を"逃げ"の手段に使う日本人が、ここまで増えてくるとは。Apology sucks.（ゴメンネはウソくさい。）

5.「発言を撤回しなさい」(Say you're sorry.)

　直訳すれば、Take it back. Say you didn't mean that. ところが平然と、「じゃ、発言を撤回します」と素直に非を認めれば、許してもらえる世の中は、余りにも甘すぎる。

　アメリカの弁護士なら What he said is no longer operative.（彼の前回の発言は、もうすでに有効ではない）と、巧みな法律用語で逃げるだろう。Legalese sucks. 法律用語はウソくさい。

6.「北朝鮮は何を考えているのでしょうか」(What's on the mind of North Koreans, we wonder.)

　べつに、we wonderはいらない。日本のメディアは事実や真実を無視して、フィーリングで述べるから無責任だ。「どういうつもりでしょう」は、自分たちの無知をさておき、視聴者を巻き添えにしている。いったい、メディアは何を考えているつもりなのか。What are they (the media) thinking? TV news sucks. テレビニュースはいやだね。

7.「このラストであなたは涙する」(You're sure to cry at the last scene.)

　「泣けるかどうか」が映画や本の評価基準になってきた。TED

トーク (Technology Entertainment Design Talks) の基準もemotionが一番大切だ。つまり泣けるか、だ。

　感動的とはemotionalのことだ。Do you feel it?（感動したか）が決まり言葉だが、この感動は、必ずしも涙を意味しない。日本では、演歌の世界でもそうだが、涙（tears）が第一の評価基準になる。Tears suck.（涙もウソくさい。）

8.「男ってバカだよね」(Men suck.)

　「あれが女ってやつの正体だ」と言うときに、吐き捨てるように、A woman!と言う人がいた。短いからパンチが利く。「しょせんオレもバカな男」と自嘲的に言うときは、After all, I'm just a guy ... incurably foolish.と、バカさ加減を自白した方がよさそうだ。

　「男（女）ってダメ」はMen (women) are impossible.と述べても通じる。最近はやりの英語は、やはりこれ。Men suck. Women suck.

9.「人生、楽しまなきゃ損だ」(If there's no fun, what's life for?)

　まるで最近のホリエモンのセリフだ。若者に受けるだろう。私のように古い人間は、「男には逃げられないことがある」(Guys gotta do what guys gotta do. ＝男には意地がある) というセリフが軽く口から出たものだ。

　「きみたち、人のために働くな、自分のために働け」とウソぶくホリエモンには勝ち目がない、今の風潮だ。Horiemon sucks. Or Matsumoto sucks.

10.「幸せです」(I have it all. And I'm happy.)

　勢古氏は、心を鬼にして訴える。

　「女性芸能人や女性タレントが、婚約し、結婚し、妊娠し、出産すると、決まって『幸せです』と言う。いや、それはたしかに『幸せ』なことであろう。…そこまで「幸せ」を連発されると、おめでとさん、とは思うが（ほんとは思わない）、あまりにも安直な『幸せ』アピールと見えてきて、いささか鼻白む」。まったく同感。

　NONESチャンネルの番組で視聴者に「今の心境を一文で、斬れる日記の見出しとして送ってほしい」と求めた。応募者

はたった一人だけ。その主婦はI AM HAPPY.と書いてきた。

　すっかり鼻白んでしまって、変えるところがなく、I *am* happy.とした。amをイタリック体で強調することにより、「それでも私は幸せ」と健気なところを見せた。美しすぎる文体は、幸せとともにウソくさい。Happiness sucks.

hidoi-jidai-datta-na
ひどい時代だったな。　Those were the bad old days.

「良き時代」はgood old（oleとも）daysが相場。センテンスで覚えると、Those were the good old days.となる。

「時代がよかったんだよ」は、Because those were the good old times.となる。「あのときはあのとき、今は今」（That was then, this is now.）の「あの」（that）だからthose。文法的に正しくても、意外に使えない。

「あのときの彼女の眼は、恋する女の眼だった」を訳すと、Those eyes are the eyes of a woman in love. ペリー・コモ（Perry Como）の歌詞の英語は、私の耳に沁み込んでいる。

　さて、この決まり文句の正反対の英語が、*The Nation*誌（Feb. 25th, 2015）の見出しに登場した。

The Bad Old Days

The "bad old days" are the bogeyman of New York politics.

bogeymanとは、秋田のなまはげのようなもの。恐るべき怪物だが、子供をおどかして、よい子に育てる、という教育者を演じる子取り鬼だから、恐るるに足りない、という反対の意味になる。

　1930年代のニューヨークの政治経済は、たしかに真っ暗闇だ。またあの恐慌の時代がやってくる、といっても、「なまはげ」が子供をさらいに来る、という恐れにすぎない、という意味の記事だ。

　The Gilded Age（金ピカ時代）とは、南北戦争後のにわか景気の時代だから、汚職（robber barons＝追い剝ぎ貴族、悪徳実業家）がはびこり、ロクなことはなかった。まさにthe bad old days。

hito-no-kimochi-ni-natte-kangae-nasai
人の気持になって考えなさい。　Put yourself in someone else's shoes.

相手の気持がわかるなら、I feel you. だけでよい。自と他の区別はまだはっきりしている。しかし、相手の頭脳の中に入って、相手の立場から思考するとは、感情移入の段階を通り越して、身も心も（body and soul）トータルに相手に同化したことになる。

それが、相手の靴の中に身を置くことになる。日本語には見当たらない発想だが、shoesとは行動を意味するので、言動そのものに同化することになる。

hito-no-fukoh-wa-mitsu-no-aji
人の不幸は蜜の味　Schadenfreude

他人の不幸を痛快がるのは、日本だけの社会現象ではない。Schadenfreudeは、もともとイギリス人の記者から教わったドイツ語だが、*The Economist*誌でもよくお見受けする。意地悪な喜びはuniversalなのであろう。

国会議員が不倫疑惑のために辞めます、というのが日常茶飯事となれば、笑い事ではすまされない（no laughing matter）。あいた口がふさがらない（Appalling）。

> **コーヒー・ブレイク**
> ### 人なつっこい（amiable / sociable）詐欺師の2タイプとは
>
> YouTubeでTEDトークを聞いていた。「内向性もいいよ」という内容だった。途中で、生後3ヵ月の猫（クロ）が、キーボードの上へ飛び乗って、動画が消えてしまった。人なつっこい猫だから、許せるのだ。やむをえず、そこからペンを走らせてみることにした。人なつっこい笑いは、a friendly（amiable）smile。
>
> 犬はfriendlyなやつがいい。どの人にもなつく犬は、sociableだ。猫の人なつっこさは、どう表現すればいいのか。This cat loves people. と私なら訳す。
>
> 犬でも、根っから人なつっこいタイプもいれば、そんなフリをするのが得意な犬（social game players）もいる。

見知らぬ人（日本人でもガイジンでも）に吠える犬がいた。しかも、相手が家から離れて、自分が安全だと思ったときにしか吠えない。番犬の風上にも置けない、せこい（cheap）、いや、こざかしい（shrewd）犬だった。

　そいつは、律儀ぶって（playing loyal）ちゃんと吠えましたよ、と主人に報告したいのかもしれないが、私は我が家の犬を散歩させながらも、しっかり観察していた。その家からかなり離れて、少し経ってから、けたたましく吠えていた。

　組織人間には、こんなちゃっかりしたゲームプレイヤーがいるものだ。こういう人は、外向的（extrovert）なゲームを演じるが、本当は内向的（introvert）じゃないだろうか。

　その点、猫は演技しない、主人に気を使わない、序列がない。飼い主の顔色をうかがうことはない。マイペース。Cats just get their own way.

　猫と私の関係はいつも対等。犬はその点、忠誠心ゲーム（a game of loyalty）をplayする。忠犬ハチ公のように、根っから忠誠心のある僕もいる。──狼の血を引いているからか。主人の帰りをいつまでも待つoutdoor type（外向的なタイプ）は、ほほえましい。秋田犬は、世界的なブランドとなった。

　猫にそういう忠誠心は期待してはいけない。盲導猫（seeing eye cats）はいない。They are their own masters, neither friendly nor unfriendly.（外向でも、内向でもない、ただの暴君。）They are just themselves.（自分のペースを崩さない。）Cats!（猫めが！）

　詐欺師にも犬型（dog types）と猫型（cat types）がいる。

　犬型はオーソドックスに相手を説得しようとする。フレンドリー。裏技を得意とする交渉人としての猫タイプ──美形が多い──は、もっとcrafty（技師）だ。しかも雌のフェロモンを使ってミャオー（mew）とカモに近づく。

　もっと接近すると、ゴロゴロ（purr）とノドを鳴らし、最後はカモを爪でひっかいて逃げる。猫は安全（食住）を求め、人間にはめったに忠誠を誓わない。

hitome-bore
一目惚れ　love at first sight

　一目惚れ、恋愛結婚には罠（traps）が多いとはいうけれど、やはり love at first sight の威力は無視できない。

　愛（love）、情欲（lust）、結婚したいほどの欲望（long-term attachment）は、すべて脳の中の化学反応（ドーパミン、テストステロン、エストロゲン等々の脳内化学物質の作用）で生じるというのが、世界的に認められている学説である。love at first sight の起爆力は否定できない。

hito-mo-iroiro
人もいろいろ　it takes many kinds

　「人生いろいろあらぁな」でもいい。英語の決まり言葉がある。It takes many kinds to make a world.「世の中には、いろいろな人間がいる」が正しい。

　to make a world. を省いても通じる。

hitori-gachi
独り勝ち　a league of one's own

　多くの和英辞典をのぞいたが、グッとくる訳がない。『新和英辞典』だけが「一人」勝ちと「独り」勝ちを区別していたところが、より良心的だと感じた。

　一人勝ちは、sweep the board, be the sole winner。

　独り勝ちは、being mostly alone〔by oneself〕《in one's home》。

　苦労の跡が見える。私のお勧めは a league of one's own。その決め手となったのが、*The Economist* 誌（Sept. 2nd, 2017）のこの見出し。A league of their own. 私の訳は「儲けではダントツのサッカー王国」。

　サッカー発祥地のイギリスでの football の成績は下がりっぱなし、しかし売上はうなぎ登り。まさに独り勝ちと、皮肉交じりの大見出し。小見出しでなっとく。The English are bad playing football but brilliant selling it. He's in a league of his own. 独り勝ち、無敵。

hitori-zumo
独り相撲　one-horse race

　one-man sumoでは通じない。この訳は意外に難しい。His challenge went unanswered.とかtilt at windmillsも直訳的で、耳障り。

　こんな芸術的な超訳もあった。In regards to this matter, he is fighting windmills. このfight windmillsは、ドン・キホーテが風車を敵と思って闘ったことからきた成句。

　私のお勧めのone-horse raceも完璧とは言えないが、もっとも絵になる訳だと思う。どちらが勝つかわかり合っている競争（選挙など）だから、一方的な勝負となる。

「独り相撲は許されない」を訳すなら、こんな"妙"技も使える。It takes two to *sumo.* なに、相撲（sumo）を動詞に使うなって？ Why not? 立派に通じる。証明しよう。

　It takes two to tango. （タンゴは一人では踊れない。）

　私がかつて、It takes two to judo.と語呂を合わせて使ったら、アメリカの英会話講師が、笑顔で「通じます」と言ってくれた。

　judoが動詞に使えるなら、sumoでも使える。意外に、相手によっては、one-man sumoでも通じるかもしれない。

　しかし世界中で通じる英語はone-horse raceだろう。民主党のヒラリー・クリントン大統領候補（当時はダントツ）が、かつては、one-horse raceともてはやされたときもあった。

bibiraseru
ビビらせる　intimidate

　前著で「ビビる」はtense upと述べた。しかし、まだしっくりいかず、隔靴掻痒の感がある。読者のお叱りを受けそうだが、また脱線したくなった。こんな芸術的な例文を、ある和英辞書で見つけた。

　As a Japanese required to speak English I feel as if I'm trying to soothe an itchy foot by scratching at my shoe. （日本人である私が英語を使って話をしなければならないというのは、隔靴掻痒の感がある。）

　笑った。しかし、今は笑えない。40年前の『日米口語辞典』編纂のときの悪夢が戻ってきたからだ。この和英辞書の編集者の苦労が偲ばれる。

靴の上から、かゆいところをかく心境？「feel irritated（impatient）でいいじゃないの」「いや、それじゃ、もどかしさがガイジンに通じないってば…」。だからわからないまま、青い眼のコンサルタント（インフォーマント）が、最終意思決定者になる。「よし、irritatedでいこう」と。

Native speakers are intimidating teachers of English.であった。

しかし、この辞書では、偏見覚悟の独断が許されることになった。ネイティヴたちは、ICEE（異文化コミュニケーション能力検定 Inter-Cultural English Exchange）のネイティヴ・ジャッジのように、私の前ではビビるはずだ。They will be intimidated at my sight.

p328で、psyched out（ひしがれる）を使った。outでは消えてしまうが、ICEEという異種格闘技の検定試験では、創始者の私はあくまでan intimidating figureだ。

intimidating（ビビらせる）は、決して、big wordではない。intimidateを英語辞書通りに、威嚇する、脅迫する、という漢字から記憶していると、使えなくなる。

「ビビる」という日本語のオノマトペイックな口語表現をintimidatingだと、イメージを使って同一視した方が、使いやすい。

前著の「ビビる」は、外国人の眼から見ると、日本人はガイジンにビビっている、という情景からペンを走らせたが、本書では、tense upに、intimidateを加えることにした。Strangers intimidate Japanese.と。

これなら、誰にとっても違和感はないはずだ。I won't intimidate you, readers. I'm like a baby growing more curious as days go by.（読者諸君、ビビらせるつもりはない。私は日ごと好奇心が増す赤子に等しい。）

bimyo (na)

微妙（な）　complicated

流行語となった、「ビミョウ」という若者言葉は、ぼかしたり（sort ofだけで十分）、ノーコメントの代りに使う遁辞としては有効だろうが、すぐに賞味期限（the use-by date）は切れる。

「二人はできているのかな」「微妙」。これだけで通じる。

英訳すればcomplicated。カ（ム）・ポリ・ケイ・テッ（ド）。歌謡曲でも、よく耳にする。一言（ひとこと）では（口では）言えない。

complexは同じ複雑でも、解ける人には解ける、complicatedは、諸事情が絡（から）み合って、ややこしく、むしろ、解こうとしない方がいい、という意味だ。

Swift has a complicated history with feminism. この場合は、「触れられたくない」過去という意味になる。

弁護側は、そういったcomplicated storiesを引っ張り出すのがうまい。日本のメディアもお得意芸だ。

では40年前の、もっと辞書らしい辞書は使ってはいけないのか、と問い詰められると、私は答える、"It's complicated." と。「微妙」と。3年後の訳は、「さー（ね）」だろう。

hyakubun-wa-ikken-ni-shikazu
百聞は一見に如（し）かず。　Seeing is believing.

人も英語も変わる。最近までWhat you see is what you get. とアメリカ口語表現を勧めてきた。

学校時代に学んだSeeing is believing. などは、アメリカ人に言わせると、cliché（陳腐）と嗤（わら）われるとのことで、古典的英語を小馬鹿にしていたが、最近イギリス英語を見直し、TVシリーズ"Downton Abbey"（邦題『ダウントン・アビー』）を視聴し始めた。20世紀初頭の格調高い英語で、懐かしい表現がポンポンとび出す。

The proof of the pudding is in the eating. （プリンの味は食べてこそわかる）も、そうだ。「ちょっと見る」か、「ちょっと味見するだけ」でも構わない。

『ジーニアス和英辞典』は、私が好んで使う例文を載せている。A picture is worth a thousand words. 私はさらに、眼球だけでなく、網膜に映った言葉のシンボルを捉えたら千枚の写真にまさる、と生徒に述べている。A symbol is worth a thousand pictures. と。

視覚や聴覚には限界がある。イギリス英語とアメリカ英語は、まるきり違う。しかし、シンボルで見れば同じようなもの。

本辞書では、英米を超越した英語そのもの the Englishを目指している。だから、ボキャビルよりsymbol building（シンビル）を強調するのだ。その上がある。An image is worth a thousand symbols.と。これも私の造文だ。

　前著で「恋は盲目」をLove is blind.ではなく、奇を衒ってLove is deaf.と見出しにしたが、読者から批判や反論はまったくなかった。ああ、イメージをされていたのだな、とホッとした。I breathed easy.

　イギリス人には、What a relief!の方が好まれるかもしれない。プロの同時通訳者にとって肝心なのは、イメージ力だ。英語のアウトプットより英語のインプットで勝負できる人が、プロとして生き残れるのだ。世の中には、thousands of Englishesがあるのだから、私の推測によると、通訳・翻訳（特に技術系の）のプロの半数以上は、AI（人工知能）の通訳技術に敗退するだろう。

　deep learnerの私がライバル視するのが、deep mindができるAIだ。この闘いはさらに深みに入っていく。The plot thickens.（佳境に入る）。いや、悩んだら出発点に戻ればよい。シンプルになれば、きっと応用が利くようになる。

　百読は一見に如かず。Reading is believing.（To read is to believe. What you read is what you get.）もっと短く、You are what you read.（読書は人を変える。）

hyappo-yuzutte
百歩譲って　　this is a big if, but ...

「絶対ありえない（impossible）」とは、「まずありえない（improbable）」よりも、生じる可能性はさらに低い。ifという問いも無益だ。だから、big ifが使われる。

　漢方が西洋の薬と同じくらい効果があるとしよう。百歩譲っての話だが、TCM（traditional Chinese medicine）も健康増進に効くことになる。英文も次のように仮定法が多い。If TCM is as effective as western medicine — a big if — then it would appear to be an efficient means of improving health.（*The Economist,* Sept. 2nd, 2017）

　漢方がそれほど効く（effective）とすれば、よりてっとり早く（efficiently）健康増進につながるという論法だ。effectiveとefficientの対比が見事だ。

コーヒー・ブレイク

百歩譲って　assuming you're right

　万が一とか百歩譲って、という日本人好みの表現は、相手との摩擦を避けたいという配慮が隠されている。こんな場合に、ネイティヴがよく用いるのが、仮定法だ。ifを使わない場合は、assuming（〜と仮定すれば）を用いてみよう。

　*The Japan Times ST*の高橋敏之編集長は、次のセンテンスのgivenを、consideringと同様の前置詞と捉えて、雄弁に解説されていた。

　"Regrettably, given the present circumstances, we must say that it would be difficult for Japan to participate in..."

　この状況に鑑(かんが)みれば、ということだから、このgivenには、if this condition is givenというふうに、ifが含まれませんか、と問うと、そうですと同意された。だから、あとのwould beと、ifでやわらげられるのも同じ、ボカシがあるとのこと。
「残念ながら、もし現在の条件が与えられれば、日本が参加することは難しいだろうと言わざるを得ない」ということになる。

　丁寧語とifが結びつき、giveとgetの大家である私は、万人の味方を得た思いがしたものだ。
「百歩譲って」を、いろいろな和英辞典で調べたところ、『ジーニアス和英辞典』がsupposing、『ウィズダム和英辞典』が、even if I make a major concession...、『新和英大辞典』が、Even admittingと乱戦模様。すべて正しい。

　で、私のお勧めは、Assuming 〜 だ。「仮定すれば」に変えてしまう。断定したわけではない。

　日常会話では、That's possible, but not probable. But assuming it's probable as you say it is, why has it never happened before?（百歩譲って、おっしゃるようにほぼ間違いないとすれば、なぜ今まで起こらなかったのですか。）

　concedeも正しい英語だが、giveという英語のやまと言葉を使えば、もっと肩の力を抜いて話せる。

　I give you that, but would anybody buy that?（百歩譲って、ぼくが認めても、他の人がのってくるとでも思っているのかい？）

hinkaku-no-aru-eigo
品格のある英語　proper English

　かつてロンドンに近いところで、そしてBBCで使われた英語がproper (received) English（標準英語）とされた。correct Englishといった方が、まだ気品があるという人もいる。

　しかしロンドンでは、コックニー訛りの英語が使われているではないか、と反論するムキもある。

　品格や気品がある英語といえば、エリート意識が鼻につくから、good Englishかbad Englishでいいではないか、とアメリカ人はからむ。そんなアメリカ人に対して、They don't speak American English; they speak American. Why can't Americans speak English?（彼らはアメリカ英語を話さない。話しているのはアメリカ語だ。どうしてアメリカ人は英語を話せないのか？）と『マイ・フェア・レディ』（"My Fair Lady"）のヒギンズ教授（professor Higgins）がアメリカ英語を嗤う。

　ところが、イギリス人の言語学者の中にも、家庭や路上で横行しているimproperな英語、たとえば、We done lots of great activities.とか、I ain't done nothing.等々には、エネルギーがあるので、矯正する必要があるだろうか、と疑問を投げかける人がいる（*The Economist*, Nov. 4th, 2017）。

　たしかに、「まだ序の口」をYou haven't seen anything yet.と標準語で使うより、かつてのシカゴ訛りの英語、You ain't seen nothing yet.の方が、迫力がある。

　なぜか。彼らの意見に耳を傾けよう。This gives them a sense of community and belonging.（温もりを感じる）と。
「なぜ（Why?）」と東京人が言えば、大阪人は「なんでやねん（Why not?）」と返す。気品はなくても、気概がある。
「日本の品格」が大きな話題となったとき、関西出身の私が「日本の気概」でいこうと奮い立って、そのタイトルの本を著したのは、同じ理由だろう。

　英語も進化する。proper (received) からcorrectへ、そしてgoodに。さらに私が強調するstrong Englishに変わる。それは進化（evolution）でも退化（devolution）でもない、change（変化）だ。

fuhu-genka
夫婦げんか　husband and wife arguments

いろいろ和英辞典で調べたが、quarrelが多かった。

このけんかは、口論をメインとするものだから、argumentでいいと思う。

殴り合いならfightingでもいいが、通常はargumentで十分。

argumentは、「自説を押しつける」ことであり、その目的は、気にくわない相手や相手国を、やっつける（論破する）ことである。日本人は、こちらの方が親しみやすいように思う。

ところが、紳士のスポーツであるdebateはそうではない。あくまでa two-way streetだ。

IDNA（国際ディベート協会＝国際ディベート学会改め）が標榜する、交渉にも役立つディベートは、あくまでフェアネスを重んじ、論敵に対する礼儀を失わず、事実と意見を切り離し、クールに検証しあう、究論（理を究めあう論戦）のことだ。「道」を加えれば、そこに日本特有の「和」の心が加わる。

　コーヒー・ブレイク
ディベートとは、ルールのあるアーギュメントだ

argumentは議論だから、口論と変わらない。つまり a war of wordsの親戚だ。しかし、ルールを重んじるdebaterは、もっと垢抜けしている（more civilized）。だが洗練されたディベーターも、相手の意見に耳を貸さないarguersには勝てない。お互いが上からの目線で、相手を論破しようとするから、ケンカになる。日本人が議論をすればケンカになる（司馬遼太郎説）。

たしかに、夫婦間でなぜか、行なわれるべきディベートが実現しない。「お前は嫉妬深い女」「あなたの方が嫉妬深いわよ」と、刺し違え論法になってしまう。相撲と同じで、立会いの呼吸で決まってしまう。呼吸を合わせるといった不文律の設定が困難だから、夫婦喧嘩は絶えなくなる。

今度は、君の方から立論してくれないか、とサーブ権を譲るようにすれば、本来の建設的な議論（debateの目的）が可能となると思うんだが。呼吸を外す術も時には必要だ。

ふうりゅ

fuhryuh-no-hito
風流の人　a person of culture

　風流をいろいろな和英辞典で調べてみると、elegance, taste, refinement, romanticといった言葉が用いられている。「風流な人」となると、an elegant man, a person who appreciates refinementと直訳調が主流を占めているが、いずれもあまり耳にしない。

　その中で"Soul of Japan: The Visible Essence"の本の解説なら、ネイティヴに通じるのではと考えた。

　Furyu refers to the capacity to enjoy beautiful things such as the sight of the full moon and clear autumn night. A person who can properly savor such things is called *furyujin*; a person of culture.（風流とは、満月や澄明(ちょうめい)な秋の夜の光景といった美しさを楽しむ力のこと。そのような趣を解することができる人は、風流人、すなわち教養のある人と呼ばれる。）

　この風流人の訳がa person of cultureとあるのを目にして、ピンときた。どの和英辞典にもない、この訳ならネイティヴにも通じると感じた。しかも「風流」が"flow with the wind"と引用符で囲んで解説してあるところがニクイ。

　欧米人ならクォーテーションなしでgo with the flowと自然に使うからだ。ネイティヴ感覚にも、かなう。

　雲水のごとく、as the wind blows（風の吹くまま）とは、風や水の心に近い風流人のことだから、イメージとしてはthe wayward（風来坊）とかthe free spirit（フーテンの寅）に近い。

☕ **コーヒー・ブレイク**
フーテンの寅

　フーテンの寅について述べてみたい。フーという勢いが、フーテン気質の私に合うのだろうか。

　子供の頃から、「百人一首」の上の句の「吹くからに——」と耳にしたら、ハーイ、瞬間に手が出た。下の句の「むべ山風を嵐というらん」（文屋康秀(ふんやのやすひで)）まで待つことなどは一度もなかった。おはこ（actor's role）は、人に奪われてはならないもの。

　Global Insideのキャスターとしての私の「おはこ」は「一人デ

ィベート」と「同時通訳」である。視聴者から「待ってましたー。空龍先生」という、掛け声がかからなければ、インターネットTVという舞台から去るしかない。

　芸人（ジャーナリストも教育者も、今じゃ一種の芸人）として、私は格別にフーテンの寅を意識する。あの勢いのある啖呵売(たんかうり)は、通行人の足を止める。渥美清も足を止めて、大道芸人から芸を盗んだ。そして私も。バナナの叩き売りに使われる啖呵（caustic words）は、威勢がよく（forceful）、時にはself-debateのときの「火」のパートでa sharp verbal attackとして使える。

　言語の前に、音楽がある。だから、英文法もmusicと無関係ではない。私は縄文思想に憧れを抱く、大道芸人かもしれない。英語というグローバル言語の四技能を自由自在に駆使している、フーテン（a free spirit）なのだ。

　そんなedutainer（娯楽的教育者）の私でさえ、詐欺師っぽく視聴者を惑わすことがある。

　私も英語ができなかった。英語がさっぱり聴きとれなかった。そこで知ったのが英語のリズムだ。英語のリズムはディベートだ。ディベートのリズムってなんだか知っているかい、そこのお兄さん、英語がきらいかい。

　なに？　英文法がきらい。そう思うだろう。この西巻英文法の本は、主語のあとに、すぐに価値観が入る。verdictが入る。おじちゃん、この通り英語がペラペラ。ディベートや同時通訳、そして女の子を口説くにも、この英文法。

　まだ、英文法が嫌い？　けっこう。

　けっこう毛だらけ、猫ハイだらけ。粋(いき)なネイちゃん、立ち小便(しょんべん)。もうひとつおまけの…。ただで、お分けしたいところだが…。おっと時間が足りないや。

　このリズムにはまる、ひっかかる。Everyone falls for it.──寅さんのような人間は、やし（香具師、野師）に近い。縁日などで食べ物を売る行商人（a hawker）。寅さんもペテン師（grifter）まがいのことをする。妹の名前もさくら（shill）とは、芸が細かすぎる。

「女はつらいよ」（It's tough being a woman.）と呼ばれるのは、

このさくら。ロンゲスト・ランニングの『男はつらいよ』をギネスブック入りさせたのは、さくらのおかげだという人がいる。Why? Because she shilled for her brother. お兄ちゃんのサクラ(shill)だったとは、知る人ぞシル。

この啖呵リズムは、すぐに英語でも使える。なぁーに、英文を短くして、リズムをつければいいだけのこと。

詐欺師へのアドバイス。First, case. Second, observe. Third, profile. And then, GO.

カモをマークしたら、じーっと観察し、素描（デッサン）したら、サーッと行動せよという、このカマキリの行動哲学はこんなに簡単でリズミカルな（ピリオドの多い）英語で表わせる。英語道の教え。自分以外はすべて師だ。

fukusui-bon-ni-kaerazu
覆水盆に返らず　Humpty Dumpty

It's no use crying over spilt milk. はめったに使われない。その点、伝承童謡の主人公、ハンプティ・ダンプティは、今も使える。

塀から落ちて壊れてしまう卵の擬人化されたもの。いったん壊れたら、元の姿には戻れないもののたとえだから、こちらの方がリアルであろう。今も耳にする、このリズム。

Humpty Dumpty sat on a wall.
Humpty Dumpty had a great fall.
All the King's horses and all the King's men
Couldn't put Humpty together again.

nursery-rhymeに興味のないムキは、"What's done can't be undone." か "What's done is done." を勧めたい。「いったん終ったものを、むしかえすなんてできっこない」というニュアンスでよく使われる。

私は、このundoという動詞に引き寄せられる。*The New York Times*の社説の見出しに、undoが使われた。ギョッとした。"UNDOING ALL THE GOOD WORK ON CUBA"「オバマによるキューバ政策の快挙を引っくり返す、トランプの愚挙」（私の超訳）

undoの中に、「覆水盆に返らず」の愚が織り込まれている。

fukutsu
不屈　resilience

　沖縄のメディアを恐れなかった名城政次郎理事長（沖縄尚学学園）に対し、アメリカ兵が最も恐れたのが瀬長亀次郎である。その瀬長が大好きな「不屈」の言葉をかぶせた、沖縄戦後史の資料館が不屈館だ。この狼のような男を表現する英語は、big wordだがresilienceしかない。武士道精神とは魂の不屈なのだ、とすれば、never-give-up spiritでは軽すぎる。あえて日本でも流行語となったresilienceを見出しにした。

　東日本大震災、核燃料のメルトダウンでさんざんな目に遭った、福島県民たちの「ねばり強さ」は全世界から驚嘆された。この「ねばり強さ」がレジリアンス。

　CollinsのCobuildの辞書では、resilienceはこう記されている。

　resilience of human beings to fight after they're being attacked....

　私見も、英語で加えたい。たしかにFukushima citizens proved themselves strong, and un-broken, despite the natural and nuclear disaster. と言える。

コーヒー・ブレイク

覆面（mask）で自分を隠すな、仮面になりきれ

　なぜ覆面が気になったのか。それは、伏見ミリオン座で日仏二本の大作映画を見較べてみたくなったからだ。

　『妻は告白する』で、素顔と仮面の「間」がわからなかった。殺人なのか、自己防御なのか、その境界がきわめて玉虫色的（vague）であった。人妻の微妙な心理が、実にcomplicated。

　そのあとに見た"Elle"（邦題『エルELLE』）は、世界に衝撃を与え、絶賛された（アカデミー賞、ゴールデン・グローブ賞、セザール賞を受賞）だけに、私の鑑賞眼にもショックを与えた。犯人よりも危険なのは、"彼女"だった——というパンフの見出しに魅かれて、観てしまった。フランス人のmask（覆面）は自己を隠すものだ。

　ゲーム会社の女社長（イザベル・ユペール）が自宅で覆面男にレイプされる。その犯人が馴染みの隣人であったと知る。その二

人が平然と付き合っている。そして愛が冷めていく。

　passionはレイプ。一番憎むべき犯人の魔性こそ、彼女の情欲を満たすスリルであったとは。なるほど、危険なのは犯される側の彼女。Oh, my God!

　さてこの覆面（mask）とはいったい何なのか。なぜ私が欧米社会の仮面舞踏会（masked ball）に嫌悪感を抱くのか、その理由がわかった。悪魔の仮面をかぶった上での犯行は、maskの所為にすることができるからだ。The devil did it.（悪魔の面がやったのだ）──私が彼女をデート・レイプするはずがない。なんという卑怯な遁辞！

　この映画を観て、またピエロ（clown）が恐ろしくなった。ピエロマスクのスティーブン・キングは嗤うだろう。

「ミスターマツモトよ、今ごろ気がついたのかね。よくそんな理解で、生徒に英語の心が教えられるもんだね。

　You just don't get it.（まるで英語がわかっていないね。）Re-read my book, "IT."（もう一度ぼくの"IT"を読み返すことだね。）」

---

bushi-ni-nigon-wa-nai
武士に二言はない。　Samurai just deliver.

　これまでの辞書で、「武士に二言はない」はMy word is my bond.だと述べてきた。ウケを狙って私も使ってきたし、はずれたことがない。イギリス人は今も使っている。

　TVシリーズ『ルシファー』（"Lucifer"）で耳にしたのもイギリス英語だった。しかし、その場面を分析すると、「オレは人と違うんだ」といった優越感がキザっぽかった。アメリカ人ならまず使わない。そこで考えた。むしろ日本人らしくSamurai just deliver.（武士はつべこべ言わず、ただ実行する）と言うことにした。

　deliver（the promise）とは「言ったことは守る──有言実行」のことで、ワンワードだけで通じる。サムライはゴタクを並べず、黙って実行するという、「黙って」を強調するためにjustを用いた。これで仕上り。

　Samurai never go back on their words.（武士に二言はない。）

　サムライも言葉もすべて複数にする。my wordsと「私」を使う

より、their words「彼ら」の方がかっこよい。

武士というものはすべて、名誉を重んじる。私も武士の誇りがあるから、不履行という不名誉（dishonor）だけは御免だ。

Samurai's words are their bonds.（武士の言葉は証文だ。）

これならイギリス人にも通じる。

居酒屋トーク
オレは、風流人というより風変わりな数寄者

読者におかれては、見出しの英語に心を奪われてはならない。文脈により、使われる英訳は変わるものだ。Follow the context.（文脈を追え。）

ときには、私個人が風流人と呼ばれたいという願望がある。

ローマの居酒屋で一人、ワインを飲む。私は独り旅が大好きだ。アテネでは、ギリシャサラダ（オリーブとチーズのコンビがうまい）で、ギリシャワインをちびりちびりと飲む。「私」が「オレ」に変わると、空想に耽りやすくなる。とくに大好きなプラトンと、ワイン・トークを始める。

酔えば、AIのディープ学習が始まる。時空を超える。

オレはそもそもロマンチスト（I'm a romantic.）だ。教室外での授業が大好きだ。オレには、狂いの美学がある。ちょっとタイムスリップして、ローマの居酒屋へ飛んでみるか。

その日の前夜にプラトンの「対話篇」を読んで、愛とは、法とは、勇気とは、といった普遍的な価値観をめぐるディベートがしたくなった。

プラトン、日本酒でいいから、オマエも一杯飲め、そして思考をリラックスさせろ。そしてオレのそばにいろ。今から、オマエと英語で対話をする。よーく聞いておけ。

ふらーっとプラトンが出てくる。二人で英語の対話が始まる。ワインが回ると、白熱化する。ディベートになる。もうオレは狂っている。

オレは好き者（a dilettante）だが、別に好色家（a lecher）ではない。好事家というディレッタント、つまり風流を愛する数寄者なのだ。

> 風流人とは、教室でも言ったように、flow with the windのできる人間のことだ。オレはフーテンの寅さんや、吟遊詩人（a minstrel, a troubadour）に憧れる。
>
> あのフーテンの寅というa free spiritが一番演じたかったのが、種田山頭火という、狂気の俳人だった。行乞生活は俳人にとり、武士道に近い荒行であった。プロの道はどの道であっても厳しい。だから、「遊び」を求めたくなる。そして、遊びこそ、真剣さの極致であることを悟る。英語道など児戯（child play）に過ぎない。

futari-ijoh
二人以上　more than one

　別に英文法のレッスンをするつもりではないが、あまりにも数字上のミスが多いので一言。You can't marry more than one woman. を耳にしたときに、瞬時に重婚（bigamy）がイメージできて、二人以上の女性と結婚してはいけません、と訳せるだろうか。

　more than oneとは二人以上だ。関西学院高等部のとき、Aという英文法の先生が、クラスがあまりにも騒がしいので——英文法のレッスンが不人気だったのだろう——急に怒り出して「（教室から）出て行け…ただし３人以上あかん」（笑）。この場合はless than threeだろう。３人までは赦せるという意味だ。

　こんなジョークがある。Polygamy: one too many.（一夫多妻制：一人が余分）Monogamy: the same.（一夫一婦制：同じく一人が余分）。このジョークを耳にして、一瞬で笑えれば英語道有段者（クロオビ）だ。英語を学ぶには、日本人のネアカを多少犠牲にしても、ネクラ（cynicism）のロジックを身につけることだ。

busshoh (kokoro)
仏性（こころ）　feelings

　情そのものはfeelingでよい。仏性（the Buddha nature）とは、心の一種だから、sをつけて複数形にしよう。feelings。これなら、「犬に仏性ありや」という公案も、Do dogs have feelings（Buddha-hood）？と超訳できる。

　「こころ」という超難訳語は、エントロピー理論でいうと、randomness（でたらめ度）が限りなく高いので、翻訳者を悩ませる。宇宙人はいるか、という質問と同じように。

　宇宙人という定義ができないのだから、Is there intelligent life in outer space?と訳さざるを得ない。そして、このintelligent lifeを「こころ」と訳しても、違和感がない。

　話は戻るが、犬に人間の（仏の）「こころ」があるのかと、問われても、回答に困る。あると思えば「有り」、ないと思えば「無し」が正解なのだ。これが禅の公案（the Koan, the zen puzzle）だ。ロジックを軸に思考する欧米人を困らせるには、公案に限る。

　生まれる前の赤ちゃんの声に耳を傾けよ！　無理な話だ。しかし、ロジックさえ捨てれば、わかることだ。仏に逢えば仏を殺し…こんな話は同時通訳者を悩ませる。AI通訳は悩まないが、とんでもない誤訳をしでかしてしまう──ロジック万能であるがゆえに。

futoppara-na
太っ腹な　big-hearted

　状況によってはbigだけで通じる。big stomachは通じない。a big bellyやa potbellyは単に大きい腹のこと。ギリシャ人に、メガロ・スタマヒ（big stomach）を尋ねたら、a beer belly（ビール腹）のことだねと、即答した。

　太っ腹な人物とは、中年肥りの男性のことではない。器（スケール）のでかい人物であり、big-hearted personsと表現される。

　ハートがビッグな人とは、情の豊かな人物のことだ。つまり多感な人物だ。多情（amorous）ではない。

　韓国語で「多情（emotional, sensitive）」といえば、ネガティヴではない。日本語の多感な人に該当する「多情な人（タジョンサラム）」は、あくまでホメ言葉なのだ。

fu-nuke
腑抜け　gutless

　かつて、マンガ『空手バカ一代』の主人公である、極真会館の大山倍達館長と、ソニーの（英語学校）企画で対談をしたことがある。「極真カラテの中で無敵の男に、好きな女ができたら、その男は強くなりますか」と訊いたところ、「あなたの英語道とは違って、空手道では、男はみな腑抜けになります」と答えられた。「英語道も

同じです」と答えた私。腑抜け？

　私は頭の中で、despirited と訳していた。despiritualize（脱精神化）の方が英語らしい。しかし腑抜け（flabbiness＝弛緩・無気力）という、フニャッとした感覚は、出し切れない。

　spiritless（しおれた、生命のない）より gutless（腑抜けの、やる気のない）の方が、ふにゃっとした（女にやけた）武道家を表わすには、より適切なように思う。

　gut the fish（骨やハラワタをとる）というふうに使えるのだから、こんな風にも使えるはずだ。She gutted him. と。「やつは彼女に骨抜きにされた」という意味だから、腑抜けた、ふやけた状況が浮んでくるようだ。

> **コーヒー・ブレイク**
>
> ### 奮い立つは psyche oneself up
>
> 「自ら奮起する」「奮い立つ」。これらの表現は、古来、サムライ日本人が好む価値観であるが、英語ではあまり使われない。「自ら〜する」という言い回しが、あまりにも日本人的だからだ。
>
> 　和英辞典を調べても、せいぜい rouse（stir）oneself か、少し色をつけて brace（nerve か inspire）up（into）というところだが、イマイチ。「ほしがりません、勝つまでは（かつての戦時中の日本国民のごとく）」とか、（大震災に見舞われた福島県民のように）「逃げません、我々みんなが一丸となって奮起するまでは」といった、団結心（esprit de corps）が日常語として使われることはない。
>
> 　"Slugging It Out in Japan"（邦題『さらばサムライ野球』）の著者である、ロバート・ホワイティング（Robert Whiting）のペンは冴えている。What's more, the batters and the pitchers had to psyche themselves up for each pitch.（さらに、バッターとピッチャーは、一球ごとに自ら奮起しなければならなかった。）
>
> 　私の友人（36年前にNHK、そして2016年にインターネットTVのNONESのスタジオにお招きした）の米人作家だ。
>
> 　このサムライの儀式には時間がかかる。バッターは batter's box を離れ、ピッチャーも pitcher's mound を離れ、深呼吸をし、

ふぬけ

空を眺めたり、ポケットのお守りに触れたり、呼吸を整えるというのだ。アメリカ人には真似ができない。いや中国人にも。

中国人は、日本人の運動会を見て、これじゃ戦争しても中国人はまた日本人に負けるぞ、と恐怖に戦(おのの)いて、奮い立たなかったという。中国人はこう言うそうな。一个中国人一条龍、三个中国人一条虫、一个日本人一条虫、三个日本人一条龍（一人の中国人は一頭の龍、三人集まれば一匹の虫、一人の日本人は一匹の虫だが、三人集まれば一頭の龍になる）と。

まるで蟻。蟻は三匹集まれば、フェロモンが個を溶解させ、一体化させ、思考と行動を共存させてしまう。ツーカーといった化学的関係（chemistry）が瞬時にできあがってしまう。

空龍（私のこと）も、自嘲的にI'm an ant.（私は一匹の蟻に過ぎない）というが、それはアメリカ風に言えば、I'm a team player.という意味でもあり、中国風に言えば、一頭の龍（一个龍）で三匹の蟻に匹敵するという、裏のメッセージもある。

その気迫で、この辞書と取り組んでいる。ただ自分自身にハッパ（奮起）をかけているだけなのだ。I just psyche myself up.

決して、読者をビビらせる意図はない。It doesn't mean I want to psyche my readers out.

outでなくupなのだ。outでは読者は逃げてしまい、「難訳」シリーズを読まなくなってしまう。upでなくてはならない。一言(ひとこと)、読者諸兄も気持を込めて、次のセンテンスのご発声を願いたい。私は決してビビって、すくんでしまったりはしません。I swear by kami, I won't psyche myself out.

もう一言。I'll psyche myself up.（アイルサイクマイセルフアップ。）「奮い立ちます」という誓（うけい・うけひ）だ。神話時代にまで遡(さかのぼ)る古語を使ったが、これは、欧米風に言えば、一種のoath（宣誓）に近く、「わからないことを神意によって知るために、誓(ちか)いを立てること」だ。この誓は、人をして、奮い立たせるので、その言霊の霊威(れいい)は、God damn you!のような罵声(ばせい)に変えることもある。

私が一人、こっそりと、久高島(くだかじま)を訪れるときは、浜辺で誓いを立てる。Kuryu damn you!（弱虫の空龍よ、しっかりしろ）と。久

高島という女神が祀られている霊島で、人を呪わば穴二つと言われるように、必ず自分の身に振りかかってくると言われている。体験済みだ。

　久高島はpsyche yourself upするところで、人を呪えば必ず発揚されるネガティヴ言霊により、You'll be psyched out.（ひしがれてしまうだろう。）

　私は、日本が神々の国であると信じている。海外へ行かずに、日本だけで英語をモノにする、さもなければ…と、海や山の神に向って何度誓をしたことか。

furusato
ふるさと　home

　故郷はnative town。ところが、これではあの懐かしさが通じない。That's my native place where the heart is.と、ゴタクを並べるしかない。

　しかし、「懐かしさ」をイメージすれば、どうしてもold（old native place）がキーワードになる。「あの懐かしいタラ岬」（the Old Cape Cod）というように、oldを加えると、「あなたにもわかるでしょう」というニュアンスも込められる。

　あの、いつもの店は、the same old shop。いつもの問題（the same old problem）、いやな思い出も、すべていい（懐かしい）思い出に変わる。

「あのよき昔」（the good old days）をどう表現すればいいのか。主語、述語、目的語というタテの（head-first）チョムスキー英文法では、懐かしいは訳せない。どうしても、oldと結びつくふるさとの味が出ない。

　私は、homeを選ぶ。「私のふるさとは、浦和」であれば、Urawa is home.でよい。homeはエネルギーのある言霊だ。

　I'm home.（在宅中）、Home alone.（家で一人ぼっちだ）、Going home.（帰宅）、Leaving home.（家を出る）、Call home.（家へ電話しなさい）、I'm home to you.（ぼくに甘えてもいいよ）、You're home to me.（ぼくが戻るところは、キミだけだ）。

　Home is where the heart is.（心が戻るところがhome―houseで

なくて)、そうすると、Okamachi is home to me.（岡町はふるさと）で通じることになる。It still is.（今もそうだ）は蛇足となる。

居酒屋トーク
本当の英語道

　うーん、三次会の居酒屋になると、仲間の数がぐんと減るな。英語の授業がこれで終わったと思っているつもりなのか。

　英語道で大切なのは、「残心」(open attention)。本当の英語道（English as a way of life）のレッスンは、教室から離れたときに始まるものだ。

「イチローの野球哲学は、私の英語道哲学と一脈相通ずるものがある。ところで、英語の達人と名人の違いがわかるかな、君ら」
「うーん」
「解答を言おう。達人はgood speaker of Englishで、名人はgreat speaker of English」
「それだけ？」
「それだけ。maestro (master) とかいろいろな訳があるが、big wordsを使っていては酒の味が悪くなる。big wordsは、筆記試験のためにsaveしておけ」
「じゃ先生、聖人は、Saintですか」
「いや聖人とは、肩書きはいらぬ。He doesn't speak English; English speaks him.（英語を話すのではない、英語が話すのだ）と言えばいいかな」
「中島敦の『名人伝』を想い出しました。弓の名人が弓までをも忘れてしまったという、あの話。でもね、先生。自分の弓を忘れてしまうとは、もう認知症がかなりひどい状態じゃないですか」
「英語道も、そこまでくるとゼロ段。聖人を通り越したことになるのう。いずれ、わしもその域に…」
「先生、急にわしに変わっちゃいましたね、まるで仙人みたい」
「そうか、ワッハッハ。じゃ、君らのクラスの先生の歳に戻って、ボクでしゃべってみるか」
「お願いします。ぼくたちこの4人は、英語のプロになりたいのです。どんな心構えが必要ですか」

「いい質問だね。目がキラキラしている（You've got gleam in your eyes）。どんな教科書か、どんな辞書かという質問でなく、"心構え"ときたか。じゃ、ボクの体験談を踏まえて話してみようか。英語のプロになるには、三つの条件がある。

第一に、ライバルをもつこと、自分より少しレベルが上のライバルだ。

第二に、師を持つことだ。勝負してかなわない、そんな畏れ多い相手には、抵抗せずに融け込んでいくことだ。

ボクの場合は、周囲に英語の敵がいなくなって、ライバルがいなくなり、淋しくなったときに、ふっと西山千というバイリンガル、バイカルチャルな同時通訳の師匠と出会ったから、幸運だった。

師に対する態度は目つきでわかる。fire（ギラギラ）から light（キラキラ）に変えることだ。Get yourself light in your eyes.（君の目に輝きを宿したまえ。）

第三に、弟子、いや部下でもいい、後輩でもいい。ひょっとしたらこの男（女でもいい）には、追い越されるなという恐怖を感じさせる、しかし死ぬまでつきあえる相手を側に置くことだ。

ボクが、弟子を持ちたくない一番大きい理由は、追い越されることが恐ろしいからだ。もうそれはfearに近い。その恐怖を隠し、キラキラした演技ができるとは思えない。

追う者は、追われる者より、強い立場にある。その点、大学の教授は一番ラクだ。学生に抜かれることがない。いつも安全地帯にいる。だが、それでは、教授も学生も永久に英語のプロにはなれない。この三つのルールを守れば、間違いなくプロになれる。繰り返してみようか。

1. 強いライバル　2. 強い師匠　3. 強い部下

プロに絶対なれない人は、ボクの周りに集まってくる人の90％くらいかな、この三つのルールを避ける人たちだ。

1. 自分より弱い相手を仲間にする。負けて恥をかきたくないから。

2. 師を求めないこと。スマホだけで十分。いつも自分が中心で目線は常に上から。

> 3．部下や後輩を持つことは時間のロスと考えるナルシスト。いつも一人でマイペース（get it your way）。こういう人は絶対にプロになれない。You won't make it.

burenai-hito
ぶれない人　a person of principle

Most politicians are non-principled.
Some politicians are unprincipled.
But all statesmen are principled.

この下線の部分が通訳できるだろうか。プロの同時通訳者はこんなふうに訳す。

1. そもそも信念がない
2. 信念をコロコロ変える
3. ぶれない

ぶれない人、たとえばサムライ（硬骨の士）は、すべてpersons of principle。なぜ「ぶれない」がprincipledなのか。そのシンボルを摑めばわかる。principleとは、背骨つまりバックボーンのことだ。思想、信条を「ぶれない」（principles）ものとすれば、人間の道徳的資質はmoral principleとなる。通常principleの中にはmoralやethicalが含まれている。

ずいぶん昔に、Newsweek誌が"Japanese have no principles"という見出しのインタービュー記事を載せた。インタービューをされた日本の教授は、日本人には「論理的一貫性がない」という意味で使われたと思うが、相手の西洋インタービューアーは、意地悪にも、使われた英語をそのまま記事にした。だから、見出しがno principles（無節操）となった。

私はすぐにNewsweek誌の編集長に抗議の電話を入れた。この件だというと、ガチャンと電話を切られた。

同時通訳の師匠の西山千（バイカルチャル）にくやしい、といって相談したところ、テープにとっておくべきだったと答えられた。

日本語がペラペラであったライシャワー大使でも、必ず師の西山千の通訳を「間」として使われていた。Both Ed and Sen were principled. 両氏はぶれない人だった。

fuwa-fuwa
ふわふわ　fluffy

　groundedが「がっちり」と地に足がついている状況なら、G語の反対は、F語、とくにfとlのコンビであろう。

　飛ぶflyやflightのF-wordsはふわふわ（fluffy）と軽い。すぐに逃げ（flee）ようとする。キャピキャピした若者はflighty、中年のサラリーマンでもいいが、コロコロと職場を替える（flip-flop）人は、どこかに欠陥（flaw）があり、チョンボ（flop）しやすい。

　fluffy（ふわふわ）とは、「いい加減な、アバウトな」という意味だ。fluffy thinkersはスマホ情報だけで足りると思っているのか、じっくり考えることが苦手なのか、質問できない。肉体（flesh）も、ふわふわしたぜい肉（flab）がつくと（flabby persons）と呼ばれる。

fun'iki
雰囲気　atmosphere

　日本人好みの言葉だが、最近「おしゃれなフインキの店」という、漢字の雰囲気をこわす言葉がはやり出した。日本語そのものがamorphous（無形態）なので、日本人は言葉の異形が気にならないらしい。これがムードという、カタカナ英語に変形する。その果ては、「ムーディーな人」というように流用されてしまう。

　英語でいうmoodyは、「気難しい」という意味だ。ムードのあるホテル（classy hotel）の、ムードのあるレストランは決してmoody restaurantではなく、with moodでもなく、a store with atmosphereでしかない。

　フランスの料理店を訪れたアメリカ人観光客が、この店はatmosphereがあると言ったときに、フランス人の店長は、ambiance（アンビオンス）というフランス語を使えよ、と苦言を呈したらしい。多分にchauvinistic（国粋的）な、熟したブドウを仲間と共に踊りながら踏みつぶす仲間意識こそ、真のアンビオンスだと信じている、このフランスのワイン・メーカーこそ、雰囲気（地球を取りまく大気のように、もやもやと取りまくもの）を大切にしていたことになる。

heiki-de-uso-wo-tsuku-hito
平気でウソをつく人　a pathological liar

　日本人は、ウソー！と軽々と「ウソ」という言葉を使うが、ある意味で危険だ。ウソは必ずしもlieではない。悪意なきウソはan honest lie。許されるウソはa while lieとかfib。I just fibbed.（軽いウソさ。）べつにウソをついたわけではない。本当のことを言わなかっただけだ。I didn't lie. I just didn't tell the truth.

　こういう玉虫色的な発言を耳にすることがある。私もよく使う。Because I didn't tell the truth, (it) doesn't mean I lied. 真実の否定がウソの肯定にならない、という論法だ。

　とにかく平然とウソをつき続ける人は、病的だからpathological liarsなのだ。平気でウソをつく人は、ばれる。ミエミエのウソとは、a lie told through one's teethのこと。

　見えすいたウソならtransparent (palpable) lie、しらじらしいウソならan obvious lie。これらは、すべて悪意のある（malicious）liesだが、an innocent lieとかan honest liesには罪がない（sinless）。これらをひっくるめて、white liesという。

　ところで、「平気でウソをつく」をある辞典で調べるとthink nothing of telling a lie; lie without compunctionと出ていた。勧める自信がない。では、よく耳にするpathological liarsはどうだろう。pathologicalを辞書的に「病理学上の」「病的な」と訳してしまうと、使えなくなる。

　「平気でウソをつく」とは病気なんだ、と思考を飛躍させると、a pathological liar（病的虚言者）が平気で使えるようになる。

　OEDの一部には《informal》compulsive; obsessive（a pathological gambler）があり、うーむさすがと唸らせる。

　a pathological gamblerとは、ギャンブル依存症の人のことだ。「彼は電話魔だ」という場合、私はHe's a compulsive telephone user.を使っていたが、a pathological telephone userで使えるのだ。telephonist（電話中毒）だけでも使えるが、compulsiveと同じように使えると知ると、ますます大胆（audacious）になる。そうだ、an audacious (compulsive) liarでも使える。

　そして、私という狂気の辞書編纂者は、a pathological dictionary compiler。Both Mr. Furuya and Mr. Kuramochi are compulsive editors. 編集の鬼も、病的だと考えると、pathologicalでもよい。

英英辞典は互換性（compatibility）を高めるうえで役に立つ。OEDの二人の創始者の一人はa mad manであったのだ。

heiwa-boke
平和ボケ　take peace and security for granted

ボケは何か、と手さぐりで和英辞書にsenilityを見つけても、使えない。それは、平和があたりまえのように思っている「甘え」のことだ。だからtake ~ for grantedがお勧めだ。

*The Economist*誌の解説が気に入った。"Japanese refer to this state of mind as *heiwaboke,* meaning roughly to take peace and security for granted."（Sept. 2nd, 2017）

（日本人はこうした心理状態を平和ボケと呼ぶ。それをざっと言えば、平和と安全をタダだと思っていることだ。）

山本七平氏は、ユダヤ人の眼から、日本人は水と安全をタダだと思っていると述べたことがある。Japanese take water and security for granted. 日本人もなめられたもんだ。Japanese are taken for granted.

hen-jin
変人　a freak

イギリス人の紳士は、自らをeccentricと呼ぶことに抵抗がないようだ。トイレの中でも表情を崩すな、というルールをかたくなに守っている山高帽のイギリス人は、頑強なeccentrics（変人たち）だ。この種のeccentricsは憎めないどころか、尊敬の対象にもなる。しかし、行動がweird（異様）な人は、同じ変人にも気味悪がられる。この人たちはaliensに近い。

日常耳にする英語は a freakだ。"He's a freak. And he freaks me out whenever we debate."（彼は変人だ。ディベートでいつもムキになる。）議論（argument）をしてカーッとくるのは、よくあることだ。しかしdebateは口論とは違って、クールに建設的に行うべきだ。それなのにムキになる（get personal and freak out）こと自体が変人すぎる。

ふと考える。AIに負けまいと、「難訳辞典」という新兵器で闘い

続けている私も、変人の部類ではないかと。反論してほしい。No. You're brave enough to soldier on in your thankless job. と。

> **コーヒー・ブレイク**
> ### 宝石のような思い出
> 気質（かたぎ）について、ふと思い出す。同時通訳の師匠であった故・西山千から伺ったエピソードのことを。氏が師匠と仰がれたライシャワー大使を京都の土産物店（みやげものてん）に案内されていたときの思い出話だ。
>
> 日本通のライシャワー大使が、ある工芸店に立ち止まって、美しい陶器を眺めておられた。あまりの美しさに息を止められたようで、「高いだろうな、いくら？ セン」と尋ねられた。職人風の男は、「何に使うのか」と尋ねる。
> 「あまりに美しいので　飾りたいのだが」と大使。
> 「じゃ売らねえ。これは見せるための芸術作品なんかじゃない。日常生活で使ってもらうために、手塩にかけて作（まか）ったものだ」
>
> プロ同時通訳者であった、西山千師匠は、この職人気質をどのようにライシャワー大使に伝えたのか、どう大使に納得（なっとく）させたのか、どのような英語をお使いになったのか、問い詰めるべきであった。職人気質とは、英訳できない、困った日本語ですね、と二人で大笑いしたことしか覚えていない。
>
> プロの同時通訳者の職人カタギとは何かを求めていた私にとり、あの喫茶店で"同通"名人から耳にしたエピソードは、今にして思い出せば priceless な宝石であった。
>
> *METROPOLIS*誌で紹介された、刺青（いれずみ）職人は、自分の作品を芸術だとは言わない。
>
> "It's up to other people to look at it and decide whether they think it's art or not. As for me, I see myself as a craftsman. I never thought of myself as an artist."（それを見て芸術かどうか決めるのは他の人に任せている。私については、自分を職人と見なしている。芸術家であると思ったことは一度もない。）と、自らを芸術家だとは認めない。
>
> 故・西山名人もそうだった。「通訳者は透明人間ですよ」と一言（ひとこと）。しびれた。

ぼうそう

bohsoh-zuma
暴走妻　runaway housewives

『新潮45』(Sept., 2017)が「怖い妻たち」という特集を組んだ。その中で、「松居一代だけじゃない芸能界の暴走妻」という記事が、私の目を惹いた(that caught my attention)。今の日本の夏の"風物詩(a special attraction of summer in contemporary Japan)"になりつつあるようだ。

女性が吼えだした。(Women began to roar.)女権をアピールし始めた。ところが、この記事は、暴走する主婦が夫を相手に、世界に悪態(foul language)をつき(curse)始めたというのだ。「夫は浮気をしています。このバイアグラが証拠です」、これが地上波に流れた。

暴走妻、runaway wifeとは、夫から逃げる妻ではない。夫を追いつめる妻なのだ。まさに、runaway truck(暴走トラック)。runawayという表現に抵抗を感じられるムキは、unstoppableを勧める。私もNONESチャンネルで、自虐的にI'm an unstoppable, runaway train.(もう私は止まらない)と言って、ホンネを吐くことがある。

bohtto-shita
ボーッとした　spaced-out

人間にはボーッとした、間の抜けた空間が必要だ。英語ではspaced-outがよく使われる。

麻薬の使用でボーッとなるときも、いかれた(頭の変な)ときも、spacedが使われる。将棋の羽生善治氏は、休みの日に、ソファーに座ってボーッとしている、という。

この感覚遮断の状態は、脳科学者の茂木健一郎氏に言わせると、頭の中で何かを整理している空間だ。脳科学ではdefault modeネットワークというらしい。

湯船の中でアルキメデスが、Eureka!(わかった)と叫んだのも、このボーッとした状態だった。「難訳辞典」に没頭し始めてから、私は感覚遮断期間を"夢"に求めることにした。

コーヒー・ブレイク

ボーッとした（遊びの）空間　wandering mind

　日本文化の要（かなめ）は「間（the ma）」であろう。モノとモノのあいだの"間"とは、"遊び"の別名だが、この「遊び」はどう訳せば、と私自身の思考を遊ばせてきた——giving my mind play.

　そう、playでよい。私は「遊び人間」（homo ludence）であることを自任している。

　ホイジンガーから影響を受けた、この英語武蔵は、最高の遊びとは、真剣勝負に他ならぬと固く信じており、その「遊び心」（playful spirit）こそが英語道の空（gut）であり"肚"（grit）だと決めている。勝とうと思えば負ける、という日本的な逆説（paradox）も、この「遊び」の謎（enigma）に他ならない。

　"FOCUS"（集中。邦題『フォーカス』）の著者であるダニエル・ゴールマン（Daniel Goleman）博士は、この固定してはならない流動的な空間をmind wanderingと訳された。

　*TIME*誌がEmotional Intelligenceと大々的にカバーで取り上げたEQ（情感指数）で重要な地位を占めるのが「遊び」という。日本人の心の隙間をここまで射止めた欧米の学者はあまりいない。

　遊び心については、たびたび述べてきたが、このwanderingやidlingとは無為（むい）に時を過ごすヒマつぶしの意味だと捉えてはいけない。情感などを空転（機械などを）させるidlingこそが、人生に必要な「遊び」なのだ。

　私の講演や授業では、横道へそれることが多いのも、このスパイラル（渦状）の遊び（mind wandering）だ。

　この辞書では、あえて踏み迷い、無駄に思えるplayに真実を見出そうとしている。どういうわけか、私の遊び（playful）講義スタイルを好まない人が必ずいる。ムダ話が多いと、試験を間近に控え、思いつめた秀才たちの顔がこわばってくる。

　集中力（power of concentration）とは、「遊び」を殺し、一点に集中することではない。一点に集中すれば全体を見失ってしまう。博識化した人間に必要なのはwandering mind（ボケーッとした空間）、つまり潤滑油だ。

　ボケーッとは惚（呆）（ぼ）けるの連用形の名詞化されたもので、漫

才でいうボケ役もwandering mindが瞬時に駆使できる、お笑いの達人のことだ。ここでコーヒー・ブレイクを設けたのは、思い詰めた君たちには「遊び」が必要だと思ったから、教室から離れて話してみたのだ。

bokasu
ぼかす　obfuscate / darken

「ぼかし」と「にじみ」は、まったく似て非なるものだ。
「ぼかす」とはobfuscate。困惑（混乱）させる、心を昏迷させる、不明瞭（あいまい）にすることだ。そのこころは、暗くする (darken) である。人の心を惑わせるから、心理学で言うobfuscation（ごまかし）は、ビジネス交渉で使われることが多い。

白を黒に見せかけるには、相手の思考をdarkにすること。このobfuscationの術は外交やビジネス交渉でよく用いられる。

(boku-ga) handoru-wo-nigiru-koto-ni-shite-iru
(ぼくが)ハンドルを握ることにしている　get behind the wheel.

この「している」という習慣を英訳することに、苦労したことがある。英語を人前で話せる（take offという）ようになる前の私は、英作文で苦労したものだ。英文日記の中には、make it a rule toがひっきりなしに出てくる。不自然と思いながらも、書き続ける。I make it a rule to grasp a (the?) handle. というような英語を恥ずかしながら使い続ける。

ネイティヴの添削者もいないから、独りで闘う——もっといい表現はないかなと。日記を書くことは「行」(blood, sweat and tears) なのだ。

日本で30年住んだキャサリン・A. クラフト（Kathryn A. Craft）は、なぜ日本人がmake it a rule toというイディオムを使うのか不思議に感じ、正しくはalwaysでいいのだ、と述べておられる。『日本人の9割が間違える英語表現100』（ちくま新書）を読んで、50年前の自分に戻ったのか、思わず赤面してしまった。ハンドルがwheelとは知らなかった頃だ。

bokeru
ぼける　go senile

「惚け・呆け」とはsenilityのこと。ボケ封じはprevention of senility。ボケ老人はa senile old man。漫才でのボケは、the foolかthe funny man。「ぼける」はplay the foolかplay dumb。

　突っ込み役はplay the straight man。私はむしろthe side-stick（相棒）を好む。突っ込み（give somebody a side-kick＝米語で間接的な攻撃）も、一種のボケだからだ。両者は、表裏一体（two sides of a coin）だ。

bosei-shinwa
母性神話　the Goddess myth

「母性」ならmotherhoodだけでいいはずなのに、なぜ女神（Goddess）神話と訳すのか。いい質問だ。英語には、西洋の神話や聖書の"匂い"がある。赤ちゃんを産むと、自然のパワーが身につくという神話は、母親が子供を守る女神に昇進するということだ。

　しかし、"The Goddess Myth"をカバーに取り上げた*TIME*誌（Oct. 30th, 2017）は、母になって、これでやっとloveとjoyに満ちた人生が送れると思っていた多くの母親が、なぜ不機嫌なのか（why do many moms feel so bad?）と、その原因にメスを入れている。

　母乳で育てる（breastfeeding）か、粉ミルクで育てる（formula or bottle feeding）かのいずれを選択するかが、最初のblues（憂鬱）だという。さらに、恥、罪、非協力的な周囲への怒りからくる、後悔の念が重なる。

　そして、さらなる苦痛が押し寄せてくる。苦労して産んだ子供に、反抗されることもあろう。

　お産はlabor。painもあって苦しい。女性が、いや母親が強いのは、子供たちに「虎穴に入らずんば虎児を得ず」（No pain, no gain.）という人生訓を教えることができるからだ。

　説教ができる身の上になるから、一人前（have it all）と言えるのかもしれない。

　最近では帝王切開（Caesarean section）を避け、よりbaby-friendlyな家庭内分娩（home and water birth）が見直されているという。これも母親という女神に憧れる、女性たちの受難（a Pas-

ぽっくり

sion）なのか。

pokkuri-iki-tai
ポックリ逝きたい。　I want to go quickly.

die peacefullyとかdie on the mat（フトンの上で死ぬ）は、多くの人たち（とくに日本人）の望むところ。これをsudden（unexpected）deathと和英辞典風に訳すと、ポックリというオノマトペの語感を失う。ポックリ寺という発想がおもしろい。sudden death templesはないだろう。

『新和英辞典』では、親切にもdrop deadとかpop offという口語表現を載せている。私のお勧めは、go quicklyだ。バッキンガム宮殿から追い出されたと感じたダイアナ妃（Diana, Princess of Wales）は、こんな恐ろしい不朽のメッセージを残した。I won't go quietly.（このまま黙って引き下がらないわよ。）

BBC Televisionでも、何度もこの呪いのメッセージを耳にした。go quietlyは、英米人には美学ではない。

hotto-suru
ホッとする　breathe easy

「息を抜く」と、呼吸がラクになる。だからホッとする。Now I can breathe easy.（やっとこれでホッとする。）

breatheの代りに、breathe a sigh of reliefと格調を高めることもできる。sighはタメ息のことだ。I sighed with relief.

reliefとは、安堵、気分転換のこと。

hototogisu
ほととぎす　cuckoo

ほととぎす（時鳥）とは、cuculus poliocephalus。このように直訳している翻訳者はいずれAIの自動翻訳ロボットに仕事を奪われることになる。ほととぎすは欧米ではクークーと鳴く。だから名前もクークー（cuckoo）。

ほととぎす鳴きつる方をながむればただ有り明けの月ぞのこれる（藤原実定<small>ふじわらのさねさだ</small>）

I look out to where

the cuckoo called

but all that is left to see

is the pale of moon

in the sky of dawn　　　(Translated by Peter MacMillan)

「百人一首」(One Hundred Poets, One Poem Each)の中でも、とくに私が気に入った作品のひとつだ。

ほととぎす（時鳥）の声が聞こえた。耳。その方向を眺めると、ただ有明の月が空に残っている。目。聴覚と視界が融合されて、絵になっている。まさに和歌の醍醐味。

欧米人のみる「かっこう（cuckoo）」は、托卵で知られ、決していいイメージではない。そこでlittle cuckoo（かっこうちゃん）とイメージを薄めているところがニクい。

郭公（かっこう）タイプの人間は、日本にもいるが、多彩なユダヤ系の渡来人のイメージとかぶさる。日本皇室の深奥部に巣食う藤原一族はきわめてユダヤ的だ。日本文化の守護神を自任している、定着した渡り鳥一族だから、この和歌のようにどこかに悲哀（pathos）を感じさせる。

「百人一首」の特徴のひとつに、悲運に見舞われた歌人たちが選ばれていることがある、と分析するピーター・マクミランが、藤原一族（藤原の姓を名乗る歌人が7名もいる）にスポットを当てているところが秀逸だ。少し長いが引用する。「百人一首は、天智天皇（在 668-671）から順徳天皇（在 1210-1221）まで日本史の600年近くをカバーしている。巻頭歌の詠み手である第38代の天智天皇は、藤原一族を最初に貴族へ引き立て、藤原という輝かしい姓を与えた統治者でもある。ゆえに巻頭に天智天皇の歌を置くという選択は、皇統・和歌の始まり、藤原氏の始まりを同時にことほぐものであるのだ」（『英語で読む百人一首』文春文庫）

ここで、cuckooという渡り鳥の悲哀と結びついた。

> ☕ **コーヒー・ブレイク**
> ## 英語がうまくなるには、カッコウになれ
> 藤原一族には歌人が多い。ユダヤ民族は多芸な人物が多く、歴史に強い。常に裏の立場を崩さず表を視察し、操縦する。分析力に優れ、言葉（特に外国語）は巧みで、コミュニケーションは抜群だ。外から飛来する単為生殖力はバツグンの西洋タンポポ（外

ほととぎ

来種)のように、あっという間に増えてしまう。

カッコウというparasitic birdsは、いつも他の鳥(ウグイス、ヒヨドリ、モズ等)のファミリーのスキを狙い、あっという間に托卵する。同じサイズの卵を他鳥の巣の中に産み落し、彼らの卵より数日間早く孵(かえ)し、本家の卵を巣から地上へ投げ捨て、殺害し、血族のように振る舞い、まんまと本家を乗っ取るというから、まさに完全犯罪。

知能的に優れているカッコウの行動は、S語に象徴される。計画(マルチ商法などのscheme)、ペテン(swindle)、詐欺(scam)、囮(おとり)(sting)、操作(spin、印象操作もspin)、大道商人のサクラ(shill)に利用される。

多芸の渡り鳥は容姿も端麗で、生来のコミュニケーション能力や交渉術に長(た)け、ターゲットにした相手は確実に掌中(しょうちゅう)に収める。それが渡来人や渡り鳥の、生き抜く知恵(survival skills)である。

ウグイスやヒヨドリの「素直」(ザ・スナオ)という価値観の対極にあるものだ。ウグイスやヒヨドリは親や先生、先輩の教えを守り、コツコツと学ぶが、カッコウはそんな極楽トンボではない。どこの国でも食べていかないといけないという切羽(せっぱ)詰まった現実と向かい合っている。

第三者に情なんかかけていられない――しかし、他者(よそ者)というレッテルを貼られ、白い目を向けられてきたかっこう一族は、知で勝負するしかない。だから外国語を学ぶには、cuckoo strategyがcritical(不可欠)だと私は言い続けている。

とにかく、日本人という土着民には、"素直"(undoubting mind)という価値観が必要だが、渡来人にとり、必要な価値観は、その反対のdoubtしかない。

常識や人の善意(good intentions)を信じてはいけない。だから、カッコウ一族(parasites)のvaluesはD-wordsになる。

doubt(why)から始まるdebateは、必ずひねくれた立場をとらされるdevils(悪魔)が登場するものだ。そして悲劇が起こる。

このdevilsのからくり(trick)や仕掛け(mechanism)を見抜くのは、バカな人間どもではなく、道化師(ピエロ)だったりする。ずる賢いcuckooも、ピエロ(clown)には勝てない。シェイ

クスピアはそのことを知っていた。

hodo-hodo-ni
ほどほどに　go easy on

お客さん、お酒もそのあたりで、と飲み屋の女主人が声をかける。その英語が、Go easy on your *sake.*

sake はセイクではなく、サケだ。この下流表現は、上流社会でも使える。私好みの口語表現だ。

Bloomberg Businessweek 誌の次の見出し英語が気に入った。

May Should Go Easy On Brexit Promises（メイ英首相は、ブレグジットの約束も、そこそこにした方がいい。）

easyは、子供でも使える便利な表現だ。Quitting smoking is easy, because I quit it many times.（禁煙なんて簡単さ、私は何度もやったよ）などは、何度でも使えるジョークだ。

メイ首相の側近は、彼女にTake it Easy.（カッカしないで）というくらいの忠告はしているだろう。「敵にも優しく」Be easy on（or with）your enemies. という意味も含まれている。

hone-buto-na
骨太な　gritty

「難訳辞典」が話題になったのはいいが、私を悩ませる質問も難訳ものが増えている。

電車内の私のケータイに、「先生、骨太はどう訳せばいいのですか」という、いつもの不意打ち質問がかかってきた。

grittyと即座に答えたが、その英語ペラペラな国際派の女性にはピンとこなかったらしく、ギリシャのG、ローマのR、イタリアのI、そして東京のTが続き、横浜のYで締めますと。

このgrit（ド根性）というのは、輪郭がようやくわかっても、GとRが放出する、言語のエネルギーが伝わらなければ、使えない。

gritty（肚の据わった）だけで、ネイティヴに通じるのですか、と訊かれたので、「そのガイジンがモグリでなければね」とピリオドを打つ。電車内の会話ではこの程度。

それにしてもif the gaijin isn't a fakeとif（ただしこの条件を満たしていれば）という限定（qualification）を使う技は、我ながらお見

事。英語のロジックから学んだ「限定法」は、日本語でも使える。

骨がさほど太くなくても、信仰心ゆえにぶれない人もいる。これはprincipledだ。宗教から離れて、芸術や武術の道でもいい。

地に足がついている骨太な人はgroundedがいいだろう。Gの語感（feel）をモノにしてほしい。地に足をつける（get one's feet on the ground）ことのできる人でないと、何事も着手（get off the ground）できない。

hobo-machigai-nai

ほぼ間違いない　probable

麻生太郎が森友事件の黒幕であることは、ほぼ間違いないと、NHKを辞めた立花孝志は、YouTubeで（TVでは言えないから）吼えた。「黒幕」はさほど難訳語ではない。市販の和英辞書で間に合うからだ。a kingmaker, a power broker, a string-puller, a back room fixer, a mastermind。

しかし、私が同時通訳をするなら、一番シンプルな言い回しを好む。Possibly, Taro Aso is behind this (plot). おっと、possiblyは、「であっても不思議でない」という意味。

テレビではこちらを選び、インターネットではprobableを選ぶことは、ほぼ間違いない。

home-goroshi

ほめ殺し　flatter to embarrass

大勢のビジネスマンが集まった会合で、恥ずかしい経験（embarrassing experience）をしたことがあった。

「ほめ殺し」をどう英訳すればいいのですか、という質問で意表を突かれた。なんとなく知っている表現をつなぎ合わせ、その場を巧みに糊塗した（situation management）ものの、冷汗をかいたことは否めず、今思い出しても、内心忸怩たるものがある（embarrassed）。

ただ、どさくさに紛れて、kiss of deathを使ったが、ちょっとムリした（a long shot）かなと思う。死の接吻とは、裏切りのキス（ユダとイエスの関係）に近い。

いろいろな和英辞典を調べても、苦労のあとが窺える。

A) harm (him) by giving undue praise　B) embarrass him by

praising him excessively　C) mock（ridicule）by over praising──いずれも隔靴搔痒(かっかそうよう)の感があるが、B)のembarrassとC)のmockが気に入って、発想だけを借りて私なりにこう訳した。

I was flattered and embarrassed. もっと縮めて、I was embarrassingly flattered. と超訳することもできる。

He just threw you a kiss of death.（彼はきみをほめ殺しただけだよ。）投げキス（throw a kiss）にとどめた。

結果がほめ殺しに終わったというなら、Turns out it was a kiss of death.「きみはあの人の色香(いろか)にまどわされて籠絡(ろうらく)された」という場合ならa kiss of deathが使える。

あの会場に出席されていた多くの人に、満足な答えが与えられず、とっさにa kiss of deathを用いて言葉を濁した（equivocate）、あいまいさ（vagueness）をお詫びしたい。

> **コーヒー・ブレイク**
> ### ほめ殺しという戦法
> 「殺し」だから、攻撃になる。それもソフトに殺すのだから、Killing them softly。その最もてっとり早い方法が嘲笑（mockery）だ。
>
> ドイツに、ヒットラーの忠実な部下であったルドルフ・ヘスの墓がある。そのgrave siteへネオ・ナチ運動家が毎年デモを繰り返す。チェコに近いWunsiedelの町の人たちは迷惑がって、ついにカウンター・デモで対処することにした。ヘスの墓を燃やした。それでも、ネオ・ナチはこりずにやってくる。
>
> そこで町民はほめ殺し戦法に出た。*Rechts Gegen Rechts*（the Right Against the Right）というキャンペーンは、彼らに10ユーロ（当時12.50ドル）を払うもの。この種のごほうびは迷惑（disservice）だ。
>
> 「わが闘争（マイン・カンフ）」ならぬ「Mein Mamph（My munch＝軽食）」という、けばけばしい看板をバナナ台の上に立てたり、反ナチ運動に対しては1.2万ドル寄付したり、嘲笑（mockery）という「お笑い」攻撃を展開したという。
>
> この方法は他のドイツの町やスウェーデンにまで広がっている

という。笑い（mockery）は暴力より効果的、という論法だ。

たとえ、表向きが「ほめ」であっても、それは嘲笑にすぎないから、to mockという動詞を使った方がストレートでよいだろう。だから、Tips to mock the fascists out of town（ほめ殺しのチップを払って、ファシストを町から追い出す）という見出し（*New York Times,* Aug., 2017）も見事だ。

honki-da
本気だ。　I mean business.

日本語でいうビジネスは、ゲームと共に軽くなるが、businessやgameと英語になると、重くなる。win or loseと勝敗の差が鮮明になるからだ。野球ゲームでもそうだが、引き分け（ties）は醜いのだ。つまり「本気だ」("I'm for real.")とは、本腰を入れている（I'm deadly serious.）という意味であるから、あえてgameを使うなら、I'm playing a deadly serious game. となる。

Marriage is a game. というが、結婚は一種のserious gameなのだ。失敗すると、ケガするか命を失うこととなりかねない。結婚を、単なるゲームや娯楽の一種と考えられては困る。

businessの本体とは、「遊びイコール真剣」というホイジンガーのいうホモ・ルーデンス（遊び人間）の極致ということになる。

本書の企画が持ち込まれたとき、私が身の縮む思いをしたのはそういう意味だ。日本の心を知り、それを鏡（mirror）としておかないと、相手の心が映せなくなるからだ。

mae-muki-na-giron
前向きな議論　debate

「前向きな」とは「建設的な」と同じ意味だ。だから、debateなのだ。argumentはhotになり、議論が弁論術のルールに従い、昇華（sublimation）せず、相互破壊的になりやすい。

いわゆる、日本人が議論をすればケンカになる（司馬遼太郎説）というのは、日本人が本来、argumentativeな性格を持っているからだろう。これを後ろ向き（destructive）とすれば、debateは、あくまで前向き（open-minded）で建設的（constructive）であるべきだ。だから、日本人が目指すのは、この究論道（The Way of Debate）であるべきだと思う。

　何も難しいことではない。前述のエリザベス・マップストーンも言っている。Argument is a rational means of reaching the truth.（真実に迫る知的手段だ。）究論道こそがIDNA（国際ディベート協会）の創立精神なのだ。

　かつて、「この問題を前向きに検証しよう」を学生たちに英訳させたことがあるが、「前向きに」（forward-looking）という語感に引っかかって、珍解答が多かった。「問題」の訳は、problemというステレオタイプに呪縛(じゅばく)されたままだった。正解は、これ。Let's debate this issue. argueでなくdebate、problemでなくissue。この正解が皆無に近かった。

ma-ga-sasu
魔がさす　　the devil did it

　ちょっとした性的ないたずら（naughtiness）は、「魔がさした」ということで大目に見られた時代が日本にもあった。今は犯罪となった。「べつに悪意があったわけではない」という証明に使われる、お決まりのフレーズがこれ。The devil did it. 自分の中に潜んでいた悪魔の仕業(しわざ)だ、というのだ。

　ときには、bastard（雑種、いやなやつ）も免罪に使われる。bastardは、bastardus（馬の荷鞍）のこと、納屋(なや)（barn）で妊娠した子、から派生したという説もある。

　私生児やlove child（庶子）は、いつの世でも白い眼を向けられる。すべて「悪の力」の為(わざ)せる業だから、「魔がさした」はEvil force（in me）did it. まるで、下半身には人格がないというのか。西洋の詭弁(きべん)とはしょせん、こんなちゃちなもの。

makanu-tane-wa-hae-nu
まかぬ種は生(は)えぬ。　　No pain, no gain. / Reap as you sow.

「生えぬ」とは、「成果が得られない」という意味だ。いい成果とは、好ましい結果のことだから、そこに因果応報、一息で言えばReap as you sow.の理(ことわり)がある。

　直訳すれば、"No seed can grow without sowing." となる。

　飛躍すればNothing comes out of nothing. とか、No pains, no gains. も、状況に応じて使える。

「（種を）まく（sow）」とは、土地と関係がある。種子法廃止によって、sow seedsに代ってbuy seedsとなると、ビジネスになり土から離れる。自然の理から離れると、由々しい（serious）ことになる。種は公的資産で、それを私有化すれば、売り手と買い手の間のバランスは必ず崩れる。

　土のロジックは、土から離れた資本主義とは相性が悪い。結果の刈り入れのときに泣きを見る。

　種を「まく」行為は、つらい。人的労働（labor）がいる。それはpainであるが、gainを約束する。だから、No pains, no gains.か、Reap as you sow.（因果応報）のいずれかを選べばよい。

majinai-wo-suru

負け惜しみ　　sour grapes

「どうせ、あのブドウはすっぱくて食えなかったよ」というのはキツネの捨てゼリフ（「イソップ寓話」）。"I don't want to sound like sour grapes. She's a bad woman."（負け惜しみだととってもらったら困るが、あの女はワルだ）というのは、まさに「負け惜しみ（sour grapes）」のケースだ。後味が悪い。

「あんな女に未練はないが、なぜか涙が流れて…」と酒場で演歌調に歌うと、余韻がある。

「負け惜しみ」の強い人間は最低だ。（Sour grapes suck.）

　この表現が使いにくければ、誰にでも通じる英語がある。He's a bad（poor）loser.だ。これなら、子供にでも通じる。

majinai-wo-suru

まじないをする　　knock on wood

　まじない（呪い）にはa charmやa magical formula（to ward off bad luck）やmagic wordsなどがよく使われる。

　お勧めは、a charmだ。"What's this? Some kind of charm?" "Yes, a charm against bad luck with women."（これって、なに？　おまじない？）（うん、女難を避けるためのおまじないさ。）

"Let me say some magic words, so you won't get yourself into trouble with women."（おまじないを言ってあげるから、きみは女難を避けることができるよ）と、もっとくだけていうこともできる。これも、フーテンの寅さんのような人には効かない。美女に会

えば、すぐにメロメロになってしまうからだ。Tora-san easily falls under a beautiful woman's spell.

charmの代りにあえてspell（呪縛）と言う。不吉な言葉を使って、遅かれ早かれ振られる末路が見えるからだ。

恋の病から目覚めさせるときに使う英語表現は、break one's spellとなる。いや、妹のさくらは、そんな「お兄ちゃん」にいい人が見つかるように祈っている（keeping her fingers crossed）。

もし、さくらがまじないを口にするなら、不幸を避け、幸運を願う言葉のKnock on wood.かTouch wood.はどうだろう。

映画『カサブランカ』（"Casablanca"）の中で、酒場に居合わせた全員の客がKnock on wood.を合唱しながら、テーブルを叩いていたシーンは今でも忘れられない。

「木を叩く」まじないは、世界的に知られているようだ。厄祓(やくばら)いのために使われるTouch wood.も、木でできた物に触れるおまじないの一種だ。

mazu-tokekome
まず融(と)け込め。　　Just fit in.

「郷(ごう)に入っては郷に従え」（Do as Romans do. 最後に、when in Romeを加えなくてもいい）は、ビジネスの鉄則だ。

要するに融け込め、ということ。ビジネスでは、お客さんに好かれよ、ということだ。

大阪では、おもろい人間が勝つ。大阪の女性に、「どんな男が好き？」と聞くと、「笑わせてくれる人」と言う。東京の女性に同じ質問をすると、「誠実な人？」という優等生の答えが返ってくる。

ビジネスの世界では、硬い話より笑いが武器になる。だから、ユダヤ人と大阪人はよく似ている。「笑売」で勝負する。

笑いは情だ。「泣き」も情だ。「泣いてもろうてこい」とは、Make them cry（weep）.ではない。「相手に聞け（教えてもらえ）」がメッセージだ。

だから相手の懐に飛び込め（融け込め）という教えなのだ。Just fit in.（つべこべ言わず、空気に融け込め）となる。justを「つべこべ言わず」というのは、ナニワのサービス精神。「まず」だけで十分。東京では、Let me remind you of this: Be sure to blend into the environment. と big word を使ったほうがウケそうだ。

大阪では、Just fit in. これを5回は音読してみよう。ジャス（ト）フィレン。まだ京都人。10回音読して、覚えてしまおう。もうあんたはすでに大阪人。あと5回。もう東京へ戻れなくなる。

madah
まだぁ？　How much longer?

子供はせっかちだ。車の中で退屈になると、「まだぁ？」と聞く。距離のことなら How much farther (is it)?　だが、時間なら How much longer (do I have to wait)? となる。もし、英文法という「しばり」があると、とっさに英語が出なくなる。

How much longer does it take for us to get there from here? 10秒以上かかってしまう。日本語が1秒で言えるなら、英語でも1秒ぐらいにとどめるのが自然だろう。

だから How much longer? でいい。TVドラマ "ER"（邦題『ER　緊急救命室』）を聞いていると、同じような車中のシーンがあった。

娘が Where are we?（字幕は「まだぁ」だったはず）、母は、「もうすぐよ」と答えた（英語は Almost there!）。なるほど、ながら族がペンを止めてよかった。ながら族（multitasker）もいいものだ。

大人同士の会話では、もっと内容が複雑になる。黙っていられない性質(たち)の妻（backseat driver）は、ハンドルを握っている（behind the wheel）夫に、後席から聞く。都心に近づくとイライラしてくる。「ずいぶん混んでるわね。この調子だと、パーティーに間に合いそうもないわね。」（日本語では10秒はかかる。）

この心境を、とっさに言い表わす1秒英語はあるだろうか。正解は、How's it look!（ハウゼルックは1/2秒）

How does it look?（どんな状況？）でも1秒以内。it がとっさに出れば、英語道有段者。

mada-zuru-zuru
まだズルズル　still into

覚えやすく、忘れにくい英語のやまと言葉を定義すると、phrasal verbs が役に立つ。副詞や前置詞の助動詞（particles）を使い、余計な言葉を削り落とすことだ。俳句化することだ。

「君はいろいろなところに首をつっ込んでいるな」は、次の言い方

ができる。

You're overextended (spread too thin).
You're involved in too many things.
You've entered into too many activities.
You're into a lot of things.
Are you still into it?

映画"Ghostroads"（邦題『ゴーストロード』）でこんな英語があった。たしかStill into me?（まだ私に気があるの？）「まだ、没頭している」を「まだ忘れられない」、そして「ズルズル」とオノマトペまで日本語を変態（メタモルフォーゼ）させると、英語による発信能力が増す。big wordsをモノともせず、副詞や前置詞を役立たせることができるからだ。

matsuri
まつり　rite / festival

祭、祀、この両者の音霊の共通分母は何か。集いの悦びだ。英語検定試験（STEP, TOEIC etc.）や、かつて企業間で流行したデミング賞（品質管理向上が狙い）も、大規模にお祭り化した。弘前のねぷた祭りと八戸三社大祭のように、ド派手に変形していく。

日本人にとり「おまつり」は単なるお遊びではない。「群れ」の心とは何か。人と人、人と神。ヨコとタテ。これらの対立で息を潜めているのが「間」という妖怪だ。この難訳語のthe maが日本文化の緩衝（buffer）となり、それが「和」という日本文化のintegrityを守っている。その見えざる「間」を顕在化させる役目を果すのが「おまつり」だ。

北米インディアンのwar dance（戦争ダンス）も、モヤモヤした闘争本能を昇華させる。人と人の「祭」、そして人と神（自然）を結びつける「祀」が合体し、コミュニティーが活性化する。だから、人と神の波は、スパイラルな（渦状の）うねりを見せる。

大通りをまっすぐ進むアメリカ型のfestivalやticker paradeはefficient（時間節約的）だ。くねくねとノロノロと移動する日本的なまつりは、inefficient（ムダ）ではあるが、日本文化の伝統を、時空を超えてつなげる意味でeffective（効果的）だ。

佐渡島の祭に参加していた老婆が、私の耳元でささやいた。「祭

が消えたら、佐渡島も消えるさ」と。

蟻やハチのような社会性昆虫は、フェロモン交換のための独自のコミュニケーション・システムをもっている。

私が日本のど真ん中の東京で30年も続けてきたICEE（Inter-Cultural English Exchange）という英語による異種格闘検定試験も、testingよりも「お祭り」としての「遊び」の効果を狙いとしたものだ。英語学習には、競争原理も必要だが、コミュニケーションそのものには、「遊び心（playful spirit）」が必要なのだ。

「おまつり」こそ英語道（The Way of English）の教理である。

 コーヒー・ブレイク
まつりと日本文化

日本の文化の特長を一言でいうなら「まつり」と言えそうだ。

30年間続けてきたICEEは、単なる検定試験ではない。英語による、お祭り型の検定試験と銘打った方が、人が集まるだろうという狙いがあった。さて、この「まつり」が英訳できずに困る。festivalだけではない。英語を通じて人間性を高める（英語力を高めるだけではない）というのが、その狙いであるから、一種の通過儀礼（a rite of passage）でもある。恥をバネとして、英語力は、人間力と共に飛躍的に伸びる。

「まつり」の英訳を模索していたときに、ピカリとひらめいた。『祀祭政一致の誇れる国日本』（国づくり人づくり財団）の著者である木原秀成氏が説く祀祭政とは、私が説いてきた「縄文思考（むすびに収斂される）への復帰」とまさに一致する。

二人を結びつける「心」とは「まつり」である。その「まつり」が、祀、祭、政と三分別され、見事に分析されている。

氏の見る「祀祭政一致」とは何か。
祭りごと（皇道）：ムスヒ：生エネルギー、自然崇拝
祀りごと（巫女道）：ムスヒ：命エネルギー、精霊崇拝（アニミズム）、生命の秩序
　政（武士道）：ムスヒ：体エネルギー、社会の秩序、祖先崇拝（アンセスティズム）

武士道を政に結びつけられた炯眼には、頭が下がる。

本書を読みながら、モンゴルのナーダムを思い出した。モンゴル相撲は、日本の結びの精神を今も実践している。モンゴルのアニミズム（ジンギス・カーンも狼を神として崇めるアニミストであった）と、日本の祀祭政とは似通っている。

　モンゴル力士は、八百長をしなくても、本来は強いはずだ。木原氏を師と仰ぐ日馬富士は、日本の相撲道の心を信じ、日本とモンゴルを結びたいと真剣だったらしい。結びつけるには「政」が必要だ。ところが今の日本の政治は、あまりにもマツリゴトの原点から、かけ離れてしまっている。政治はゲームなんかではない。白鵬を頂点としたモンゴルチームのなれあいなんかであっては、ならない。人と神をむすぶマツリだったのだ――縄文時代から。

matsuri-ageru
祭り上げる　put somebody out to the pasture

　大組織には見栄があって、いや労組の厳しい目も光っていて、おいそれと社員を解雇することができない。「なら辞めます」と辞表を出させるまでには、知恵がいる。

　左遷（sidelined）にも、いろいろな形がある。周囲には栄転（promotion）と見せかけ、肩書を与えて、へんぴな地方事務所に向わせるといった手の込んだ降格（demotion）もある。

　窓際社員として飼い殺しにするのも、大企業の人事課（hiring and firing section）の方法のようだ。

　社内の古株を解雇するのは難しい。それにはput somebody out to the pasture。つまり、お荷物役員を家畜のように放牧するしかない。顧問とか相談役といった名誉職を与えて、重要な企業の案件には発言させないというわけだ。

　社長の座にしがみついている御仁を、会長や名誉会長に祭り上げることも見られる。「祭り上げる」は、難訳中の難訳だ。

matome-gai
まとめ買い　binge buying

　まとめて買うとは、英訳すればbinge buyになる。ビデオなどをまとめて見ることはbinge watchingとなる。

NONESチャンネルのキャスターも7年以上続けていると、viewing audienceの方でも疲れてくるのか、数週間まとめて見る視聴者が増えてくる。binge viewersだ。

一気（いっき）に買う衝動買い（impulse buying）に近いものだ。

中国の観光客が日本各地でbinge shoppingをするのもbinge (impulse) buyingにほかならない。「一気買い」という人もいる。

学生が飲み屋で大勢集まって、威勢よくイッキイッキと言ってビールを飲むbinge drinkingは、顰蹙（ひんしゅく）を買うことがある。

maria-kan'non
マリア観音　an avatar of the Virgin Mary worshipped by Japanese crypto-Christians

量子飛躍でやらないと、超訳できない言葉がある。観音とはBodhisattva Kannon。つまり、Goddess of mercyのことである。観音とかお釈迦さま、ひいては天照大御神（the Sun Goddess）まで、中性あるいは無性（asexual）のはずだからGoddessという訳にひっかかる人がおられるかもしれないが、ここは常識論でいこう。

キリスト教の乙女マリアが、観音さまとイメージがだぶるので、習合させたのが、マリア観音という摩訶不思議な芸術作品なのだ。『新和英辞典』の解説がその謎解きをしてくれる。〔マリア像の代用の観音像〕a statue of the Bodhisattva Kannon worshipped by Japanese crypto-Christians as an avatar of the Virgin Mary.

avatarとはヒンドゥー教でいう神の化身である。ところがキリスト教の乙女マリアが化粧直しをして観音さまに化身しているというから、多神教の沼にどっぷりつかったことになる。日本という、「和」（fusion＝融合）の国では、西洋でいうアイデンティティーという氷はすぐに、流動化してしまう。

メアリ（マリア）がどういう出自の女性か、どうでもいい。アイデンティティーに拘泥（こうでい）しない。

隠れキリシタンだけでなく、日本人は外来のものをすべて融（と）かしてしまうのだ。遠藤周作が「沼」（swamp）と表現したのは正しい。

manzoku-kai
満足かい？　Got joy?

GOT JOYという見出しが、2013年7月号の*TIME*に出た。TIME

社のリサーチの内容は、What makes you (Americans) happy? だった。その見出しがこれ。You got joy? という疑問符がにくい。

contentmentとは満ち足りること。big wordといえども、覚えておいて悪くはない。「心の安らぎ」と少し発想を転換するだけで、big wordでありながら、使いやすくなる。

私のお勧めは、joy（悦び）である。joyは、『ジーニアス英和大辞典』によると、歓喜、happinessより堅い語で、delightより大きな深い喜び、と巧みに解説されている。I'm happy with that.

私は、英語道（The Way of English）を嚙み砕いて、Happy Englishと呼ぶが、ニックネームとしてJoyful Englishにしようかと考えている。

英語をココロというより、モノ（例えば、カネとか、社会的地位を得る手段としてのシンボル）ととらえる英語術は、計量化できるので、勝ち組のpleasureと負け組のdispleasureに二分化できる。

資格試験に合格すればpleasure、不合格ならばdispleasure、しかし、その区別を好まない英語道のjoyには、"disjoy"という言葉がない。

勝っても負けても、泣いても笑っても、満足（contented）なのだから、この種の悦びはjoyでしかない。Joy to your English.だ。

あ、そうか。私が求めていたのは、この辞書との腐れ縁（good old shoe）の好奇心を満たしてくれるjoyなのだ。

筆記試験に明け暮れる、勝ち残り競争（rat race）でのつかの間の（fleeting）satisfactionや、ランク世界での足枷（a fetter）から解放されるjoyなのだ。

miezaru-kabe
見えざる壁　glass ceiling

壁という言葉があいかわらず流行っている。『バカの壁』という本も売れた。ところが、invisibleな壁もある。いかなる透明な（民主的に運営された）組織でも、越えられない、破れない壁がある。

人種問題とか、男女の性差別は、学歴（いや学閥）以上にセンシティヴな問題で、組織内では誰も口にしない。しかしoff-limits（触れてはいけない壁）はある。これらには「ガラスの天井」（glass ceiling）という表現が用いられる。

これなら、どこの国でもある。違法ではないだけに、なかなか破れない。ガラスの天井とは言い得て妙だ。*Metropolis*誌（June, 2017）の次の見出しは、英語が「見えざる壁」になっているから読者を引き込む。

Tokyo 2020: Breaking the Glass Ceiling

2020年オリンピックが近づいてきた。はたして英語力は？　誰も口に出さないが、壁になっている。The biggest news is: the English language.

最近のEnglish Proficiency Indexでは、19ヵ国で10位。TOEFLは48ヵ国のうち40位にランクされている。最近ではアジアの32ヵ国のうち29位というから、みっともない（embarrassing）。4000万人のオリンピック観光客が押し寄せると、はたして日本人の英語力が向上するのだろうか。

9万人のボランティア・ガイドが「おもてなし」（hospitality）役を務めてくれるだろうか。*Metropolis*誌のいうガラスの天井とは、誰もが口に出さない日本人のlanguage barrier（言語の壁）が破れるかという問題提起だったのだ。

migi-muke-migi
右向け右　go along to get along

go alongとは、「歩調を合わす」。get alongとは、「仲よく」（和を保つために）という意味だから、和を乱さないために追随するという意味だ。最近よく使われるようになったobeyのこと。

to do what a law or rule says you must doと『ロングマン英和辞典』の訳を加えると、軍隊的だなとわかる。「殺したのも軍紀だ。私は無実だ」と主張したナチスの幹部の弁明を思い出す。

「命令に従う」ならtoe the line。go alongも、みんなと歩調を合わせることだから、toe the lineと同じ意味になる。

和（get along）のために、場の空気を乱さないように歩調を合わせるという意味だ。上司の「顔色をうかがう」もgo along to get alongですませる。日本人の、「和」を損なわない、「和」を乱さない、という価値観は、この程度の心情ではないだろうか。

mise-shime
見せしめ　teach somebody a lesson

「礼儀を教える」を直訳すれば、teach somebody mannersとなる。大人が子供に教え込むなら、これで十分だ。しかし、元横綱・日馬富士が他部屋（貴乃花部屋）の後輩（貴ノ岩）に暴行を加えた理由が、「礼儀と礼節を教える」ことであるなら、mannersやetiquetteではなく、"見せしめ"（teach somebody a lesson）に近いものだ。「無作法(ぶさほう)を教えた（叱った）」なら、"I told him off for his bad manners." と訳すべきだろう。一流の通訳者なら、両力士から離れ、微妙な人間関係を読みとって"超訳"を試みるだろう。

「見せしめ」とは、set an example?　いやteach somebody a lessonが近い。レッスンを与えるなんかじゃなくて、懲(こ)らしめる、鍛えると同意だ。

マフィアなら、こんな英語を使うだろう。He'll get the message. と。懲りて、二度としないようにさせてやる、という警告（warning）のことだ。

業界用語で「可愛がる」もオーケーだ。I just taught him a lesson.（オレはやつを可愛がっただけさ。）

「これで、貴ノ岩も懲りただろう」ならTakanoiwa will get the message. This will give（getでも可）him the message. で通じる。いや、通じすぎる。

misogi
禊(みそぎ)　soul cleansing

身体は洗濯（cleaning the body）できるが、魂（soul）は探求（search one's soul）することはできても、シャツじゃないんだからクリーニングするわけにはいかない。だから、cleansing（クレンジングは浄化のこと）するに限る。

身体の深奥(しんおう)部を洗浄するのだから、ときには痛みを伴う「みそぎ」は、身を削(そ)ぐと解釈する。世間の前で恥をかくという「行」を、伴うこともあるから、苦痛でもある。それは一種のa rite of passage（通過儀礼）かもしれない。

これまで左翼であった人が急に右翼に転向した場合、人からHe flip-flopped.（コロコロ変節する奴だ）と後ろ指をさされると、浮

ばれない。だから、「私は間違っていました、騙されていました」と世間に対して詫びてケジメをつけるのも、一種のミソギハライだ。この潔さ（gracefulness）も武士道ルールのひとつだ。

滝に打たれながら、自分の身体と魂を鍛える"行（body-soul cleansing）"は気（energy）を高める。武士道のルーツは、物部氏（モノノフの源）や修験道、いやアニミズムにまで遡る。

misogi-wo-suru
禊をする　　come clean

ablution（沐浴）でもよい。self-flagellation（自虐）に近い。しかし、禊とはキリスト教でいう「罪の赦し」ではない。罪の告白を懺悔室（confessional box）ですれば、神父に赦される。しかし「世間の眼」（the eyes）は赦さない。guiltよりshameの方が過酷なのだ——日本という神々が目を光らせる国は。だから禊が必要となる。「身を削ぐ」とは、恥をさらし、罪科を認め、自己を浄化（self-purify）する神聖な行事なのだ。だからあえて、come clean（ドロを吐く）で超訳を試みた次第である。

michi
道　　moral compass

前著でさらっと述べたが、このミチという日本文化の精髄は、どうしても見出しにしたかった。サイデンステッカーが、「ミチ」がある限り、日本は滅びないという名言を吐いたくらいだから、見出しに格上げしないと浮ばれない。Do justice to Michi. というところか。

そう、西洋世界でjusticeに近い「みち」の正体は何か。漢字に当てはめると、道、路、途、径となる。たかがroadやpathではない。されど、みちだ。接頭語の「み」（honorable）がついている。

では「ち」とはなにか。漢字ではデジタルすぎてわからない。血（blood）、乳（milk）、父（father）、霊（spirit）、地（earth）、治（rule）、知（wisdom）、茅（かや、茅の輪は祓い清めの行事に不可欠となるcogon-grass）、風（wind）、家（home）———このように「ち」の音霊を集合してみると、なくてはならない存在となる。その宝は「みのわ（箕輪）」が守るという。この磁力（magnetic power）はあなどれない。

道から外れるとは、人道から離れることだ。したがってミチはmoral compassとしか訳せない。

ではこのミチがドウ（the Way）となると、どうなるか。The Way of Tea（茶道）、The Way of English（英語道）となり、そこにはなんらかの行動指針（moral principle）が生まれる。

道の精神を守る（abide by the spirit of "michi"）とは、30周年を迎えたICEEの標語である。

principleは、独り占めにはできない。それは人と人を結びつける絆（bond）のようなものである。一期一会の縁を結んだ競合者を傷つけないのが人の道（良知に近い）であり、その方針（rule）がprinciple（筋道）だ。

 コーヒー・ブレイク

道を "the true way" と訳した翻訳者

『こころ』の一節、「大胆な彼はそうだと答えるのです。道のためなら、そのくらいの事をしても構わないというのです」

Undaunted, he agreed with us, and then answered that he did not mind doing such a thing, so long as it led him to "the true way".

「その時彼の用いた道という言葉は、おそらく彼にもよく解っていなかったでしょう。私は無論解ったとは言えません」と漱石は書き足している。

ご本人の気持とはいえ、当時の読者層の気持が代弁されている。「道」は the true wayか、なるほどと、私は思ったが、この「道」はmoral compassと訳した方が、外国でウケるのでは、と少なからず対抗意識を感じた。

イギリス人ならmoral high groundを好んで用いるだろう。

今の私なら、the Michi、あるいはthe Wayと大上段に構えて訳すだろう。

しかし訳者のEdwin McClellanは、the true wayを引用符で囲んでいる。逃げなのか。いや私は作者の底意を忖度し、敬意を表して引用符で囲んだのではないかと善意に解釈したい（give him the benefit of the doubt）。

> キリスト教のスーパースターであるイエス・キリストは、I'm the way.(我は道なり)、つまり私の言動は真実なのだ、と豪語した。イスラム教のモハメッドは、私はアッラー(真実の神)のメッセンジャーである、と裏に回った。
> ウラとオモテの闘いは今でも続いている。しかし、裏表の合戦は、神と悪魔のハルマゲドンにまで到ることはない。

michi-naki-michi-wo-aruku-hito
道なき道を歩く人　trailblazer

「*TIME*が選んだ最も影響力のある100名」の中に、日本の小池百合子東京都知事が2017年に選ばれた。知人であるがゆえか、特に嬉しい(I'm happy for her.)。

*TIME*のthe Pioneersカテゴリーというから、trailblazerの方だ。

選考委員の一人でパリの市長であるアンヌ・イダルゴ(Anne Hidalgo)は、小池のことをこう表現している。"a trailblazer and an example for Japanese women..." と。trailとは(森林・原野・山中などの)「踏み分け道」で、blazeには、「〈道などを〉切り開く」とか「〈樹に〉目印をつける」という意味がある。

私にとり、英語は「けもの道」。そのミチを英語道というドウにまで昇華させたのだから、傷だらけになりながら、道なき道を歩き続けてきた私もa trailblazerといえるだろう。

mina-san-otsukare-sama
みなさん、お疲れさま。　Good work, everyone.

DVDで観た"Grey's Anatomy"(邦題『グレイズ・アナトミー 恋の解剖学』)で、こんなセリフを耳にした。ながら族の私は、仕事中の手をとめて、メモにした。Good work, everyone.(みなさん、お疲れさま。) Good job!(上出来)も耳にする。You must be tired. は聞いたことはない。中国語でいう辛苦了(シンクーラ)が日本語に近いが、英語にはない。

Good work.(おつかれさま)と、相手の労をねぎらうのが、おっくうな人は、That's it for today.でも、Let's call it a day.でもいい。

深夜の仕事なら、Let's call it a night. そのあとに、Thanks, everyone.がいいだろう。

テレ朝の深夜番組のCNN Daywatchでキャスターとしてデビューしたときは、スタッフたちに対して「お早うございます」から始まっていた。深夜11時からの仕事が「お早うございます」だから、終ったら中国語の辛苦了に近かった。

「やっと解放された」なら、Thanks heaven. We're off the hook.（Free at last.に近い）。報道ジャーナリストや、ディレクターやテレビ局の技師たちは、異界に棲むモンスターか囚人たちだ。

mino-take-ni-atta
身の丈に合った　decent

　身の丈に合った生活はdecent living。つまりliving within one's meansのこと。慎ましい生活のことだ。もっと慎ましい生き方ならSpartan life。

　日本語でスパルタ式と言えば、軍隊的な規律を想起させるが、『オックスフォード新英英辞典』を引くと、イメージの上でかなりズレがある。showing or characterized by austerity or a lack of comfort or luxury.（質素であること、もしくは快適さや豪華さが欠けていることを、示したり特徴づけたりする。）まさに質素、禁欲のシンボルである。

　Toyota employees work in a Spartan environment.（トヨタの従業員は、きわめて質素な環境で仕事をしている。）

　トヨタのディベート研修のトレーナーであった私は、日産と比較して、ふと感じたことがある。日産はアテネ、トヨタはスパルタと、両社の担当者にも語ったことがある。

miyoh-mimane-de
見よう見まねで　watch and learn

　和英辞書をあれこれ見較べたが、『ジーニアス和英辞典』と『新和英大辞典』の訳にリズムを感じた。learn by following (go by) the example of others, learn from watching others. もっと縮めてみたい。Watch and learn. これだけ。

　なぜかって？　よく耳にする表現だからだ。耳と眼。私は耳からリズムを学び、それから眼で確かめる。これが一番sure-fire（成功請け合いの）wayではないかと思う。

　中学高校までは教科書に首ったけ（a textbook as a security

blanket)。だから read and learn であった。その後、高校の後半から大学生になると、listen and learn になり、ネイティヴから英語のリズムを学んだものだ。社会へ出ると、人の背中（example のこと）から学ぶ。ネイティヴ英語をスマホなどで聞きっぱなしにすれば、英語がマスターできる、というのは神話だ。やはり、苦労した人の「学び方」を学ぶことだ。

Watch and learn. とは、「学習」ではなく、「行」（Let's experience English.）になる。そういう人との出会いを求めるのも、人生道における「行」（こちらは a rite of passage）なのだろう。英語道は「人」。パソコンやスマホなどの機材やタブレットだけでは、英語の心や息づかいまでは学べない。やはり「行」、blood, sweat and tears だ。

mi-wo-hiku
身を引く　bow (oneself) out

　身を引くにもマナーがいる。後味の悪い引退は、後顧の憂い（worries about future）になる。Miyazato bowed herself out of competition.（宮里藍は自ら棄権した。）retire だけでは味気ないから bow out（おじぎをして退き下がる）とした。

　日本人の美意識には、引き際の美学（the graceful art of leaving）が含まれる。とはいえ、みんなから愛されつづけて引退した藍さんに対し、それは言い過ぎだよと、非難されるに違いない。

mushi-no-naki-goe
虫の鳴き声　chirping / "singing" of insects

『ブリタニカ百科事典』は singing を引用符で囲んでいる。さすが、と感心した。"singing" なら無難だ。

　鳥や虫の鳴き声を、言葉を使って表わしたものを「聞きなし」という。スズムシのリンリンリも、松虫のチンチロリンも「聞きなし」だ。昔の人はコオロギをリリリリ以外に、「肩させ裾させ綴れさせ」と聞きなしている。破れたところを継ぎ接ぎして、冬支度をしなければ、と身を引き締めたに違いない。

『新和英辞典』の「聞き做し」の項目が気に入った。日本語の解説にもなる。expressing 《the sound of a bird's call》in human language.

こう説明されている。What the (Siberian) meadow bunting is singing is "*ippitsu keijo tsukamatsuri soro*（which means, "May I send you just a few lines?"）

（ホオジロの鳴き声には「一筆啓上仕り候」という聞きなしが行われている。）

毎年の晩夏に飼うスズムシの音を聴いていると、泣いている（crying）なのか、鳴いている（singing）のか、啼いている（chirping）のか、哭いている（weeping）のか、わからない。

欧米人の耳には虫の音はmusicではなく、noiseに響くと言われているが、私の調査（国際教養大学で外国人学生にスズムシの音がnoiseかmusicか聞いた）では、必ずしもそうでなかった。

しかし、英語国民がchirping（さえずり）だけに絞っているところをみると、noiseと考えられているという、知人の角田忠信の理論は正しいようだ。

ウグイスが法華経を唱える（ホーホケキョ）というのは、ちょっと行き過ぎではないか、と思うが、ま、これも日本人の自然感覚なのだろう。

mujoh
無常　mutability / transiency

解説調に訳せばThe only constant is change. となろう。唯一の変わらないことがあるとすれば、それは変化だ。これが日本人がこよなく愛する無常観である。この禅思想が日本の作庭にある。あらゆるものは変わる。その流れを固定したのが日本の庭園といえよう。

"The Japanese Garden"（Zokeisha）の著者の岩宮武二（Takeji Iwamiya）の写真と伊藤ていじ（Teiji Ito）の冒頭の解説がキリリと引き締まって、端正というべきか――息を呑むほど美しい。私が好む文体だ。無常をmutabilityとあえてbig wordを用いて、項目に取り上げた所以でもある。

— He observes the laws of *mujo*, or mutability, and that of *sei-sei-ruten*, or the perpetual change of the universe. The garden lives. It grows, it changes. By incorporating into it the idea of change, the idea even of death, it triumphs over death itself — it is alive.

下手な私の翻訳より、そのままにしておきたい。読者におかれて

は、数回音読してみれば、必ず意は通じる。そして使えそうだ。

　文章が石庭のように、息吹いている。私流の英語で訳してみよう。The above description breathes. It makes the "dry" garden breathe — come alive, "wet."

mushin
無心　mindlessness / no-mind

　無心とはmindlessnessのこと。モノに執着しないことであるから、non-artificialまたはdetachmentがいいだろう。ところが最近のアメリカではmindfulnessという言葉が流行っている。東洋の禅や瞑想（meditation）を求める動きがThe Mindful Revolution（無心革命）という運動をもたらした。あれやこれやと同時にやらなきゃいけない、ストレスフルなデジタル時代のアメリカ文化（multi-tasking and stressed-out American culture in digital age）では、雑念から逃げ出したくなる気持になって当然だ。

　自分の心を取り戻そう（Search Inside Yourself）という動きがmindfulness運動に結びついた（*TIME*, Feb.3, 2014）というのだが、私にはこの新語は納得がいかない。

　空手と禅に造詣の深い、加瀬英明氏（外交評論家）とNONESチャンネルの番組Global Insideで対談をしたが、「無心」の訳がmindfulnessではおかしいと、奇しくも意見が一致した。

　次のような英文を読んで胸くそが悪くなった。One can work mindfully, parent mindfully, and learn mindfully. One can exercise mindfully and even eat mindfully. The banking giant Chance now advises customers on how to spend mindfully.

　こんな短いパラグラフの中にmindfullyがこれでもかこれでもかと使われている。無心に何事にも取り組まなければ、雑念が払えないという気持もわかる。しかし、mind（心）をいっぱいにするという発想がわからない。

　アメリカ英語はどうなったのだろう。material（モノ）文明がMore is better.を追求するがあまり、spiritually（ココロ）を取り戻そうとする焦りが窺える。いや、mindとbodyとの対比で外見に映るbodyよりも、内面のmindにココロの充実を求めるようになったのか。ズバリ言おう。40年前の、ガイジン信仰のピーク時なら、

mindfulを見出しに出していただろうが、この「無心」は、東洋（とくに日本）で尊ばれる思想だから、mindlessnessか、no-mindであるべきだ。

munen-musoh

無念無想　being mind-free

　アメリカ文明が崩れ始めると、米語までが崩壊し始める。不安でいっぱいのアメリカ人は、禅に魅せられて、瞑想を始めた。その無念無想の境地をmindfulnessと訳し、*TIME*誌は、そんなヘンテコリンな英語を見出しにまで選び、人々も使い始めた。America FirstがAmerica worstになるのでは。

　このmindfulnessの訳をめぐって独断を避けるために、*METROPOLIS*誌のニール・バトラー（Neil Butler）代表（オーストラリア人）にも意見を伺った。やはりmindfulはおかしいと、私と同じ意見であった。そして私の言うmind-freeの方がわかりやすいと加えられた。

『新和英辞典』のa frame of mind, void of all ideas and thoughtsやfreedom from all ideas and thoughtsの方が、説得力がある。とくに、freedomが気に入った。で、私の造語は、これに近くmind-free（state）だ。

　もともと武道家の私は、これまで「無心」の古典的な訳no-mindにしびれていた。no-mind sword（無心刀）といえば、かっこよかった。そして、英語道の最高位はno-mind English（無心英語）だ。I don't speak English. English speaks me.（私が英語を話すのではない。英語が私に語りかける）が私の英語道のゴールだ。

　言葉の壁、人種の壁を超越した言葉の「心」が内部から私に語りかけ、言葉や論理を選ばせる、という無念無想の境地だ。

　AIと人間が拮抗するシンギュラリティーの恐怖すらない。

　AIと人間の"相抜け"（鈴木大拙は苦しまぎれにmutual escapeと訳したが、意味不明）とは、私流に訳せばno-mind vibrationのことだ。共鳴し合いながらも、その心は、お互いに「無心」だ。

　mindlessnessと訳したいが、英米人はきっととんでもない誤解をするだろう。思慮のない、見境のない心境と。日本の文化の"粋"とは、freedom from mindであって、mindful（注意深さ）と正反

対の概念である。英語道はきわめてレヴィ＝ストロース（Claude Lévi-Strauss）的であって、野蛮と文明や夢と現実を分断したりはしない。むしろ夢想ロジック（dreamer logic）に近い。

muri-suruna
無理するな。　　Don't fight it.

　アメリカは fighting culture だ。努力することが fight に変わる、ヘンな国だ。最近ますますヘンになってきている。fight が kill に移行しつつある。まさに Crime pays.（犯罪がカネになる。）

　だが主流はまだ fight だ。米映画 "Listen to me"（邦題『青春！ケンモント大学』）の中で、西岸の大学が東岸のハーヴァード大のディベート・チームと闘うシーンがあった。They've got a big ego. Don't fight it. Feed it. というアメリカ人好みの英語を耳にした。

　お高くとまっているハーヴァード大のやつらのプライドを刺激（fight が使われている）せずに、ほめ殺してやれ（feed their ego）という、殺気を感じるアメリカ英語は、私にはとうてい使えない。自然さが fight と結びつく発想についていけないだけだ。

　相手に一泡吹かせてやるという底意を it でひとくくりすると、Don't fight it. で十分通じる。自然体も Don't fight it. 英米人は、ロジックは大切にするが、表現は意外にあいまいなのだ。

　英語の陰翳の美学は、it と if に象徴されそうだ。──If you know what I mean.（わかってくれるかな。）

meijin
名人　　master / maestro

　英語のプロには、達人と名人がいる。この区別はあいまいだが、ただ目立った英語の使い手は達人と呼ばれる。英語の世界では達人が多すぎる。知名度の高い人がすべて、達人とは言えないが、テレビで全国的に名が知られると、確実に達人と呼ばれる。カリスマ性を、知名度と同一視してはならない。

　達人と違って、名人はあまり表には出なくなる。まったく姿を消せば聖人に近くなる。master から grandmaster、そして saint にまで昇格する。Sister Teresa がマザー・テレサ（Mother Teresa）になり、いずれ St. Teresa にまで祭り上げられ、人目からますます遠ざかっていくようなものだ。

本を書いたり、インターネットTVにレギュラー出演したりしている間は、私もまだ俗人（the guy who hasn't mastered anything yet）だ。Musashi was an invinsible sword master.（武蔵は無敵の剣聖だった。）

meido
冥土　Hades / Pluto

冥土に旅立つとは、go on one's final journeyのこと。穢らわしいところではないからone's last homeと表現する人もいる。

Hadesだけでなく Pluto（冥界の神でHadesの別名）も加えた。プルート（冥王星）といえば、ミッキーマウス（Mickey Mouse）の犬の名前だから、こちらの方が少し可愛い。

エドガー・アラン・ポー（E. A. Poe）の"The Black Cat"（「黒猫」）に出る、黒猫の名前で不吉な感じがするが、我が家の黒猫のクロは、可愛い。この猫と一緒なら三途の川が渡れるような気がする。I could cross the River Styx with Cro.

Styx（stiks）とは、ギリシャ神話のスティクス（冥界を七巻きする真っ黒な三途の川）のことだ。My black cat is as black as the Styx.（私の黒猫はまさに真っ黒だ。）

me-utsuri
目移り　too much choice

大都会は誘惑が多い。都会人は気がつかないが、地方出身者にはそう映る。村に一人の女性が目立てば、あるいは一人の風変わりな人（外国人でなくてもいい）がいれば、たちまち村中の話題になる。そういう視線を避け、過去を捨てて、集まるところが大都会。そこには美人、そして富や自由を求めて、野心家が集まる。自由とは選択（choice）のことだ。

目移りがするのがマチ。ムラの人は、必ず言う。「目移りがする（Too much choice!）」と。哲学的に言えば、choice fatigue（選択疲れ）となろう。疲労が起こるまではa lot of choice（目移りがする）でよい。まだポジティヴだ。

うんざりしてくると、negative に変わる。これがtoo much choice。too many choicesでも文法的には通じるが、あまり耳にしない言い回しは自然消滅していく。消滅しないのは、疑問

（doubt）を発起点とする debate だけだ。

「愛とは選択のことだ」（Love is choice.）と人が言えば、「いや選択できない愛が本物さ」（Love means non-choosing.）と言葉を返す人もいる。恋愛結婚より、見合い結婚が長続きするという公理（？）についても、選べない（この人だけ）からこそ幸せなのだ、というロジックも成り立つ。

私は何ヵ国語もペラペラという人に憧れることはない。その理由はひとつ。Too much choice.

megeru-na
めげるな。　Be strong.

Be hard. でも Be tough. でもなく、Be strong. だ。

hard と tough は、第三者を感動させる。tough はポキンと折れるまでは、固いまま。意外に内面は soft。

hard は内部まで固い。殻が壊れても内部は固まっている、ユデタマゴのようなもの。hard-boiled egg であって、tough-boiled とは言わない。半熟は、half-boiled でなく、soft-boiled で、strong は、内面が hard 以上にしっかりしてぶれない。

「雨にも負けず」は Strong in the rain.「気をしっかり」「へこたれるな」と励ますのは、Be strong. である。

mecha-mecha-na
めちゃめちゃな　crazy

なぁーんだ、crazy でいいのか、と読者は思われるかもしれないが、これでも私は遠道を歩んできた。漢字の「無茶苦茶」でなく、日常的な「めちゃめちゃ」を項目として取り上げたのは、この言葉の方が、今すぐにでも使えるからだ。それは、英語のシンボルが見えるからである。

ボキャビルより、シンビル（symbol building）が大切だと私が主張してきたのは、そういうことだ。

ここに2017年9月4日号の *TIME* 誌がある。HOW KID SPORTS TURNED PRO（子供スポーツがプロに転向する道）には、次の三つのCという難関がある。カバーに出た3Cを口語的に訳してみよう。

Crazy travel.（めちゃめちゃ旅費がかかる。）
Crazy costs.（めちゃめちゃカネがかかる。）

Crazy stress.（めちゃめちゃストレスがたまる。）

このcrazyを「めちゃめちゃな」と日本語で訳すと、すぐにでも使える。

me-wo-hikaraseru
目を光らせる　watch

そう。keep a watchful eye on someone、これでいい。しかし長ったらしい。watchだけでよい。「彼は、注目していい男だ」なら、He's a man to watch.

「その男は、将来どう化けるかわからない、端倪（たんげい）すべからざる男だ」という意味でも、He's a man to watch.

つまり、watchとは、目を離せない有望株ということだ。しかし、watch listに載る、おたずね者も、a man to watch。シアトル・マリナーズのマーク・マクレモア（Mark McLemore）選手は、イチローが気の毒でたまらないと思った。

His whole country is watching him. And this country is watching him.（日本中が彼の一挙一動を気にしている。この国でも彼は視線を浴びている。）

イチローの一挙一動が気になる、日米両メディアの視線を浴びて、闘うサムライ、イチローの勇姿を、Amazing!（天晴（あっぱ）れ）と評していた。

mentsu-no-mondai-da
面子（メンツ）の問題だ。　It's a matter of face（honor）.

面子はface。「彼は面子をつぶした」は、He lost his face.とは言わず、He lost face. 口語的にはHe embarrassed himself.

面子の問題はthe question of faceでもいいが、a matter of honorに決めたい。

なぜか？　欧米人の倫理感覚で大切とされるのは、ロジックやprinciple（原理・原則）であるからだ。ところがアラブ諸国では、メンツに近い名誉（honor）が問われることが多い。

menboku-ga-nai
面目（めんぼく）がない　ashamed

面目、体裁（ていさい）、面子は、外見を気にする東洋人のこだわりと言える。英訳に困るが、『こころ』翻訳者の名訳に心が洗われた。

「父は時々囈言(うわごと)をいうようになった。『乃木大将に済まない。実に面目次第がない。いえ私もすぐお後から』」

My father began to talk deliriously. "Will General Nogi ever forgive me?" he would say. "How can I ever face him without shame? Yes, General, I will be with you very soon."

面目、体裁、面子、顔は武士の世界。集合論（set theory）でいうと、「恥」（shame）のカテゴリーに入る。内に秘められたguiltではなく、外からの眼を格段に意識するのがshameという心情だ。この英訳では、shameが忠実に使われている。

恥をかかされて、バツが悪いときには、I feel ashamed.がベスト。

ただ一時的に恥ずかしく思う程度なら、I'm embarrassed.でよい。たとえば、「ズボンのチャックが開いているぞ」（Your fly is open.）と人から指摘されたときに感じる「恥ずかしさ」のことだ。

mohkari-makka
もうかりまっか？　How's it going?

大阪人の商法は、関東人からみると、マネー（ゼニ）と映るらしい。日常のあいさつに「もうかってまっか」が飛び出すからだろうか。だが、ビジネスの国とされている大阪の人は傷つく。そして、それこそ「決めつけ」（stereotype）だと、怒る。

Are you making money? そんな挨拶など、大阪のミナミでも通じない。もっと標準的にHow's it going?で間に合う。ハウゼゴウイン（グ）だ。釜(かま)を先に質屋に預けて、日雇いのゼニを稼いで、夜に質請け（redeem）する釜が"先"の住民同士なら、ジョークとして使えるかもしれない。

毎日の稼ぎは、彼らにとり切実な（existential）issueなのだ。だから、ゼニ（honest money）は身近な（existential）話題となる。

How's it going?（どないだ？）、So-so.（ぼちぼちでんな）、Don't ask.（あきまへん）、How'd it go?（今日はどないや？）、It went（なんとかね）。

ハウデゴとイッ（ト）ウェン（ト）のリズムは、日本人同士の英会話にはまず登場しない。ましてや、英語の検定試験には。

mohshiwake-nai
申し訳ない　I can't thank you more.

「恐縮です」とか、「かたじけない」という心境ならば、古い日本人ならI'm deeply sorry.と深々と頭を垂れたくなるだろうが、この英語は若い人には勧められない。

このご親切に今すぐに報いることのできない自分を許してください、という真意は、あくまでForgive me.だ。その気持をThank you so much.と開き直るまで、この私でも苦労したものだ。

I'm sorry.と頭を下げずに、胸を張って、I deeply appreciate it.と言えるようになったときは、かなり私の英語力も伸びていた。今ならもっと素直に、礼を失することなく感謝できる。I can't thank you more.（申し訳ない）と。

さらに「恐縮」を表わすなら、How can I thank you more?（まことに恐縮です）と疑問にするのはどうだろう。英語はあくまで前向きだ。

moh-yatte-rare-nai
もうやってられない。　We can't go on like this.

誰が知事をやっても、腐敗していく。彼らを選んだ東京都民たちは、どこへ怒りをぶつけたらいいのか。その声を最も忠実に反映しているのが、今のギリシャ国民たちの声。

The overwhelming feeling is "we can't go on like this."（*The Nation*, March 23rd-30th 2015.）（そのやるせない気持は「もうやってられない」ということだ。）

この気持は、すべてわれら（we）なのだ。

ギリシャ系米人記者の英語にはロジックがある。主語を明確にする。The Greeks gave themselves an irresponsible government.「自分たちがまいた種」だと、因果関係を明確にする。

候補者も、日本と違って、こんな粋な英語、いやロジックを使う。"We're not just here to ask you for vote. We're here to ask you for your help and participation afterward."（我々はこの場に、ただ投票の依頼に来ているわけではありません。あなたが協力し、それから参加してもらうため、ここにやってきているのです。）

ロジックが通っている。ほしいのは、あなたがたの票じゃない。

国政への参加を願うために来たのだ。得票数しか頭になく、当選後のことなど一顧だにしない東京都知事たちとは違う。有権者たちはやるせない。「もうやってられない」という気持になる。ギリシャも同じなんだ。ただ、表現が少し違う。

「この世の中は、真っ暗闇だ」という情緒的表現を好むのは日本人。しかし、ギリシャ人は、ロジックは捨てない。同じ苦境に遭っても、こんなふうに要求する。We want to see more justice. To have no work is an injustice.（もうやってられない。仕事がないというのはjusticeが欠如している「現われ」の現象だ。）

ハーヴァード大学のマイケル・サンデル（Michael Sandel）教授（かつて日本で大フィーバー）が、経済学に「正義」をと言ったが、日本人にはその「justice」のシンボルが見えなかった。injusticeを「真っ暗闇じゃござんせんか」（鶴田浩二の「傷だらけの人生」の歌詞）と訳せば、不平等感覚が摑めたはずだ。

むしろ、justiceというbig wordを使わずに、We can't go on like this.だけでいいのでは。

modoki

もどき　not quite

「もどき」とはlike...となろうか。

よく和製英語とは何か、と同時通訳者の間で話題になった。あのカタカナ英語（スキンシップ= physical contact）は、bad Japaneseという説と、いやbad Englishだと、二つに分かれている。

故・村松増美氏は、スキンシップはkinshipと同じように、逆輸出してもいい、という立場に立っておられた。カタカナ英語警戒派の私も故・西山千氏も、「あれはまずい日本語英語で、使うべきではない」と反論。

村松氏は、英語"もどき"（like English, imitation English）と定義された。まるで話題になった「ガンもどき」（cancer-like）。

ある意味で、英語というニュアンスを活かすなら、quasi-Englishとなる。Quasi [kwéizai]（as if）とは、「ある意味で」「類似の」のこと。その真ん中にあるという意味の「もどき」なら not quiteがお勧めだ。

The Economist（May 6th, 2017）は日本の自衛隊を not-quite

army（軍隊もどき）と、微妙だがユーモラスに定義しており、うーんと唸った。平和憲法も"聖典もどき"（something of a sacred text）と、やんわりと表現されている。

*TIME*英語と違った（unlike *Timese*）イギリス英語もどきの（British English-like）風味というべきか。

私もエッセイストもどきの人間（a pseudo-essayist）だから、こんなエッセイ集もどき（not quite essays）の辞書が生まれた。

mononofu
もののふ（武士）　swimmers against the tide

直訳すればa warriorか、a soldier。しかし、今の日本を変える人は、硬骨の士（もののふ）でなくてはならない。もののふは、物部氏というサムライファミリーから派生した言葉だ。

空気のまにまに漂う「右向け右」（go along to get along）タイプの陣笠議員（back benchers）は、サムライ議員の正反対である。「やつはサムライだ」とは、「空気に負けない」つまり、He often swims against the tide. とかHe just doesn't go along to get along. という意味だ。

現代のもののふとは、と問われるとreadiness to swim against the tide とかwillingness to sail against the wind と私なら答える。

空気を読み、要領よく動くのが政治家だと心得違いしている、ポピュリスト議員は、こう切り返すだろう。You can't fight the law of physics. と。

多勢に無勢も、物理学の法則だ。マジョリティーで勝負する与党は、the numbers gameを盲信するplayersたちだ。信念よりも、票数が気になる。サムライは浮き上がってしまう。

しかし、逆張り（contrary trading）という相場用語があるように、世間が売りに出ているときに、買い出動する人（contrarian）もいる。武蔵ではないが、世の拍子（rhythm）を心得ている人は、世の中の動きを、物理原則でとらえるのがうまい。

勝負師であるサムライは、常識人とは違った直観力（intuitive power）を持っているので、ポピュリズムのあとにくる波を見抜いている。

もののふは無謀なドン・キホーテではない。敗北の「恥」を人一

倍知っている格闘家であるから、死後の評価までを気にする。

　Samurai（*mononofu*）are gritty（principled）enough to swim against the tide.（サムライ＝もののふは、空気に負けないド根性の持ち主だ。）潮流は必ずしも、大多数に味方しないものだ。

mono-mane
物真似　watch and learn

　世阿弥の教えでは、能は物真似から始まるという。listen and learnもあるが、言葉より動作やしぐさといった「間」が大切なので、watch and learnですませたい。あまり良い手本（role model）といえない人があなたの先輩であったりすると、Watch and un-learn.（良いところだけ学ぶことだね）と忠告したくなる。

　自分なりの型（style）を身につけるには、必ず"鑑"（role models）がいる。鏡（mirror）のように、前でじっと視る（watch）ことだ。Watch and learn.がすぐに口から出るように、ワンワードとして覚えよう。

mori-agari (genkai)
盛り上がり（臨界）　critical mass

　この辞書の狙いは、あくまですぐに使えるかという実用性にあるので、直訳は避けるようにしている。critical massを「臨界質量」（核分裂性物質が連鎖反応を一定の割合で続けるために必要な最小質量）と訳せば、もう使えなくなる。プロの同時通訳者は、こういう基本を暗記しておく必要があるが、一般読者は、できるだけ絵になる日本語表現に置き換える工夫が必要だ。

　盛り上がり（臨界）は、こんな風に考えては？
（ある影響・結果をもたらすのに）必要（十分）な量（a critical mass of popular support）。大衆運動は、盛り上がらなければポシャるもの。これなら一流の英語雑誌にはしょっちゅう登場する。

　しかしcritical massは、悪い方向に拡散（breaking bad）する可能性を秘めているから、追分（道の分岐点）にもなる。

 居酒屋トーク
盛り上がった教室
　ぼくは日系米人が好きになれなかった。我々日本人と同じ顔を

して、「立川に住んでいる」というときに、**タァーチィーカーゥワー**とネイティヴ発音で答えるんだから、ったくやってられない。わかるか、ぼくの気持？

「わかる、わかる」と数人がうなずく。

「神田のある英会話学校の先生が、必ず生徒から『ガイジンの先生ですか』と聞かれ閉口している、と聞きました。それに肌の色が白い方が黒色や黄色より人気があり、ペイにも差があるとも聞きましたが、本当ですか」

「うーん、ぼくの口から言いにくいが、たしかに、若い日本人の英語学習者や英会話学校の経営者には、聴覚より視覚を優先させる傾向がある」

「視覚と聴覚の違い？ なんですか、先生、耳と目の間にそんなに違いが？」

「ごめん、物事を二分化して、コントラストで考える癖は、ディベートをやって身につけてしまったから、すぐに定義しちゃうんだ。きみらの苦手な定義を、ディベートでしっかり学ばないと、英語の読み書きができなくなるから、ここではっきりきみたちに、耳を優先しろと言いたい」

「ええ、ヒアリングですか」

「いや、リスニングだ。ここに残ったきみら3人はすべて、ヒアリングができる。しかしリスニングが弱い。ぼくは、大阪にいるときから、教科書から離れて映画館を道場にしたものだ。聴きとれない英語がホンモノで、いかに肌の色の白いネイティヴでも、日本人向けのスローテンポの英語を使っている間は、ニセモノ（fake）だと定義してしまった。

　英語を使う白人でも、ポルトガルやスペイン系の宣教師がいる。それよりもネイティヴ発音をしてくれる日系米人に近づいていく。たとえば、ネイティヴに近い発音で英語を話す、帰国子女（ICUの学生は、当時の大阪でピカピカに光っていた）には、近づいて話しかけ、英語のリズムを学んだ。

　耳に快く響くネイティヴ・イングリッシュなら、肌の色などお構いなく近づいた。このアプローチをpragmaticと言う。ムダを嫌う合理主義は、感情面をも捨てて、ほしいモノ（ホンモノ英

語）だけを求める。ぼくはまさにpragmatistだった。

　そんなときに出会ったのが、映画で見た『宮本武蔵』だった。剣と英語はまったく別。英語一本に絞った方が時間の効率がいいのはわかっている。だが、プラグマティストは、一見ムダなものまで有効に変えてしまう」

「もっと具体的におっしゃってください」

「ごめん、ごめん。ぼくは英語が聴きとれなかった。英語のリスニングがうまくなる方法は、会社が終ったあと、近くの英会話学校へ通うことだったが、その金銭的余裕がなかった。ある日、近くのYMCA英会話学校に立ち寄って、聴講させてもらおうと試みた。ネイティヴ英語がドアの向うから聞こえる。ドアを開けてみると、日系米人。

『あのう、少し聴講させていただきたいのですが、とにかく黙って聴くだけでいいのです』と言ったが、授業料を払っていないからダメと、締め出された。

　それでも外へ出た私は、ドアに耳を当てて、しばらくネイティヴ英語を聴いていた。ねばったものだ。英語ではHang in there. これがナニワ英語道の原点だったかな。

　あれから、米大使館、NHKテレビ中級英語講師、そして名古屋外大教授と、花が開き始めた。外大教授時代のある日、一人の他校の学生が、私の授業を見学したいと言ってきた。事務局で許可をもらってくれないか、とあしらったが、やはり断られたらしい。それからその男、週に1回、必ず教室のドアの外から、耳を当てて私の授業を聴いている――90分間。

　90分の授業は、出席と単位だけしか興味のない、多くの私の学生にとり、よほど退屈だったのか、私語も増えてくる。英語を真面目にやる気のない学生を相手の90分は長い。

　しかし、今日もあの他校の私の学生ファンが、ドアに耳を当てて聞いている。

　急に私は戦略を変えた。「この教室のドアで90分耳を当てて聴いている他校の学生がいる。来週から、彼に聴講させるべきかどうか、――ルールを破ってでも――今から2チームに分けてディベートをする」この日の教室は盛り上がり、YESという答えが出

た。うれしかった。私は学校側のルールを無視して自分のリスクで、彼を聴講させることにした。

それから、その学生の姿は消えた。私に迷惑をかけまいと遠慮したのだろう。

この種の気配りを、アメリカ人なら enryo syndrome（遠慮症候群）と呼ぶだろう。ディベート教育を説いた私の教授時代で、一瞬のできごとであった。

あの日本語ディベート事件のあと、異変が生じた。私語はピタッとなくなり、クラスの学生全員が真剣に、私の授業に耳を傾けるようになった。ディベートはクラスの活性化につながる。Debate in classroom makes a lot of difference.

ま、今晩はそこまで。クラスでディベートができるんだから、居酒屋でもできないことはない。次回は居酒屋ディベートをやろう。

yase-gaman
痩せ我慢　grin and bear

カエルが大きく見せようと、牛のように腹をふくらませてもサマにならない。「蟷螂の斧」（like a frightened mantis fighting against a car ぐらいか）ともいう。まるで風車と闘う（battling against a windmill）ドン・キホーテのような無謀な行為（a quixotic act）だ。

直訳すれば fake（false, sham）courage とか、strained endurance（out of pride）となろうが、一番、目に優しく耳に快く響く表現（私のこだわり）は、grin and bear だろう。grin とは怒りや恐怖を抑えながらもニヤッと歯をむくこと。反抗のときの笑いである（grin defiance）。べつに bear（耐える）を加えなくても、この grin の中には、へこたれない（gritty）意図が含まれている。

"Diddling"（騙し）というテーマのエッセーを書いたエドガー・アラン・ポーは、詐欺師（swindler）の9大特徴をこのように分析している。

1. minuteness　　綿密（微に入り細を穿って調査）
2. interest　　　 関心（「なぁるほど」と相手に興味を示す）
3. perseverance　忍耐（なにくそと頑張る grittiness）

4. ingenuity　　　　創意（ハッとさせるしかけ）
5. audacity　　　　大胆（図太さ）
6. *nonchalance*　　冷淡（どこ吹く風と、カエルの面に小便ぐらいかな）
7. originality　　　真正（借り物でなく、ホンモノ）
8. impertinence　　無礼（どんな話題でも口を出す、でしゃばり）
9. and *grin*　　　　甘受（歯を見せてニヤッと笑う。痩せ我慢ともとれる）

エドガー・アラン・ポーがイタリックで強調した用語は、この9つのうちnonchalanceとgrinの二つだった。

yakkamu（ne-ni-motsu）
やっかむ（根に持つ）　resent

　米軍の爆弾の跡地で野球をしている日本の子供たちを見て、日本はかつての敵軍を恨んではいないことを知った、とロブ・レインズ（Rob Rains）は言う。

"They proved to me more than anything else that the Japanese people don't resent us. I don't know how you'd find better proof." ("Baseball Samurais")

（彼らを見て、日本人が我々のことを根に持っていないと知った。そのことを示す、これ以上の証拠があるとは思えない。）

　このresentmentは「やっかみ」の感情を表わすときにも使われる。

Suzuki didn't know Nomo and in a way resented him for getting so much notoriety.

（鈴木は野茂の知り合いではなかったが、知名度でかなわず、ちょっと、野茂をやっかんでいた。）

　野茂の知名度（悪名）の高さで、ちとばかりやっかんだという感じだ。

　手塚治虫が同じ漫画家の石ノ森章太郎をやっかんだようなものだろう。同じく嫉妬深い私でもNHKテレビ降板後に出演された、後釜のインタビューアー（小松達也氏、サイマル同時通訳者）をやっかんだこともある。こういうやっかみはやはり、professional jealousyであろう。イチローは、その嫉妬心を素直に認めていると

ころが、大物（big）だ。

"I had only pitched good in A ball and I was hurt and on the DL; still I was jealous of him."
（私はピッチングがよかっただけのことで、怪我をして故障者リストに載った。それでも私は彼を嫉妬していた。）

このresentmentは、欧米人の持つルサンチマン（恨みの心情）に近いが、韓国人の「恨」(ハン)（a deep-seated grudge）は、見せないresentmentより、よりホットな「怨」(えん)（a deep-seated hatred）に近い。死火山のような恨は、韓国よりもっと北方の強国に向けられ、より南方の日本に対しては、活火山のような怨（念）が向けられることが多い。北方を善しとする方位学が遠因なのかも知れない。「恨」を石、「怨」を火とイメージするのはどうだろうか。

yatta-koto-wa-tadashi'i-ga
やったことは正しいが　right for the wrong reason

自分を取り囲んだ、過激派の学生たちに向って、三島由紀夫は「天皇制を嫌う君たちの考えには、反対だ。だが、君たちの情熱は信じる」と言った。20代後半の私には、カッコよすぎる発言だった。やっている行為（学園占拠）そのものには触れず、「ただし君たちの情熱は信じる」。

なかなか訳せない。しかし、英語というロジック（English is a spoken logic）を使えば、もっとシンプルになる。You're right for the wrong reason. はあまりにもロジカルすぎて（白黒が明確すぎて）、灰色表現を好む日本人には使いにくい。

反対にwrong for the right reason（動機の純粋性は認めるが、やったことは間違っている）というのもある。このrightとwrongが自然に使えるようになると、「英語で考えている」と言える。

戻ろう。ひょっとしたら、対決していた全学連に投げかけた三島のメッセージは、あべこべであったのかもしれない——もし三島が小説『金閣寺』という虚構の世界の「狂いの美学」を、暴走する学生に感情移入させていたのであれば。私の頭が錯乱して、どちらがrightかwrongかわからなくなる。

彼は小説家なのか、革命家なのか。私の三島文学に関する理解度はこの程度だ。そして私の英語力も。

「えぇ？ 先生ご自身の思考が混乱されていて、よくも、辞書が書き下ろせるもんですね。先生のファンとして老婆心から申し上げますが、もっと辞書らしく書かれた方が読者サービスになりますよ」

そんなコメントに、私は「有難迷惑（disservice）です」と返したい。You're right for the wrong reason.

yatsu-wa-uchuh-jin-da
やつは宇宙人だ。　　He's "it."

男女間のgender（性）の区別があいまいになってきた。男か女かわからない、不気味な人は、it（人間でない）と呼ばれるようになってきた。スティーブン・キング（Stephen King）の"IT"以来か。

日本人同士で、あいつは宇宙人（空気が読めない人）と言われると、必ず仲間はずれになる。He's from outer space.は直訳すぎる。itでよい。

16歳のミグエル・ジョンソン君は、男か女かわからず、周囲からitとかcreature（生き物）とか呼ばれていた。「ぼくは、前は女だった」とcoming-outするつもりもなく、悶々としていた。I feel in-between.（ぼくもどっちでもいいような感じがする）とつぶやきながら――。

yamashi'i
やましい　　feel guilty

疚（疚）しいとは、漢字が示すごとく、「気に病んでいる」さまだ。良心に恥じるところがある、うしろめたい、気がとがめる。これらの心情は、心の奥底に潜んでいるもので、英訳すればguiltとなる。

キリスト教圏でいう、original sin（原罪）とは無関係であろう。イヴにそそのかされて、アダムが禁断の木の果実を食べたことが「原罪」とされているから、guiltyなのである。

アダムは神にとがめられてもI'm not ashamed.と言うべきだった。二人は、生まれたばかりの真っ裸の赤ちゃんであったから、そもそもguiltという発想もなかったはずである。

二人はfound guilty（有罪）とされ、イヴをそそのかした（seduce）蛇の罪は最も深く、生涯地を這わされる極刑を受けた。I wonder if snakes are guilty.

しかし私自身、関西学院というミッションスクール（英語ではChristian schools）で学んだ。キリスト教も学んだ。今頃ここで異議（doubts）を唱えたら、ちょっぴりやましさを感じてしまう。I feel guilty, sort of.

大和撫子 (yamato-nadeshiko) Japanese women with all the traditional graces

『ジーニアス和英辞典』から、そのまま借用した。gracesの使い方が冴えていた。おまけに、(stereotypically) modest and humble Japanese womenという、控えめな解説が気に入った。やまとなでしこ風の女性編集員かな。

『新和英辞典』は、an ideal Japanese womanと逃げている。

『日本国語大辞典』に戻ると、「日本女性の清楚な（neat and clean）美しさをたたえていう語」と見事にぼかされている。美はbeauty。いいや美学（emotional aestheticism）の美だから、凛とした強さがある。この強さはtoughではない。内面の強さだからstrongなのだ。

私なら、ヤマトナデシコとはどう英訳しますか、と尋ねられれば、Soft-behaving Japanese women, but tough insideか、tough insideをstrong一語に置き換える。政界に出る女性はtoughだが、家を守る強さは、strongだ。「雨にも負けず」はStrong in the rain. そう、美イコールstrong（内面美）でよい。

もし「柔順な」（obedientやdocile）を加えたりすると、必ず海外から反論される。予想される反論は"Docility is like slavery."だ。これではまるで、柔順な女性は主人の奴隷のような存在ではないか。どうも日本人には、奴隷制度の主従関係（master-servant）という、タテ社会の序列が見えないように、欧米人には、ヤマトナデシコの存在はまるで彼岸花（a cluster-amaryllis）か幽霊のようにしか映らないのではないか。

日本の精神構造がタテ社会（この神話は崩れているが）だと、盲信している日本人が多すぎて困る。

山場 (yama-ba) tipping point

よく使われているのに、日本人には使いにくい表現がある。tipping pointがそれだ。これが、critical mass（臨界質量）と同じく、「《深刻な状況〔変化〕への》転換点、臨界点；《伝染病患者などの》急増点」と訳された途端に、使えなくなる。いや、breaking point（破壊点、忍耐の限界点）と同じじゃないかと勘違いされる。

良い意味に使われることもある。山場とやまと言葉に置き換えると、今からでもすぐに使える。『日本国語大辞典』によると、「①山間の土地や村、② 物事の最も盛んな時や所。絶頂。また、物事の最も重要な場面。クライマックス」とある。
「クライマックス」を「峠」や「胸突き八丁」や「難所」と置き換えたら、すぐにでも使える。
『オックスフォード新英英辞典』の次の例文は気に入った。

The refugee crisis has reached the breaking point.（難民危機が山場を迎えた。）Now it seems consumers may have reached their tipping point.（今や消費者は山場を迎えたようだ。）

ある程度の年齢になると、体に異変が起こるものだ。40年前は巷の和英辞典を低く見ていたが、今はtipping pointを迎え、現存の辞典執筆者たちの苦労が痛いほどわかるようになってきた。この歳（3月6日で78）で。遅すぎた春、My critical mass, at last!
yami-kin'yuh

闇金融　loan-sharking

闇金融とは、暗く（black）て、違法（illegal）で、えげつない高利貸し（loan sharking）のイメージだ。すぐにナニワの金融業（grabby）の世界へ入ってしまう。「ミナミの帝王」とは、まさに闇金融界でのジャングルファイターたちが跳梁する、闇金融の世界だ。

東京を「表」とすれば、どうしても、大阪は「裏」になる。ナニワからみると、江戸は明るく、まるで闇がないように思われる。ところが『江戸の「闇」を読む』（浅野宏著）を読むと、江戸も結構暗い。吉原遊廓は闇でなく、逆に「光」なのだ。

吉原の昼遊びに参加できなかった町人・庶民を"闇"、参加できた特権階級を"光"とすると、その共通点である闇（大多数）の江戸の華とは、火事と喧嘩になるのでは、と浅野氏は推察されている。

江戸は真っ暗闇だった、が口癖であった氏からヒントを得た。な

るほど、これが弱さを見せない（粋がる）粋（イキ）につながるのか。と、ふと弱さをも武器にする、粋（スイ）な大阪出身で浅草びいきの私も、雷のような閃きを覚えた。

「江戸っ子は宵越しの銭を持たない」The Tokyoite will not keep his earnings overnight.（『新和英大辞典』）は、ナニワ金融道の世界では通用しない。

大阪は、地獄の沙汰もカネ次第（Money makes the mare to go.）（諺）。雌馬（mare）はしぶとく御しがたいことから。

他にもMoney is the key that opens all doors.（『新和英辞典』）という訳がある。

宵越しの言葉にこだわる必要はない。Money can buy you everything.だけで通じる。サメのような眼をした高利貸し（loan sharks）が棲んでいる闇の金融世界は、もっとエグい（語感がegregiousに近いから、ついでに覚えておこう）。

トイチ（十一）というエグリージャスな高利貸しがいる。10日で1割の利息でカネを貸すのだから、エグい。loaning money at 10 percent interest every 10 days.

金融に関しては、ナニワの闇の方が、江戸の闇よりはるかにegregiousだ。金利ははるかに高い。そういえば、ハルカスという日本で最も高いビルが阿倍野にあった。関係ない。

yameru-nowa-ima-no-uchi
やめるのは今のうち。　　Take it or leave it.

こういう命令口調は、日本人が好まないORというスパイスを使うに限る。日本の文化はその反対のANDである。

AもBも、Cさんがおっしゃっているように、Bさんがご指摘なさったように、と必ず周囲へ迎合することにより、空気に逆らわず、自己を消滅させることが美風とされている。白か黒かというORでなく、白も黒もというANDで、灰色にとどめていくことだ。「どちらでもいいですよ」と相手の主張を自由にするのではなく、相手をYESかNOのいずれかに追い込み、逃さないことだ。これがtake it or leave itの思考だ。

It's now or never.（今しかない、あとはない）という欧米思考も、その延長だから、「やめるなら今のうち」「いやなら、やめなさい＝

二度と勧めません」と同意になる。

　on a take-it-or-leave-it basis というふうにも使える。

　勝負事（賭け事を含め）で、「勝っているときに、やめなさい」は、Quit while you're ahead（of the game...）と言うが、非日本的だ。場や周囲の空気を読み、「勝ちやめはずるい」と、白い眼を向けられるのが日本だ。

　今でしょ（This is it.）といった、のどかな心情は、殺伐（さつばつ）としたOR（さもなくば）の世界にはない。

yari-gai
やりがい（難題）　a challenge

　やりがいのある仕事とは、a task worth taking on のことだ。take on とは challenge すること。やりがいのある仕事は a challenging task でもいいが、短い方がパンチが利くと考える私は、a challenge で決めたい。これなら難題や Mission Impossible の意味でも使える。

　野球に命を賭けた日本のサムライたちは、アメリカのメジャー・リーガーの眼から見ると、どうも異様なのだ。カネや名誉のためではない。動機に関してイチローは、こんな英語を使った。I just want to play baseball. I'm looking for a new challenge.（私は野球をしたいだけなのだ。私が求めているのは新たな挑戦だ）と。

　佐々木選手もメジャー・リーグに入り、challenging だと感じた日本人だ。野茂選手も日本一になっても、まだ何かが満たされない。Something is missing. そのサムシングとは、a challenge だった。

　Jumping to the major leagues was the biggest challenge he could face.（"Baseball Samurais"）（メジャー・リーグに飛躍することは、彼が直面しうる最大の挑戦だった。）

　私の当用日記の年頭の言葉は、毎年ほとんど挑戦（challenge）ばかりだ。英語をモノにしたい人は、日記（自分に告白）を書かなくてもいい。挑戦している何かを誰かに、告白ないしは公言することだ。

　ここで世界に挑む、私のチャレンジ精神を告白したい。I have a challenge. Taking on the world is my challenge and my dream. What is YOURS?

yarikuri-wo-suru
やりくりをする　make ends meet

「間に合わせる」だけなら make do で十分。生活のため、生きていくため（survival）という、切実な問題（existential issue）に追われていて、家計簿の「やりくり」でも真剣にならざるを得ない、そんなときに使われる表現が、make ends meet。

こんなジョークがあった。「このサンドイッチの片方には、肉が入っていない」という客のクレームに対し、店長はこう答えた。These are the hard times. We can't make both ends *meat*.（こんな不景気なご時世に、パンの両端に肉をはさむことはできません。）meet と meat を掛けた。

こんな例文を紹介したい。Shrines need side business to make ends meet.（神社は、やりくりをするためにサイドビジネスをしている。）

Why? Because most Buddhist temples and shrines are in deep financial trouble.（なぜって？　たいていの寺院と神社は経済的に苦境に陥っているからだ。）

yuhgen-na
幽玄な　mysterious

幽玄の美とは、subtle and profound beauty。標準的な和英辞典はこのように無難な訳を載せている。このにぎり寿司に simple, quiet, beautiful というわさびと醬油を加えれば、プロ通訳者としては務まる。

しかし、幽玄という真意は、本当に英語で通じるのだろうか。『日本国語大辞典』で幽玄を引くと、「幽」はかすか・ほのか、また奥深い意。「玄」は、深遠な道理の意…。物事のおもむきが深く、人知でははかり知ることができないこと…。

どうも「奥深く、深遠な」という日本語独特のニュアンスに邪魔される。欧米人の思考は、アリストテレスの時代から the higher, the better なのだ。魚より鳥の方が霊的に上なのだ。

くらげ（jellyfish）などは、ギリシャ神話でメデューサ（殺された醜女）にまで格下げされている。海から出られないメドゥーサ（醜怪な女）より、真っ裸のままで、鳥のように空中に舞いあがっ

ている老人の方が、気品があるのだ。ルーヴル美術館で、つくづく感じた。くらげほど仙人に近い存在はないと思うのに。

戻る。「深遠さ」とは。欧米人にも通じる形容詞をひとつ選ぶとすれば、これ、profound。でも今の私の心境はmysteriousに傾いている。『オックスフォード新英英辞典』(OED)でmysteriousを調べると、difficult or impossible to understand, explain, or identifyとおざなりな訳しかない。イマイチ深さがない。人物に関しては、deliberately enigmaticと「ぼかし」が利いて、幽玄(sexy)に近くなる。

しかし、"The Professor and the Madman"の冒頭にあるOEDの訳は、まさに深遠だ。Full of or fraught with mystery; wrapt in mystery; hidden from human knowledge or understanding; impossible or difficult to explain, solve or discover; of obscure origin, nature, or purpose.

うーん、これなら完璧。of obscure originのあとの表現が凝っている。はっきりしないOEDの出自に加えて、正体不明、狙いが名状しがたい、か。まさに神秘のヴェールに包まれている。神秘的だから覗きたくなる(enigmatic)。モナリザの微笑はenigmatic smile。

yuhkoku

憂国　implosive patriotism / bottled up patriotism

愛国とは、すぐに行動に表われる活火山のようなもの。日本車をいくら叩き壊しても、愛国心があれば許される、という「愛国無罪」という発想は日本にはない。いくら嫌な国の大使であっても、暗殺すれば暗殺者が神社に祀られることはない。愛国心ゆえに無罪になることはない。外国でいうpatriotismは、積極的な意味をもつ。つまりexplosive(爆発的)なのだ。

それに対する憂国心は、implosive(内破的)になり、モヤモヤとした心境でくすぶっている。日本の将来を憂う(worried about the future of our country)心境は、ストレートにpatriotismと訳せない。すべての和英で調べたがしっくりいかず、私なりに、苦しまぎれに、implosive patriotismと訳してみた。

like an internal combustion engine(内燃エンジン)とイメージ

させながら、色彩でいえば、愛国心が暖色のred、憂国心は寒色のblueと、さらに解説を重ねる。

ただし、blue patriotismといえども、急激にred hot patriotismに化学変化を起こすことがある――過去にもあった。

そこで、鬱積された（bottled up）、パトリオティズムと超訳してみた。bottled up patriotism（封じ込められた愛国心）である。口に出して、「ぼくは愛国主義者」といえない心情を忖度して、瓶の中に押し込めた。

yuhshuh-no-bi-wo-kazaru
有終の美を飾る　　end one's career in glory

「有終の美」とはa beautiful touch, a crowning glory。
「有終の美を飾る」は、忠実に訳せばbring something to perfectionとか、round off one's careerとなろうが、graceful exit（誰の目からもperfectな退場）とかgrand exit（ちょっと仰々しいか）と、文学的表現を使うこともできる。

人により人生様々だが、こんな風に単純化するのも一案だ。He lived out his life――perfect life.

perfectを使わなくても、「天寿を全うした」というふうにも訳せる。「全うする」とはround offかendのこと。むしろ私は、シンプルな表現を好むので、end one's (brilliant) career gracefullyを使いたい。引退試合でホームランを打って有終の美を飾るなら、名誉を加えてin gloryと、派手目に飾った方がいいだろう。

yuzuri-no-kokoro
譲りの心　　the art of giving

日本人の経済思想を二宮尊徳の「譲」に置く学者が多い。私もその一人である。尊徳翁の「互譲」（Mutual Giving：私訳）の根底に流れている思想がgive and giveであるが、この「互譲」という日本独特の循環思想は、欧米人には、なかなか通じない。

give and takeとは、欧米的な「持ちつ持たれつ」（reciprocity）で、誰も異論をはさむことができない。しかし、奪う（take）ためには、与える（give）という行為が正当化されるなら、儲かるビジネスほど詐欺的にならざるをえなくなる、という矛盾を内包することになる。

詐欺とはconfidence gameのことで、相手から財産を奪う（take）のは、信用（confidence）を与える（give）ことから始まるから、ゲームとなる。

相手を信じ込ませて、騙し取る商法（con game）は、略奪経済の"華"である。相手からtake（奪う）せず、give（与える）だけに徹すれば、相手もgiveしてくれる。「甘い！」と資本主義者たちは唾棄（だき）する。それほど、この金融資本主義は腐ってしまったのだ。

来たるべき経済思考は、二宮尊徳の一円融合であろう——いや、であるべきだ。まず信用を与えて（騙して）、奪うというscam（詐欺）のゲーム思想を否定するのが、この「徳」の経済だ。それは巡りくる四季をベースにした経済思想だ。種（seeding）→茎（sprouting）→花（flowering）→実（fruiting）と、譲り（give way）続ける一円融合思想で、生きるために、他者を犠牲にする（live and let die）から共存共栄（live and let live）に衣替えする。

西欧という乾いた経済風土では、根を下ろすことのできない、日本人の貯蓄思想（4分の1は、貯える、種を残す）だと胸を張って言える。これがgiving。この思想はユダヤ・キリスト教にも通じるはずだ。陰徳（good Samaritans）を誇るキリスト教も、unconditional giving（無条件に与えること）は、神に仕える（surrendering）身では、神道でいう「みそぎ」（giving）に近い。

クリスチャンのやなせたかしの「アンパンマン」は食べられて生きる、平凡な英雄のgiving精神を唱えたものだ。天皇の退位とは、giving「譲位」のことでもある。私の英語道も、二宮尊徳から影響を受けた。

yoin
余韻　resonance

余韻は、「ぼかし」ではなく「にじみ」である。鐘が打たれたあとの反響（revelation）、残響（echoes）のことで、『ニッポン不思議発見！』（講談社バイリンガル・ブックス）では、「にじみ」はa revelation in the sense of the overtone: resonanceと解説され、People can't make this paper stop running.（この紙のにじみを止めることはできない）という文章が載っている。

「ぼかし（gradation）」は人為的だが、「にじみ（a blur）」は自然

の働きである。歌謡曲の「こぶし」のように、音の調べが、残波（lingering waves）となって、徐々に消えていく。武道家は、これを「残心」と言うだろう。

会合が「終り」と聞いて、すぐにピョンと飛び出す人は、競技スポーツが終ったあとのガッツポーズと同じく、「残心」のルールを破ったことになる。

終って礼をしたあとも、しばらく、ポーズを崩さないのが残心だ。残心を怠ることは、心の隙を露わにすることで、人生の勝負師にとり致命的となる。

日本人にとり「間」（pregnant pause）も、残心（open attention）も、すべて余韻（a lingering tone）なのだ。
yohki

陽気　cheerful

cheerfulが陽気？　そう、過去が暗くてもそう見せない人。底抜けに明るい人。では「ネアカ」だろうか。いや、根の暗さを一切周囲に感じさせない人は、職場の"華"になる。

ネアカ（根明）とは、根が明るいことだから、生来の性格が陽気で明るい（innately cheerful）人、いやそのように自然に振る舞える人のことだ。過去の暗さが隠せない人は、「ネクラ」（根暗）だ。ネクラ（innately dark）は、『新和英大辞典』によると、congenital gloominessと訳されている。

innatelyよりもnaturallyの方が覚えやすい。明るさ、暗さはoptimismとpessimismに分けることができるし、ひねくれた暗さをもつ「ネクラ」（a cynic）は、cynicismに発した冷笑家となる。

天然ボケという、憎めない存在はa natural-high（person）と表現される。これも一種のネアカだろう。

ところで、このcheerfulは、同じネアカでも、周囲を明るくさせるエネルギーを感じさせる。ナポレオン・ヒル（Napoleon Hill）の成功哲学で、成功者の共通する性格にpleasing personality（人好きのする性格）を挙げているが、平ったくいえばcheerful（喜んで周囲を明るくさせる）な、ネアカ人間のことではないか。物惜しみのしない陽気さは、天性のものだろう。

ようじん

yohjin-bukasa (ken'yaku)
用心深さ（倹約）　prudence

多くのアジア人の価値観のうち、最も代表的な日本人のそれは、prudence（倹約）だろう。金銭だけではない。この言葉の中には、思慮分別が含まれているからだ。

用心深さは、貯蓄を好み借金を嫌う、日本的倹約思想（欲しがりません、勝つまでは）を含み、経済成長につながる。

シンガポールのリー・クアンユー元首相は、国民にthrift（節約）を強要したというから、deferred gratification（先苦後楽）は日本人から学んだのかもしれない。ところが最近のアジア人は、instant gratification（先楽後苦）に変わりつつある。

移ろいやすいもの（mutable values）に対し、ついついクレジットカードで買ってしまうimpulse buying（衝動買い）に走る。

getting into debt（借金すること）はimprudent（軽率）なのだ。

あのprudence（用心深さ）というアジア人の価値観はどこへ行くのだろう。

コーヒー・ブレイク

よーく観(み)ろ　observe

武蔵は、『五輪書(ごりんのしょ)』の中で「見(けん)は弱く、観(かん)は強く」という表現を用いた。

武士たちだけではなく、ビジネスマンや探偵も、現象に惑わされずに、真相を見極める直観力が必要だ。

武蔵のこの言葉をトーマス・クリアリー（Thomas Cleary）が"The Book of Five Rings"（Shambhala）の中で、このように解説している。Observation and perception are two separate things; the observing eye is stronger, the perceiving eye is weaker. しかも、遠くを近くに、近くを遠くに見よ、という名言を吐かれた。

See that which is far away closely and see that which is nearby from a distance.

from a distanceはafar一語でいいと思う。ちょっと難しいかな。lookじゃなくwatchしてみよう。イメージができたら、数回音読してみよう。メッセージを体内に染み込ませよう。

私の英語道、そして究論道（The Way of Debate）の"核心"と言える個所だ。近くはdata（facts＝接触できる距離にある）のことだ。遠くはwarrant（私はground＝根拠を好む）のことで、事実より真実に近い。真実の方が深遠である。むしろ公理に近い。ずっと昔から言い伝えられてきた知恵の部分だ。

　人々が納得する真実から、現実的な答えを導き出すのだ。この方法を演繹法という。シャーロック・ホームズ（Sherlock Holmes）が得意とするdeductive logicのことだ。

　よくイギリスのホームズマンと語り合うが、「ホームズは帰納法（inductive logic）の達人でもあったはずだ」と反論すると、必ず話が盛り上がる。彼は、Don't see. Observe, Dr. Watson. と言ったはずだ。

　ネイティヴと英語でディベートをするには、英語力だけではなく、膨大な情報がいる。速読だ。多読、乱読から雑多な情報を拾い上げる。それが落葉であってもよい。

　桐一葉を見て、天下の秋を知るのはintuitionの世界だ。『新和英大辞典』の解説が気に入った。桐一葉：a falling leaf from a paulownia;〔衰えの兆候〕an omen of declining (waning) fortune; the beginning of the end。

　しかし、この箇所を読んだシャーロック・ホームズは、得意なdeductive logicで、こんなイギリス人好みの諺で返歌するだろう。"One swallow doesn't make a summer."（一羽のツバメを見て、夏がきたと早合点してはいけない）と。

　演繹か帰納か？　プロの武道家やプロの探偵なら、どちらのロジックにも精通しているはずだ。きみらも、ロジックと直観の二刀流で行け。Have it both ways: logic and intuition.

---

yoki-ni-hakarae

よきにはからえ。　　Just manage (it).

　腹のある殿は、命令はしない。「よきにはからえ」と一言。自己責任だぞとは言わない。物事をうまく「さばく」「切り盛りをする」——これすべてmanageのこと。

　その中には、工夫する（figure it out）も含まれる。Think (and

act) on your own. のことだ。

　自己責任（personal responsibility）と big words を使わずに、サラリと on your own（あるいは at your risk）で通じる。

　She's on her own. は、「彼女は自立している」から、女経営者という意味だ。そんなリーダー格は、工夫（figure it out）し、解決（work it out）する risk-takers だ。

　「君ならできる（うまくさばける）」は、You CAN manage it. 工夫したらできると、語調をやわらげるなら、You COULD manage it. と、can を could に変えるだけだ。

　もし、YOU could make it. と you にアクセントを置くと、「きみなら、なんとかできる」と激励したことになる。サントリーの佐治敬三の「やってみなはれ」は、Just do it. だけではなく、Just manage it.（頭を使って工夫しろ）が含まれている。大阪商人のケチは、計値（ケチ）であって、吝嗇（stingy）ではない。

　「よきにはからう」の「よきに」も曲者だ。起こらぬ先の動きを読む、if の危機管理を risk management という。先は見えないものだから、起こったとき（when）に迅速に問題解決することを crisis management という。同じ危機管理でも、"前者"の if と、"後者"の when は違う。「よきにはからう」とは、あらゆる危機を想定して、manage することだ。

yoku-ki-ga-tsuita-wane
よく気がついたわね。　How thoughtful of you.

　How thoughtful of you.（よく気がついたわね）はホメ言葉。You're mindful (considerate) of other people's mind. のこと。

　気づいていることと、気を配ることとは違う。「気のつく人」は mindful person（considerate はまだしも）であると早合点してはならない。mindful は禅ブームとともに、あまりにも乱用されすぎている。職場などで「場」が読めず、いつの間にか仲間はずれにされる人は、thoughtful attention to details のできない（inattentive な）人だ。

yomi-no-kuni
黄泉の国　the other world

　「日本は死者の国」と言う人がいるが、黄泉の国は "the land of

the dead" だ。「死」は決して、「生」のあとにくる世界another worldではない。今もすでに存在して待っている、the other worldのことなのだ。the otherは前著で述べたが、「表」と同時に存在している「裏」のことだ。

　外国人に理解させるには、Hades（underworld）しかないのが悲しい。Hades（ハーディス）はPluto（プルート）と同じく、地獄と同一視されることが多いからだ。

　2006年にNASA（アメリカ航空宇宙局）は、Plutoを探究してみせるとの志を立て、New Horizons計画に乗りだし、2015年にPlutoに最接近。そして、このニューホライズンズ探検隊は、もっと遠くにある宇宙の墓地といわれるKuiper Belt（カイパーベルト）に挑む覚悟だ。

　このカイパーベルトは凍結した水、アンモニア、メタンの固まりの岩やメタルなどのガラクタがいっぱいで、宇宙のゴミ捨て場のようなところだ。*The Economist*誌（Sept.10th, 2017）で読んだとき、これは、冥土のさらに冥土、青森県の恐山のようなところではと考えた。行きたくはない。

rashi'i（shohko-ga-nai-ga）
らしい（証拠がないが）　　allegedly

「疑わしきは罰せず」が欧米では常識だが、日本では、「推定有罪」（presumed guilty until proven innocent）の考え方が強く、「らしい」という噂だけで有罪となることが多い。すでに世間により罰せられている、白い眼——もうすでに、抗弁の余地はない。

　不倫の確定証拠がなくても、ホテルに入るところが目撃されただけで、不倫と認定される。「ホテル内では何もなかった」と言っても、信用されない。これは状況証拠（circumstantial evidence）と呼ばれ、こうした例はどこにでもある。

　日本はあまりにもせっかちなのだ。「らしい」だけで、犯罪行為が確定する。日本人の英語にはallegedly（証拠はないが、未証明だが）という言い回しはないと、ネイティヴは言う。

rashiku-furumai-nasai
らしく振る舞いなさい。　　Act like one.

　"If you're a soldier, act like one." こんな表現を、映画で耳にした

ことがあるだろう。男らしく振る舞え（Act like a man.）。「女性らしくしなさい」はAct like a woman.

この「らしさ」という倫理規範が、日本文化では、ものを言う。「先生は先生らしく」――教えることは聖職だと教わってきた、私のような古い人間（old-fashioned guy）は、この「らしさ」を耳にすると、身構えてしまう。If you're a teacher, act like one. 武士道魂の復活を説く私の心の底には、必ずこの「恥」意識がある。

ryohgawa-wo-minasai
両側を見なさい。　　Look both ways.

横断歩道や踏み切りを渡るときは、左右を見るのが常識。英語表現にも、決まり文句がある。Look both ways before crossing the street. この表現は、真理の探究者にも、ディベーターに対しても投げかけられる。それは、一方的な話を鵜呑みにしてはいけないという警句でもある。

オスカー・ワイルド（Oscar Wilde）は、真理について、こう語った。The truth is rarely pure and never simple.（真実が純粋であることはめったになく、よもや単純であるはずもない。）

真実はひとつ、と言って究論を避ける人もいるが、世の中での定説のほとんどが仮説であることは、謙虚に認めるべきであろう。

> **コーヒー・ブレイク**
> ### 良心とは「自分の中の他人」（others in me）
> どうも日本人は、「愛」という言葉を口に出すことを、露骨だと気恥ずかしがる民族だ。奥床しいのか、シャイなのか。先祖（神々のこと）に対する敬愛の念さえ、口にするのをはばかる人が多い。ましてや西洋の神（イエスやマリア）に対する愛を公言することなど、不粋（uncool）とされていた。
>
> その違和感が頂点に立ったのが、隠れキリシタンの弾圧だろう。弾圧されればされるほど愛は深まるものだろうが、隠れキリシタンの主を想う愛のインテンシティーは、弾圧に反比例して、ますます深まっていく。
>
> 君らもそんな経験はないか。
>
> 周囲の反対がまったくない状態で、パッと咲いた恋（たとえば

one-night stand＝一夜だけの情念）は散るのも早い、という経験はなかったかい。

　恋愛関係でも英語の勉強でも同じだ。英語に惚れることと、英語を愛することとは違う。惚れっぽい人は、飽きも早い。

　ぼくは敢えて、英語をモノにするために、心のハードルを高くした。脱サラをして、山ごもりをした頃は、「海外へ行かずに、必ずNHK教育テレビ番組（当時英語オンリーの番組は『中級英語』だけだった）のホスト役を射止めてみせる」と大阪で豪語し、日記にも書いたものだ。

　人が嗤った。「アホか、お前は。海外留学の経験のない人間が、学歴を気にするNHKテレビ番組に出られるワケがない」と。もう引き下がれない。

　この闘争姿勢は、キリスト教の宣教師から学んだのかもしれない。クリスチャンは信者であれ、牧師であれ、ディベートを好む。反論すればするほど相手も燃える。

「ミスター・マツモトは、そこまでキリスト教に反論するとは、根性のある人。主人もわたしも、きっとあなたは立派なクリスチャンになれる、と信じています」とミセス・ハービンに熱く語られたときは、「なぁるほど、これがクリスチャンの口説きか」と。それにしても夫婦（どちらも宣教師）間のチームワークも見事なものだった。

　反論すればするほど、敵が味方になる。汝の敵を愛せよ、とは、敵を味方に変える、説得術なのだ。まず、仮想敵をつくる。日本だけでは、英語がモノにできないという人たちの手強い空気をつくる。自らの立ち位置を、弾圧される側に置く。それを守る仲間をつくる。

　マリアさまか観音さまのような、味方が欲しくなる。受難のときは必ず、そのような慈悲深い異性が出現するものだ。種明かしになるが、私のライフワークである英語道という革命的な思想が生まれたのも、英語術を仮想敵視（demonization＝相手を悪魔化することはディベートの常套手段）することから始まった。

　そのうち、英語術（マネー・イングリッシュ）を馬鹿にしている自分が、小悪魔に見えてくる。相手を論破するのは、What if you were wrong ~?という仮定法が有効だ。これはまだ論争術。

　ところが、What if I were wrong?（もし私の方が間違っていたら）と、内省的になることがある。これが英語道の目覚めとなる。ひょっとしたら、英語道を飾るための美辞麗句を語っている私の方が悪魔っぽい（devilish）のでは、と想ってしまったりする。

　英語道には、自分を律する恐ろしい神はいない。しかし、良心という、自分の中にある「世間の眼」がある。自分の中にあって、自分を眺めている他人がいる。これは、武士道でいう「恥」。キリスト教の罪（原罪という不可思議な罪を含め）に対する疑問と闘いながら生まれたのが、恥（武士道のココロ）を重んじる、英語道だった。

居酒屋トーク

冷笑　cynicism

「なんだ、残ったのは、君だけか。あの可愛い女の子は…」
「ああ、アキエちゃん？」
「そうだ、君と相性の良さそうな」
「いやだな、先生。一番ぼくの苦手な、軽ーいタイプの女ですよ。今から二、三の会合に出るって言ってましたよ。どんな会合でもモテモテなコンパ要員（a life of the party）です」
「いや、だから、君にピッタリだと言っている」
「先生は、ぼくをからかっているんですか」
「居酒屋でのトークは、ジョークといえども真剣だ」
「笑いの中にも…」
「そう、苦みがある。たしかベルグソンは、笑いの本質を突いていたな。ところで、ぼくが好きな、『冷笑』（cynicism）について、話してみようかな。大物のように腹から笑えないから、小者の笑いと言えるかもしれない。

　君は英語の道を究めたい、と言っているが、英語のロジック――悪魔の言霊とでも言おうか――きっとロジック・トラップにはまり、ネクラになる」
「先生、わかりません。英語を学べば、視野が広がり、人間のス

ケールが大きくなるんじゃないでしょうか。先生の口癖はTwo languages, two cultures.じゃなかったですか」
「それを英語学習者のdilemma（苦しい選択）という」
「ジレンマにかかる、ということですか。イギリスでノイローゼになった夏目漱石のように、死を選んだ、厭世主義者の芥川龍之介のように。ひねくれ者には哀れな末路が待っているとでも…」
「君が真剣に英語をやればやるほど、自己のアイデンティティーを疑わざるを得なくなる。メタ認知は、君を追い込む。ぼく自身が追い込まれたようにね」
「いいじゃないですか、そういう生き方を、先生は後悔されておられないはずです」
「いや、君はジレンマの本当の意味を知らない。人生の本質に関わる問題は、コーヒー店では、いやこの居酒屋でもわからない」
「先生が美空ひばりの『悲しい酒』を口ずさまれるのも、先生すら悩みがおありだということなのですね」
「先生すら、とは何ですか。人の前に立つ人間だからこそ、ソトとウチのdilemmaに悩まされるのです」
「ぜいたくな悩みですね。最近ぼくは"The Village Effect"（Susan Pinker著）を読んで、先生の生き方や思想とだぶっているのに気がつきました。著者のスーザンが述べているように、人は孤独をまぎらわすために、インターネットで友達を求めますが、ますます孤独に陥るという、切なさや儚さも、人生のジレンマじゃないでしょうか。デブばかりが寄せ集まったところで、デブの自画自賛ばかりで、それも感染するらしいのです。たしかcatchyという形容詞が使われていました」
「どういうこと？」
「"Your friends' friends" can make you fat.という、気になる言い回しがありました。ネットでデブに『いいね』を送り続けると、本人もデブになるというobesity epidemic（肥満症伝染症）のことです」
「ほう、おもしろいね、君の説は。じゃ、慰めあっていると、全員が英語に溺れて、落ちこぼれていくということかね」
「そうです」

> 「どちらが先生で、どちらが生徒かわからなくなってきた。今夜の君のレクチャーから学ばせてもらった。今夜はぼくのおごりだ。どんどん追加注文してくれたまえ」
> 「わかるでしょう、先生。あのアキエちゃんがぼくの嫌いなタイプだってことは、彼女のようなパーティー・ホッパーにつきあっていると、英語の本が読めないじゃないですか」
> 「じゃ、君とディベートをしよう。ぼくは、君がアキエちゃんを好きだという証明をしよう。第2ラウンドは次回だ」

ren'ai-kekkon-wo-suru
恋愛結婚をする　marry for love

　直訳のlove marriageは、ネイティヴにはピンとこない。お見合い結婚（arranged marriage）にしても、理解できないという文化圏がある。インド人の中には、arrangeされた結婚の方が、崩れやすい恋愛結婚（marry for love）よりはベターだという人が多い。それは心理学的にも、物理学的にも証明される。

　選べない人（non-choosers）は、炎のように燃える結婚は期待しないから、棒線のように永続きする。一方、恋愛結婚は、山型になる。頂点は結婚の前後の短期間のみで、あとは下行線を辿っていく。棒状の平原はひどいとしても、北アルプス連峰としよう。ピークはどこにでもある。低い期待からスタートすると、冷めても、また温まることができる。

　だからarranged marriageを好むnon-choosersの方が、choosersより破局のリスクが少なく、より幸せだという論法になる。

　ディベートは、正誤を競う知的遊戯だけではなく、思考を深めるプロセス（道）でもあるのだ。

> **居酒屋トーク**
> #### 恋愛と執念と英語道
> 「いいでしょう。先生のシャーロック風の演繹法（deductive logic）に技有りを取られましたね。でも、先生の分析証拠を知りたい。どうして、ぼくがあの八方美人に憧れているんですか」
> 「彼女は美人だ。美人は本来、先天的なものだ。君のようなガン

バリ屋は、見た目で勝負ができない。だから、努力する。いくら努力しても、体得できないものが『美』だ。アキエさんは、どの男にも、どの会合にも、どの分野にも、浅いつきあいしかできない。深くのめり込むことはできない。

　彼女を求めて集まってくる男は、彼女の外見を求めてくる。誘蛾灯に集まる虫のようにな。だから、彼女は、ルックスには自信を持っているイケメン男性を心から嫌っている。ネアカの彼女は中身、ネクラの君は外見を求めている。だが、君は彼女に近付こうとはしない。

　どちらが孤独だと思う。嫌いな男どもに求められ、好きなタイプは近寄ってこない、そういう美女が幸福だと思うかね。

　彼女も知っている。美とは、上には上があるってことを。

　男はより若く、美しいものを求める。そして、英語力で技を競いたい君のような一途な人間にもよくわかっているはずだ。『上には上がある』ってことが。だから、ぼくのように一途な人間に憧れているんだ」

「図星(ずぼし)です」

「だから、君はアキエさんが好きなんだ」

「違います」

「どうしてそうムキになる」

「白状します。I'll come clean.ぼくは彼女のことが忘れられないのです。今は、彼女から相手にもされません」

「知っていた」

「いつからですか、先生」

「君が否定したときからだ。英語道の達人は、シャーロック・ホームズ以上だ。声の響きと表情で、すべてのウソは見抜ける」

「だから、先生お願いです。英語では、人に負けないように、ナンバーワンを目指して、見返してやりたいのです。先生、ぼくを日本一の英語使いにしてください」

「ま、一杯飲め。

　その執念は、ますますアキエさんを遠ざけてしまうな。勝とうと思えば負ける。得ようとすれば失う。これぞ禅の心」

「それと英語道と、どんな関係があると、おっしゃるのですか」

> 「英語道の第一歩は、英語を捨てることだ。執念がアダになる」
> 「執念がまったくない人間なんか、この世にはいません」
> 「君が大嫌いな、アキエさんがいるじゃないか。まず彼女に愛の告白をすることだ。ぼくの授業より、恋愛から学ぶことのほうが多いかもな」
> 「ふられるのが、わかっていながら、先生は人が悪い」
> 「ふる人とふられる人、英語道のスタートは、後者に味方する。ふられて腐らず、なお、明るく陽気な人をcheerful personという。英語道の資格は、cheerfulになること。次回、君と会うときまでに、しっかりふられてくること」

renza (sei)

連座（制） guilt by association

和英辞書には、the guilt-by-complicity systemとあるが、ピンとこない。よく目と耳にするのは、guilt by association（連座）だ。有罪人と関係があるために罪が及ぶという意味の法律用語。

日本の歴史では、一揆（a riot, a rising, an uprising）のそれではないかと思うことがある。農民一揆（a peasant revolt）は連署による約束（a covenant under joint signature）により、リーダー格の全員が連座（guilty by association）させられることがある。

rentai-sekinin

連帯責任 joint liability / shared accountability

難訳中の難訳語だ。辞書には、joint liabilityという法律用語が用いられているが、あまり耳にしない。collective responsibilitiesというのもピンとこない。連帯保証人になった親が、「道徳的には、息子の不祥事に関しては責任を感じるが、法的には私は無関係だ」と言えるだろうか。連帯保証人は甘くない。印鑑を押したが最後、逃げられない。responsibleよりaccountableなのだ。

だから私はあえて、連帯保証をshared accountabilityと訳す。

I'm held "jointly" accountable for what my son has done to your company.（私は息子が貴社に行ったことに関して、"連帯責任"を負います）と言えば、連帯責任感は通じる。

jointlyを引用符で囲んだのは、ネイティヴが首をかしげても、私

は考えを貫き通すという意思表示だ。保証人ならa sponsorだけで十分通じる。

金銭的な責任はゴメンだが、と但し書きを加えたいのなら、こんなのはどうだろう。The least I can do for you for now is to give you a moral support.（今、きみにできることは、精神的な支えになってあげるぐらいしかないが…。）

rohgai
老害　senile old people

「老害」とは、自分が老いたことに気づかない高齢者が、いつまでも実権を握り続け、硬直した考え方を振りかざすため、次の世代への若返りが約束できない状態を指す。私のことではない。宮崎駿監督の話だ。また引退を撤回したとき、世間は「またかよ」（Not again.）とあきれた。もう止まらない（unstoppable）。

「老」ならoldで無害。senile（老人性認知症）が加わって老害となる。I'm not a senile, old man.（私は老害じゃない。）

ワンセンテンスを一息(ひといき)で発声してみよう。「アイムナラスィーナイロールマン」。あと2回。もうこれでボケ封じになる。

キレやすい（snappy）老人も、穏やかになる。Senile old persons get short-tempered.（老害はキレやすくなる。）

だが、宮崎駿氏は老害とは無縁のようだ。その才能を敬愛する多くの人が、新作を楽しみにしている。

wa
和　the wa（harmony）/ fusion

日本の心は「和」（the Wa）だというのは、表向きのメッセージ。しかし、日本のソトの人は、それはウチ向きの定義だとみなしがちだ。欧米人の目には、日本人の「和」は、jigsaw puzzleのように映るだろう。パズルの中のひとつのpieceが紛失すれば、「和」というintegrityが保てなくなる、もろい存在なのだ。

しかし、このようにもとれる。周囲の空気を読まず、個人の意見を強引に通そうとする人は「和」というルールを乱した犯罪人として扱われるから、「和」とはjustice（正義）なのではないかと。

友人のロバート・ホワイティング（『菊とバット』の著者）は名著『和をもって日本となす』("You gotta have wa")の中で、日本

人の「和」とは外国人選手を締め出す、見えざる柵のようなものだと書いている。

それは誤解だ。「和」はそのような「分裂」(fission)ではなく、その反対の「融合」(fusion)なのだ、という思いが私には強い。日本とは、融合という「和」の歴史なのだ。

武士道にしても「融合」(神道、仏教、儒教の融合だと、新渡戸稲造は見た)の産物だ。私はそれに修験道や古神道まで融合させる。神道が仏教と習合したように、あらゆる外来思想を排他しなかった寛容性(ハラ)という重心があった。

その忍耐力(perseverance)と適合性(adaptability)が我慢(the *gaman*)に結びついた。和のための我慢も、日本の融合的な「和」(fusion)から派生したものだ。

日本の和はハーモニーであるぞよ、外国人たちは日本にしかない「和」を学べと、豪語し続けることは、一種のヤセ我慢(too proud to be modest)かもしれない。しかし、状況によって和はtogethernessと訳してもいいし、tolerance(寛容とかハラ)と訳してもいい。ま、「和」はthe waでいいか。

コーヒー・ブレイク
和とディベート教育

「和」といえば、誰しもがharmonyを思い浮べるが、実はこれが外国人の目には、不可解(enigmatic)で、ときには非調和的(disharmonious)に映る。まるでconformity(体制順応)という服従(compliance)ではないか、と。

日本人の使う「和」はharmonyよりむしろ「ハラ(抱擁力)」に近く、その実践が我慢(the *gaman*)であり、その「和」のルールを乱すと、場から外される。だから、「和」とは日本風のjustice(正義)なのだ、と紹介してきたが、なかなか理解されず、淋しかった。

The Economist (Nov. 4th, 2017)で「和」がそのままwaと使われていたので、再び強気になった。

「The *wa* forward(和を前向きに)、ジャパンInc.は、もっと多くの外国人をしぶしぶ(gingerly)雇い始めた」という記事だ。

a way forward（前向きなプラン）と、見出しが語呂合わせになっている。

　2011年、オリンパス社は役員会議で、初めての青眼の役員であるマイケル・ウッドフォード（Michael Woodford）社長を突如解雇した。「ガイジンいじめ」と海外で報道された。社の全員が日本人だけで、日本語オンリー会議では、目立つことが罪なのだろうか。ガイジンであることだけが和を乱す——これが「和」?

　こんな英語が使われていた。...as an all-Japanese, all-male club where wizened bosses ruthlessly enforce *wa*, or harmony.
（…全員日本人の、全員男性の会議で、ロートルのボスたちが容赦なく「和」のルールを押しつける。）*wa*はイタリックで、orのあと慎ましくharmonyと訳されている。「和」の強制？　だから、私は「和」をjusticeと訳すことがあるのだ。

　今、日本企業の株式の30%は外資（2008年から23.5%のアップ）に握られているというから、「和」を保つためには外国人に発言権を与えなければならない事態が発生した。

　外国の支社で不調和（ディスハーモニー）が生じると、ただちに日本人を派遣し、ハーモナイズさせるという考えは、古い、と資生堂の魚谷雅彦社長は言う。氏の言葉はこう訳されている。

You need people who can really understand local tastes.（地元の持ち味を本当にわかっている人が必要なのです）と。

　ニューヨークで、ある弁護士から聞いた。日本の企業は、日本語のわかる弁護士しか雇わないから、ローカルニーズに強いネイティヴ弁護士に勝てないと。

　日本企業がグローバル企業になりえないのは、「和」の"縛り"であるかのようだ。

　この記事の結論が振るっている。A bit of disharmony can be productive.（ちょっとした不協和音が生産性を高めるのでは。）

　そのために、私はディベート教育を推進してきたつもりだ。

わ

 コーヒー・ブレイク

和がharmonyでなかったら、fusionかconcordか

　和をharmonyと訳すのに抵抗を感じる。日本人はharmonyを大切にするa peace-loving peopleだと定義していいものか。「和」というスローガンに馴染まないソトモノは、日本人同士でも鬼であって、敬遠される。

　つまり「和」とは、それを乱す人間には容赦なく、いびり出すという正当化（justification）と同一視されると、「和」（the wa）は「正義」（justice）に近いものとなる。

　「和を乱した男」というレッテルは、致命的なstigma（傷痕）となる。組織にまつろわぬ（uncompromising）人は、ソトモノとして村八分（social ostracism）にされる。これでも「和」をharmonyと訳すのか。

　ここでなぜ私が「和」を融合（fusion）と訳すのか、述べてみる。独断と偏見とのそしりを受けることは覚悟のうえである。小池清治は『日本語は悪魔の言語か？』（角川書店）の中で、日本文化とは捨てない文化だと定義している。

　「呉音は奈良時代に、漢音は平安時代に伝来したものです。前者は古く、後者は新しい。しかし、現在に至るまで両者は使用され続けているのです。」

　そこで、小池氏はこう論断される。「新しいものが導入された時、古いものを捨てずに、共存させ、使い分け棲み分けを考えるのが日本人の心性のようです。…日本文化は共存の宝庫なのです。」

　たしかに、神道と仏教を習合（融合のこと）させた聖徳太子は、たいした革命家だ。では、太子が最も尊重した「和」は、peaceであろうか。流血の結果生まれた、混合の「和」は、concordに近いものではなかったか。

　神道も仏教も儒教も、この三つのintegral partsをすべてintegrateさせたのだから、和はintegrityでもある。いや欧米人なら、それをconcordと呼ぶに違いない。ラテン語のconcordia（心がひとつであること）に近い。

　だが、待てよ。concordを『オックスフォード新英英辞典』で

調べると、agreement or harmony between people or groupsとなっており、合意が産まれるまで、思想上に一悶着があったはずだ。分裂によって生じたディベートがあったはずだ。

しかし、日本の和にはそれがない。融合してしまっている。なんでも受け容れるから、引き算だ。西洋のconcordという和は足し算ではないか。日本の「和」の文化は融合のそれだ。

小池氏は述べる。「仮名文字以前の和歌は、音声を基本とする耳の和歌であり、仮名文字以後の和歌は、文字を基本とする目の和歌なのであります。和歌史として述べれば、日本の和歌は耳の和歌（うた）から目の和歌（うた）へと移行したということができるでしょう。」

驚くべき発見だ。耳と目か。ひらがなとカタカナのように融合してしまっている。お互いに排他しない。

wakage-no-itari-de-ne
若気のいたりでね　　when I was young and hungry

これまで私は、young and foolishを使っていた。今も使える。スティーヴ・ジョブス（Steve Jobs）が最後の、魂を揺さぶる（soul-shaking）スピーチでStay foolish.という名言を吐いてから、ますますfoolishという形容詞が脚光を浴びだしている。

これまで私が好んで使っていた「固定は死」（Rigidity is death.）も、彼にあやかってDon't settle.に変えた（前著で述べた）。

さて、今、スティーブン・キング原作のドラマ"Bag of Bones"（邦題『骨の袋』）――"Misery"（邦題『ミザリー』）ほど暗くない――を耳にしながら、when I was young and hungryのほうがいいと思った。若気の特権は、young and aggressive、いや、hungryなのだ。

今でこそ、英語道もかなり上の目線から語りだしているが、武蔵の前のタケゾウの時代はyoung and hungryであったのだ。

waga-michi-wo-iku
わが道を行く　　go it alone

宮本武蔵のいう「独行道」だ。The way of walking alone.「歩く」にこだわるより、self-relianceという、より普遍的な表現を勧めた

い。独立心（the spirit of independence）よりも、自分のことは自分でするという自立精神はself-relianceに近い。Rely on yourself. とかBe on your own. とすぐに転換がきくからだ。

self-determination（自己決定権）もカッコイイ表現だが、Pardon? と質問されたときにあわてるより、日頃から誰にでも理解できる表現法を身につけておくことだ。

big wordsは頻度数も低く、忘れるリスクが高いので、あまり勧めたくはない。go it aloneという口語表現を覚えていると、時事英語としても、使える。

「沖縄は、米軍基地なしで、独立できるのか」ならCan Okinawa go it alone, without U.S. Military bases? とさらーっと訳せる。

go independentとより硬い表現を使うと、Politically or economically? Or perhaps, militarily? のように、より具体的に突っ込まれかねない。go it aloneを使えば、平易で、突っ込まれない。

watashi-no-namae-wa-eren-yo
私の名前はエレンよ。　　It's Ellen.

映画のセリフから気の利いた表現を学ぶ。作家がサインを求めている女性に聞く、「君の名は？」と。答えがIt's Ellen. であった。もしこれが日本女性なら、My name is ~ から始めてしまうだろう。「ただいまご紹介に預かりました、松本道弘です」も英訳する必要はない。聴衆はすでに知っている——たぶん「英語武蔵」という異名も——。講演者の私がオーバーに紹介されたら、Yes, I'm Michihiro Matsumoto, as I have been introduced to you now. とは言わない（繰り返しは時間のムダ）。

Don't believe everything they say about me. I'm not *a* Musashi（武蔵のような人）, but *the* Musashi（武蔵そのもの）, born-again（生まれ変わった）と新しい情報を提供し、いきなりメリハリをつける。まだ本体が知られていない存在がit。ならこれでいこう。Hi, it's me. と。インフォーマルな会合に限ってだが。

オレオレ詐欺はan It's-me-It's-me scamという。

生まれる前の人間（赤ちゃん）は、it。生まれたあとでもitと呼ばれれば、コトは重大だ。人権を無視されたわけだから。スティーブン・キングのホラー小説のテーマになる。

(watashi-wa) mekiki-da
（私は）メキキ（目利き）だ。　I'm a good judge of ~.

「メキキ」とは、目が利く（a sharp eye）こと。物の真贋・良否などを見わけること（connoisseurship）、すなわち、価値を判断する能力のこと。詐欺師がはびこっている今日ほど、メキキが必要とされる時代はない。本物を見抜く人は、a good judge of people。

a good judge of fine artsは、connoisseur（美術品などの鑑定家）という目利きのこと。メキキは、詐欺にひっかからない。私はホームズ並のディベーターだが、ワキが甘いところがある（sucker）。よく騙される（fall for）。

騙されないメキキに教えてもらうことがある。「話がうますぎる（too good to be true）のは、まず警戒」「それにひっかかる先生にはどこか山っ気がある（audacious）んじゃありませんか」と逆に説教されることがある。

何か悩み事とか、果たせない夢（憂国の情など）は、私の弱さ（vulnerabilities）になる。詐欺師（con artists）には、これらはすべてチャンス（opportunities）になる。大きな野心をもたず、清貧（poor but honest）な人は、カモられる（to be taken in）ことはない、という。

私は、失敗を通じて、前よりいいメキキになった。I'm a better judge of people now. しかし、絶対に騙されない、騙すのもうまいという、抜け目のなさを持った（sharp-eyed）人物を描写する形容詞といえば、savvy（セヴィ）がイチオシだ。

スペイン語の*sabe*（君は知っている）の転訛。「理解できる」から「物わかりのいい」という意味で広く使われる。

Because he's savvy about the market psychology.（というのは、彼は、市場の人気に精通しているからだ。）

savvyとは、「精通した」以外に、「海千山千の」や「抜け目のない」というネガティヴな意味がある。

He's a savvy investor.（彼は損をしない抜け目のない投資家だ。）

かつて近江商人（関西の商社の源流とされた）は、はしっこいと言われた。これらも、savvy businessmen（with an acute sense of business）と言われる。

わたしを

よく使われる形容詞なのだ。数回、音読して覚えてしまおう。活字にもしょっちゅう出てくるので、いま丸暗記しなくても、近々きっと巡り合わすことにある。

(watashi-wo-nokoshite) shinu-na

（私を残して）死ぬな。　Don't die on me.

よく耳にする英語だが、邦訳に困る。私の上で死ぬなって？　まるで腹上死。onは「上で」ではなく、「残して」の意味だから、「私をこのままにして死なないで」という意味になる。

「私を裏切るな」はDon't turn on me.だ。私を静止したままにして、ぐるっと回転するな、という意味だ。

このonの姿がわかると、こんな英語がわかる。

Don't cheat on me.（浮気しないで。）

Don't walk out on me.（私を見捨てないで。）

革命家のチェ・ゲバラは解放に命を賭けた男。一緒に死ねる男を求めた。映画『エルネスト　もう一人のゲバラ』("Ernesto")（オダギリジョー主演）はそんな男に惚れ、そんな男になった。

I'm ready to die along.（一緒に死のうぜ）――これは男を泣かせる狼の掟だ。

コーヒー・ブレイク
ワビ・サビ　wabi-sabi

染め物業者によると、「ぼかし」は人為的だが、「にじみ」は人為が及ばない自然の仕組みだという。こちらから、とあちらから、の違いだ。スープ（thick soup）は「ぼかし」で、わざがいるが、すまし汁（clear soup）は「にじみ」で自然任せだ。

前者は、味を競うが、後者は、味で競わない。これが自然を愛する日本の料理法だ。イタリアや中国の料理法では、コックの腕、つまり"技"を競う。しかし、日本料理は自然との調和の"芸"が見どころだ。そう、視覚まで入る。

料理人の腕の見せどころは、材料や味といったモノでなく、ココロにある。料理は芸術作品であり、そのプロセス（道）そのものがココロなのだ。

それは、ワビとサビの違いになって顕れる。

安くて、うまくて、ボリュームがあるというのは一時的であるから、すぐに飽き（boredom）がくる。ポイ捨て。なんと侘しいことか。Sad and lonely. これがワビ。空間的な孤立は避けられない。

　しかし、サビには時間的なココロの流れが加わるから、「渋さ（unobtrusive elegance）」という価値観が加わる。日本の料理人のこだわり（pride and joy）はそこにある。

"Wabi-Sabi: For Artists, Designers, Poets & Philosophers"（Imperfect publishing）の著者レナード・コーレン（Leonard Koren）は、日本人の美的センスは、ワビ・サビに極まれり、と説く。

　その美は、Things imperfect, impermanent and incomplete. It's a beauty of things modest and humble. It is a beauty of things unconventional. と絵画的に定義されている。

「不完全で、限りがあり、未完成で、控えめで、常軌を逸している」（笑）。さらに分析しよう。

　——ワビ——

　道。精神的な過程。内面的で主観的。哲学的な構造。空間的なイベント。

　——サビ——

　芸術や文学のテーマ。外面的で客観的。美学的な理想論。時間的なイベント。

　ワビとサビの微妙な相違を英訳することは骨が折れる。

　私は思いきって、lonelyとaloneの違いだ、と超訳する。

　aloneとは、lonesomeと同じく、ぽつねんと孤立しているから、なんとも淋しい（miserable）。

「侘びしい独り住まい」はlonely / lonesome lifeだ。

「侘びしいたたずまい」は、a cheerless (lifeless) atmosphereで、生気がない。

　しかし、サビにはポジティヴな価値観が加わる。

　枯淡、幽雅を表わす「サビ」は、subdued refinement, elegant simplicity。芭蕉（俳諧）のサビは、the elegant simplicity of Basho's haiku poetry。

　私は、このelegantをdisciplined（控えめの）か、austere（厳

格な）に置き換える。elegantに厳粛さを加えたい。日本の伝統美を、私ならausterity（簡素）に置くからだ。

私説はさておき、L. Koren氏の分析に戻る。

抑え目の美とは、「目立たないこと」だからunpretentious（ケレン味のない）で、earthy（土臭い、粗野、パッとしない）で、intimate（ホッとさせる）、irregular（奇異）で、murky（不透明）で、simple（単純）であるとすると、the older, the betterとなる。アメリカ文化よりイギリス文化に接近する。

どうやらこのあたりで、武士道の価値観に結びつきそうだ。

そして武士道の延長としての英語道も、あまり変化を好まないイギリス英語にワビ・サビを感じてしまう。このワビ・サビにthe slower, the betterという日本人好みの"力学"を加味してみると、能舞台に目が移る。

あのゆっくり歩み、舞う演者（シテ）の芸は、きわめて渋い。ワビ・サビ芸の極致（poetry in action）と言える。

warikitta
割り切った　pragmatic

プラグマティックという言葉はよく耳にし、人もよく使っているが、そのシンボルが見えるだろうか。辞書を見ても、実用（実践）的な、実際的な、実用本位の、などの漢字訳が多く、まだ姿が見えない。

関西出身の私は、どんな難訳語でも、すぐに使える（食える）ように、液体化してしまう。「プラグマチズム？　『そろばん』でっか？」とか、「『花よりだんご』っちゅうやつやな」と。短絡的とはいえ、ちゃっかりと英語のシンボルは摑んでいる。

今回は、「割り切った」とした。理想論はときにはカッコ良すぎるのか、ナニワの気質に合わない。ぶっちゃけた話（the bottom lineという、そろばん思考）が、まさにpragmaticな思考ではないだろうか。教科書の英語だけで、メシが食えまっか、という問いそのものがpragmaticなのだ。花（理想）よりダンゴ（現実）という割り切った思考だ。

コーヒー・ブレイク
悪い英語は良い英語を駆逐（くちく）する

 最近のアメリカ英語は乱れてきている。いや昔からかもしれない。英語は口語化すると、俗語化しやすい。いや庶民の slangy な言葉が、口語として認められると、口語表現そして標準語として通用するようになる。英語は貨幣のようなもので、流行性がその価値を決定することになる。

 では、あのグレシャムの法則（Gresham's law）「悪貨は良貨を駆逐する＝Bad money drives out good (money).」が英語にも通用するだろうか。

 Bad English drives out good. こういう仮説検証型のディベートは、きっと頭の体操になるだろう。

 仮に私が肯定側に立ったら、アメリカの黒人が使っていた二重否定（I ain't like it no more.）が流行（は）った、という例を挙げる。しかし否定側は、「ちょっと待て、今ハリウッド映画に出る黒人の英語には文法上の乱れはない。良語は悪語を駆逐する」と反論するだろう。

 どちらが勝ってもいい。これがディベートの「心」だ、for the good of the debate。ディベート好きな人は、議論（argument）に負けることを喜ぶ——より多くを学べるからだ。

 カール・セーガン（Carl Sagan。天文学者）はコーヒーを飲みながら、ディベートをすることを楽しんだ。明るく学び、敗北経験を思考の糧（かて）にした。凝り固まった狭い知識より、柔らかく、応用範囲の広い知恵を好む人は、すべてディベーターだ。

居酒屋トーク
膿（うみ）の「ウ」の裏はどう訳せばいいのか

 日馬富士の暴行事件は、根が深い。deep down. 裏の裏がある。「ウ」という母音の音霊（おとだま）が気になる。ウミ（膿）を口にした白鵬は、角界の闇の部分にメスを入れようとしている。

 モンゴル力士が上位を占めた今の相撲世界。「覇」（勝てばパワー）を目指す白鵬の野望。品格（勝つだけが全（すべ）てでない）の欠如をタテに阻（はば）もうとする相撲界。「覇」ではなく、「道」（相撲道）

という美風を守ろうとする貴乃花。その美風が膿（かみひと）？　美とは紙一重（skin-deep）だから、話はこじれる。

　両雄の呼吸（chemistry）がまったく嚙（か）み合わないままだ。They're not on the same wavelength.

「品格を保（たも）て」はPlay nice.と「型」の項で訳したが、もっと日本文化の根は深い。それに「らしさ」が加わる。Harumafuji resigned like a Yokozuna. like（らしく）とは？「らしさ」とは？ "...because he was a grand champion"（日馬富士は横綱らしく引退した）で筋が通るだろうか。

　昔から、ドロドロ（murky, sleazy）した相撲協会そのものの体質は、モンゴル会といった強力な外圧も、簡単に浄化することはできない。

　校正終了寸前に、降って湧いたように起こった、日馬富士暴行事件で、私のペンを槍（lance）として、40年前から溜っていた膿（boil）を突き破ろうと思い立った。

　ウラ、ウミ、ウラ（恨）み節。ウジウジした気持をぐっと抑え、呻（うめ）き続けていると、頭がウズ（渦）巻き、ウニのようにぐにゃぐにゃになってくる。

　ウットウ（鬱陶）しい、ウザい、と読者諸兄からウト（疎）まれるかもと、考えると、ユウウツ（憂鬱）になる。

　葛飾北斎なら、ユウレイ（幽霊）の絵を描くだろう。ウイウイ（初々）しい気持で絵を日記に書き、日頃のウップン（鬱憤）を晴らす。ウミ（膿）は、ニューッと出るもの。だがウミ（海）には、何かをウ（産）み出す、縄文人の音霊、「ウ」のパワーがある。

　Oomph（ウンフ）という音霊のエネルギーは、縄文の響きであろう。

「ふんどしを締める」もfasten one's seatbeltではなく、oomph（ウーンフ）だけでいいのだ。

「狼の森」を立ち上げた私は、ウルフ・スピリットで今後とも「難訳辞典」を執筆し続けるつもりだ。一昔前のモンゴル人（力士を含め）は仲間が意気投合すれば、お互いが腕を組んで、狼のように天空に向ってウ・ウ・ウ・ウ・ウ・ウーと遠吼（とおぼ）えをする。ウは縄文の音霊だ。

日本の相撲界のethos（クウキ）をclubby（仲良しクラブ的な、番犬グループ）と表現すれば、モンゴル相撲力士のそれは、clannish（氏族的に団結力と排他力がある）であろう。どちらもclで始まっているが、そこに民族的な緊張感（racial tension）を感じてしまう最近の私だ。

　覇（覇権を制すれば、なんでもできる）か、道（それを許さぬmoral compass：道徳的羅針盤を優先させる）か。相撲道となれば、私が提唱している英語道とも無関係ではない。狼やジンギス・カーンを研究し、覇道にも目覚め始めた私も、うーんと呻きたくなる。

　ナワノレンじゃ大声は出せない。難訳執筆の締め切りに追われ、満月が近づけば、月夜に遠吠えしてみるか。ウーウーウー、Oomph——ふんどしを締めて。

あとがき

　やっと終った。「難訳辞典」を編み続けることは、ライフワークになるかもと豪語した以上、"荒行"は避けられない。毎日が戦(いくさ)のような気がする。よほどの「遊び心」がないと、続刊を書き下ろす気にはなれない。私はフーテンの寅（風来坊＝a free spirit）なのか。

　AI（人工頭脳）に、翻訳者の仕事が奪われてはなるものか、この闘いには、英語武蔵と呼ばれたオレしかいない、という"生意気(fresh)"気質は、まるでドン・キホーテだ。だからこそ、超訳に挑むことができたのかもしれない。

　脳科学者の茂木健一郎氏がYouTubeで（地上波ではあまりホンネが聞けない）、検定試験に使われる例文が（内容的に）味気(あじけ)ない（bland）という風の辛辣(しんらつ)なコメントをされた。勇気のある発言だ。ょぉし私も、ピリリと辛い（spicy）例文で勝負に出ようと、奮(ふる)い立って、またぞろ旅支度(たびじたく)を始めたものだ。

　寅次郎は、nomad（遊牧民）なのだ。放浪者（vagabond）と変わりがない。定着民族から、異端視される、厄介者なのだ。だからこそ、ウルフに憧れるのだ。

　街道一の親分（a pack leader）といわれた清水次郎長に憧れた私は、今も狼のモットーを座右の銘にしている。

　Always hungry. Always hunting.

　つねに空腹で、いつまでも狩り続ける。このハンター（狩人）の精神で、「難訳辞典」に取り組んでいる。吉田松陰が、学者を嫌ったように、知行合一を信じる無骨者の私も、教授職を2回も捨てて、旅に出ている。柳田國男は「旅は行」だと言った。私もこの種の「行」を続けるつもりだ。これからも難訳語をハントし続ける。

死臭漂う獲物や陳腐な例文では、読者の味覚を満足させることはできない。これまでの辞書を参考にしながらも、この一匹狼は、単身で旅を続けてきた。

　多読、乱読、速読——ひっくるめて遊読——だけではない。常識人とはつるまず、独りで野外へ狩りに出かける。映画館の中でも、手からペンは放さず、獲物を漁り続けた。次の映画が始まるまでの幕間は、近くの喫茶店で、書き留めた情報が腐る前に、さらーっと書き上げる。

　8年目に入ったNONESチャンネルのインターネット番組『TIMEを読む』と、それに引き続く『Global Inside』でニュースキャスターを務めてきたというジャーナリストとしての意地もある。新鮮な情報で——あまり泡沫的なガセネタは相手にしないが——ガチンコで（play for real）勝負したつもりである。現役のまま、闘いながら書く。話題には気を配る。例文にまで——。

　She ate an apple. では面白くない。単語だけだから思考が広がらない。Steve Jobs ate an apple. でアップル社のロゴが見えてくる。シンボルが浮んでくる。

　さらに問題意識を膨らませると、こんな例文も浮び、読者のイメージはさらに膨らむ。Did Steve commit an original sin by biting a forbidden fruit?

（スティーヴ・ジョブスは、禁断の木の実を食べて原罪を犯したのか。）

　ここまで書けば、本書は英語オタク向きではなくなる。速読ができない代物なのだから。かなりスピード・アップして読んでも、数ヵ月はかかる。その労は報われる。後に英文雑誌や映画の英語がぐんと身近に感じるだろうからだ。

　使える英語かどうかと吟味しながら書き下ろした作品だから、音

読でもいいが、例文を実際に使ってみることを勧めたい。そうすれば、半年はかかるだろう。狼は、つねにハングリー。飼い犬にはメタボが多いが、メタボの狼はいない。

次に、常にハントを続ける狼の掟にもう一つ、加えておきたい。それはチームワークだ。この気ままなウルフ人間に付き合っていただき、大胆な「読む辞典」にまとめあげてくれた、古屋信吾氏（さくら舎社長）、倉持哲夫氏（武蔵エディトリアル代表）と、NONESスタッフの高嶋芳枝氏の三氏に重ねて、お礼を申し上げたい。

ついでながら、最近飼った黒猫のクロ（Cro）にもお礼の言葉を述べたい。あの、人を突き離した眼は、上からでも下からでもない。「難解すぎるよ、君ィ。猫にもわかるような解説をしてくれないか」とでも言いたげだ。

たぶん、この「難訳辞典」企画は、今後も続くような気がする。それには、英語道の精神を死守するために、新たに発足させた「狼の森」グループが守る、三つの行動原理が欠かせない。読者にもこの群狼(ぐんろう)に加わっていただきたい。

　　First, stay hungry.　　　　　（決して満腹にならず）
　　Second, stay passionate.　　（ロマンを忘れず）
　　Third, stay together.　　　　（仲間を裏切らず）

チームワークという衆知（collective wisdom）からは、思いがけない知的発見（serendipitous discovery）が生じる。最大の収穫はこの「難訳辞典」が目指しているゴールが英語道の追究に他ならない、とわかったことだ。

今回は「日本の心」をテーマに、という編集サイドの要望により、執筆の舵(かじ)を大胆に切り替えた。『源氏物語』の翻訳者であるサイデンステッカー氏が、日本人が「道」を失わない限り、安泰だと

喝破した、あの「道」こそが、日本の心だ。

　ミチがsubstanceとすれば、諸武芸道にカタチを与えるドウはstyleである。

　日本の文化の底流を支え、日本人の思考パターンに影響を与えるミチ（液体）が、ドウという固体に化け、英語道というstyleが突然変異して、ヌウーッと誕生した。style（外見）はsubstance（内面）を守るものでなくてはならない。

「術」をシンボライズするとsugarになり、「道」のそれは、saltになる。道の共通分母は、水であり、塩味（blood, sweat, tears）であり、tearsを努力とみる民族と、涙を悲痛ととる民族（English with tearsは笑いが消え、哀しみになる）の差違がイメージできるようになった。

　砂糖好きな民族にとり、しょっぱい（salty）tears（涙）は苦痛でしかありえない。しかしNo pain, no gain.（苦あれば楽）と言うではないか。ここまで発想転換ができれば、きっと同時通訳や異文化間のディベート・交渉は容易となる。AIロボットたちに、人間の感性から発する知的作業が奪われることはない。

　苦海を一緒に航海しよう。道（compass）があれば、決して後悔はしない（no pun intended）。

合掌

松本道弘

——「我事（わがこと）において、後悔せず」 英語武蔵——

難訳・和英「語感」辞典
五十音索引

The Unafraid Semantic Dictionary — Japanese to English

索引

〔あ〕
※太字は見出し項目

ああ言えばこう言う　argumentative ……… 7
　　　　　　　　　give as much as one gets ……… 7
ああ、助かった。　Thank God. ……… 97
開いた口がふさがらない　appalling ……… 8
あいつはうぬぼれている。　He's got a big head. ……… 53
あいつは、ひとかどの人物だ。　He's somebody. ……… 219
あいつは、ヘドが出るほどイヤなやつ。　He's a puke. ……… 274
あいつはまだ新米だ。長い眼で見てやれ。　He's still green. Give him time. ……… 254
相手の言葉の裏を読む　read between the lines / read into what's said ……… 295
相手を下に見るような（横柄な）態度　a patronizing voice ……… 304
愛とは行なり。　Love is a practice. ……… 122
愛はred、憂はblue ……… 58
青田刈り　the hiring of（university）graduates earlier than the customary time ……… 100
あかん。　No way. ……… 8
あきまへん。　Don't ask. ……… 370
悪魔に魂を売る　selling the soul out to the devil ……… 72
アゲマン　a woman who mans you up ……… 77
朝メシ前。　No big deal. ……… 9
　　　　　　a piece of cake ……… 9
味　value ……… 9
あすは我が身。　You are next. ……… 10
汗がきみの額からにじみ出ている。　Sweat is oozing out of your forehead. ……… 261
唖然と　open-mouthed ……… 39
あそこ　down there ……… 11
遊び心　playful spirit ……… 4, 183, 232, 244, 337, 352
頭がウニのようにぐちゃぐちゃになっている人　a person with a disorganized mind ……… 163

新しい人生　second life ……… 194
当たり障(さわ)りのない　politically correct ……… 51
熱いのが好き。　I like it hot. ……… 11
悪貨は良貨を駆逐する。　Bad money drives out good（money）. ……… 411
あっけらかん　nonchallant ……… 12
あなたがおやりになって。　I suggest you do（that）. ……… 12
あなた、勧誘されたの？　Are you tapped? ……… 72
あなただけに愛されたいの。ほかの男性はいやよ。　I wanna be loved by you, just you, and nobody else but you. ……… 14
あなたでよかった。　Glad it was you. ……… 224
あなたと議論するつもりです。　I'll challenge you to debate ……… 110
あなたに脱帽。　My hat is off to you. ……… 270
あなたに尽くしてあげる。　I'll slave for you. ……… 14
あなたには下心がある。　I know what you *really* want. ……… 174
あなたのお陰で生かされてきました。　You've got me to where I am. ……… 305
あなたの鑑(かがみ)は？　Who's your role model? ……… 13
あなたの気分転換の方法は？　What's your chill-out? ……… 117
あなたの人生は間違いじゃない。　Your choice is not wrong. ……… 16
あなたのためを思って言っているのよ。　I'm just worried about you. ……… 48
あなたの奴隷じゃない。　You don't own me. ……… 14
あなたの底意（ハラ）は何ですか？　What do you really want? ……… 175
あなたのハラは何なの。　What do you really want? ……… 15
あなたの眼には翳(かげ)りがある。　I see sadness in your eyes. ……… 153
あなたは素晴らしいという噂よ。　Everyone says you're great. ……… 262
あなたは間違っていない。　You're not wrong. ……… 15
あなた、秘密結社に勧誘されたの？　Are you asked to join the（secret）society? ……… 72
あなたを傷(きず)つけるつもりじゃなかった。私はたわむれていただけなんだ。　I wasn't hurting you. I was just playing you. ……… 30
侮(あなど)らず　Take nobody for granted. ……… 113, 114

あの、いつもの店　the same old shop ……… 328
あのう、おカネ、先立つもの　Uh. Money. First thing, first. ……… 15
あの女よ　the woman ……… 59
あの師匠の才能にあやかりたい。　I hope his talent will rub off on me. ……… 21
あのときの彼女の眼は、恋する女の眼だった。　Those eyes are the eyes of a woman in love. ……… 307
あのときはあのとき、今は今。　That was then, this is now. ……… 16
あの懐かしいタラ岬　the Old Cape Cod ……… 328
あの懐かしい峠の我が家。　Oh, give me a home where buffalo roam. ……… 254
あの20代、30代の「誰かさん」　twenty-something, thirty-something ……… 44
（あの人に）ばれている。　He knows. ……… 16
あの人は、君の大統領なんだよ。　That's your president. ……… 214
あべこべ　the other way around ……… 17
阿呆（あほ）　nerd ……… 17
アホ　He's slow. ……… 257
甘く見る　take ~ for granted ……… 18
☕ 甘酸（あまず）っぱい　bittersweet ……… 18
天の邪鬼（あまのじゃく）　devil's advocate ……… 57 / negative persons ……… 161
雨にも負けず　Strong in the rain. ……… 368, 381
アメリカ人は、なんにでも、誰にでもケチをつける。　Americans bullshit everything, everybody. ……… 149
アメリカ人よ、我慢しなさい。　Be tolerant. ……… 100
アメリカに幸（さち）あれ。　God bless America. ……… 101
アメリカに呪いあれ。　God damn America. ……… 101
アメリカを再び偉大にしよう　Make America great again. ……… 41
危（あや）うきに近寄るな。　Play it safe. ……… 19
あやかって　after ……… 20
あやかりたい。　I hope your talent will rub off on me. ……… 20
あやかりたい、という誰かがきみには必要だ。　You need someone

to be modeled after.	20
過ちは繰返しませぬから。 This should not happen again.	21
（荒）行 rigorous training	185
蟻地獄 an antlion	40
歩かせろ＝敬遠しろ。 Give him an intentional walk.	133
あんたとはもう会わない。 I'm done with you	159
あんたは、いつもゴタクばかりを並べている。 Words, words, words.	104
あんたは空手形ばっかり。 Promises, promises, promises.	104
あんたは態度が悪い。 You have an attitude problem. / Don't give me (an) attitude.	133
あんたは脇が甘いのよ（誘惑に弱い）。 You're not immune from seduction.	256

〔い〕

いい塩梅 the right balance	22
いい加減な気持で halfheartedly	267
☕ いい死に方。 A good death means never having to say you're sorry.	22
いい線。 He's getting there.	219
いい先生が来る。 We get good teachers.	233
いいなりになる give somebody what somebody wants	24
言うは易く行うは難し harder than it looks	24
It's easier said than done.	24
家で一人ぼっちだ。 Home alone.	328
家へ電話しなさい。 Call home.	328
怒りに燃える burn with anger	25
怒りの鉄拳 fists of fury	25
生き甲斐 a purpose (in life)	26
粋がる play hard to get / put on airs	27
☕ 粋（いき）と粋（すい）、なぜ粋（すい）はtrue-blueか	28
粋な男 a sophisticated man	29
息抜き a break	29

息抜きの方法は？　What do you do to relax? ……………………… 117, 118
生き抜く知恵　survival skills ……………………………………………… 342
育児休暇　on maternity leave ………………………………………………… 34
いざ鎌倉　when the time comes ……………………………………………… 84
潔さ　gracefulness …………………………………………………………… 358
意地　self-esteem ……………………………………………………………… 46
いじめ　bully ………………………………………………………………… 29
いじめられっこ　the bullied …………………………………………… 29, 30
いじる　play someone ……………………………………………………… 30
意地を示せ。　Prove yourself. ………………………………………………… 30
☕ 意地を示せ。　Show them how you live. ………………………………… 31
意地を張るな。　Don't get personal. ……………………………………… 221
依存症　addicted …………………………………………………………… 31
痛くもない腹を探らないでくれ。　Don't read too much into it. …… 32
痛くもない腹を探られる。　read too much into somebody ……… 32
いただきます　say grace ……………………………………………………… 33
痛ましい真実！　Painfully true! ……………………………………………… 97
一期一会　serendipitous discovery ………………………………………… 66
一人前　have it all ………………………………………………………… 34
意中の人　the one ……………………………………………………………… 59
一羽のツバメを見て、夏がきたと早合点してはいけない。　One swallow doesn't make a summer. ……………………………………… 391
一揆　a riot / a rising / an uprising ……………………………………… 400
一緒にやらんかね。　I suggest we do it together. ……………………… 13
一身上の都合で　for reason of my own ………………………………… 33
一線は越していない。　I didn't cross the line. …………………………… 34
一線を越えている　go all the way / cross the line …………………… 182
一線を越す　cross the line ………………………………………………… 34
いったん終ったものを、むしかえすなんてできっこない。　What's done can't be undone. / What's done is done. ……………………… 320
いったん、話し始めると、必ずカンカンガクガクの議論になるんだ。　If we start talking, we only get worked up. ………………………… 107

言ってみれば、彼らはバッタだ。 They are locusts, if you will. ···· 35
言ってみれば、同調圧力かな。 Peer pressure. Sort of. ················· 243
一匹狼 a maverick / a single wolf ······································ 35
一服 time off ·· 36
一歩先を読め。 Stay one step ahead of the game. ················ 36
いつまでも自分がピークに達していない。 I haven't reached my peak. ·· 170
いつも気迫を失わない remain spirited ································ 117
いつもの問題 the same old problem ··································· 328
偽りの豊富 false riches ·· 283
いてもいなくてもいい存在 nothing ·································· 37
犬に生まれ変わりたくはないよ。 I don't want to come back as a dog. ··· 53
犬に仏性ありや。 Do dogs have feelings（Buddhahood）？ ·········· 324
命取り political suicide ·· 178
命の果て方 how life ends ·· 23
祈っている keeping one's fingers crossed ·························· 349
祈りは叶いましたか？ Have your prayers answered? ············ 158
今言ったことを考え直し始めています。 I'm having second thoughts about what I've just said. ··································· 250
今がチャンスですよ。 This is it. ·· 243
今さら。 Why now? ··· 37
いまだに模索中 groping in the dark ··································· 143
今でしょ。 This is it. ·· 159
今の日本の夏の"風物詩" a special attraction of summer in contemporary Japan ·· 336
今もそうだ It still is. ··· 329
今、私は満足（幸せ）。 I'm happy with the way I am. ········ 37
イメージ・アップ image improvement ································ 38
イメージが悪い an image problem ·································· 38
イメージ・チェンジ makeover ·· 41

索引

いや、あなたは猛練習をしなければいけない。　No. You've got to practice（train）hard. ……… 75
いや、あんたは間違っていない。　Yes, you are right. ……… 16
癒しになる。　Such a healing answer! ……… 16
いや、スキを見せた彼女の方がいけない。　No. She asked for it. ……… 45
いやだと言えば。　**Or else.** ……… 38
いや、ひっかかるカモも、浜の真砂だからさ。　Why? Because there's a sucker born every minute. ……… 289
いやみ　*Iyami* attack = snides ……… 44
いや辞めさせない。　No. You're not. / I won't accept your resignation. ……… 204
いらんこというな。　Enough! ……… 8
色　**love / sex** ……… 39
いろいろあったね、同情するよ。　You went through a lot. ……… 51
色じかけ　**honey trap** ……… 39
色っぽい　**sexy** ……… 40
色めいた話 ……… 40
色めき立つ　getting worked up ……… 41
色を失った　turn pale ……… 41
言わずもがな。　Takes one to know one. ……… 74
いわゆる　**what you might call** ……… 43
言われた通り、ただやればいいのだ。でないと後悔するぞ。　Just do this or you'll be sorry. ……… 38
陰翳（いんえい）　nuance ……… 44
因果応報　Reap as you sow. ……… 116, 348
陰湿ないじめ　sly bullying ……… 30
陰徳　pay it forward ……… 227 / good Samaritans ……… 388

〔う〕

上からの目線で言うな。　Look, who's talking. ……… 304
上から目線だな。　Don't patronize me. ……… 304
上から（立体的に）見る　get perspective ……… 284
魚心あれば水心（うおごころ）　**quid pro quo**（something for something）……… 44

浮ばれない deserve better ……………………………………… 45
浮ばれない人 those unjustified ……………………………… 46
浮ばれる be sung / justified ……………………………… 46
浮世(うきよ) floating life ……………………………………… 271
うけい（誓・祈） invoke ……………………………………… 46
うけい（誓・祈）を立てる swear by God（gods）……… 47
受けて立つ take（pick）up the gauntlet ………………… 137
うざい（お節介(せっかい)な） nosy ………………………… 47
氏神(うじがみ) a guardian deity …………………………… 48
氏も育ちもいい人 a person of good birth and breeding … 48
後ろ髪を引かれる思いで失礼した。I really hated to leave. … 207
後(うし)ろめたさ feeling guilty ……………………………… 67
ウソくさい。 It sucks. ……………………………………… 48
ウソだろう、ホントのことを言え Come on. ……………… 274
ウソでしょう。 You're kidding. …………………………… 49
ウソも方便(ほうべん) stretch the truth …………………… 50
ウソをつくこと（断るときに） white lies ………………… 33
疑わしきは罰せよ。（推定有罪） Guilty until proven innocent. … 50
疑わない心 undoubting mind ……………………………… 199
詩心(うたごころ) poetry / poetry in one's heart ……… 51
打ち解けない人 an aloof man ……………………………… 232
ウチとソト us or them …………………………………… 51
うちの家内はコミュニケーションが下手(へた)でね She doesn't know how to relate to others. …………………… 157
うちの女房は素直でしてね She's undoubting. ………… 200
宇宙人 someone up there …………………………………… 11
宇宙の気 the ki of the universe …………………………… 267
内輪もめ a family feud …………………………………… 52
うぬぼれるな。 Don't flatter yourself. ………………… 52
うまくいくように願っております。 Wish you luck. ……… 8
生まれ変わる come back, born again ………………… 53
膿(うみ)の「ウ」の裏はどう訳せばいいのか ……………… 411

海やかりゆし　our sea is the source of blessing	151
膿(うみ)を出す　clean up the mess	54
埋め合わせる　make it up to you	222
裏表のない人　honest person	55
裏表のない夫婦生活　honest marital life	55
裏切ったのね。　You lied to me.	55
☕「裏で糸を引く」はどう言うか	56
裏の事情までよく知っている人（オトナ）　reasonable man	78
裏の情報　intelligence	235
裏の観方　the other (left-handed) view of history	57
売られた喧嘩　a picked up fight	137
憂(うれ)（愁(うれ)）い　grief	58
浮気しないで。　Don't cheat on me.	408
噂（話題）の女　the woman	59
うんこ　number two	227
運命の女神(めがみ)　lady luck	246

〔え〕

A社がB社に吸収される。　A is already part of B.	241
☕ 英会話依存症（spoken English addicts）もビョーキ？	31
英会話もホドホドに。　Go easy on your spoken English.	59
☕ 英語がうまくなるには、カッコウになれ	341
☕ 英語学習者の下痢型と便秘型	228
英語が幸せになれば、君も幸せになる。　Happy English brings a return of happiness.	282
英語道　The Way of English	32, 108, 122, 352, 355, 359
☕ 英語道がHappy Englishであるわけ	60
英語道とは、本来無一物　losing yourself and losing English	211
☕ 英語道は勝って強く、負けてもっと強く　English must move on	95
英語の先生としても冥利につきる。　I'm so glad I'm a teacher of English, too.	222
（英語の）やまと言葉　English phrasal verbs	61
英語は金なり。　English is money.	60

英語を話すのではない、英語が話すのだ　He doesn't speak English; English speaks him. ─── 329

☕ 英文法は必要悪。懐かしいハッド・ベター戦争 ─── 62

英霊　war deads ─── 130

英霊の顔に泥を塗るやつ　He's a disgrace to the war dead. ─── 277, 278

えじき、犠牲者　victim ─── 30

選ばれて当然の人　an obvious choice ─── 63

縁　relationships ─── 63

演繹法　deductive logic ─── 34, 391, 398

縁がなかった。　It's over. ─── 64

縁起が悪い。　It's unlucky. ─── 64

縁切り寺　a refuge for runaway wives ─── 90

縁起を担ぐ　believe in omens ─── 65

演技をする　putting on an act ─── 103

円熟の境地　amazing maturity ─── 151

縁とは不思議なものでして　one thing leading to another ─── 67

☕ 縁と結び ─── 65

円満解決　happy compromise ─── 238

遠慮せずに、ご質問をなさってください。　Feel free to ask. ─── 145

〔お〕

お遊びじゃない。　We mean business. ─── 67

追い求めることの幸福　Happiness of Pursuit ─── 147

お色直し　change one's dress ─── 41

おおーっ　Wow! ─── 81

狼の森　(The Forest of English Wolves ＝ FEW) ─── 68

狼は常に飢えている。狼は常に獲物を狙っている。　Wolves are always hungry. Wolves are always hunting. ─── 212

大げさな言葉　big words ─── 30, 73

大げさに語る　boast（brag）about ~ ─── 69

大法螺を吹く　talk big ─── 69

お帰り。　Glad you're home. ─── 69

おかげさま。　Thank Heaven（God）. ─── 70

おかげさまで生きている。　It's great to be alive. ······················· 70
お菓子をくれないと、いたずらするぞ。　Trick or Treat. ··················· 38
お堅いやつ　hard to get ··· 71
お金の問題ではない。　It's a matter of principle. ··································· 71
お声がかかる　be tapped ·· 72
お酒はぬるめの燗がいい。　I like it nice and hot. ·································· 11
おしっこ　number one ·· 227
おしっこの時間よ。　Time to go wee-wee. / It's a wee-wee hour. ···· 227
惜しまれて去る　bow out gracefully ··· 73
お邪魔でなければ　if you like ·· 197
お世辞に乗りやすい。　I'm not immune from flattery. ························ 256
お節介はやめてくれ。　Mind your own business. ································ 73
お世話になりました。　You mean a great deal to me. ························ 73
遅すぎた償い。　Justice delayed. ··· 46
恐れず。　Fear nobody. ··· 113, 114
お互いが反対し合ってもいいことにしよう　agree to disagree ······· 128
お互いツーカーだ。　Takes one to know one. ······································ 73
お互いに反論なし　agree to agree ··· 128
お高くとまる　play hard to get ·· 74
オタク　geeks ··· 32
おつかれさま。　Good work / That's it for today / Let's call it a day.
 ·· 360
おっしゃっていることは、よーくわかりますが。　I see your point, but... ·· 75
お手柔らかに。　(Take it) Easy on me. ·· 75
男ってバカだよね。　Men suck. ··· 306
男ならやってみろ。　Guys gotta do what guys gotta do. ··················· 75
男には逃げられないことがある。　Guys gotta do what guys gotta do. ·· 306
男の更年期　manopause ·· 76
男らしく振る舞え。　Act like a man. ··· 394
男を上げる　prove oneself（a man） ··· 77

男を立てる　make a man of somebody	77
堕(お)とせないやつ。　Hard to get.	71
大人(おとな)の会話　civilized conversation	78
大人の態度　reasonable manner	78
鬼の居ぬ間に洗濯　When the cat's away, the mice will play.	288
お庭番　a cross between samurai and ninja	78
お前さんは「お呼びじゃないよ」　Poke your nose out.	83
お前のゴツゴツした英語を肉づけしろ。　You need to flesh out your bony English.	40
お前は勘がいいな。　You're quick to catch on.	110
オマエはクビだ。　You're fired.	236
お前は、私の家族の顔に泥を塗った。　You're such a disgrace to my family.	86, 87
お見合い結婚　an arranged marriage	79
おみくじ。　omikuji / fortune / oracle	47
お迎え　be ready	80
お迎えが来た　I'm ready.	80
おめでとう　Good for you. / I'm happy for you.	215
想いを散らさずに　wholeheartedly	267
想う　be interested in	80
表か裏か。　Heads or tails.	184
表の情報　information	235
おもろい。　Big.	81
おもろいでー、新世界秩序やねん　It is a Big Idea—New World Order.	81
親孝行をする　repay somebody's parents	86
おやじ　old-fashioned guy	107
親の七光(ななひか)り　He's shining by his father's light.	261
お呼びじゃない。　You are not wanted here.	82
折り入って話したいことがある。　We need to talk.	83
折を見てね。　As I see fit.	243
オレオレ詐欺　an It's-me-It's-me scam	406

日本語	English	ページ
俺たちがほしいのは仕事だ。	Jobs, jobs, jobs.	105
オレの眼を見ろ。	**Read my eyes.**	83
オレは今、苦境に陥っている。	I'm on (in) the hot seat.	192
オレはバカだった。	I should've known better.	143
オレは、風流人というより風変わりな数寄者(すきもの)		323
お別れパフォーマンス	swan song	73
恩送り。	Pay it forward.	12, 230, 293
恩着せがましい態度	a condescending attitude	304
温故知新	learn from history	146
恩知らず。	You're ungrateful.	86
女にもハラ（胎）があります。	**Women are also ready.**	84
女の意地を果たした。	She proved herself.	77
女の勘よ。	It's a female (woman's) intuition.	110
恩に着ます。	**I'd appreciate it.**	84
恩に着るよ。	Much obliged.	86
恩に報いる	repay somebody's kindness	86
恩はonと覚えよう		85
怨霊(おんりょう)	vengeful spirit	179
恩を仇(あだ)で返す	bite the hand that feeds one	86
恩を施す	do somebody a favor	86

〔か〕

日本語	English	ページ
外向的なタイプ	outdoor type	309
外向でも、内向でもない、ただの暴君。	They are their own masters, neither friendly nor unfriendly.	309
外交ベタな、ひねくれ人間	negative personalities	265
外国人の試験官は、開いた口がふさがらない様子で、私を見た。	The foreign examiner looked at me, appalled.	8
会社のため	for the benefit of the corporation	219
（会社を訴えても）ムダだ。	**It's not worth it.**	87
ガイジン	alien	87
顔で笑って心で泣く	weep bitterly inside	293
顔をつぶす	**embarrass**	88

かかってこい。　Bring it on. 89
鏡を見なさい。　Look in the mirror. 89
佳境に入る　The plot thickens. 314
覚悟　readiness to accept consequences 294
駆け込み寺　a port in the storm 89
崖っぷち　do or die 90
架け橋　a missing link (a bridge) 91
数（票）の力　a numbers game 92
風の吹くまま　as the wind blows 318
型　proper form 92
カタチで示された　symbolic 92
形はこころ　style defines substance 93
形はこころに従わなければならない。　Style (Form) must follow substance. 93
かたづけなさい。　Get organized. 94
型にはまらない　bigger than oneself 94
勝ち残り競争　rat race 355
カチンとくる　pissed off 17
ガツガツと英語情報をむさぼり　wolfing down things by English 69
勝つか負けるか。　Win or lose. 68
かっこよく退く　retire with style 96
合点（がってん）　That got me. 96
家庭内分娩　home and water birth 339
勝てば官軍　victor's justice 97
カトリック教にとり、自殺は、罪であった。　Suicide has always been a sin to the Catholic Church. 22
かなしさ　sad happiness 97
🕭 かなしさ（empathy）の源流は縄文の心にある 98
カニは脚を失っても、生（は）え変わるわよ。　If a crab loses a leg, it will grow back. 53
カネの誘惑に負けたのか？　Did he sell out? 257
金持ちになれ。幸福になれ。　Get rich. Get happy. 130

彼女に愛の告白をしなさい　Tell'er you lover'er. 292
彼女のお陰。　Give her credit. 70
彼女は音楽の勘がいい。　She's got a sense of music. 110
彼女はきもい女で、きもい冗談を言っている。　She's an evil and yucky woman, telling yucky dirty jokes. 120
(彼女は) 賞味期限切れ。　She's no longer good. 99
彼女はどうせ遅れるんだから。　She'll be late as usual. Let's face it. 243
彼女はナルシスティックなタイプ。　She's always talking to herself. 256
彼女は化けの皮がはがされた。　She's shown her true colors. 276
我慢　tolerance 100
がまんができない。　I can't hold it. 240
紙おむつをしろ。　Get yourself a nappy. 229
神隠し　spirit away 100
(神に) 誓う　swear (to God) 101
亀の甲より年の功。　Wisdom comes with age. 102
仮面夫婦　plastic couple 103
かもられる　to be taken in 407
カラスの勝手でしょう。　Mind your own business. 103
ガラスの天井　glass ceiling 355
空手形を出す　an empty promise 104
絡み上戸　(heavy) argumentative drunk(er) 105
　　　　　an argumentative drinker drunk 105
絡み上戸は御免こうむる。　I stay away from drunken arguers. 105
カリスマ的な人を狙え。　Look for Pied Pipers. 105
軽いウソさ。　I just fibbed. 333
軽い仕事　less demanding jobs with poor prospects 34
彼からセクハラを受けました。　He sexually harassed me. 45
彼にあやかりたい。　I wish I could be like him. 20
彼には恩がある。　I owe him a debt of gratitude. 86
彼のコメントは、言い得て妙だ。　His comments are spot-on. 252

枯れの美学（私訳）　aesthetics of mellowness 149
彼は大きな賭けをする。彼は大きく勝つが、失うのも大きい。　He bets big. He wins big but he also loses big. He's BIG. 69
彼はお堅い人だ。　He's a man of principle. 71
彼は親のすねをかじっている。　He lives off his parents. 126
彼はオレの面子をつぶした。　He embarrassed me in public. 88
彼はガンで死んだ。　Cancer killed him. 207
彼はきみをほめ殺しただけだよ。　He just threw you a kiss of death. 345
彼はこりない奴だった。　He keeps showing his primary colors. 276
彼は縄文の美に耽溺していた。　He was mooning over Jomon beauty. 99
彼は真実を語った。なぜなら、彼は神前で誓っていたからだ。　He told the truth, because he was under oath. 141
彼は損をしない抜け目のない投資家だ。　He's a savvy investor. 407
彼は大事を成した。私の予想を裏切り、私は間違っていた　He made it big. I didn't see it coming. And I was wrong. 156
彼は断トツだ。　He's in the league by himself. 225
彼は変人だ。ディベートでいつもカーッとなる。　He's a freak. And he freaks me out whenever we debate. 334
彼は面子をつぶした。　He lost face. / He embarrassed himself. 369
彼は私に恩義がある。　He means a lot to me. 86
彼は私の下手な英語を聞いて、あきれていた。　He was appalled at my poor English. 8
彼らの偽らざる話を書くことは本当につらい。　Their story really is too hard to tell. 258
彼らは浮ばれない。　They deserve better. 45
彼らは浮ばれないではないか。　We have to do justice to those unsung heroes. 45
彼らは企業を食い物にした。　They lived off corporations. 126
彼を買収しろ。　Buy him out. 135

勘／虫の知らせ gut feeling ... 106
侃々諤々 get worked up ... 106
甘言で欺く cajolement ... 42
がんこおやじ uncompromising person ... 107
感情操作 emotional manipulation ... 142
感情を抑えて pragmatically ... 108
感じろ。 Feel it. ... 202
完成させよ、さもなければ死だ。 Finish or die. ... 91
勧善懲悪 poetic justice ... 109
勘違い right for the wrong reason ... 109
カンヅメにされただけだ。 I was just cooped up. ... 182
勘でわかった。 I just knew. ... 109
観点（観方）が違う see things differently ... 110
ガンの兆しがないから、といって、ガン症状がないとは言えない。
 Just because you can't see it doesn't mean it's not there. ... 242
ガンバレ。 Hang in there. ... 263
看板に偽りあり。 What you see is NOT what you get. ... 111
看板に偽りなし what you see is what you get ... 110
漢方 Traditional Chinese Medicine ... 111

〔き〕
気 energy ... 111
義 self-sacrificial justice ... 112
気合い oomph ... 113
気負うな。 Just be yourself—effortlessly. ... 113
危機管理 crisis management ... 102
企業広告 institutional advertising ... 94
義侠心 chivalrous spirit ... 115
奇遇 serendipity ... 88
気配り thoughtful attention ... 114
危険を承知の上で冒険する take a calculated risk ... 20
きっとバチがあたる（世の定め） poetic justice ... 116
 義（火）と仁（水）を融合させるのは蟻のロジック ... 114

気迫 fighting spirit ……116
気品は態度となって、にじみ出るもの　Elegance is an attitude. ……94
気分転換　relaxation ……117
決まった思考法にとらわれない　perspective-free ……33
君が詩人であることが、今わかったよ。　Now I know you're a poet. ……51
君が求めていた相手がここにいる。　Yes, I'm it. ……224
君だからこそ言える。　YOU could get away with saying that. ……118
君なら稼げる。　YOU could make money. ……119
君に元気づけられたよ。　You pepped me up. ……138
君の英語は泣いている。　Your English is weeping. ……61
君の会社はイメージがよくない。　Your company has an image problem. ……38
君はいつも元気いっぱいだね。　You're always very Genki. ……138
君は勘違いをしている。　You're right for the wrong reason. ……109
君はとんでもない思い違いをしている。　You're barking up the wrong tree. ……109
君も生まれ変われ！　Give yourself a make-over. ……54
君らの本音を聞きたい。　Tell me the truth. ……42
決めつけ　stereotyping ……120
決めつけゴッコ　the game of stereotyping ……120
きもい　yucky ……120
客寄せパンダ　a come-on ……121
給食　school lunch ……121
究論道　The Way of Debate ……47, 346, 347, 391
行　a calling, a practice ……122
狂気　audacity ……123
☕ 狂気が求められる辞書編纂 ……123
今日中に　by the end of the day ……125
共生　co-existence ……251
共生進化　co-evolution ……251
虚業　shady business ……125

索引

- ☕ killとdieの"間"（はざま） ... 208
- きわどい　off-color ... 41
- 気をつけてね　Take care. ... 114
- 近親憎悪　Familiarity breeds contempt. ... 88
- 金銭の奴隷になるな。　Don't be a slave to money. ... 14
- 金ピカ時代　The Gilded Age ... 307
- 禁欲の行　asceticism ... 185

〔く〕

- 苦あれば楽あり。　No pain, no gain. ... 279
- **食い物にする　live off** ... 126
- 寓意　a hidden meaning ... 41
- 空気が読めないKY人間　He just doesn't get it. ... 11
- **空気に逆らうな。　Sail with the wind.** ... 127
- 空腹時　on an empty stomach ... 294
- 腐れ縁　good old shoe ... 355
- くそったれ。　Bullshit. ... 148
- **口裏合わせ　agree to agree** ... 127
- 口がすべった。　They just slipped out of tongue. ... 178
- **口答えするな。　Don't argue with me.** ... 128
- 苦痛に耐える力を養わなければいけない。　You've got to be able to tolerate pain. ... 60
- 靴が左右あべこべだよ。　You're wearing shoes on the wrong feet. ... 17
- **求道　seeking the inner truth** ... 128
- 求道心　truth-seeking spirit ... 128
- 苦と楽は巡る。　Pleasure and displeasure are two sides of a coin. ... 279
- **国柄　national character** ... 129
- 首をかしげる　shaking their hands in disbelief ... 9
- 工夫したらできる　You COULD manage it. ... 392
- くよくよしないタイプ　positive thinkers ... 265
- **くよくよするな。　Don't worry. / Be happy.** ... 130

暗い（陰険な）　dark ... 131
狂い　audacity ... 131
狂いの美学 ... 300
ぐるぐる回る議論　go round in circles ... 244
「車、とめて。ちょっとトイレ」 ... 229
くれぐれも用心を怠るな。　Watch your back. ... 153
黒チョコ　dark chocolate ... 131
黒ビール　dark beer ... 131
黒幕は誰だ？　Who's behind this? ... 56
君子は危うきに近寄らず。　A wise man keeps clear of danger. ... 19

〔け〕
ゲーと吐く　get the pukes ... 274
敬意を払った距離感　respectful distance ... 132, 133
敬遠する　stay away / give a walk ... 132
景気はどうだい。　How are things? ... 133
敬語　respect language ... 133
経済思考　economic thought ... 194
芸術気質　artisan's spirit ... 190
劇場型政治家　a clown ... 134
激白　go public ... 274
激白する　come out ... 134
下戸　non-drinker ... 105
下克上　dog-eat-dog ... 135
結果がほめ殺しに終った。　Turns out it was a kiss of death. ... 345
結婚なんて最低　Marriage sucks. ... 48
決して、読者をビビらせる意図はない。It doesn't mean I want to psyche my readers out. ... 327
決して満腹にならず。　Stay hungry. ... 69
欠席裁判　try somebody in his absence ... 135
決断思考　critical thinking ... 39
ケロッ　nonchalant ... 12

喧嘩する相手を間違えるな。 Never pick a fight with a wrong guy. ··········· 136

玄関先の靴ぬぐいなんかじゃない。 I'm not your doormat. ············· 14

元気 in good spirits ··················· 137

元気（威勢）のいい人 high-spirited person ··················· 138

元気（勇気）をもらいました。 You've raised me up. ··················· 304

現行憲法は無効。 Our Constitution is off. ··················· 138

☕ 言語を一考 giving language a thought ··················· 138

現場で捕まったら最後、有罪。 If you get caught red-handed, you'll be guilty. ··················· 50

〔**こ**〕

こいつは驚いた。 Well, well, well. ··················· 140

公案 Zen puzzle / Koan ··················· 140

強引な（トップダウンの）説得工作は、日本ではうまくいかない。 Jawboning doesn't work in Japan. ··················· 158

幸運の女神は今夜私に背を向けた Lady Luck failed me tonight. ··· 246

公益 public good ··················· 280

後悔する死に方 a bad death ··················· 23

公開で勝敗を決めるディベートをはばかる。 They shy away from debating issues in public. ··················· 288

公言する vow (be under oath) ··················· 141

巧言令色 鮮し仁。 A honeyed tongue with a heart of gall. ··········· 226

こう こ
後顧の憂い worries about future ··················· 362

公然の秘密。 We all know. ··················· 141

紘道館は、英語に捨てられた難民の駆け込み寺だ The Kodokan Debating Society is a refuge for those boat people abandoned by English. ··················· 90

行動指針 moral principle ··················· 359

行動倫理 code of ethics ··················· 302

幸福の追求 Pursuit of happiness ··················· 23, 60, 130, 187

the pursuit of happiness ··················· 145

こう ほ
候補者を立てる put up a candidate ··················· 77

口論　war of words ··· 142
語感　feel for language ·· 222
國體(こくたい)　the national polity ·· 142
ここがおいやなら、ひきとめませんから。　Leave if you don't like it here. ·· 85
ここまでこられたのは、あなたのお陰です。　You got me where I am. ·· 70
心が戻るところがふるさと　Home is where the heart is. ··············· 328
心から申し訳ないと思っています。　I am deeply sorry. ············· 143
志(こころざし)　something bigger than yourself ····························· 143
志を立てる　set oneself a high aim（resolve） ································· 144
志す　set one's heart on 〜 ·· 144
こざかしい　game players ··· 144
ご自由に幸せになってください。　Be free to be happy. ··········· 145
ご自由に退出されても構いませんよ。　Feel free to leave. ········ 145
ごたく　Words, words, words. ·· 147
ごたくを並べるな。　No bullshitting. ··· 148
こだわるもの　something they should not compromise ················ 113
枯淡　graceful effortlessness ·· 149
🔊 枯淡の境地 ··· 149
枯淡、幽雅を表わす「サビ」　subdued refinement / elegant simplicity ·· 409
ごちそうさま　an enjoyable dinner ·· 151
こちらこそ。　Likewise. / We're even. ··· 73
こちらこそお世話になりました。　Our gratitude is mutual. ······· 73
🔊 Godにsがつくか ·· 160
骨肉の情　feelings for one's flesh and blood（bone） ················· 152
固定は死。　Don't settle. ········· 170, 405 / Defeat yourself first. ·· 170
言葉（づかい）に気をつけよ 。　Watch your language. ············ 153
言葉のアヤ　a figure of speech. ·· 178
言葉の裏を読め　read between the lines ·· 202

索引

言葉のシンボルを捉えたら千枚の写真にまさる。　A symbol is worth a thousand pictures. ……… 313
言葉をつつしめ。　Hold your tongue. ……… 153
子どものまま大人になった男　man baby ……… 154
🍶 子どもの夢を叶(かな)える戦略 ……… 155
断る　turn down the offer ……… 197
事を成す　make a（big）difference ……… 156
この学校には、いい生徒が多く集まる。　This school gets a lot of good students. ……… 233
このカットが気にくわなかった。　I've had（got）a bad haircut. ……… 233
この企画はおもろいで。　This is a big idea. ……… 81
この記事が気に入った。ぐっときた。　This article got me. ……… 304
この気持を忖度してくれないか。Feel me out! ……… 217
このコーヒーはオレのおごりだ。　This（coffee）is on me. ……… 85, 86
（この話）縁がなかったことにしよう。　The marriage is off. ……… 156
この人、誰？　Who's that? ……… 157
この方がスッキリする。　This works better. ……… 82
このまま黙って引き下がらないわよ。　I won't go quietly. ……… 340
この問題を前向きに検証しよう。　Let's debate this issue. ……… 347
このようなことが二度とあってはならない。　This kind of thing should not happen again. ……… 21
この世の中、真っ暗闇だ。　No justice. ……… 45
このラストであなたは涙する。　You're sure to cry at the last scene. ……… 305
このロマンスを逃したら、きみは二度とぼくの愛に触れることはできない。　Kiss me when I'm gone. ……… 213
コミュニケーション　relationship ……… 157
ゴメンネはウソくさい。　Apology sucks. ……… 305
娯楽的教育者　edutainer ……… 319
ゴリ押し　twist an arm ……… 157
御利益(ごりやく)　one's wish（an answer to a prayer） ……… 158
これ以上、いいことはない。　This is as good as it gets. ……… 205

これ以上、何が望みなんだ。What more do you want? ……… 255
これが限界。 This is it. ……… 158
これがニューヨーク。ここで成功することができれば、どこでも成功できる。 This is New York. If you can make it here, you can make it anywhere. ……… 222
これじゃ私が浮ばれないと、誰かが言ってくれないかな？ Who dare say, I deserve better? ……… 46
これだ！ This is it! ……… 145
これでおしまい？ Is this it? ……… 159
これでお別れ？ Is this it? ……… 159
これでお別れにしよう。 We're done. ……… 159
これで君はぼくのすみずみまで知り抜いた。 Now you know me inside out. ……… 134
これで契約期限は切れた。 The deal is over. ……… 275
これでモヤモヤが解消されましたか？ Does this give you satisfaction? ……… 215
これは遊びじゃない。 This isn't just a game; this is for real. ……… 193
乞わない乞食 beggars playing hard to get ……… 28
コンチクショウ God damn! ……… 97
こんな私に誰がした。What have I done to deserve this? ……… 201

〔さ〕

さぁー。 I wish I knew. ……… 159
さあね。 Who knows? ……… 159
さぁ、やってみないとわからない。 It's a toss up. ……… 184
☕ 西郷隆盛のハラ ……… 290
最後通牒 an ultimatum / a final warning ……… 38
最後まで待て。 Wait it out. ……… 135
祭祀 a religious rite ……… 161
最初からピンときていた（理由はわからないけど）。 I just knew. ……… 110
最初にボタンを掛け違えたら、あとで大変だよ。 You can't start out wrong and end up right. ……… 278

最初に戻ろう。（道に迷ったとき）　Let's get back to where we started from. ……284
在宅中。　I'm home. ……328
榊（さかき）　a low-spreading evergreen tree used in a Shinto ritual ……77
さきがけ（早起き）　the early bird ……161
詐欺師　con artist / con men ……247
　　　　　swindler ……248
詐欺師たらしめる　makes many a con man what he is ……248
詐欺師は浜の真砂のごとく。　Con artists are born every minute. / Con artists come and go. ……289
座興を削（そ）ぐ人　party pooper ……228
酒に弱い人　those who can't hold liquor（alcohol）……240
🍶 酒は涙か、ため息か、いやホンネ（veritas）や ……162
サゲマン　a woman who mans you down ……77
さすがに緊張した。　You bet. I was nervous. ……163
〜させていただきます　If you allow me, ... ……304
さっさとかたづけなさい。　Get it over with. ……163
察してほしい。　It's complicated. ……163
📺 「察し」は a keep'em guessing game ……165
察しろよ。　Read into it. ……164
茶道　a polished art of tea ……264
悟り　Ah-hah. ……167
寂（さ）び　austere aloneness ……167
淋しい　lonesome / isolated ……168
淋しい人間　a sad and lonely man ……169
「さび」の渋さ　restrained（elegant）simplicity ……168
差別はしていません。　Separate but equal. ……169
ざまあみろ　He'll get what he deserves. ……116
📺 サムライ・プレイヤー ……170
サムライ＝もののふは、空気に負けないド根性の持ち主だ。　Samurai（*mononofu*）are gritty（principled）enough to swim against the tide. ……374

さらに何を求める？　What more do you want? ……… 211
山上から大声でわめくのだ。　Go tell it on the mountain. ……… 292
残心　open attention ……… 92, 102, 117, 294, 329, 389
残念　too bad ……… 170
参謀　confidant strategist ……… 171
三方善し（さんぽうよし）　win-win-win ……… 112, 165, 218

〔し〕

幸せです。　I have it all. And I'm happy. ……… 306
幸せとは、目標ではなく、副産物なんだ。　Happiness is not a goal, it is a by-product. ……… 131
自意識過剰　be full of oneself ……… 171
☕「シェア社会」と「縄文型贈与交換社会」……… 171
潮時　high time ……… 96
仕返しをする。　I'll get even. / I'll settle the score. ……… 238
時間節約的　efficient ……… 351
時間を告げるだけではありません。歴史を伝えています。
　It doesn't just tell time. It tells history. ……… 222
色即是空　Matter is void. All is vanity. ……… 94
色道（しきどう）　The Way of Love ……… 39
忸怩たるもの（じくじ）　feeling ashamed ……… 67
資源の呪い　resource curse ……… 270
思考枠　a frame of reference ……… 128
地獄の沙汰も金次第。　Money makes the mare to go. ……… 383
自己充足　self-fulness ……… 211
自己正当化　self-justification ……… 191
自己責任　personal responsibility ……… 392
自殺ではない、自死だ　He ended his life with dignity（honor）. ……… 172
自死　suicide / die on one's own ……… 172
☕自死と自殺 ……… 173
市場の人気　the psychology of the market ……… 133, 260
時節外れ　out of season ……… 283
自然が呼んでいる。　Nature calls. ……… 227

自然体　effortlessness	114, 149, 211
自然美　unpretentious beauty	299
時代がよかったんだよ。　Because those were the good old times.	307
下心　what one *really* wants	174
☕ 下心と「隠された動機」	174
下積み　start at the bottom	175
自他共に認められている　universally recognized	175
下町　the Low City	176
示談　out-of-court settlement	238
実学　practical learning (science)	177
失言　a gaffe / a slip of the tongue	178
嫉妬　resentment	179
失敗談　embarrassing stories	278
実はもっと広いのだ。　There's more to it than that.	221
質問する相手を間違っている。　You're asking the wrong man.	109
失楽園　Paradise Lost	180
自転車操業　dog pedalling	90
視点なき芸術家　a perspective-free artist	285
死ぬのも覚悟　ready to die / ready	294
死ぬよりいなくなる方がよい。　Better missing than dead.	189
忍　shadow samurai	180
死は避けられない。しかし後悔する死に方は避けられる。　Death is inevitable. A bad death is not.	23
渋い　way cool	96
自分自身を鏡で見よ。　Look at yourself in the mirror.	89
自分に忠実な生き方　existential life	181
自分に有利な判定。　decision in your favor	97
自分の心を取り戻そう。　Search Inside Yourself	364
自分のペースを崩さない。　They are just themselves.	309
自分を高く売るのよ。　Play hard to get.	71
締め出される　locked out	182

しぜ〜じょ

ジャーナリスト魂　journalistic integrity　216
釈迦に説法とは存じますが。　Let me prove you're wrong.　209
謝罪したことは間違いない。The fact remains Ken Watanabe apologized.　143
じゃ出帆(しゅっぱん)だ！　Welcome aboard!　249
じゃ、そういう君のハラは？　What do YOU really want?　15
社内問題だ　Complicated. Politics.　52
社内恋愛。　office romance　182
じゃれる　be playful（frolicky）　183
ジャンケンをしよう。　Let's do Janken.　184
じゃんじゃん電話がかかってくる　get lots of calls　233
周囲からも祝福される。　It gets everybody's blessing.　182
習慣ができる　make it a rule to ~　233
秀才型　book-smart students　54
集団的ないじめ　group harassment　29
柔(じゅう)よく剛を制す　judoize　184
修行　hard training　185
春画　Shunga, erotic-woodblock prints　39
上下をあべこべにしなさい。　Turn it upside down.　17
上戸(じょうご)　drinker　105
証拠がないということは、不在の証拠にはならない。　Absence of evidences is not evidence of absence.　83
性根(しょうこん)　guts　188
状況倫理といったウソをついても許されるのが政治家なのだ。　Politicians can get away with those situational ethics.　55
小説『こころ』の「こころ」は何だろう　186
正体　the other　188
冗談、冗談。　Just kidding.　49
冗談ですよ。　Joking.　49
衝動買い　impulse buying　354
証人を立てる　get a witness to testify　77
蒸発する　vanishing　188

情報操作　spin ……… 189
賞味期限がくる前に、彼女を雇え。　Get her while she's still young (good.) ……… 100
賞味期限はとっくにすぎている。Way past my use-by date! ……… 99, 100
正味資産　net-worth ……… 264
縄文の心　empathic feelings ……… 99
職人気質　craftsman spirit ……… 189
職場が盛り上がること　the build-up of office morale ……… 183
食は動物を変える。　Animals are what they eat. ……… 191
食は人を変える。　You're what you eat. ……… 190
初心を取り戻せ。　Get back that killer instinct of yours. ……… 298
女性らしくしなさい。　Act like a woman. ……… 394
しらじらしいウソ　an obvious lie ……… 333
知らなかったではすまされない。　Ignorance is no excuse. ……… 191
自力本願　on one's own / self-reliance ……… 192
尻に火がつく　under fire ……… 192
知る人ぞ知る。　We all know. ……… 141
白い眼を向ける　give somebody a cold stare ……… 87
死を覚悟している。　I'm always ready. ……… 294
進化論を長い眼で見たら　Give evolution enough time ……… 139
仁義　benevolence ……… 115
仁義なき闘い　dog-eat-dog ……… 135
真剣　for real ……… 193
真剣勝負　play for real ……… 68
人材　human capital ……… 193
真実の否定が嘘の肯定にならない。　Because I didn't tell the truth, (it) doesn't mean I lied. ……… 333
真実は傷つける。勝てば官軍というロジック　Truth hurts. Winner-take-all logic. ……… 97
真実は酒の中にあり。　in vino veritas ……… 162
神社は、やりくりをするためにサイドビジネスをしている。　Shrines need side business to make ends meet. ……… 385

人生、楽しまなきゃ損だ。　If there's no fun, what's life for? ……… 306
人生出直し　get a second chance …… 194
人生を最も有意義に生きる　get the most of life …… 195
心中より　from the bottom of my heart …… 143
しんどい　hard …… 195
信念をコロコロ変える　unprincipled …… 331

〔**す**〕

酔狂　ludic（showing spontaneous and undirected playfulness）…… 98
推定無罪　innocent until proven guilty …… 50
推定有罪　presumed guilty until proven innocent …… 393
粋(すい)な人間　true-blue self …… 28
崇高な理念　higher principle …… 239
スカートはあまり短くするな。　Watch your hemline. …… 153
姿をくらます　go dark …… 131
好き者　a dilettante …… 323
少ないほど豊かである。　Less is more. …… 94
すぐに、コールバックしてね。　Call me back when you get this, if it's okay with you. …… 196
スケールのでかい男　a big man …… 24
すこぶるお堅いやつ　the hardest guy to get …… 71
筋が通らない。　There's no reason. …… 197
筋が通らないではないか。　There's no reason. …… 197
☕「筋」の訳はほんとうに principle なのだろうか …… 198
筋道　principle …… 359
頭上に注意。　Watch your head. …… 153
筋を通して、辞退しなさい。　Stand on principle, and turn it down. …… 197
素直　undoubting …… 199
素直な大人(おとな)　uncynical adults …… 200
☕素直な気持ちで（with an open mind）"素直"を語り合おう …… 201
素直な心　unsuspicious mind …… 33
すべった。　Booed. …… 257

ズボンのチャックが開いているぞ。　Your fly is open. ……… 370
スミマセン、じゃこれで。　**Thank you. Excuse me.** ……… 203
スミマセンですまないわよ。　**I won't accept your apology.** ……… 203
相撲は深い。　**Sumo is spiritual.** ……… 204

〔せ〕

生か死か。　Life or death. ……… 68
成功、勝利のために非情なまでの決意　a ruthless determination to succeed or win ……… 298
政治家が選挙民を裏切った。　The politician let his voters down. … 55
政治的な壊死　political necrosis ……… 132
清楚な　neat and clean ……… 381
ぜいたくは言えない　**as good as it gets** ……… 205
聖典もどき　something of a sacred text ……… 373
整理整頓しなさい。　Get organized. ……… 94
聖霊が私に働くならば～　if the spirit moves me, ~ ……… 117
世間の眼　the eyes ……… 358
舌戦　war of words ……… 142
節操　principle ……… 71
絶対ありえない　impossible ……… 314
絶体絶命　**（desperate）on the ropes** ……… 205
絶対にプロになれない。You won't make it. ……… 331
背中　**the back / an example** ……… 206
背中に目をつけよ。　Watch your back. ……… 153
背中を見せろ。　Show an example. / Prove yourself ……… 206
善意　good intentions ……… 48, 342
先苦後楽　deferred gratification ……… 390
先見の明　foresight ……… 36
詮索するな　Keep your nose out. ……… 48
戦死　**killed in action** ……… 207
戦死した　He got killed in action. / He got a KIA. ……… 207
全身全霊を会社に捧げます。　Hundred percent. I'll owe my soul to my company. ……… 249

先生、失礼ながら。 Professor, you're wrong. 209
先生、ぼく助かるでしょうか。 Doctor, will I make it? 222
選択疲れ choice fatigue 367
船長、共に出航できることは光栄です。 I'm happy to ship out with you, skipper. 249
禅は感じるもの。 Zen is meant to "feel it." 209
禅は無。 Zen means giving up control. 210
全面降伏する go belly-up 14
前例がない。 If it ain't broke, don't fix it 212

〔そ〕

そういうことだったのか。 Ah, ha. 212
早期退職勧告 be pressured into early retirement 72
走狗（そうく） kill someone when it's over 212
そう、これでおしまい。これっきり。 This is it. 159
想像にお任せします。 I'll leave it to your imagination. 164
そうだ。 This IS it. 159
総花主義 pleasing everyone 213
総花的（そうばなてき） something for everyone 213
惻隠の情（そくいん） empathic feelings 16
そこまでいうなら。 Apology accepted. 204
そつのない（理想的な）夫婦 perfect couple 103
その喜劇役者はバカうけした。 The comedian killed us all. 207
その手にのるな。 Don't fall for that. 213
そもそも信念がない non-principled 331
そりゃ考え過ぎ paranoid 214
そりゃ考え過ぎだよ。 You're paranoid. 214
そりゃ、総花的すぎる。 You're trying to please everyone. 213
それが金持ちの世界なのだ。 It's a rich man's world. 105
それじゃ筋が通りません。 It just isn't right. 214
それってイエス？ Is that yes? 214
それって本当？ Is that true? 157
それでオチは何やねん。 So, what's the punch line? 215

それでこそ君だ。 There you go. ……… 15
それでは話があべこべだ。 It's the other way around. ……… 17
それで満足ですか？ Does that make you happy? ……… 215
それは難しいな。 Sorry, we can't. ……… 215
それは私のイメージとダブってくる。 That defines me. ……… 298
ソロバンが合う pragmatic ……… 101
尊敬する人物を鑑として identify with them ……… 13
尊厳死 death with dignity ……… 23
存在価値に乏しい。 I don't exist (to you.) ……… 37
☕ 忖度(そんたく) ……… 216
忖度した。 He gave it a strategically, non-committal answer. ……… 216
そんなうまい話はない。 That's too good to be true. / There's no free lunch. ……… 213
そんな恩に着せるような態度はやめろ（上の目線からモノを言うな）。 Don't be so patronizing. (You are not my patron.) ……… 86
そんなことでくよくよするなよ。 Don't let it eat your heart out. ……… 247
そんな大金 that kind of money ……… 218
そんな大金、私なんかとっても…。 I can't afford that kind of money. ……… 218
そんなに急いでも、どうせ間に合わないよ。 What *can* happen *will* happen. ……… 243

〔た〕

大吉 great good luck ……… 158
大規模詐欺 massive swindle ……… 40
大義名分 moral high ground ……… 218
🍶 大義名分 something bigger than yourself ……… 218
大局ばかりを見て、足元が見えない losing the tree for the forest ……… 283
大局を見失う losing the forest for the tree ……… 283
たいした男 really something ……… 219
大丈夫(だいじょうぶ)。 No. I'm good. ……… 220
大丈夫、信じて。 Won't happen again. Trust me. ……… 220

大事を成す　make a BIG difference ……… 156
態度のでかい人。　He also acts big. ……… 69
太陽のように明るい　sunshiny ……… 265
代理を立てる　appoint a proxy ……… 77
たかが英語、されど英語。　It's not just English. But it works. ……… 221
多感な　emotional ……… 221
妥協の術　Politics is an art of compromise. ……… 55
だけじゃない　not just ……… 221
助かる　make it ……… 222
ただいま。　I'm home. ……… 223
闘<small>たたか</small>うか逃げるかという生理的反応　fight-or-flight response ……… 101
叩かれてすぐしおれてしまう人　thin-skinned persons ……… 231
闘わずして勝つ道　the truth of winning without fighting ……… 267
ただ自分自身にハッパ（奮起）をかけているだけなのだ。I just psyche myself up. ……… 327
達人　good speaker of English ……… 329
立てる　an offering of a sacred tree ……… 77
タバコで一服してください。　Take a puff of your cigar. ……… 36
魂を売った　Sold out. ……… 257
玉虫色発言　weasel-word ……… 223
ダム建設、どっちに転んでもロクでなし。　Damned if you do, *damned if you don't.* ……… 107
溜め込むな。　Don't bottle things up. ……… 26
誰がお前に口出しを頼んだのか？　Who asked your advice? ……… 82
誰かから逃げてきて、やっと解放された　Free at last. ……… 223
誰かと思ったら、あなただった。　Oh, it's you. ……… 223
だれだれ　Mr. So-and-so ……… 44
誰でも納得するリーダー　an obvious leader ……… 63
誰にでもチャンスが与えられる国　land of opportunity ……… 145
誰にでもぶっちゃける覚悟がいる。　You've got to have what it takes to give them what they want. ……… 24
誰にもいい顔をする　pleasing everybody ……… 281

誰のお陰やねん　Who (the hell) do you think got you where you are (now)? ... 224
タレント　personalities ... 106
団結心　esprit de corps ... 326
タンゴは一人では踊らない。　It takes two to tango. ... 311
断トツ　by far and away the best ... 225

〔ち〕

近寄りがたいムード　respectful distance ... 153
痴漢　groper ... 225
チキンレース（度胸比べ）　playing chicken ... 226
地に足をつける　get one's feet on the ground ... 344
茶番劇　a joke ... 142
チャンス　opportunity ... 117
調子に乗るな。　Don't get too carried away. ... 52
調子のいい　slick ... 226
超真実　post-truth ... 50
潮流に逆らう　swim against the tide ... 127
潮流に乗る　swim with the tide ... 127
貯金をせよ（陰徳を施せ）。　Pay it forward. ... 227
直線思考の人たち　linear thinkers ... 284
ちょっとオシッコ。　I gotta pee. ... 227
ちょっと口が滑っただけやがな。　Pardon, my Freudian slip. ... 204
ちょっとした発言ミス　They just misspoke. ... 178
ちょっとトイレ。　Gotta go. ... 228
ちょっぴり嫌味　tongue in cheek ... 271

〔つ〕

ついでに　while you're at it ... 229
通訳者はツラいよ。　Tough being an interpreter. ... 112
次の世代への架け橋　a link to the next generation ... 91
尽くす　serve ... 229
都合が良ければ　if it's okay with you ... 196
突っ込み役　play the straight man / the side-kick ... 339

つべこべ言わず、空気に融け込め。 Just fit in. ……… 349
つまらないものですが。 It's just a gift. ……… 230
強い母性本能 strong maternal instinct ……… 68
強気／弱気 bullish / bearish ……… 231
つらーーい決断 a hard choice ……… 195
つらい決断 a tough choice ……… 195
面の皮が厚い thick-skinned ……… 231
つんとした aloof / play hard to get ……… 232

〔て〕

帝王切開 Caesarean section ……… 339
ディベートとは、ルールのあるアーギュメントだ ……… 317
手紙をもらう（手紙がくる） get a letter ……… 233
敵がいない。 I'm in a different league from you. ……… 225
適者生存 survival of the fittest ……… 251
できちゃった結婚 a shotgun marriage ……… 234
敵を軽く見てはいけない。 Don't underestimate your opponent. ……… 18
手探りで歩く grope in the dark ……… 234
丁稚 an apprentice ……… 236
〜で卑屈になるな。 Don't apologize for 〜 ……… 237
出る杭は打たれる。 A giant can't hide. ……… 237
出るところへ出る demand satisfaction ……… 238
出るところへ出ろ I'll sue you in court. ……… 238
TVでは「私」、インターネットでは「僕」、ナワノレンでは「オレ」 ……… 235

天職 a higher calling ……… 239
天然ボケ natural high ……… 239

〔と〕

トイレが近い。 I can't hold it. ……… 240
トイレが近くってね。 My bladder is getting weak. ……… 229
トイレ休憩 toilet break ……… 29
動機の純粋性は認めるが、やったことは間違っている wrong for the right reason ……… 379

索引

- 同時通訳のプロでも、カマキリには勝てない ……240
- **どうして無いって言えるの？** How can you say it's not there? …242
- どうして？ 私は男であると証明しなければならないからだ。 Why? Because I must prove myself a man. ……75
- どうしようもない苦労性 a worrier / a worrywart ……214
- どうしようもないバカ clueless ……17, 18
- **どうせ。 Let's face it.** ……242
- 同棲 living together without a marriage vow ……141
- どうせオレはワルさ。 Yes, I *am* bad. ……243
- どうせそんなことだと思った I'm not surprised. / I knew it. ……243
- 灯台もと暗し It's right under my nose. ……83
- right under one's nose ……144
- **同調圧力** peer pressure ……243
- **堂々めぐり** talking in circles ……244
- 道徳的正当性 moral justifications ……218
- 道徳的羅針盤 moral compass ……291
- 同病相憐れむ pitying each other ……171
- **蟷螂の斧（とうろう）** battle the windmill / quixotic ……244
- 遠くを近くに、近くを遠くに見よ。 See that which is far away closely and see that which is nearby from a distance. ……390
- **トカゲの尻尾（しっぽ）** a fall guy ……244
- **ドキドキする** get butterflies in one's stomach ……245
- **時の氏神（うじがみ） a godsend** ……246
- トキメキ feeling of elation ……245
- 度胸比べ game of chicken ……226
- 読者には私の言っている話が見えますか Are you with me? Are you losing me? ……284
- 読書は人を変える。You're what you read. ……191
- **融（と）け込む fit in** ……246
- どこが気に入らないの？ What's eating you? ……247
- **どこが気に入らないんだい？ What's your problem?** ……247
- どこが気になりますか？ What's bothering you? ……247

見出し	意味	ページ
どこにでもいる女	a woman	247
どこ吹く風	nonchalance	247
どこまで会社に骨を埋める覚悟があるのか？	How much commitment can you give to your company?	249
どこまで覚悟が（できているのか）？	How much can you risk?	249
常若（とこわか）	forever young	249
ド根性	grit	343
年をとるとトイレが近くなる	Old men can't hold it.	227
ドタキャン	cancel at the last minute	33
	last minute cancellation	197
どちらかをお決めください。	On a take-it-or-leave-it basis.	85
どちらに転んでも、おもしろくない。	Damned if you do, damned if you don't.	261
どちらの出身ですか？	Where do you come from?	250
どっちに転んでもオレが勝ち。	Heads I win, tails you lose.	184
どないだ？	How's it going?	370
とはいうものの	That said,	250
とぼけても、ごまかされないよ。	Stop playing dumb. You're not going to fool me.	250, 251 / No use putting on. 252
とぼける	play dumb	250
とぼけるんじゃないよ。	Stop pretending ignorance.	251
共生（ともいき）	live and let live	251
ドロドロ	down and dirty	56
ドロを吐け。	Come clean.	274
ドン・キホーテ的	quixotic	252
ドン・キホーテのような無謀な行為	a quixotic act	377
とんでもない。あなたは私にとって重要な存在なのです。	Yes, you mean a lot to me.	37
とんでも。もう誘惑にはなれっこさ。	Oh, yes, I'm immune to it.	256
どんな落とし穴（わな）があるのか。	What's the catch?	252
どんなことがひらめきましたか？	What's your gut reaction?	106

索引

どんな状況？　How does it look?	350
どんぴしゃ　spot-on	252
ドンマイ　Don't worry.	247

〔**な**〕

ない袖は振れない　can't give you what I don't have	253
内部告発　whistle blowing	253
内面の美　inner beauty	299
長い眼で（見る）　give ~ long time	253
中には間違ってない人もいる。　Everyone can't be wrong.	262
仲間を裏切らず。　Stay together.	69
中身より状況だ　Context before content.	16
仲よくする　get along	254
ながら族　multitasker	350
泣き上戸　sentimental (maudlin) drinker (drunk)	105
泣き寝入り　grin and bear	137
投げキス　throw a kiss	345
ナゼ今じゃなく？　Why not now?	243
ナゼ、オレが妥協しなきゃならないのだ。オレはこだわる。Why should I compromise?	108
なぜ？　それは面子(メンツ)の問題だ。　Why? It's a question of face.	128
なぜ、我々が卑屈になるのだ？　Why should we apologize for being who we are?	237
なぜ？　恥ずかしい目にあうと面子がつぶれるからだ。　Why? Because embarrassment causes loss of face.	128
懐(なつ)かしい　Brings back memory.	254
懐かしく感じられる。　Feels like old times.	13
納得(なっとく)　You (That) got me.	97
納得させてくれ。　Give us reason.	197
何が望み？　What do you want?	255
🍶 なまめかしい（bewitching）話を	42
☕ 「涙を呑んで」がpragmaticと訳されるワケ	254
なり切りゲーム　donning the character	103

ナルシスト　be in love with oneself ⋯⋯⋯⋯⋯⋯⋯⋯⋯⋯⋯⋯⋯⋯⋯⋯⋯⋯ 255
なれっこ　be immune to ~ ⋯⋯⋯⋯⋯⋯⋯⋯⋯⋯⋯⋯⋯⋯⋯⋯⋯⋯⋯⋯⋯ 256
なんでやねん？　Why not? ⋯⋯⋯⋯⋯⋯⋯⋯⋯⋯⋯⋯⋯⋯⋯⋯⋯⋯⋯⋯ 256
なんとも言えない　too early to tell ⋯⋯⋯⋯⋯⋯⋯⋯⋯⋯⋯⋯⋯⋯⋯⋯⋯ 257
なんぼのもんや？　What's it worth? ⋯⋯⋯⋯⋯⋯⋯⋯⋯⋯⋯⋯⋯⋯⋯⋯ 287
難民危機が山場を迎えた。　The refugee crisis has reached breaking point. ⋯⋯⋯⋯⋯⋯⋯⋯⋯⋯⋯⋯⋯⋯⋯⋯⋯⋯⋯⋯⋯⋯⋯⋯⋯⋯⋯⋯⋯⋯⋯⋯⋯⋯⋯⋯ 382
☕ 難訳語をハントするのも禅 ⋯⋯⋯⋯⋯⋯⋯⋯⋯⋯⋯⋯⋯⋯⋯⋯⋯⋯⋯ 211
☕ 「難訳辞典」と脱ジェンダー（gender-neutral, all-gender）人間 ⋯⋯ 258

〔に〕

憎めない程度に生意気　cheeky ⋯⋯⋯⋯⋯⋯⋯⋯⋯⋯⋯⋯⋯⋯⋯⋯⋯⋯ 231
逃げられない責任（私が責任者）　accountability ⋯⋯⋯⋯⋯⋯⋯⋯ 259
逃げるなら今のうち。　Quit while you're ahead. ⋯⋯⋯⋯⋯⋯⋯⋯ 260
二項対立思考　dual thoughts ⋯⋯⋯⋯⋯⋯⋯⋯⋯⋯⋯⋯⋯⋯⋯⋯⋯⋯⋯ 266
二言癖のある人　double-dealer ⋯⋯⋯⋯⋯⋯⋯⋯⋯⋯⋯⋯⋯⋯⋯⋯⋯⋯ 141
にじみ　ooze ⋯⋯⋯⋯⋯⋯⋯⋯⋯⋯⋯⋯⋯⋯⋯⋯⋯⋯⋯⋯⋯⋯⋯⋯⋯⋯⋯ 261
二代目　junior / the second generation ⋯⋯⋯⋯⋯⋯⋯⋯⋯⋯⋯⋯⋯⋯ 261
日蓮聖人は、自力で、本願を達成した。　St. Nichiren made it big on his own. ⋯⋯⋯⋯⋯⋯⋯⋯⋯⋯⋯⋯⋯⋯⋯⋯⋯⋯⋯⋯⋯⋯⋯⋯⋯⋯⋯⋯⋯⋯⋯ 192
二度と浮気はしない。　It won't happen again. ⋯⋯⋯⋯⋯⋯⋯⋯⋯⋯⋯ 220
二兎を追う者は一兎をも得ず　If you run after two hares, you won't catch either. ⋯⋯⋯⋯⋯⋯⋯⋯⋯⋯⋯⋯⋯⋯⋯⋯⋯⋯⋯⋯⋯⋯⋯⋯⋯⋯⋯⋯⋯ 261
二兎を追え。　You CAN have it both ways. ⋯⋯⋯⋯⋯⋯⋯⋯⋯⋯⋯⋯ 261
二人三脚　hang together ⋯⋯⋯⋯⋯⋯⋯⋯⋯⋯⋯⋯⋯⋯⋯⋯⋯⋯⋯⋯⋯ 262
日本人は、水と安全はタダだ、と考えている。　Japanese by and large take water and security for granted. ⋯⋯⋯⋯⋯⋯⋯⋯⋯⋯⋯⋯ 18
日本人は水と安全をタダだと思っている。　Japanese take water and security for granted. ⋯⋯⋯⋯⋯⋯⋯⋯⋯⋯⋯⋯⋯⋯⋯⋯⋯⋯⋯⋯⋯⋯ 334
日本人もなめられたもんだ。Japanese are taken for granted. ⋯⋯⋯⋯ 334
日本刀を支える神々に申し訳ない。　I need to do more justice to gods, the spirit behind my English sword. ⋯⋯⋯⋯⋯⋯⋯⋯⋯⋯⋯⋯⋯ 277
日本の将来を憂う　worried about the future of our country ⋯⋯⋯⋯ 386

索引

- 日本の美と艶はpolishedに尽きる ……………………………… 263
- 二枚舌　double talk ……………………………………………… 141
- 人間の土性骨　character ………………………………………… 86
- **人間力（意地）　what you're worth** …………………………… 264
- 妊娠したので結婚すること　a marriage of necessity ………… 234

〔ぬ〕

- 糠喜び　a flash in the pan ……………………………………… 13
- ぬくもりがある　touchy-freely ………………………………… 224
- 抜け駆け　steal the march ……………………………………… 115
- ヌレぎぬだ。　You've got the wrong man. …………………… 225

〔ね〕

- **ネアカ　open-minded** …………………………………………… 265
- 願いは叶いましたか？　Did you get your wish? …………… 158
- 願わくは、われ、太平洋の架け橋とならん。　I want to build bridges between Japan and the USA. ………………………… 91
- **ネクラ　dark** …………………………………………………… 266
- 猫の魔性。Cat have nine lives. ………………………………… 183
- 猫はマイペース。Cats just get their own way. ……………… 309
- ネズミ講　pyramid scheme …………………………………… 257
- 根掘り葉掘り聞く人間　inquisitive …………………………… 48
- **狙いは？　What are you up to?** ……………………………… 266
- 念すれば花開く。　Anyone can turn into something beautiful. …… 281
- 年頭所感　new year's resolution ……………………………… 144
- **念を込めて　wholeheartedly** ………………………………… 267

〔の〕

- 農民一揆　a peasant revolt …………………………………… 400
- 喉歌　throaty singing …………………………………………… 113
- **ノドから手が出るような話　an offer one can't refuse** …… 268
- 喉元すぎれば、熱さ忘れる。　Once on shore, we pray no more. …… 90
- ののしり語　swear words ……………………………………… 101
- **〜の名誉のために　in fairness to 〜** ………………………… 268
- **乗りかかった船　We're（already）in on it together.** ……… 269

項目	英訳	ページ
のる	get on a roll	269
呪い	a curse	270

〔は〕

項目	英訳	ページ
ハーメルンの笛吹き男	the Pied Piper of Hamelin	106
敗者への気配り	thoughtful attention	92
はい。皆さんがそうおっしゃいます	Yes. Everyone says so.	53
はい、やります。	On it.	89
破壊の種	the seed of destruction	261
バカ殿	a King Lear	270
はかない人生	fleeting life	271
☕「はかなさ」を言霊で学ぼう		272
吐きそう（もどしそう）	I'm getting the pukes.	274
吐き出しなさい。	Tell.	274
爆買い	binge buying	35
白紙に戻す。	The deal is off.	275
はぐれ狼	a lone wolf	275
☕ はぐれ狼と野性人間		276
激しい勝ち残り競争	rat race	226
化けの皮がはがれる	give oneself away	276
恥だ	a disgrace	277
始めよければ終りよし。	Start out right and end up right.	278
恥ずかしくないの？	Aren't you ashamed?	278
働く	serve	279
ハタをラクにする	making others labor free	279
発火点	critical mass	280
発言を撤回しなさい。	Say you're sorry.	305
☕ Happinessの追求とは		146
八方美人	be all things to all people	280
初物好き	(a liking for things / foods) which have just come into season)	162
華	the wow factor	82
花が語る言葉には意味がある。	Flowers don't talk. They speak.	282

索引

花言葉　flower language ……281
話がうますぎる　too good to be true ……252, 407
話が噛み合わなかった　getting nowhere ……230
話が見えない。　You're losing me. ……283
話を元に戻して　putting things back in perspective ……284
話を元に戻そう。　Let's put (get) it back in perspective. ……284
花の七変化（あじさい）　the seven metamorphoses (in hue) of the hydrangea flower ……42
花は語る　Flowers speak. ……282
花よりだんご　pragmatic / substance over style ……287
ハネートラップに気をつけよ。　Don't be lured into a honey trap. ……39
羽根を伸ばす　have a fling ……287
母狼（mother wolves）の愛と武士道 ……68
母親役を演じるのも社交ゲーム　I'll be playing a mother figure. / playing the female gender game ……103
はばかる　to shy away from ~ing ……288
派閥争い　factional infighting ……52
はまった。　That got me. ……112
浜の真砂　come and go / born every minute ……289
　　　liars are born every minute ……33
早起きの虫は早く鳥に食われるよ。　Well, the early worms get caught early. ……161
早起きは三文の得（徳）　The early bird catches the worm. ……161
パヨク　apolitical activists ……289
腹　what you're up to ……174
ハラがある　tolerant, graceful ……289
ばらしてしまえ　Go tell it. ……292
腹で泣く　weep bitterly inside ……292
腹に聞け。　Ask yourself. ……293
腹のある人　big (tolerant) ……293
腹のある人物には、同じく腹のある人物の器がわかる。　It takes one to know one. ……296

腹のある人格　tolerant persons ……… 293
肚の据わった　gritty ……… 343
ハラの底　thinking deep down ……… 250
腹八分目　Stay hungry. ……… 294
ハラ（腹）を知る英語道 ……… 296
腹を決めた　My mind is made up. ……… 294
腹をくくる　ready（to accept what's coming） ……… 294
腹を探る　feel it out ……… 164
腹を探れ。　Feel him out. ……… 295
腹を読む　read into somebody ……… 295
腹を割って話そう。　Let's level with each other. ……… 295
破廉恥ぶり　shamelessness ……… 39
ハングリー精神（闘志）　the killer instinct ……… 297
ハングリー精神を失うな。　Stay hungry. ……… 298
犯罪がカネになる。　Crime pays. ……… 366
犯罪の陰の女　the woman behind the crime ……… 56

〔**ひ**〕

美　austere beauty ……… 298
火遊び　play with fire ……… 30
秘花　hidden flowers ……… 299
被害者ぶって同情を買う　play the victim ……… 30
美学　emotional esthetics ……… 299
美学に反する　go against my principle ……… 302
引き際の美学　the graceful art of leaving ……… 73, 96, 362
低いときに買って、高いときに売り逃げる　buy low sell high ……… 260
久しぶり。　Long time no see. ……… 70
ひしがれてしまうだろう。　You'll be psyched out. ……… 328
秘書　babysitter ……… 303
美女に会えば、すぐにメロメロになってしまう。　easily falls under a beautiful woman's spell. ……… 348, 349
美辞麗句　flowery words（suck） ……… 304
左利きの歴史観　left-handed view on history ……… 57

索引

ビデオなどをまとめて見る　binge watching	353
ひどい時代だったな。　**Those were the bad old days.**	307
人好きのする性格　pleasing personality	265, 389
☕ 人なつっこい（amiable / sociable）詐欺師の2タイプとは	308
人なつっこい笑い　a friendly（amiable）smile	308
人の嘘を見抜く　see through one's lies	34
人の噂を信じちゃいけないよ。　Don't believe everything they say about me	52
人のカネで私腹を肥やす　make money by other people's money	119
人の気持になって考えなさい。　**Put yourself in someone else's shoes.**	308
人の不幸は蜜の味　**Schadenfreude**	308
人のふんどし　other people's money	126
人々のいいなりになりなさい。　Give the People What They Want	24
人前で反論するな。　Don't disagree with me in public.	128
ひとまず　for now	8
一目(ひとめ)惚(ぼ)れ　love at first sight	310
人もいろいろ　**it takes many kinds**	310
独り勝ち　**a league of one's own**	310
一人勝ち　sweep the board, be the sole winner	310
独り相撲　**one horse race**	311
独り相撲は許されない。　It takes two to *sumo*.	311
一人ぼっちの狼　lone wolf	275
人をもてあそぶ　play someone	30
美の極致　austere beauty	168
日々是(これ)決戦。　I'm ready every single day.	294
ビビって逃げる　chicken out	226
ビビらせる　**intimidate**	311
微妙　complicated	261
微妙（な）　**complicated**	312
秘められた美　austere beauty	299
百聞は一見に如(し)かず。　**Seeing is believing.**	313

百歩譲って　this is a big if, but 314
🎧 百歩譲って　assuming you're right 315
ひょうたんから駒　serendipity 64
表裏一体　two sides of a coin 339
品格のある英語　proper English 316
品格を保て。　Play nice. 412

〔ふ〕

🎧 フーテンの寅 318
ファイト、ファイト、ファイト。　Go, go, go. 117
ファンレターをもらう　get fan letters 233
封じ込められた愛国心　bottled up patriotism 387
夫婦げんか　husband and wife arguments 317
夫婦口論（げんか）は愛の証。　No argument, no love. 182
夫婦仲よくしているかね？　Are you still getting along? / Are you still together? 254
風来坊　the wayward 318
風流　flow with the wind 318
風流の人　a person of culture 318
深い霧　fogginess 56
不覚！　My mistake 111
腹心の戦略家　confidant strategist 171
覆水盆に返らず　Humpty Dumpty 320
不屈　resilience 321
🎧 覆面（mask）で自分を隠すな、仮面になりきれ 321
無作法を教えた（叱った）　I told him off for his bad manners. 357
武士に二言はない　Samurai just deliver. 322
武士の言葉は証文だ。　Samurai's words are their bonds. 323
二人以上　more than one 324
二人以上の女性と結婚してはいけません。　You can't marry more than one woman. 324
二人の間には何もなかった、信じてくれよ。　Nothing between us, believe me. 220

二人の間を誤解している。　You're wrong about us. ... 109
二人は一線を越した。　They've gone all the way. ... 34
ふつうの女性　a woman ... 247
仏性（こころ）　feelings ... 324
ぶっちゃけた話　the bottom line ... 410
懐　刀　my useful second ... 62
太っ腹な　big-hearted ... 325
太っ腹な人物　big-hearted persons ... 325
太り過ぎないように注意しろ　Watch your waistline. ... 153
腑抜け　gutless ... 325
船や飛行機が突然、跡かたもなく消えてしまう　Planes and ships have been spirited away. ... 101
ブラブラする　hang around ... 263
不立文字　no dependance upon letters ... 129
奮い立つは psyche oneself up ... 326
古い人間　old-fashioned guy ... 394
古傷を暴く　reopen old wounds ... 54
ふるさと　home ... 328
触れてはいけない壁　off-limits ... 356
ぶれない　principled ... 331
ぶれない人　a person of principle ... 331
ふわふわ　fluffy ... 332
雰囲気　atmosphere ... 332
ふんどしを締める　oomph ... 412

〔へ〕

平気でウソをつく人　a pathological liar ... 333
平衡にする　level with each other ... 295
兵士の心構え　the better part of valor ... 20
平和ボケ　take peace and security for granted ... 334
べつにウソをついたわけではない。本当のことを言わなかっただけだ。I didn't lie. I just didn't tell the truth. ... 333
屁でもなかった　a piece of cake ... 274

日本語	English	Page
ペテン師	swindler	247
減らず口を叩く	say what you're not supposed to say	7
へりくだった言葉で答える	answer in lowly terms	102
弁解でなく、理由を言いなさい。	Give me reason, but no excuse.	191
変人	**a freak**	334
ヘンなおじさん。	He's a dirty old man.	120, 121

〔ほ〕

日本語	English	Page
忘却の悦び	joy of oblivion	147
豊穣の国	land of plenty	145
幇助自殺	assisted suicide	23
☕ 宝石のような思い出		335
暴走妻	**runaway housewives**	336
ボーッとした	**spaced out**	336
☕ ボーッとした（遊びの）空間	wandering mind	337
ぼかす	**obfuscate / darken**	338
他にどこにもいない	*the*	247
（ぼくが）ハンドルを握ることにしている	**get behind the wheel.**	338
ぼくが戻るところは、キミだけだ。	You're home to me.	328
ぼくに甘えてもいいよ。	I'm home to you.	328
🍶 ぼくの気持を忖度してくれよ。	Feel me out.	217
ぼくはここが好きだ。	I like it here.	12
僕は、救いがたいくらいの馬鹿ですから。	Yeah, I *am* foolish.	243
ぼくも、燃えるタイプですね。	I like it hot.	12
ぼくをいじらないでくれ。	Don't play me.	30
惚け・呆け	senility	339
ボケ封じ	prevention of senility	339
ぼける	**go senile**	339
ボケ老人	a senile old man	339
母性神話	**the Goddess myth**	339
ホゾを嚙む	regret bitterly	277
ホゾを嚙む／無念	be chagrined	171
ぼちぼちでんな	So-so.	370

日本語	英語	ページ
歩調を合わす	go along	356
ポックリ逝きたい。	I want to go quickly	340
ホッとする	breathe easy	29, 340
ほととぎす	cuckoo	340
ほどほどに	go easy on	343
骨太な	gritty	343
骨やハラワタをとる	gut the fish	326
ほぼ間違いない	probable	344
ほめ殺し	flatter to embarrass	344
ほめ殺してやれ	feed their ego	366
☕ ほめ殺しという戦法		345
（ほめられて）うれしい	I'm flattered.	52
本気だ。	I mean business.	346
本腰を上げている	I'm deadly serious.	346
🍶 本当の英語道		329
本物	the real thing / the real stuff	31

〔ま〕

日本語	英語	ページ
マイペース	get it your way	331
前向き	open-minded	346
前向きな議論	debate	346
魔がさす	the devil did it	347
まかぬ種は生えぬ。	No pain, no gain. / Reap as you sow.	347
負け惜しみ	sour grapes	348
まことに恐縮です。	How can I thank you more?	371
まさに。	How true.	212
まじない（呪い）	a charm	348
まじないをする	knock on wood	348
まずありえない	improbable	314
まず融け込め。	Just fit in.	349
まだぁ	Where are we?	350
まだぁ？	How much longer?	350
またかよ。	Not again.	401

まだ序の口。　You ain't seen nothing yet. ……316
まだズルズル　still into ……350
まだ私に気があるの？　Still into me? ……351
まつり　rite / festival ……351
祭り上げる　put somebody out to the pasture ……353
☕ まつりと日本文化 ……352
まとめ買い　binge buying ……353
間に合ってよかった（助かった）。　Thank Heaven! I've made it. ……222
マネービル　make money on money ……119
ママ、赤ちゃんはどこから産まれるの？　Mommy, where do babies come from? ……53
マリア観音　an avatar of the Virgin Mary worshipped by Japanese crypto-Christians ……354
まるでアベコベではないか。　It's the other（wrong）way around. ……140
満足いかなかったら、お金はお返しします。　Satisfaction guaranteed. ……238
満足かい？　Got joy? ……354
満足するな　Stay hungry. ……294
満足は永久の祝宴。　A contented mind is a perpetual feast. ……38
満腹になると　on a full stomach ……294

〔み〕

見えざる壁　glass ceiling ……355
見えすいたウソ　transparent（palpable）lie ……333
ミエミエのウソ　a lie told through one's teeth ……333
磨き抜かれた技芸　the highly polished art ……122
見かけほど簡単ではないよ。　It's harder than it looks. ……25
右向け右　go along to get along ……356
短いほどパンチが利くものだ。The shorter, the punchier. ……83
短ければ短いほど、斬れ味が鋭くなる。Brevity is the soul of wit. ……222
見せしめ　teach somebody a lesson ……357

見せしめのためのいじめ　hazing ……… 29
禊（みそぎ）　soul cleansing ……… 357
禊をする　come clean ……… 358
味噌も糞も一緒にした　the folly of criticizing everything by lumping good and bad things together ……… 132
道（みち）　moral compass ……… 358
☕ 道を"the true way"と訳した翻訳者 ……… 359
身近な問題　existential problems ……… 127
道なき道を歩く人　trail blazer ……… 360
道ばたを歩くときには、足元を見よ。　Watch your step. ……… 153
見ていて楽しい劇場　Good theatre! ……… 134
身と心の統一　unify body and mind ……… 267
みなさん、お疲れさま。　Good work, everyone. ……… 360
身の丈（たけ）に合った　decent ……… 361
身の丈に合った生活　living within one's means ……… 361
耳が痛い。　That hurts! ……… 297
身も心も　body and soul ……… 308
雅び　austere elegance ……… 168
妙（みょう）　the beauty of zen ……… 209
見よう見まねで　watch and learn ……… 361
魅了された。　I was bewitched. ……… 42
身を引く　bow (oneself) out ……… 362

〔**む**〕

無　giving up control ……… 140
昔と今とでは、状況が変わったのだ。　What I said then doesn't work now. ……… 16
ムキになる　get personal ……… 334
武蔵は無敵の剣聖だった。　Musashi was an invincible sword master. ……… 367
虫の鳴き声　chirping / "singing" of insects ……… 362
無常　mutability ……… 363
無心　mindlessness / no-mind ……… 364

難しい言葉　big word ……14
無知という言い訳は通じない。　Ignorance is no excuse. ……191, 192
ムッとする　put off ……17
無念無想　being mind-free ……365
村八分(むらはちぶ)　social ostracism ……141, 404
無理しないように。　Play it safe. ……12
無理するな。　Don't fight it. ……366

〔め〕

メールをたくさんもらう　get lots of e-mails ……233
名人　master / maestro ……366
冥土(めいど)　Hades / Pluto ……367
命令に従う　toe the line ……356
目移り　too much choice ……367
目からウロコが落ちた。　He had my eyes opened. ……279
めげるな。　Be strong. ……368
目こぼし　look the other way ……78
メジャーリーグの最初の1年間はいちばん、しんどいのだ。　The first year is the toughest. ……195
めちゃめちゃカネがかかる。　Crazy costs. ……368
めちゃめちゃな　crazy ……368
メディアは何を考えているつもりなのか。　What are they (the media) thinking? ……305
眼に余るいじめ　brutal (merciless) teasing ……30
眼は心の窓。　Eyes are the window into your soul. ……84
目を光らせる　watch ……369
面子(メンツ)の問題だ。　It's a matter of face (honor.) ……369
面目(めんぼく)がない　ashamed ……369

〔も〕

もうお別れの時か？　Is this it? ……72
もうかりまっか？　How's it going? ……370
もう、ごたくは聞き飽きた。Don't give me words, words, words. Show me. ……148

日本語	English	ページ
申し訳ありません。お受けすることはできません。	We can't help you.	8
申し訳ありません。だめです。	Sorry. We can't.	8
申し訳ない。	**I can't thank you more.**	371
もうすぐよ。	Almost there!	350
もう逃げられない。	We're in.	269
もうやってられない。	**We can't go on like this.**	371
燃えるような気持で志せ。	Set your heart on fire.	144
もし不快に感じられたなら謝罪します。	We apologize (are deeply sorry), if we've made you feel uncomfortable.	305
もし私の方が間違っていたら。	What if I were wrong?	396
もどき	**not quite**	372
もののふ（武士）	**swimmers against the tide**	373
物真似（ものまね）	**watch and learn**	374
盛り上がった教室		374
盛り上がり（臨界）	**critical mass**	374
問題発言	politically incorrect	12, 52, 136

［や］

日本語	English	ページ
野性人間	wild things	275
痩（や）せ我慢	**grin and bear**	377
ヤセ我慢	too proud to be modest	402
やっかむ（根に持つ）	**resent**	378
やったことは正しいが	**right for the wrong reason**	379
やったのか？	Did you do it?	35
やっと解放された。	Thanks heaven. We're off the hook.	361
やっとこれでホッとする。	Now I can breathe easy.	340
やつには罰が当たる。	He'll pay for this.	116
やつは宇宙人だ。	**He's "it."**	380
やつは女を食い物にしているだけ、サイテーだ。	He doesn't do anything but living off women. He sucks.	126
やつはサムライだ。	He often swims against the tide.	373
やっぱり	on second thought	149

(やはり) どぎまぎ　get flustered ……… 80
藪の中　truth is somewhere in between ……… 217
やましい　feel guilty ……… 380
大和撫子（やまとなでしこ）　Japanese women with all the traditional graces ……… 381
山場（やまば）　tipping point ……… 381
闇金融　loan-sharking ……… 382
やめるのは今のうち。　Take it or leave it. ……… 383
揶揄（やゆ）されやすい　likely to be made fun of ……… 251
やりがい（難題）　a challenge ……… 384
やりくりをする　make ends meet ……… 385
やれやれ　Good grief! ……… 256
やれやれ、困った時の神頼みか。　Danger past, God forgotten. ……… 90

〔ゆ〕
勇気ある人の棲家（すみか）　home of the brave ……… 145
幽玄な　mysterious ……… 385
幽玄の美　profound beauty ……… 298
憂国　implosive patriotism / bottled up patriotism ……… 386
有終の美を飾る　end one's career in glory ……… 387
遊読　ludic reading ……… 68
郵便物をもらう　get mail ……… 233
譲りの心　the art of giving ……… 387

〔よ〕
🔊 よーく観（み）ろ　observe ……… 390
良いところだけ学ぶことだね。　Watch and unlearn. ……… 374
余韻　resonance ……… 388
陽気　cheerful ……… 389
用心深さ（倹約）　prudence ……… 390
良き時代　Those were the good old days. ……… 307
よきにはからえ。　Just manage (it). ……… 391
よく勘に頼る。　I often go by the seat of my pants. ……… 109, 110
よく気がついたわね。　How thoughtful of you. ……… 392
よくもまあ図々（ずうずう）しく。　You've got a lot of nerve. / How dare you? … 231

よし、それでいい。　Done! ……… 9
よだれが出るほどのおいしい話　an offer one can't refuse ……… 268
夜逃げ　fly-by-night ……… 189
世の中には、いろいろな人間がいる。　It takes many kinds to make a world. ……… 310
黄泉の国　the other world ……… 392
より後悔のない死に方は、より後悔のない生き方のことだ——死を迎えるまさに寸前まで。　A better death means a better life, right until the end. ……… 24
よりてっとり早く　efficiently ……… 314

〔ら〕

来世は女性に生まれ変わりたい。　I want to be reborn a woman in my next life（existence.） ……… 54
らしい（証拠がないが）　allegedly ……… 393
らしく振る舞いなさい。　Act like one. ……… 393
ランキングを意識する人々　a rank-conscious people ……… 92
乱世　when the going gets tough ……… 135
乱世は強いやつが生き残る。　When the going gets tough, the tough get going. ……… 135

〔り〕

リアは、美辞麗句を愛の言葉と混同している。　Lear confuses flowery words with love. ……… 271
律儀ぶって　playing loyal ……… 309
竜頭蛇尾　a flash in the pan ……… 123
両側を見なさい。　Look both ways. ……… 394
● 良心とは「自分の中の他人」(others in me) ……… 394
両親は残された財産で、のうのうと暮らしている。　Parents are living off the fat of the land. ……… 126
両論併記主義　fairness doctrine ……… 136
臨界質量の理論　the theory of critical mass ……… 280
臨戦態勢　combat readiness ……… 117
凛としている。Grace under pressure. ……… 84

〔れ〕

- 冷笑　cynicism ... 396
- 冷静に振る舞う　play it cool ... 20
- 恋愛結婚　romance marriage ... 79
- **恋愛結婚をする　marry for love** ... 398
- 恋愛と執念と英語道 ... 398
- 連座　guilt by association ... 400
- **連座（制）　guilt by association** ... 400
- **連帯責任　joint liability / shared accountability** ... 400

〔ろ〕

- **老害　senile old** ... 401
- 老害はキレやすくなる。　Senile old persons get short-tempered. ... 401
- 老婦人は肺炎で死んだ。　Pneumonia killed the old woman. ... 207
- 籠絡された　honey trapped ... 42
- ロジックと直観の二刀流で行け。　Have it both ways: logic and intuition. ... 391
- 六角究論　hexagonal debate ... 244
- ロマンを忘れず。　Stay passionate. ... 69

〔わ〕

- **和　the wa（harmony）/ fusion** ... 401
- 和がharmonyでなかったら、fusionかconcordか ... 404
- 若気のいたり。　We were young and foolish. ... 204
- **若気のいたりでね　when I was young and hungry** ... 405
- わかった。　I get it. ... 97 / Eureka! ... 336
- わかってくれるかな　If you know what I mean ... 366
- **わが道を行く　go it alone** ... 405
- 若者は恋愛するとドキドキする。　Romantic love gives youths butterflies in their stomachs. ... 245
- 枠内での思考　thoughts inside the box ... 235
- ワケわかんない。　I just don't get it. ... 61
- わしを誰だと思うてるねん。　Who（the hell）do you think I am? ... 224

索引

忘れなさい（あきらめなさい）。　Get over it. ……………… 171
話題の人物　the one ……………… 10
私が英語を話すのではない。英語が私に語りかける　I don't speak English. English speaks me. ……………… 365
私自身の思考を遊ばせてきた　giving my mind play ……………… 337
私たち、お見合い結婚よ。　Ours is an arranged marriage. ……………… 79
私なんか、いてもいなくてもいい存在なのね。　I'm nothing to you. ……………… 37
私にはまったく理解できない。　I can't make head or tail out of it. … 61
私の顔を立ててくれ。　Make me look good. ……………… 78
私のカンは、どんぴしゃだった。My hunch was spot-on. ……………… 252
私の黒猫はまさに真っ黒だ。　My black cat is as black as the Styx. ……………… 367
私の志は人々の英語力を上げること。　I'm on a mission to improve everyone's English. ……………… 143
私のことを甘く見ちゃいけません。　Don't take me for granted. / Don't underestimate me. / You don't know me. ……………… 18
私の趣味は読書です。　I like (to read) books. ……………… 117
私の名前はエレンよ。　It's Ellen. ……………… 406
私のペンに勢い（はずみ）がつき始めた。　My pen began to roll. … 269
私の前ではビビるはずだ。They will be intimidated at my sight. ……… 312
私の観方は違います。　I see it differently. ……………… 110
私はあなたの奴隷になりたいのです。I want to be a slave for you. … 14
私はあなたを愛し、あなたは私に尽くしてほしい。　I love you and I want you to serve me. ……………… 229, 230
私は家具じゃない。　I'm not a piece of furniture. ……………… 14
私は神に誓います。　I swear to God. ……………… 141
私は気分転換にパチンコをします。　My diversion is doing pachinko. ……………… 117
私は決してビビッて、すくんでしまったりはしません。I swear by kami, I won't psyche myself out. ……………… 327
私は、自分のイメージ・アップを図(はか)っている。　I'm giving myself a

make-over. ... 38
私は日本経済に弱気だが、君はどうして我が国の経済の先行きにそれほど強気なんだい。　I'm bearish on Japan's economy. I wonder why you're so bullish on our future economy. ... 231
私は別の観方でその問題をとらえている。　I see the issue differently. ... 110
私は本気だぜ、真剣勝負をやっているんだ。　I'm playing for real. ... 193
私は息抜きのためにマンガを読んでいます。　I read comics to relax. ... 117
私は息子が貴社に行ったことに関して、"連帯責任"を負います。　I'm held "jointly" accountable for what my son has done to your company. ... 400
(私は) メキキ (目利き) だ。　I'm a good judge of ~. ... 407
私はやったことを後悔しています。　I regret what I have done. ... 143
私は老害じゃない。　I'm not a senile, old man. ... 401
私、本気よ。　I mean business. ... 193
私も枯れてきたのかな？　Have I mellowed? ... 275
私も完全に納得しているわけではない。　I wasn't entirely happy with what I said on the air. ... 165
私を裏切るな。　Don't turn on me. ... 408
(私を残して) 死ぬな。　Don't die on me. ... 408
私を見捨てないで。　Don't walk out on me. ... 408
🕮 和とディベート教育 ... 402
🕮 ワビ・サビ　wabi-sabi ... 408
侘びしい　sad and lonely ... 147
侘びしいたたずまい　cheerless (lifeless) atmosphere ... 409
侘びしい独り住まい　lonely / lonesome life ... 409
「侘び」という美　beauty in simplicity ... 298
笑い事ではすまされない　no laughing matter ... 308
笑い上戸　a merry drinker (drunk) ... 105
割り切った　pragmatic ... 410

索引

- ☕ 悪い英語は良い英語を駆逐<ruby>する</ruby> 411
- 吾、唯足るを知る。　Acceptance / Accept yourself. 211
- 我々は、意見は違っていても心は通じ合っている。　We just see things differently. 110
- 我々は、彼らを賞賛してやまない。　We're giving them a lot of credit. 264, 265
- 我々は困っている　We're paranoid. 214
- 和を前向きに　The *wa* forward 402

〔ん〕

- んーん。見事なヤラセか。　Umm, strategically staged. 203, 204

松本道弘

1940年、大阪府に生まれる。国際ディベート協会会長。関西学院大学を卒業し、日商岩井、アメリカ大使館同時通訳者、日興証券（国際業務役員秘書）、NHK教育テレビ「STEP Ⅱ」講師などを経る。世界初の英語による異文化コミュニケーション検定「ICEE」を開発。日本にディベートを広めたことでも知られる。インターネットテレビ「NONES CHANNEL」で「GLOBAL INSIDE」に出演中。英語道の私塾「紘道館」館長。
著書には『日米口語辞典』（共編、朝日出版社）、『速読の英語』『超訳 武士道』（以上、プレジデント社）、『中国人、韓国人、アメリカ人の言い分を論破する法』（講談社）、『同時通訳』（角川学芸出版）、『難訳・和英口語辞典』（さくら舎）など170冊近くがある。

なんやく・わえい
ごかんじてん
難訳・和英語感辞典
The Unafraid Semantic Dictionary
— Japanese to English

2018年3月10日　第1刷発行

著者	松本道弘（まつもとみちひろ）
発行者	古屋信吾
発行所	株式会社さくら舎　http://www.sakurasha.com
	〒102-0071　東京都千代田区富士見1-2-11
	電話（営業）03-5211-6533
	電話（編集）03-5211-6480
	FAX　03-5211-6481　振替　00190-8-402060
装幀	石間 淳
本文組版	朝日メディアインターナショナル株式会社
印刷・製本	中央精版印刷株式会社

©2018 Michihiro Matsumoto Printed in Japan
ISBN978-4-86581-141-4

本書の全部または一部の複写・複製・転訳載および磁気または光記録媒体への入力等を禁じます。
これらの許諾については小社までご照会ください。
落丁本・乱丁本は購入書店名を明記のうえ、小社にお送りください。
送料は小社負担にてお取り替えいたします。
定価はカバーに表示してあります。

NONES CHANNEL

オバマ大統領の就任演説を同時翻訳した英語界の巨匠
「松本道弘」がわかりやすく解説するインターネット番組！

お申し込みは
こちらから

Global Insideは日本人の英語発信力を高めるエデュテインメント番組です！

松本道弘氏をキャスターに迎え、毎週好評配信中！

月額　540円　（12ヶ月連続視聴）

https://www.nones.tv/program/gi/

お問い合わせ先：ノーネスチャンネルカスタマーサポート
mail：gi@nones.tv　tel：03-5805-5547

あ 7	い 22	う 44	え 59	お 67
か 87	き 111	く 126	け 132	こ 140
さ 159	し 171	す 196	せ 205	そ 212
た 218	ち 225	つ 229	て 233	と 240
な 253	に 259		ね 265	の 268
は 270	ひ 298	ふ 317	へ 333	ほ 335
ま 346	み 355	む 362	め 366	も 370
や 377		ゆ 385		よ 388
ら 393	り 394		れ 396	ろ 401
わ 401				

五十音索引(英文付き) 419